헤겔 예술철학
1826년 강의

Georg Wilhelm Friedrich Hegel, Philosophie der Kunst

Vorlesung von 1826

Herausgegeben von Annemarie Gethmann-Siefert, Jeong-Im Kwon und Karsten Berr

Frankfurt am Main: Suhrkamp Verlag 2005, Erste Auflage 2005(suhrkamp taschenbuch wissenschaft 1722)

ⓒ Suhrkamp Verlag Frankfurt am Main 2004

ISBN 3-518-29322-2

헤겔 예술철학
1826년 강의

초판 1쇄 인쇄 2023년 5월 15일
초판 1쇄 발행 2023년 5월 22일

–

지은이 게오르크 빌헬름 프리드리히 헤겔
옮긴이 권정임
펴낸이 이방원
책임편집 정우경 **책임디자인** 손경화
마케팅 최성수·김 준 **경영지원** 이병은

–

펴낸곳 세창출판사
　　　신고번호 제1990-000013호 **주소** 03736 서울시 서대문구 경기대로 58 경기빌딩 602호
　　　전화 02-723-8660 팩스 02-720-4579
　　　이메일 edit@sechangpub.co.kr 홈페이지 http://www.sechangpub.co.kr
　　　블로그 blog.naver.com/scpc1992 페이스북 fb.me/Sechangofficial 인스타그램 @sechang_official

–

ISBN 979-11-6684-165-1 93160

헤겔 예술철학
1826년 강의

게오르크 빌헬름 프리드리히 헤겔 지음

권정임 옮김

PHILOSOPHIE DER KUNST
VORLESUNG VON 1826

세창출판사

번역을 시작하고 나서 사계절의 변화를 세 번 맞이하였습니다.

속필의 생략되고, 현장성이 생생한 문장들의 의미 해석과 추론을 위해
긴 시간이 필요했습니다.

인고의 과정 때 힘과 도움을 주신 분들께 진심으로 감사드립니다.

이 책이 출간될 수 있도록 섭외해 주신 서울대학교 박정훈 교수님,

어려운 출판 상황에서도 흔쾌히 출간을 허락해 주신
세창출판사의 김명희 이사님께 많은 감사를 드립니다.

그리고 초고의 거친 문장들을 마다 않고 감수해 주신
강원대학교 한동원 명예교수님,

몇 차례에 걸쳐 인내심 있게 글을 다듬어 읽을 수 있도록 교정해 주신
정우경 편집자님,

책의 완성에 힘써 주신 편집팀, 디자인팀께
깊은 감사의 뜻을 표합니다.

2023. 4.

권 정 임

헤겔 예술철학 1826년 강의

제1부 또는 일반부분

제2부 또는 특수부분

일러두기

1. 본서는 안네마리 게트만-지페르트(Annemarie Gethmann-Siefert), 권정임, 카르스텐 베르(Karsten Berr)가 편집한 폰 데어 포르텐(von der Pfordten)의 강의직필본 *Georg Wilhelm Friedrich Hegel. Philosophie der Kunst. Vorlesung von 1826* (Frankfurt am Main: Suhrkamp Verlag 2005)를 저본으로 하였다.

2. 원문의 뉘앙스를 살리기 위해 되도록 원문의 어순과 원단어의 의미를 유지하고, 부득이한 경우에만 의역을 가하였다. 또한 원문에 수없이 많이 사용된 지시대명사들은 필요시 해당 명사로 바꾸어 기재하여 문맥과 내용이해가 명확해지도록 하였다.

3. 상이한 전철(前綴)(ab-, an-, auf-, aus-, be-, er-, ent-, nach-, über- 등)로 된 유사의미의 동사들은 각 단어의 뜻을 살리기 위해 의미를 구분하여 번역하고 본문 전체에 일관성을 유지하고자 했다. 접속사 'aber'의 경우는 '하지만', '그러나'의 기본 의미 외, 문맥에 따라 '사실', '실로', '물론' 등 강조의 의미로 번역된 부분이 많다.

4. 외래어 인명, 지명은 국립국어원의 외래어표기법에 따라 기재하였고, 고대 그리스 문학작품과 신화 속의 명칭은 그리스어 발음 표기에 따랐다. 원어 병기는 원서의 표기를 따르되 독일 외 국가의 인명과 지명 등은 해당 국가의 원어로 표기하고 외래어표기법에 따라 기재하였다. 주석의 문헌서지에는 저자명을 원문의 기명 그대로 기재하였다.

5. 단행본은 『 』, 논문이나 논편은 「 」, 시와 회화작품은 〈 〉로 표시하였다.

6. 그 외 괄호, 부호 표시는 다음과 같다.
   - 〈 〉 속의 숫자는 강의 직필본 수고(手稿)의 이어지는 쪽수이다.
   - [ ]로 표시된 보조문의 내용은 단어, 문장 및 문맥에 대한 역자의 보충설명이다.

7. 원서의 편집상 개입(문장 교정) 표시 및 각주로 된 교정표(Apparart)는 반영하지 않았으며, 편저자의 사항주석(Anmerkungen)은 뒷부분에 원주로 반영하였다(예: [1], [2], …). 편저자가 알림글(Notizen)에서 원서 텍스트의 구조에 관하여 쓴 부분(일러두기)은 번역본에서는 불필요하다고 판단하여 싣지 않았다.

8. 주석의 출처 표기는 원서를 따르되 혼동의 염려가 있을 경우에만 일부 보충하였다.

9. 목차와 본문 내 항목 분류는 원서의 구조와 동일하나 가독성을 위해 항목 번호를 통일성 있게 수정하였다.

10. 독자들의 폭넓은 이해를 위해 주요 개념, 인명, 문학작품, 신화 내용 등에 관한 간략한 설명을 역주로 싣고, 역주는 각주로 작성하였다.

헤겔 예술철학

1826년 강의

"필기록들은 확실히 불명확한 원자료^{Quelle}들"이라는 하이데거의 언명은 학생들의 헤겔 미학강의 필기록들에는 통용될 수 없다. 호토에 의해 "미화된" 『미학』과 달리 학생들의 필기록은 가장 신빙성 있고 진정한 것으로 증명되며, 문화사 내 예술의 역할에 관한 헤겔의 사고가 충분히 해명되고 통찰되게 한다. 헤겔이 1820년과 1829년 사이에 행했던 베를린 예술철학강의들 가운데 특히 1826년의 강의가 큰 관심을 유발한다. 이 강의에서 헤겔은 범례적 예술작품들에 대해 상세하게 논하면서 소위 "예술의 과거성" 논제와 직면하여 예술의 대체불가성이라는 주장을 내세운다. 이 강의의 완전한 전승^{傳承}이 이제 폰 데어 포르렌$^{von\ der\ Pfordten}$ 학생의 직필본^{Mitschrift}에 의해 처음 출간된다.

체계적 예술규정과 예술들의 역사: 1826년 헤겔의 "예술철학 또는 미학" 강의

헤겔 『미학』에 대한 철학적 논쟁에서 지난 수년간 확실해진 것은 헤겔 예술철학에 대한 논쟁이 편견 없는 풍부한 성과를 가지려면 헤겔의 제자 H. G. 호토 Heinrich Gustav Hotho가 편집한 『미학 또는 예술철학』 텍스트에 더 이상 의존하지 않는 것이 더 좋다는 점이다. 이 『미학』 텍스트는 헤겔 사후 1831년과 1835년 사이 여러 해 동안 발간이 준비되었던 것이다. 헤겔은 베를린에서 강의를 시작할 때부터 『미학』 출판을 계획했지만 이후 이를 완료하지 못했고, 오히려 회를 거듭할수록 점점 더 강의 텍스트를 늘려 갔다. 따라서 1831년 그가 갑작스레 사망했을 무렵 그의 『미학』은 종결되어 있지 않았으며, 10년 전과 마찬가지로 여전히 출판과 거리가 먼 상태였다. 『미학』은 대부분의 다른 강의들처럼 헤겔 사후에 그의 "친구들과 후원자들"이 주관하여 전집판 형태로 발간한 것이다. 호토가 손질한 『미학』은 1835년에서 1838년 사이 초판이 나왔고, 1842년 초에 제2판이 나왔다.[1]

---

[1] 원주 G. W. F. Hegel, *Vorlesungen über die Ästhetik*, in: G. W. F. Hegel, *Vollständige Ausgabe durch einen Verein von Freunden des Verewigten*, 18 Bde., Berlin 1832ff, Bd. 10. 3. Abt., hrsg.

호토가 만들어 낸 헤겔『미학』판은 발간 이후부터 헤겔의 위대한 저작 opus magnum으로, 능가할 수 없이 완전하게 발전된 체계적 예술철학으로 간주되고 있다. 헤겔 예술철학에 대한 논쟁이 오늘날까지 어떠한 설득력 있는 결과도 주지 않고 있다는 사실이 예전에는 거의『미학』의 텍스트 기초에 대한 의혹이나 당혹스러움으로 이어지지 않았다. 헤겔『미학』의 현재성과 범례성을 증명하고자 한다면, 우리는 기꺼이 정확한 헤겔의 예술판단으로 되돌아가야 한다. 이와 반대로 독단적 선입관들을 명시하고 이로써 헤겔『미학』의 무용성無用性을 증명하려 한다면, 소위 "예술의 과거성 이론", 그리고 명백히 이와 연관된, 지나 버린 고전 그리스 예술의 완전성을 추구하려는 방향이 거론될 것인데 이는 현시대 예술의 선입견 없는 가치판정을 하나도 허용하지 않는다. 이 모든 입장들에 상응하는 논리적 뒷받침은 [호토가 편찬한] 인쇄본『미학』에서 발견될 수 있다.

이『미학』텍스트의 신빙성에 대한 의혹은 오늘날 [요구되는] 정본定本들을 위해 헤겔 강의들의 역사적-비판적 출간본historisch-kritische Ausgabe[헤겔 아카이브 편찬]을 기획함으로써 처음 표명되었는데, 핵심적 사유들에서 강의 인쇄본이 알려진 원자료들, 즉 헤겔의 원고와 학생들의 필기록과 빈번히 일치하지 않는다는 사실이 ―맨 처음, 특히 헤겔의 법철학을 둘러싼 분쟁에서 유발되어― 제기되었을 때 그러했다. 바로 그런 회의 때문에도 헤겔 미학강의 원자료를 인쇄체로 변환하여 탐구하는 것이 필요했다.『미학』에 있어서 특별히 어려웠던 것은 헤겔의 원고들, 즉 1818년 하이델베르크 미학강의 노트와 1820년경 첫 베를린 강의를 위해 작성된 필

---

von Heinrich Gustav Hotho, Berlin ¹1835-37, ²1842.『미학』의 모든 후속인쇄들은 전체본이든 부분본이든 이 원서 또는 이것의 제2판을 기초로 한다.

기 노트가 실종되어 미학강의를 편집하려 할 때 그의 수중에서 나온 어떤 기초자료도 의거할 수 없다는 것이었다.

"미학 또는 예술철학"에 관한 베를린 강의

헤겔은 하이델베르크에서 자신의 『철학적 학문의 백과사전 강요 *Enzyklopädie der philosophischen Wissenschaft im Grundriß*』(1817)[이하 『엔치클로페디』로 인용] 초판 발간 일 년 후인 1818년 여름에 최초로 미학강의를 했다. 그가 베를린의 첫 학기 수강안내문에 제시한 강의계획에서 이끌어 낼 수 있는 것은, 하이델베르크에서의 그 첫 번째 강의는 『정신현상학』의 종교에 관한 장章의 전형典型에 충실하게 미학강의와 종교철학을 여전히 하나로 전개했었다는 것이다. 헤겔은 1820/21년 겨울학기 베를린 강의를 위해서도 처음에 그와 같이 구상했었다.[2] 물론 (실종된) 하이델베르크 미학강의 노트는 그 후 베를린에서 새로 작성된 노트로 대체되었는데, 헤겔은 이 노트를 잇따른 모든 강의들을 위해 사용했다. 베를린에서 『예술철학』은 『종교철학』과 『엔치클로페디』 강의와 교대로, 그리고 명백한 교호적 결실 속에서[3] 별도로 강의되었다.

---

2 원주 이것은 헤겔이 정신철학에서 인간학과 심리학 외에 미학을 종교철학과 함께 한꺼번에 언급한 때인 1820년 5월, 그의 철학 교직제의의 완전성에 대해 베를린대학 총장에게 보낸 맹세에서 유추된다(hervorgehen). 이에 대해서는 Annemarie Gethmann-Siefert, "Einleitung", in: G. W. F. Hegel, *Vorlesungen über die Philosophie der Kunst. Berlin 1823, Nachgeschrieben von H. G. Hotho*, hrsg. von A. Gethmann-Siefert, Hamburg 1998, XXXI 비교.

3 원주 J.-I. Kwon, *Hegels Bestimmung der Kunst. Die Bedeutung der symbolischen Kunstform in Hegels Ästhetik*, München 2001. 특히 "종교철학강의 내 오리엔트구상의 근본특징들"(같은 책, 3장, S. 255-308).

헤겔은 베를린 강의를 위해 축적하고 지속적으로 확장한 노트를 바탕으로 여러 차례, 그러니까 먼저 베를린대학으로 옮긴 직후 1820/21년 겨울학기와 그 후 1823년과 1826년 여름학기, 마지막으로 1828/29년 겨울학기에 (네 시간 혹은 다섯 시간씩) 미학 또는 예술철학에 대해 강의했다. 헤겔이 계획한 『미학』 발간이[4] 1831년 그가 사망할 때까지 실현되지 않았다는 사실은 결코 예술철학에 대한 관심이 줄었다는 것이 아니라 오히려 정확히 그 반대를 증명한다. 헤겔은 자신의 강의들을 위해 『미학』에 관한 자료와 숙고들을 지속적으로 확장해야만 했다. 『미학』에 관한 헤겔 자신의 노트들에서 파악될 수 있는 것은 인쇄본 준비 당시 『미학』에 관한 두 편의 노트[하이델베르크 강의와 베를린 강의 노트]를 모두 가지고 있었던 호토가 기술한 바와 마찬가지로, 헤겔이 마지막 강의 때까지 자신의 『미학』에 관해 작업하며 변경하고 있었다는 사실이다. 그는 강의를 풍성하게 만들기 위해 예를 들면 발췌들, 메모들, 그리고 분류초안들도 베를린 노트에 기입해 넣었다. 게다가 그는 1828/29년 마지막 강의에서는 전체 분류를 다시 변경했다. 처음 세 번의 베를린 강의—여기에는 지금 발간된 1826년 원자료도 포함되어 있다—에서 헤겔은 『예술철학』을 "일반부분Allgemeiner Teil"과 "특수부분Besonderer Teil"으로 나눴는데, "일반부분"은 이념Idee과 이념상Ideal 및 세 가지 예술형식들에서의 이념상의 역사적 구

---

4   원주 이에 대해서는 크로이처에게 보낸 1821년 5월 편지 초안을 참조. 이 편지 초안에서 헤겔은 도서발송에 대해 감사하며 [『예술철학』의] 발간의도를 표하고 있다. "나는 겨울에 미학을 강의하고자 합니다. 그리고 당신의 저서는 지금 저로 하여금 … 시간이 지나면 또한 제대로 그것에 대해 무언가를 인쇄하도록 하는 상황으로 밀어 넣습니다"(*Briefe von und an Hegel*, hrsg. von J. Hoffmeister und F. Nicolin, 4 Bde., Hamburg ³1969-1981, 여기서는 Brief an Creuzer, 1821년 5월 말 [초안], Bd. 2, S. 266).

체화를, "특수부분"은 여러 예술장르들에 대한 논의를 포함하였다. 마지막 강의에서 헤겔은 이 구성을 다시 한번 차별화하며 이분화 대신 삼분화한다. 그러면서 그는 예술형식의 규정과 이와 더불어 예술들의 형태와 작용에서의 역사적 구분들에 특별한 비중을 두었다.[5] 헤겔은 개별 예술장르들의 취급 및 개별 예술작품들의 특성화를 그의 예술의 체계적 및 역사적 규정의 토대에서 미리 다루고, 이것들을 1828/29년 『미학』의 세 번째, 즉 "개별부분Individueller Teil"에서 발전시킨다. 여기서 헤겔은 예술들의 전체적, 역사적 발전을 다시 한번 숙고할 뿐만 아니라, 동시에 여러 문화적 조건들을 다룸에 있어서 예술형태─그러니까 "이념상들"의 현실화의 미학적 가능성들─의 선입관 없는 특성화를 발전시키려고 노력한다. 마지막 강의의 분류는 오늘날의 『미학』 독자에게도 알려져 있다. 왜냐하면 호토가 1828/29년 강의의 세 개로 나뉜 분류를 인쇄본에 수용했기 때문이다. 한층 더 이상한 것은 호토가 책의 초판 「서문」에서 공교롭게도 이 강의를 출간에 별 쓸모없는 기초자료로서 비판한다는 점이다. 호토의 의견에 따르면, 헤겔이 이 강의에서 너무 지나친 교육학적 관심, 즉 학생들을 위한 활성화에 방향을 맞추었으며, 이로 인해 그의 숙고들

---

5 원주 헤겔이 그의 강의들에서 발전시킨 예술규정의 역사적 차별화들의 의미에 대해서는 대부분의 비판적 논쟁들이 다루지 않거나 불충분하게 다룰 뿐이다. 하지만, 헤겔이 바로 철학적 미학의 택일적 구상들에 대한 논의에서 개별적 예술들만 아니라 동시에 예술들의 구조적 특색─예술형식들─에서도 역사적 특수성의 고려를 가장 중요하게 여겼고, 여기서부터 마지막까지 정확성을 다듬고 새로운 측면을 보충하였다는 점을 말할 수 있다. 예술들의 역사성 규정과 체계적 기초의 이러한 연결의 의미에 관해서는 헤겔 『미학』 입문을 참조. Annemarie Gethmann-Siefert, *Die Rolle der Kunst in Geschichte und Kultur*, München 2004; "Phänomen versus System. Zum Verhältnis von philosophischer Systematik und Kunsturteil in Hegels Berliner Vorlesungen über Ästhetik oder Philosophie der Kunst", in: *Phänomen versus System*, hrsg. von A. Gethmann-Siefert, Bonn 1992, S. 9-39.

을 체계적으로 학문화하기를 등한시했다는 것이다. 호토는 헤겔 사후 총 4년이 걸렸던 헤겔 『미학』의 출간을 위해 1818년의 하이델베르크 강의도(내지는 이 강의를 위한 헤겔의 노트도), 1820/21년 첫 번째 베를린 강의도 의거하지 않았다. 그는 이후의 강의들에만 —1823년 자기 자신의 노트를 집중적으로[6]— 의존했으며, 그런 다음 마지막 두 차례 강의의 가장 "세심하게 받아쓴 노트들"에[7] 의존했다.

헤겔 자신이 그의 미학강의 출간과 얼마나 멀어져 있었는지, 또한 베를린 강의들 내 그의 숙고들이 실로 인쇄본 『미학』과 얼마나 다른지는 헤겔이 베를린 강의들을 위해 기초로 삼았던 노트에 대한 호토의 묘사가 증명해 준다. 헤겔은 이 노트에서 몇몇 국면들만 상세하게, 그리고 어떤 최종결정을 내려 작성했고, 대부분의 숙고들은 —호토에 따르면— 문체적으로 손질되어 있지 않았음은 말할 것도 없고 스케치로 남아 있을 뿐, 논리정연하게 관철되어 있지 않다. 헤겔 자신이 이 노트에 끼워 둔 수많은 낱장들은 —호토의 보고에 따르면— 마찬가지로 스케치처럼 휘갈겨진 숙고들과 발췌들만 포함하고 있다. 호토는 이 낱장들을 『미학』 출간을 위해 함께 사용했지만, 인쇄저작물이 완성되어 나온 후에 친구들과

6　원주 G. W. F. Hegel, *Vorlesungen über die Philosophie der Kunst*, hrsg. von A. Gethmann-Siefert, Hamburg 1998, ²2003 (Philosophische Bibliothek, Bd. 550). — 호토가 『미학』 편집을 위해 사용했던 1826년 강의필기록들 중, 일련의 필기록은 오늘날 여전히 사용되고 있다. 이 원자료들 가운데 지금 출간된 포르텐(Pfordten)의 직필노트 외에도 다른 직필본이 출간되었다. G. W. F. Hegel, *Philosophie der Kunst oder Ästhetik. Nach Hegel. Im Sommer 1826. (Mitschrift Friedrich Carl Hermann Victor von Kehler)*, hrsg. von A. Gethmann-Siefert und B. Collenberg-Plotnikov unter Mitarbeit von F. Iannelli und K. Berr, München 2004.

7　원주 아래 호토의 숙고는 헤겔 미학의 편집 "서문"에서 인용된다. G. W. F. Hegel, *Vorlesungen über die Ästhetik* (앞의 각주 1; 이어지는 본문 속 쪽수는 1835년 「서문」을 가리킴).

관심 있는 자들에게 선물로 줘 버렸다. 그런 우회로에서 『미학』에 관한 텍스트 단편들이 일부 다시 발견되었고, 그동안 출간되었다.[8] 헤겔 노트 자체는 실종되어 버린 것이다.

호토가 필시 제시하였을 바와 마찬가지로 우리가 『미학』에 관한 헤겔의 수고手稿 자료에 대해 오늘날 아직 소유하고 있는, 내지는 재발견했던 그 모든 것은 헤겔 『미학』이 마지막까지 "진행 중에 있는 작업work in progress"으로 남아 있었다는 인상을 준다. 헤겔은 특히 예술들의 역사적 다양을 사상적으로 구조화하는 문제들에서와 개별 작품들의 특성화에서 —1826년 강의가 보여 주듯 성공적으로— 지속적으로 계속 작업했다. 이런 인상은 오늘날 알려진 헤겔 미학강의에 관한 원자료들도 확증해 주는데, 이 원자료들은 호토가 세심한 완성도를 이유로 이미 칭송한 직필작업들과 완성작업들이다.

처음 두 번의 베를린 강의(1820/21년과 1823년)는 각각 한 편의 필기록만 보존되어 있다. 이는 빌헬름 폰 아셰베르크Wilhelm von Ascheberg 학생이 강의와 연계하여 작성한 1820/21년의 정서본과 호토가 쓴 1823년 강의의 직필본이다. 1826년 강의의 것으로는 일련의 완전한 여러 가지 문서들, 즉 추후에 깨끗이 필기한 정서본들뿐만 아니라 직접 받아쓴 강의필기록들이 알려져 있다. 또한 1828/29년 마지막 강의는 다수의 필기록들을 통해 고증된다.

---

8 원주 호토가 헤겔의 미학노트에 부여했던 상태묘사가 이러한 텍스트조각들에서 철두철미하게 확증된다. 이에 대해서는 "Hegel über die Objektivität des Kunstwerks. Ein eigenhändiges Blatt zur Ästhetik. Mitgeteilt und erörtert von L. Sziborsky", in: *Hegel-Studien*, 18 (1983), S. 9-22; "Neue Quellen zu Hegels Ästhetik. Mitgeteilt und erläutert von H. Schneider", in: *Hegel-Studien*, 19 (1984), S. 9-46 참조.

    나중의 두 강의는 헤겔이 자신의 『엔치클로페디』를 제2판 내지 제3판을 위해 끝손질하면서 이 강의들을 각각 학기 중에 진행했다는 측면에서 특별히 흥미롭다. 헤겔은 1826년 미학강의 속 개별 예술작품들의 비평을 토대로 하여, 이를테면 1827년 『엔치클로페디』에서 절대정신의 계기로서 예술의 체계적인 중요도 판정을 눈에 띄게 확대하고 정확하게 규정했다. 헤겔은 예술들의 형태화 가능성을 이런 분류법과 결부하여 검증함으로써 다음으로 나아간다. 즉, 그가 "낭만적 예술형식"에 귀속시키는 예술들에 대해 ―비평에 있어서 오늘날까지 그에게 가정되는 바인― 예술을 미에 한정하는 것을 중단하고, 특성적인 것, 추한 것을 미와 나란히 동등한 권리로 허용하게 된다.[9]

    헤겔은 마지막 두 차례 미학강의에서는 명백하게 예술적 형태화의 스펙트럼을 확장하는 것 외에도 자신의 미학의 단초, 즉 자연미에서가 아니라 예술미에서부터의 시작을 더욱 상세하게 정당화했다. 게다가 그는 소위 "예술의 종말", 즉 예술은 근대 국가에서 더 이상 국가의 기반을 지원하지 못하며 오로지 교육의 역할만 넘겨받을 수 있다는 자신의 주장을 검토하기 위해 본보기로 가려낸 일련의 예술작품 전체를 논한다. 이런

---

9   <u>원주</u> 헤겔 미학 내 추의 의미에 관해서는 A. Gethmann-Siefert, "Hegel über das Häßliche in der Kunst", in: *Hegels Ästhetik. Die Kunst der Politik — Die Politik der Kunst*, 2 Teil, hrsg. von A. Arndt, K. Bal u. H. Ottmann in Verb. mit W. van Reijen, *Hegel-Jahrbuch 2000*, Berlin 2002, S. 21-41 참고. 헤겔이 했다고 가정되는 미에의 집중은 헤겔주의자들의 미학에 대해서는 타당하지만 헤겔 자신에 대해서는 그렇지 않다는 것을 F. 이아넬리(Francesca Iannelli)가 그녀의 연구 「헤겔 미학강의에서 추의 규정과 헤겔주의자들에게서의 추의 수용」(하겐 원격대학 철학과 박사논문)에서 증명했다. 이에 관해서는 또한 동저자, "Friedrich Theodor Vischer zwischen Hegel und Hotho. Edition und Kommentar der Notizen Friedrich Theodor Vischers und zu Hothos Ästhetikvorlesung 1833", in: *Hegel-Studien*, 37 (2002), S. 11-53 참조.

숙고들은 확증된 바와 같이 1827년『엔치클로페디』의 상응하는 절§의 확장에 이입된다. 헤겔은 1827년과 또한 1830년『엔치클로페디』의 마지막 끝손질 작업에서 다음의 사실을 환기시킨다. 즉, 예술은 그 역사적 기능, 말하자면 직관적 모범상들에 의한, (기독교적) 종교와 근대 국가의 제도들에 의한 인간 행위의 방향안내 기능과 연관하여 볼 때 [시대적으로] 뒤떨어져 있다는 것이다. 예술의 의미는 사실 이전에도 이후에도, 이성이념들에 대한 직관적 확신과 이와 더불어 인간의 도덕적 행위 지침을 부여한다는 데 있다. 이런 확신 방식은 더구나 근대 세계와 예술의 틀에서는 헤겔이 추측하듯, 종교 및 국가(그리스 폴리스)가 "예술작품들"이었을, 즉 예술을 통해 성취되고 자신의 확고한 토대들에서 형성되어 있었을 시대와는 아주 다르게 나타날 것이다. 헤겔이 여기 제시된 [폰 데어 포르텐이 받아쓴 1826년] 강의에서 증명하듯, 예술은 가능한 형태형식들의 전 범위(미에서 추까지)와 가능한 내용들의 전체 폭들(신적인 것에서 인간적인 것까지, 특히 인간 정서를 움직이는 것까지)을 포괄할 수 있는 곳에서는 안전조치를 해 주는 반성을 참조하도록 되어 있다. 예술들의 방향안내 제안들 가운데 어떤 것에 우선권이 주어져야 할는지는 마침내 철학에서, 그리고 방법론적 사유를 통해 비로소 결정될 수 있었다.

『엔치클로페디』내 예술의 이런 체계적 서술에서는 물론, 그때그때 앞서 수행된 미학강의에서도 흥미로운 것은 아름다움에서부터 특성적인 것을 넘어 추한 것으로 나아가는 형태와 관련된 예술의 가능성들의 근본적인 확장이다. 분명히 헤겔 스스로 1826년 여름학기 강의 때 예술에 대한 심도 있는 논의에서 체계적인 최종결과를 이끌어 낸다. 헤겔『미학』을 예술의 역사적 형태와 의미에 대한 —통상적인 비판의 의미에서— 절대지 체계의 독단론에 의해 촉발된 거창하고 그릇된 해석으로서 오인하지 않고자 한다면, 1826년 강의의 원자료들이 헤겔에 대한 편견 없는 논쟁을 위한 탁월한 기초자료가 될 것이다. 헤겔은 이 강의에서 여러 가지 예술들을 자세하게 다루었으며, 특히 현재의 예술이 다른 시기와 문화들의 형태화 요소들을 수용하는 것과 그래서 근대인의 포괄적인 —"형식적"일지라도— 도야를 보장할 수 있는 가능성을 점검하였다.[10]

헤겔은 1828/29년 겨울강의에서는 자신의 강의자료 전체의 중요도 판정을 한 번 더 변경한다. 또한 여기서 그는 직관적인 표현, 더불어 이념의 역사적-구체적인 실존과 작용성, "생명성"으로서의 이념상 규정에서 출발하며, "특수부분"에서 예술형식, 여러 문화적 조건들 아래에서 예술의 역사적 기능의 예의 구조적 변이에 대한 구성을 발전시키고, 게다가 이 부분에 그가 개별 예술들을 별도로 다루는 그다음의 한 부분[개별부분]을 연결한다. 1826년 강의 내 예술들에 대한 중점 논의들은 그 개진에서 명확히 더 이상 용인될 수 없는 중심 불균형을 "특수부분"에서 낳게 되었는데, [1828/29년 강의에서] 헤겔은 가운데 부분[특수부분]에서는 예술형식들의 규정을, 세 번째 부분인 "개별부분"에서는 예술들의 세계를 서술함으로써 그 불균형을 상쇄한다. 여기서 헤겔은 특히 당대의 예술, 그리고 다시금 1830년 『엔치클로페디』에서 반영되는 예술의 형태와 형태화의 다양성에 관한 철학적 숙고들을 발전시킨다. 왜냐하면 거기서 헤겔은 예술이 추에까지 나아가도 될 것이라는 강의소견을 가지며, 더구나 근세의 예술은 그 형태화 가능성들에 있어 추에까지 나아가야만 할 것이라는 점

10 원주 J.-I. Kwon, *Hegels Bestimmung der Kunst*, 특히 S. 296ff; 동저자, "Hegels Bestimmung der 'formellen Bildung' und die Aktualität der symbolischen Kunst für die moderne Welt", in: *Die geschichtliche Bedeutung der Kunst und die Bestimmung der Künste*, hrsg. von A. Gethmann-Siefert, B. Collenberg-Plotnikov und L. De Vos, München 2005, S. 159-174.

에 대해 말하고 있기 때문이다. 동시에 헤겔은 개별 예술들에 대한 논쟁에서 다시 한번 "예술의 종말" 논제의 귀결을 논한다. 이 논제의 정확한 의미는 예술이 더 이상 문화를 총괄적으로 조직하지 않는다는 데 있다. 그럼에도 헤겔은 개별 예술들에 대한 논의에서 이전에도 이후에도, 그리고 오늘날에도 그러함으로써 예술들에 특별한 중요성이 귀속되는 바인, 예술이 역사적 문화의 본질적이며 대체 불가한 부분을 형성한다는 것을 보여 준다. ─ 실로 헤겔은 『법철학』에서 더욱이, 근대 국가는 예술들에 대하여 전승과 공개를 살펴야 하는 제도적 의무를 가진다는 점을 가리킬 정도로 나아간다.[11] 헤겔은 이 강의의 숙고들도 『엔치클로페디』(1830) 제3판에서 명백히 다시 한번 체계적 규정, 즉 절대정신의 첫 번째 부분으로서 예술의 정의 내 몇몇 변경들에 사용한다.[12] 한편으로는, 이런 경위를 근거로 하여 미학강의들의 체계상 수확이 『엔치클로페디』의 마지막 판과 더불어 원칙적으로 종료된 것으로 설명될 수 있다. 미학강의들에서는 예술의 그런 구조적인 규정이 마련되며, 그때그때 추후에 별도로 강의되기도 한다(1828/29년 [강의 내] 『엔치클로페디』의 1827년판에 대한 숙고들이 그러하다). 헤겔은 물론 다른 한편, 미학강의들에서는 예술의 의미와 개

---

11 원주 E. Weisser-Lohman, "Der Staat und die Kunst. Zur öffentlichen Funktion der Kunst bei Hegel", in: *Kulturpolitik und Kunstgeschichte. Perspektiven der Hegelschen Ästhetik und des Hegelianismus*, Sonderheft der Zeitschrift für Ästhetik und Allgemeine Kunstwissenschaft, hrsg. von Ursula Franke und A. Gethmann-Siefert, Hamburg 2005, S. 23-36.

12 원주 미학강의와, 강의들에서 발전된 예술 "현상학"의 체계적 기초로서 『엔치클로페디』의 관계는 다음 논문에서 상세하게 서술된다. A. Gethmann-Siefert, "Die Kunst (§§ 556-563)", in: *Hegels "Enzyklopädie der philosophischen Wissenschaften" (1830). Ein Kommentar zum Systemgrundriß*, hrsg. von A. Drüe, A. Gethmann-Siefert, C. Hackenesch, W. Jaeschke, W. Neuser und H. Schnädelbach, Frankfurt a. M. 2000, S. 317-374.

별 예술들의 역사적 중요성, 예술에 대한 내용적인 논의를 전면에 내세운다. 이 논의는 최종적으로 완결된 숙고라고 할 수 없을 정도의 매우 다층적인 것으로서 증명된다. 헤겔이 마지막 두 강의에서 발전시켰던 예술철학의 안(案) 또한, 그에게 시간이 허용되었더라면 문제점들을 계속 다루었을 것이며 자신의 생각을 정교화하고 차별화했을 것이라는 추측을 하게 한다. 베를린 미학강의들에 대한 원자료들을 본다면, 헤겔이 10년 전에 미리 세운 『미학』 발간 계획을 1831년 그가 사망할 때까지 실행하지 못했다는 것은 놀랍지 않다. 유고로 출간된 『미학』을 자세히 검증해 보면, 사람들은 더욱이 『미학』의 이러한 논의 수위가 헤겔이 남겨 두었던 그대로 보유되어 남아 있기를 바랄 것이다. 왜냐하면 호토의 세 권짜리 간행본으로 된 헤겔 『미학』의 "완성"은 편집자에 의해 선택된 체계적 구조화에서뿐만 아니라, ―그리고 무엇보다― 헤겔이 강의에서 진술했던 개별 예술들에 대한 주의 깊은 비판적 논의와 비교함에서도 문제가 있는 것으로 증명되기 때문이다.

강의들의 종료와 『미학』의 완성

헤겔 저서를 그의 사후에 완성하려 했던, 특히 강의편집을 양도받았던 "친구들과 후원자들"은 당연히 이런 결론을 이끌어 내지 않았다. 후대에 ―인쇄본 「서문」에서 말하고 있듯― 셸링Schelling 또는 졸거Solger의 개념구상들과 경쟁할 수 있을 만할 헤겔의 위대한 체계적 『미학』을 전승해 주기 위해 헤겔의 숙고들을 가공하고 완성하는 것이 그들에게는 명백히 필요했을 것이다. 호토가 스승의 사후에 이 과제를 넘겨받는다. 의심할 나위 없이 그는 헤겔 강의들에 관한 원자료들에 의거하지만, ―체계화와 완성 과정에서― 종종 자신의 자료를 훨씬 멀리 넘어섰다. 『미학』

에서 헤겔의 이름으로 공개된 일련의 숙고들에 대해서는 호토 자신의 출판들과 이 중 특히, 『미학』과 동시에 나왔던 『삶과 예술을 위한 예비연구 *Vorstudien für Leben und Kunst*』및 (서거한 스승을 대신하여 행한) 1833년 여름의 "미학 강의"와[13] 미술비평, 음악비평들에서 원자료가 발견될 수 있다.

독자는 호토가 의도한 개입의 정확한 특성서술을 1835년 이래의 『미학』 초판 「서문」에서 볼 수 있다. 하지만 유감스럽게도 이 「서문」은 지금까지 충분히 주의 깊게 읽혀 오지 않았다. 그렇지 않았다면 이미 헤겔 『미학』의 첫 수용자들이 이 텍스트의 신빙성과 연관하여 굉장한 회의를 품었을 것이다. 『미학』이 발간되었을 무렵 이런 종류의 몇몇 의문들이 있었을 수도 있다. 왜냐하면 호토는 헤겔의 베를린 강의들에 대한 자신의 노트기록에서 또 다른 헤겔과 헤겔 숙고들의 다른 경향을 발견하는 사람들에게 이다음에는 (즉, 계획된 제2판본에서는) 자신의 모든 관련 원자료들의 정확한 목록작성을 제시할 거라는 희망을 주며 달래는 것이 필요하다고 밝혔기 때문이다. 또한 그는 헤겔 미학강의들에 관한 자료(헤겔의 노트들과 강의필기록들) 자체가 너무나 미완적이어서 실로 감당할 수 없는 과제가 편집자의 손에 주어질 정도였음을 회의적인 수용자들에게 알려 준다. 다른 강의들의 편집자는 적어도 체계적으로 잘 짜인 개념구상을 사용할 수 있었던 것에 반해, 미학강의들에는 예술이론과 예술들에 대

---

13 원주 이에 대해서는 A. Gethmann-Siefert, "Ästhetik oder Philosophie der Kunst. Die Nachschriften und Zeugnisse zu Hegels Berliner Vorlesungen", in: *Hegel-Studien*, 26 (1991), S. 92ff; H. G. Hotho, *Vorstudien für Leben und Kunst*, hrsg. und eingeleitet von B. Collenberg-Plotnikov, Stuttgart-Bad Cannstatt 2002; H. G. Hotho, *Vorlesung über Ästhetik oder Philosohpie des Schönen und der Kunst, Berlin 1833. Nachgeschrieben und durchgearbeitet von Immanuel Hegel*, hrsg. und eingeleitet von B. Collenberg-Plotnikov, Stuttgart-Bad Cannstatt 2004; 또한 F. Iannelli, "Friedrich Theodor Vischer zwischen Hegel und Hotho"(앞의 각주 9) 참조.

한 논의를 잘 정리한 서술뿐만 아니라 근본적이며 체계적인 구성도 명백히 결여되어 있다. 호토는 특별히 다른 자리에서도 강조하듯이, 이런 체계학을 자신이 강의들 내에 통합시켜야만 했다.[14] 그러니까 『미학』을 셸링 또는 졸거의 위대한, 이미 출판된 체계적인 개념구상들과 나란히 경합 가능한, 실로 이것들보다 월등한 저작으로서 옹호하고자 한다면, 『미학』 내 통상적 체계학의 통합 ―이는 호토가 대범하게 변증법적 양식으로 계획한 것인데― 외에도 단편적으로 흩어져 있는 생각들의 세련된 형식화가 필요하게 된다. 호토는 인쇄 준비를 하면서 이런 과제도 떠맡았고, 이러한 방법으로 자신의 스승이 뜻한 『미학』의 단초를 완성할 수 있다고 생각했다.

호토가 『미학』 초판의 「서문」에 쓴 것은 ―최소한 오늘날의 독자들에게는― 예술의 의미에 관한 헤겔의 생각을 대폭 변경한 것과 미화한 것에 대한 자백이다. 그런데 이런 변경과 미화는 헤겔의 미학강의들과 현재 주어진 증거들(호토 자신이 사용했던 것들과 부분적으로 동일한 것들인데)을 더 정확히 비교할 때 심한 개악改惡으로 증명된다. 헤겔 자신은 『엔치클로페디』와 함께 명백하게 자신의 『미학』의 체계적인 기초를 수중에 가지고 있으며, 또한 청강자들이 이를 알고 있다고 여겼었다. 왜냐하면 『엔치클로페디』는 그의 청강자들에게 강의 교재로 사용할 수 있게 제공되었고, 헤겔은 엔치클로페디 강의를 미학강의들과 교대로 했기 때문이다. 그렇

---

14 원주 여기에는 특히 H. G. 호토의 소고, "미의 형이상학에 관하여(Über Metaphysik des Schönen)"(in: *Deutsches Kunstblatt*, Berlin 1834, S. 279f, 287ff, 290ff, 303ff, 310ff, 331ff, 339f, 359ff) 가 언급될 수 있다. 왜냐하면 이 소고는 호토가 헤겔 『미학』에도 통합시켰던 체계학에 관한 해명을 주기 때문이다. 이에 관해서는 C.-L. Michelet, "Hotho gegen Vischer: Über Metaphysik des Schönen", in: *Der Gedanke*, 2 (1861), S. 90ff 참조.

기 때문에 헤겔은『미학』에서 절대지의 첫 계기로서의 예술의 의미를 체계적으로 해명하지 않고, 그 대신 자신의 체계적인 개념구상을 현상학적으로 발전시키기 위해, 그리고 철학적 미학의 대안적 시도들과 대비 속에서 이 구상의 납득가능성을 설명하기 위해 현상학적 단초, 예술들의 역사적 현상의 규정과 예술에 관한 여러 이론적 시도들을 비판적으로 선별하는 것을 택한다. 그런 다음 헤겔은 "체계 일부"를 미학으로 발전시킴에 있어서는 —강의 원자료들과 그의 원고의 그나마 알려진 부분들의 상태가 보여 주듯— 종결된, 자신의 요구들을 충족하는 발간을 할 만한 형식에 이르지 못했다. 하지만 그는 그럼에도 강의에서 강의로 확장하고, 변경하고 보충했던 일련의 매우 흥미로운 숙고들을 개진하였다. 많은 학생들은 이러한 숙고들에 매우 고무되어 자신의 강의직필본 또는 깨끗한 글씨의 정서록을 제본하여 희귀본장서에 현 상태로 보존했고, [이를 후대에] 명확히 전달하였다. 이런 방식으로 헤겔의 베를린 미학강의에 관한 상당한 수량의 증거들이 도서관에 보존되었으며, 이후 점차 재발견되었다.

『미학』에 관한 호토의 「서문」에서 유추되는 것은 그가 기본적으로 1823년과 1826년의 강의기록물들을 사용했다는 것이다. 호토는 마지막 강의를 다소간 혼란한 것으로 간주하는데, 헤겔이 마지막 강의에서 교육학적 압박에 너무 많이 양보했고, 가운데 두 강의의 엄격한 형식을 어렵잖게 포기했을 것이라고 보기 때문이다. 호토는 명백히 "일반부분"과 "특수부분"으로 강의를 이분二分한 것을 그런 보다 엄격한 형식으로 본 것이다. 헤겔은 "일반부분"에서 이념상을 서술하고 —호토는 이 이념상을 "이념의 감각적 현현sinnliches Scheinen der Idee"으로 규정한다(『미학』에 관한 현존하는 원자료 어디에서도 발견되지 않는 규정)—, 예술형식을 "예술"이라는 역사적 현상의 변증법적 구조화로서 내지는 이념상의 "실현"의 문화적인 여러 가지 형식들로서 서술한다. "특수부분"은 처음의 [1820/21년, 1823년] 강의들에서 ─1826년 때보다─ 현저히 더 간결하게 누락되었던 예술장르들과 예술작품들에 대한 범례적인 논쟁을 포함한다. 호토는 1828/29년 마지막 강의에 대한 자신의 유보들에도 불구하고 『미학』을 발간함에 있어 사실 이 마지막 강의의 삼분화된 구성을 기초로 한다. 즉, 그는 종결하는 "개별부분"에서 수차례 반복들을 무릅쓰고 헤겔의 예술판단들을 다루는데, 이 방식이 사변적 예술사에 대한 자신의 고유한 개념구상의 "최상급 법에 따른" [즉, 변증법에 따른] 예술판정에 상응하기 때문이다.[15]

『미학』의 이런 구성은 오늘날의 독자들에게 이를 읽을거리로 하도록 동기를 유발하기보다는 오히려 겁을 준다. 『미학』이 광대한 세 권의 저작으로 부풀어 난 것이다. 또한 여기에는 마찬가지로 강의들과 눈에 띄는 차이가 있는데, 이 차이는 텍스트의 조직화에 그 원인이 있다. 말하자면, 헤겔은 1828/29년 마지막 강의를 위해 『미학』에 관한 자신의 자료를 다음과 같이 재정렬했다. 즉, 그는 "일반부분"과 "특수부분"에서 체계적 숙고들을 상대적으로 간략하게 요약하지만, 그런 다음 예술들의 세계

---

15 원주 이에 대해서는 무엇보다 A. Gethmann-Siefert, "H. G. Hotho: Kunst als Bildungserlebnis und Kunsthistorie in systematischer Absicht ─ Oder die entpolitisierte Version der ästhetischen Erziehung des Menschen", in: *Kunsterfahrung und Kulturpolitik im Berlin Hegels*, hrsg. von O. Pöggeler und A. Gethmann-Siefert, Bonn 1983, S. 229ff 참조. ─ 호토 자신은 그의 "최고의 학문적 목적"으로서의 "사변적 예술사"의 이러한 개념구상을 폰 알텐슈타인(von Altenstein) 장관에게 보내는 편지에 다음과 같은 말로 추천했다. 그는 "미학을 오직 예술사와의 밀접한 결합에서 다루는 과제를" 스스로에게 설정했는데, "이러한 방식으로 예술들의 역사적 발전을 통해 보편적인 미학적 원리들의 정당화와 검증을 제공하기 위한 것"이라고 했다(W. Waetzoldt, *Deutsche Kunsthistoriker. Von Passavant bis Justi*, Leipzig 1924, Bd. 2, S. 54에서 인용).

를 다루는 "개별부분"에서는 특히 '상징적 예술형식'과 '낭만적 예술형식'을 위한 예들을 상세하게 논한다. 인쇄본『미학』에는 헤겔이 상론한 모든 예들이 이중으로, 때론 삼중으로 언급되며 나타나는데, 이는 호토가 그 예들을 "일반부분" 또는 "특수부분"에뿐만 아니라 세 번째의 "개별부분"에도 가져와 서술하기 때문이다. 이것은 이중언급, 때로는 더욱이 삼중언급을 낳을 뿐 아니라, 게다가 ―호토가 가공작업을 하면서 헤겔의 서술에 관여하기 때문에― 가끔은 또한 너무나 다른 판정들을 낳는다. 이런 편집 방식으로 인해 헤겔의 강의 텍스트는 광대한 책들로 길어지는데, 이 책들은 1842년 (제2판) 이래 여타의 모든 헤겔『미학』판본들의 기초가 된다.[16]

권수가 많은 인쇄저작과는 달리 헤겔 강의의 필기록들은 두 가지 이유에서 매우 동기를 유발하는 것으로서 증명된다. 말하자면 먼저, 빈틈없는 서술에 의해, 그리고 다른 무엇보다도 학생들이 대부분 아주 잘 이해하여 기록했던 간명한 논술에 의해 그러하다. 인쇄본『미학』에서 비판적 독자를 거슬리게 하는 것, 즉 개별 예술들에 대한 빈번한 모순적 진술들, 명백하게 변증법적으로 구축된『미학』의 각 부분들 간의 수긍하기 어려운 이행들이 [필기록들에는] 전혀 없다. 호토가 추가개선이 필요하다고 여기는 다른 장소들에서도 강의기록물들에서 전승되는 그대로의 진술들이 더 수긍할 수 있게 작용한다. 독자는 헤겔의 베를린 미학강의에 대한 이런 기록물들을 통해 헤겔『미학』또는 예술철학의 실상에 대한 통찰과

---

16 원주 간행본에서의 호토의 작업방식에 관한 특성서술에 관해서는 A. Gethmann-Siefert, "Einleitung: Gestalt und Wirkung von Hegels Ästhetik", in: G. W. F. Hegel, *Vorlesungen über die Philosophie der Kunst. Berin 1823. Nachgeschrieben von H. G. Hotho*, hrsg. von A. Gethmann-Siefert, Hamburg 1998, S. XVI-CCXXIV, 특히 S. XCff 참조.

헤겔 고유의, 그의 청강자들이 직접 파악한 생각들과 논쟁할 수 있는 가능성을 각기 얻는다.

원자료들로 되돌아가서: 1826년 강의

1826년 여름학기 강의의 "실상"은 특별히 흥미롭다. 왜냐하면 헤겔이 이 강의에서 명백하게 그의 전체 단초를 다시 한번 점검했으며, 수많은 예들을 통합함으로써 이를 신뢰할 수 있도록 하고, 체계적 개념구상의 측면에서 소위 "물샐틈없이" 만들고자 했기 때문이다. 그런 착수는 명백히 필요했는데, 자신의 철학, 즉『엔치클로페디』의 발전 및 체계적 개요, 그리고 이에 상응하는『엔치클로페디』강의들의 발전과정에서뿐만 아니라 미학강의에서도 예술의 증대하는 특성서술에 대한 의문이 그에게 생겼을 수 있기 때문이다. 이런 의문은 확실히, 헤겔이 맞서야만 했을 비평적 반대의견 표명들과 논쟁들을 통해서도 촉진되었다. 그래서 특히 그의 "그 최고의 가능성에 따른 예술의 과거성 특성"에 관한 논제는 "예술의 종말론"으로의 파괴력 있는 번안에서 이미 베를린 미학강의 시기 무렵에 몇몇 혼란들을 야기했는데, 이 혼란들은 많은 비판적 목소리들로 커져 갔다.[17] 헤겔은 이와 같은 회의론자들과 비판가들에 맞서서 그의 체계적 개념구상을 다음과 같은 확증, 즉 자신의 철학적 단초가 예술이라는 역사적 현상과 예술들의 여러 가지 문화적 각인들의 편견 없는 규정으로 이끌 수 있다는 것, 그리고 어느 정도 그러한지의 확증을 통해 옹호해야

---

17 원주 이에 대해서는 무엇보다 A. Gethmann-Siefert, *Ist die Kunst tot und zu Ende? Über-legungen zu Hegels Ästhetik*, Jena/Erlangen (*Jenaer Philosophische Vorträge und Studien*, Bd. 7), Erlangen: Palm uns Enke Verlag 1993.

만 했다.

헤겔의 베를린 미학강의에 관한 연구에서 원자료들을 근거로 확증할 수 있었을 것은 다음의 것이다. 즉, 헤겔 자신이 그의 숙고들의 "현재성"과 선입관으로부터 자유로움을 옹호한 것이, 호토에 의해 편집된 텍스트판을 기초로 헤겔『미학』의 현재성을 확증하려는 오늘날의 시도들에 맞서 그 자체로 명료한 장점들로 확정될 수 있다는 것이다. 특히 1826년 강의필기록 독서물은 헤겔을 다음과 같은 철학자, 즉 그 자신의 단초를 검증하고, 가능한 한 넓게 파악하면서 예들에서 예증하고, 이를 통해 (그런 후 『엔치클로페디』의 마무리 손질에서 구체화되는) 체계적 논리귀결을 잘 논증된 것으로 증명할 수 있는 ㅡ비판들에 대해 열려 있는ㅡ 철학자로서 입증한다. 이런 헤겔은 인쇄본 『미학』속에 보이는 선명하게 만들어진 숙고들과 변증법적 모조품보다 분명히 훨씬 더 긴장감 있게 읽힌다. 왜냐하면 강의에서 헤겔은 그의 청강자들의 의문과 질문에 답하려고, 그리고 이들에게 비판적인 동시수행 및 추^追수행을 촉구하려고 노력했기 때문이다. 이런 것은 ㅡ학생들의 강의필기록들이 보여 주듯ㅡ 경탄할 정도로 잘 이뤄졌다. 비록 대부분의 학생들이 원칙적으로 사실에 입각해 집중된, 그럼에도 개진방식에 의해서는 오히려 따라가기 힘든 헤겔의 생각들을 함께 수행하는 것이 전혀 간단하지 않은 감행이었다는 것에 의견이 일치하였지만 말이다.

예술의 체계적 규정의 시금석으로서 헤겔의 1826년 강의

헤겔은 1826년 여름학기 강의에서 다시 한번 자신의 『미학』의 체계적 구축에 대해, 물론 예술들의 규정들에 대해서도 매우 집중적으로 논의를 펼친다. 이 강의는 네 시간씩 행해졌는데, 헤겔은 이 강의를 "미학 또는

예술철학Aestheticen sive philosophiam artis"이란 제목으로 공지했다.[18] 폰 데어 포르텐von der Pfordten 학생의 강의필기록은 1826년 강의에 속한 네 편의 직필본Mitschrift 가운데 하나이다. 이런 직접적인 원자료들은 [강의에서] 구술된 단어들과의 근접함 때문에 연구에서 특별히 흥미롭다. 이런 사실은 어느 정도 완화된 면이 있지만 이 강의를 증빙하는, 추후에 세심하게 정서된 노트들에도 유효하다.[19] 폰 데어 포르텐의 강의직필본은 우리가 의심의 여지 없이 헤겔의 숙고들을 성공적으로 함께 수행할 수 있는 예이다. 이 직필본은 "예술철학"이라는 제목을 가지며, 일곱 권의 노트로 92장, 즉 183쪽 분량이다. 그리고 함축성 있는, 주해하는 난외주[傍註]들이 산발적으로 부여되어 있다. 이 직필본은 강의를 온전하게 전해 준다. 폰 데어 포르텐은 헤겔 숙고들의 간명한 구성, 그의 논거들의 실재적인 공략방향, 그리고 그가 『엔치클로페디』내 예술의 체계적인 중요도 판정을 위해 예술의 역사적 기능을 현상학적으로 분석하여 획득한 결론들에 대한 훌륭한 통찰을 제공한다.

이 직필본은 강의에 대한 어떤 개별화된 증거가 아니라 알려진 필기록들 가운데 하나의 전체 시리즈 [즉, 여러 해의 강의필기록들 가운데서도 1826년의 모든 필기록 시리즈] 중 하나의 표본을 제시하기 때문에 숙고들이 낱낱이 매우 잘 점검될 수 있으며, 비록 강의의 간결한 재생일지라도 각각 능숙한 것으로서 입증되었다. 폰 데어 포르텐은 비록 헤겔의 숙고들을 개

---

18 원주 *Briefe von und an Hegel*, Bd. 4, Teil 1: *Dokumente und Materialien zur Biographie*, hrsg. von F. Nicolin, Hamburg 1977, S. 117 그리고 S. 123 참조.

19 원주 1826년 강의의 더 정확한 특성서술에 대해서는 A. Gethmann-Siefert, "Ästhetik oder Philosophie der Kunst. Die Nachschriften und Zeugnisse zu Hegels Berliner Vorlesungen", in: *Hegel-Studien*, 26 (1991), S. 97ff 참조.

별적인 것까지 함께 추적하지는 못했지만, 헤겔이 그 자신의 숙고들을 비판적으로 문제시하기 위해 그때그때 인용했던 감동적인 예들을 아주 정확하게 기재하는 것은 성공적으로 해냈다. 그렇기 때문에 그의 직필 본은 헤겔의 철학적 미학 내로의 승차, 특히 핵심질문, 즉 체계적인 철학 적 미학을 시도하는 것의 현재성에 대한 물음을 헤겔과의 논쟁에서 논 하도록 동기를 부여하는 훌륭한 승차로서 입증된다.[20] 헤겔은 비록 자 신의 개념구상을 원칙적으로 바꾸지 않을지라도 이 강의에서 새로운 중 점들을 둔다. 먼저 그는 —필기록들이 증빙하듯— "일반부분"과 "특수부 분" 두 개로 나눈 원래의 구성을 유지한다. 헤겔은 이 두 부분 앞에 다시 금 "도입부Einleitung"를 넣는데, 이 도입부는 동시에 분류, 그러니까 현상 에 방향을 맞춘 숙고들의 구조화를 미리 제시해야 하는 것이다. 더구나 내용적으로는 위치변경에 의해, 헤겔의 관심들이 한 번 더 확실하게 만 드는 중요도 재판정에 대한 암시들이 밝혀진다. 이와 같이 "도입부"는 단 초에 대한 더 차별화된 논증과 함께 시작한다. 헤겔은 —계몽 미학, 특히 칸트 미학처럼— 자연미의 규정에서 시작하기를 원하지 않고, 정신적인 미이기 때문에 더 높은 것으로서의 예술미에서 시작하려고 한다. 그는 1823년 강의에서 "일반부분" 시작에 정립한, 자연에서의 무기적 및 유기 적이며 생동적인 미에 대한 언급을 이제는 곧바로 시작으로 다룬다.[21]

---

20 원주 여기 놓인 필기록에 관한 이러한 판단을 독자는 다른 1826년 강의기록물들을 근거로 하여, 그러니까 얼마 전에 발간된 프리드리히 카를 헤르만 빅토르 폰 켈러의 "미학 또는 예술철학"(앞의 각주 6)이라는 제목의 글에서 검증할 수 있다. — 1826년의 그 외 필기록들 의 기록화작업에 의한 보완과 —이 기획과 병행하여— 1828/29년 마지막 강의기록물들에 대한 마찬가지로 포괄적인 해명이 [출간] 예정되어 있다[그중 Adolf Heimann의 1828/29년 미학 강의 필기록이 2017년 W. Fink 출판사에서 출간됨].

『미학』의 첫 번째인 "일반부분"은 서로 분리된 두 개의 "항들", A) 이념과 이념상의 규정과 B) 그 역사적 특수성에서의 예술미의 규정, 즉 세 가지 예술형식의 규정으로 구성된다. 두 번째 또는 "특수부분"은 개별 예술장르들과 여러 가지 예술들의 특성서술에 할당되는데, 그러함에 있어 헤겔은 이 예술장르들을 이념상의 현실화 방식과 이 현실화의 특질을 나타내는 종류―구체적 형태로 이념을 명시하기―와 연관하여 구상한다. 형태화의 이런 역사적 개념구상, 즉 예술형식의 규정들을 위한 여러 가지 예술들 의미의 예증은 일련의 개별 작품들의 특성서술을 통해 지지된다.

또한 흥미로운 것은 내용적인 중요도 판정의 계속된 변경들이다. 이렇게 헤겔은 이념상 규정과 고전적 예술형식 내에서의 그 현실화를 앞의 강의들에서보다 오히려 더 간략하게 서술하는 반면, "상징적 예술형식"의 특성서술을 확대하고 정교화한다.

---

21 원주 이를 통해 비록 처음의 숙고들이 확장된다고 할지라도, 이 확장은 이념상 규정의 맥락에서 나중의 숙고들과 함께 확실히 자연미에 관한, 인쇄본 『미학』에서는 매우 넓게 펼쳐졌던 그 부분의 미진한 사유 윤곽을 제공한다. 개개에 있어서 그 부분의 내용적인 형성은 의심의 여지 없이, 무엇보다 호토 자신이 1833년에 행한 미학강의가 아니라 그 밖의 원자료들을 참조하도록 한다(Vorlesung über Ästhetik oder Philosophie des Schönen und der Kunst, Berlin 1833 참조; 앞의 각주 13). 이 강의에서는 미 이념에 대한 반대명제(Antithese)인 변증법적 대립물/상대물이 자연미에 귀속된다. ― "일종의 체계화"인데, 호토는 명백하게 그런 후 헤겔 『미학』에서도 이를 포기하지 않으려 했다. 왜냐하면 그는 다른 위대한 미학자들과의 경쟁을 견뎌 내기에는 헤겔의 단순히 "표제어적인(lemmatische)" 도입부가 충분하지 않다고 여겼기 때문이다. 호토 자신은 『미학』의 「서문」에서 이러한 방책 및 모든 다른 개입들을 정당화한다. "또한 여기에서 부당함을 보고자 하는 자, 그런 자에 대해서는 나는 보증을 위해 헤겔 철학과의 13년간의 신뢰성, 그 철학의 장본인과의 지속적인 우정 어린 친교, 그리고 그의 강연의 모든 뉘앙스에 대한 어떤 것에도 약화되지 않은 회상을 그런 자에게 맞서 내놓는 것 외에는 모르겠다"["Vorrede", S. XV; 이에 대해서는 A. 벤데(Wende)의 책 『아름다운 예술의 주요 시기들 또는 세계사 경과 속의 예술(Über die Hauptperioden der schönen Kunst oder Die Kunst im Laufe der Weltgeschichte)』에 대한 그의 서평 및 "Vorrede", S. V 참조].

아마도 1826년에 이미 준비된 [1828/29년] 마지막 강의의 삼분화된 나중의 구성을 전제한 채, 헤겔의 예술의 종말론에 새로운 빛을 비출 흥미로운 숙고가 "상징적 예술형식" 규정의 마지막 무렵에 보인다. 말하자면, 헤겔은 여기서 상징적 예술형식의 요소들이 근대, 즉 낭만적 예술형식의 틀 내에서 어느 정도 계속 생명을 보존할지, 그리고 여기서 어느 정도 형태화뿐 아니라 내용들과 관련된 예술들의 확장으로 이끌어 갈지의 물음을 제기한다. 헤겔은 특히 셰익스피어와 괴테의 『서동시집West-östlicher Divan』에 대해 논하는데, 그는 이들의 작품에서 "상징적 예술형식"이 현재까지 영향을 미치는 예술형태의 연속을 발견한다. 이로써 그는 특성적인 표현과 숭고한 또는 더 이상 아름답지 않은 표현에 이르기까지 낭만적 예술형식 내 특수한 미의 확장을 준비한다. 헤겔은 아름다운, 그러나 내용적으로는 무의미한 예술의 예시로서, 건축에서부터 회화, 무용, 음악, 그리고 성악 및 극劇을 넘어 예술의 모든 형태적 가능성들을 종합하는 오페라를 논한다. 아름다우며, 물론 그 내용들도 중요한 예술의 예는 『서동시집』인데, 왜냐하면 헤겔은 게르만 유산을 향한 통상적인 동시대 정향定向의 병적 혐기에 대한 비판과 반성에 필요한 시적 형식을 『서동시집』에서 보기 때문이다. 이 시집은 "사물에 있어서 유쾌함"이라는 실체성의 형식을 통해 낭만적 예술형식을 보완할 능력이 있다는 것이다. 여기에는 고전적 예술에 대해 규범적인 조각 및 극 내의 직관적인 모범적 행위들 같은 것 대신 확실히 반성적 터득이 들어선다. 여러 차례 선언된 "객관적 유머"가 그러한 것이다. 헤겔은 반성과 짝을 이룬 미와 특성적인 것의 이런 중요성의 형식 이외에도 더 이상 아름답지 않은 예술들, 예술 내 추한 것의 가능성, 더욱이 필연성을 논증한다(그는 『엔치클로페디』에서도 이를 두드러지게 강조했다). 그는 다시 숭고한 것과 결부되는, 더 이상 아름답지 않은, 그러나 내용적으로 의미가 충만한 예술에 대한 탁월한 예를 실러Schiller의 극들에서 찾는다.[22]

『미학』의 기초적 개념구상 및 새로운 중점들을 위해 여하간 흥미로운 것은 사실 헤겔의 이념상 규정이다. 헤겔은 이 규정을 예술들의 역사적 특성서술, 그리고 예술형식들과 예술들의 세계 내 개별적 형태와 작용방식의 서술에 앞서 다룬다. 전체 강의기록물들, 즉 1820/21년 강의를 위한 것뿐 아니라 1823년 호토 자신의 직필본과 1826년, 1828/29년 마지막 강의들의 직필본들에 대해서는 다음과 같은 일관되게 타당한 조사결과가 밝혀지고 있다. 말하자면, "이념의 감각적 현현"이라는 이념상의 통상적 규정이 헤겔의 강연에는 나타나지 않는다는 것이다. ― 그 이유는 사람들이 가정하건대, 이 교묘한 공식화가 학생들에게서는 예외 없이 전적으로 사라졌기 때문인 것으로 볼 수 있다.[23] 헤겔 자신은 그의 공개적인 숙고들에서, 또한 강의들에서 이념의 "감각적 현현", 그러니까 단순히 감각적인 재현의 자리에 현존재, 실존으로서의, 그리고 ―이것은 『미학』외의 모든 그의 숙고들에도 타당한데― 이념의 생동성, 따라서 생동적인 작용성을 이념상의 규정으로 제시한다. 여기에서 명백한 것은, 헤겔에게는 직관의 정신성을 강조하고 예술에 특수한 감각적 여건 및 직관의 방식을 강조하는 것이 중요하다는 것이다. 그러나 이런 강조가 [호토가 편집

---

22 <u>원주</u> 이런 숙고들은 여러 필기록들을 비교한 일련의 개별연구들에서 파악되었다. 이에 대해서는 A. Gethmann-Siefert, *Die Rolle der Kunst in Geschichte und Kultur* (앞의 각주 5) 참조. 특히 "상징적 예술형식"의 발전은 이러한 측면에서 흥미롭다. 이에 대해서는 또한 J.-I. Kwon, *Hegels Bestimmung der Kunst* (앞의 각주 3) 참조.

23 <u>원주</u> 이 조사결과는 이미 몇 편의 강의 원자료에 대한 라손(Lasson)의 비판적 검정에서 명백히 제시된다. G. W. F. Hegel, *Die Idee und das Ideal*, nach den erhaltenen Quellen neu hrsg. von Lasson, Leipzig 1931 (G. W. F. Hegel, *Sämtliche Werke*, hrsg. von G. Lasson, Bd. Xa).

한 인쇄본] 『미학』의 정의에는 사라지고 없다. 예술 규정의 "독단적인" 생소화와 오인들에 대한 비판 또한, 헤겔이 예술에 그 역사적 권리와 중요성을 부여할 형편이 전혀 아니었다는 것을 나타내기 위해서 일반적으로 이 정의를 악용하였다.

이념상의 규정에서 직접적으로, 즉 자연미와 그것의 상세하고 체계적인 해설 없이 예술미 및 이와 더불어 예술작품의 규정이 연결되는 사실도 인쇄본 헤겔 『미학』의 독자들을 놀라게 한다. 왜냐하면 거기에서는 먼저 자연 속에 나타나는 미의 모든 가능성들의 상세한 규정이 이념상 규정에 이어지기 때문이다. 그렇다면 예술미를 "정신에서 탄생한" 미이기 때문에 더 높은 것이라고 처음에 그렇게 단호하게 발언하며 옹호한 헤겔이 이념상을 그다지 진지하게 여기지 않았던 것으로 보일 수 있다. 강의 수강자들, 또한 1826년 강의 수강자들에게는 그런 혼란이 지속적으로 면해졌다. 마찬가지로 그들은 『미학』의 독자를 성가시게 하는, 성찰들의 변증법적 일탈과 우회들로 인해 괴로워하지 않아도 되었을 것이다. 왜냐하면 "청강자에게 긴장감을 주고 감탄을 자아내기 위해 결코 한 번도 어떤 것이 변증법적으로 뒤엉키지 않았기" 때문이다.[24]

변증법적 뒤엉킴 대신 사려 깊은 명증성 — 예술, 문화, 미 그리고 추에 대한 헤겔

모든 베를린 예술철학강의들처럼 헤겔의 1826년 미학강의는 다음의

24 원주 이 주석은 (철학사 강의와 연관된 것인데) "R. J."로 표시된 『전기적 회상(*Biographische Erinnerungen*)』에서 보인다(*Jahrbücher der Gegenwart*, hrsg. von A. Schwegler, Tübingen 1847, S. 739ff; *Hegel in Berichten seiner Zeitgenössen*, hrsg. von F. Nicolin, Hamburg 1970, Nr. 435, S. 283 참조).

사실, 즉 독단적으로 화석화된 철학적 체계를 역사적 현상들, 상이한 시기와 문화들 내 예술과 예술들의 발전에 단순히 적용하는 것이 여기서는 결단코 중요하지 않았다는 것을 보여 준다. 그 반대이다. 헤겔의 철학적 체계는 오히려 칸트적 의미에서의 "규제적 이념"의 기능을 갖는다. 중요한 것은 예술들을 반성적으로 다루는 방법론적 초안설계, 과거 및 현재에서 예술의 문화적 의미 규정이지, 체계적 외장 속에 이런저런 역사적 현상들을 봉인하는 것이 아니다.

헤겔 『미학』에 대한 논쟁에서 우리는 매우 빈번히 베를린 미학강의들의 간행본에 다음과 같은 기대를 걸었다. 즉, 헤겔이 여기서 어쩌면 자신의 독단적 체계학을 중단했을 것이라고, 그리고 특히 "예술의 종말"에 대한 귀찮은 논제를 포기했거나 내지는 이를 진지하게 의미하지 않았을 것이라고 말이다. 우리는 두 경우 모두에서 실망하게 된다. 먼저, 헤겔이 그의 미학강의들을 체계적으로 구축하지 않았을 것이라는 『미학』 초판 「서문」 속 호토의 불평은 실로 이 강의들 자체가 어떤 다른 이미지를 제공할 것이라는 희망을 촉발했었다. 사실 인쇄본 『미학』에서 독자는 예술형식들의, 물론 또한 개별 예술들의 역사적 이행들을 각각 변증법적-개념적인 구조화들과 더불어 합법화하는, 직선적으로 경직된 체계학을 목전에서 발견하게 된다. 이것은 확실하며, 모든 해석자들에게 있어 처음부터 명백하게 헤겔 『미학』의 취약한 부분들이다. 대표적으로 Ch. H. 바이세Christian Hermann Weisse의 비판을 인용할 수 있다. 바이세는 인쇄본 『미학』의 서평에서 헤겔이 그의 『미학』 체계를 마침내 체계적으로 허무맹랑하게 남게 한 상념, 변증법에 대한 매우 목석같은 상념을 그의 강의 속에 지어 넣었다고 비난한다.[25] 헤겔의 학생들 가운데 바이세처럼 『미학』의 발간이 아니라 강의와 연관 있는 한 학생은 이에 반해 다음의 사실을 강조한다. 즉, 헤겔은 "마치 강단에서 모범적이라 불릴 것이 틀림없는 명증성과 대중성을 가지고 말했는데", 그러함에 있어 특히 변증법적 뒤엉킴을 중단한 것이 그런 칭송을 불러일으켰다는 것이다.[26] 헤겔은 또한 매우 자주 그의 해석자들로부터 변증법적 체계화의 독단적-기계론적 형식에 반反하는 형안의 예술판정가로, 위대한 현상학자로서 옹호되었다(O. Marquardt). 한편으로는 이런 시도들이 베를린 미학강의들의 강의필기록들 내에서 뒷받침되며, 다른 한편으로는 실로 동시에 체계사유의 일반적인 과업[변증법적 체계화]은 수포로 돌아간다. 헤겔 자신은 사실 강의에서 『미학』의 체계를 별도로 개진하지 않았는데, 그렇게 한 이유는 그가 『엔치클로페디』에서 그 체계를 그때그때 미리 발전시켰으며, 그리고 자신의 학생들이 "강의들에서 사용하도록" 전체 체계의 이러한 개요를 그들의 수중에 넘겨주었으므로 이를 또한 전제할 수 있었기 때문이다.

두 번째 실망은, 헤겔이 그의 강의들에서 그때그때마다 "예술의 종말" 논제의 의미를 옹호했다는 것이다. 그에게 있어서 예술은 실제로 그것의 포괄적인 문화적 중요성, 즉 국가가 동시에 "예술작품"이었고 예술에 의해 지지되고 형태화되었던 그런 문화, 말하자면 고대 그리스에서 예술이 가졌던 중요성을 상실했다. 그리스에서는 직관적 표현, 즉 신 형태들과 신 표상들의 "고안"을 거쳐 인륜성을 매개하는 과제가 예술에 속했던 것이다. 신적인 것의 표상, 그리고 이와 더불어 특정한 예술형태와의 동일화는 "분별을 촉구하는 이성"에 의해 규정된 시대인 근대에 대해서는 더

---

25 원주 *Hallische Jahrbücher für deutsche Wissenschaft und Kunst. Kritiken, Charakteristiken, Correspondenzen, Übersichten*, Nr. 210-215 (September 1838) 참조.

26 원주 R. J., *Biographische Erinnerungen* (앞의 각주 24).

이상 충분하지 않다. 헤겔이 그리스 비극에 관한 논의에서 그 위대함과 한계를 서술했던, 여기에 표현된 내용들과의 "긍정적인 동일화"도 마찬가지다(H. R. Jauß).[27]

우리는 이런 선택권을 근거로 하여 다음과 같은 자가 아닌 헤겔 역시 문제시해야만 할까? 즉, 예술에서 미美만 받아들일 수 있는 이론가, 그리고 그리스의 완성된 미에서 척도를 갖지 않거나 이 준거에 불충분한 모든 것을 거부하는 이론가가 아닌 헤겔을 말이다. 그리고 그의 예술의 체계적 규정을 비록 비철학적인 편견에 싸인 것으로서는 아닐지라도 적어도 낡은 것으로서 특성 지어야만 하는 걸까? 이런 비판은 인쇄본 『미학』에서 풍성한 자양분을 발견한다. 왜냐하면 거기에서는 마치 헤겔이 실제로 오직 아름다운 ―이제는 그러니까 기독교적인― 미술만 타당한 것이 되게 하며 모든 다른 것에는 최소한 회의적으로 대하는 것 같은 외양을 보이기 때문이다.

이에 반해 『엔치클로페디』 속의 미학 체계, 즉 절대정신의 왕국 내 예술의 배치에 대한 헤겔의 간략한 서술을 살펴보면, 여기에 어떤 다른, 계속된 숙고가 발견된다. 헤겔은 과거에는 아마도 전체 문화를 규정하고 형태화하였을 예술이 근세에는 종교에 의해서뿐만 아니라 특히 그것의 실천적-정치적인 논리귀결에서, 말하자면 국가라는 형태 속에서 유일한 방향제시력으로서는 시대에 뒤쳐졌다고 생각한다. 근세에서 예술은 첫째, 아름다운 표현을 통해서는 내용을 충족시키지 못한다. 예술은 아름

---

27 원주 이에 대해서는 O. Pöggeler, "Hegel und die griechische Tragödie", in: *Heidelberger Hegel-Tage 1962*, hrsg. von H.-G. Gadamer, Bonn 1964, S. 285ff 및 A. Gethmann-Siefert, *Die Funktion der Kunst in der Geschichte. Untersuchungen zu Hegels Ästhetik*, Bonn 1984, 특히 S. 228ff 참조.

다운 표현에서부터 추로까지 나아가야만 한다! 다음으로, 예술은 특정한 신화론적 표상들과 결합함으로 인해 분별력을 촉구하는 이성을 제한적으로만 충족시킨다. 아름다운 예술이 도달할 수 있는 최고의 것은 그리스 비극의 내용을 형성하는, 인륜적인 것 내의 그런 충돌의 표현이다. 아름다운 예술과 신적인 내용의 저와 같은 결합은 운명에 화답하는 용인할 수 없는 형식과, 이성의 법정 앞에서의 시험에 저항하지 못하는 행위정향(신적 명령의 무조건적인 복종)을 개인에게 요구한다.

하지만 헤겔이 강의들에서 현상학적으로 확실한 논거를 마련한 『미학』의 체계학에서 동시에 드러나는 것은 예술의 역사적 형태와 발전에 대해 문화적으로 중요한 것과 가능한 것의 매우 광범위한 스펙트럼(다양한 분광)이 열려 있다는 것인데, 이는 체계의 독단주의에 대한 비판자들이 가능한 것으로 여기는 것보다, 그리고 "예술의 종말"에서 출발하는 미학에 대한 회의가 인정하고자 하는 스펙트럼보다 훨씬 더 광범위하다. 헤겔은 명백하게 철학적 미학에 대한 그의 체계적 개념구상을 현상 및 이것의 역사적 발전과 전개에 정향된 논쟁과 결합시킨다. ─ 언제나 여러 시대에서의, 그리고 여러 문화들 속의 예술의 의미를 고려하면서 말이다.

헤겔의 출발점은 인간 문화 속의 예술과 개별 예술들의 의미에 대한 물음이다. 그리고 그는 상실된 것과 낯설게 된 것을 미감적 반성을 통해 다시 밝히기 위해 지난 시기들과 오늘날 낯설게 된 문화적 사유물들을 망라하여 예술들의 발전을 추적한다. 예술의 문화적 의미는 역사적 의식을 수립하는 것에 있으며, 그리고 예술직관이 반성과 결합되어 있기 때문에 이성을 위한 도야에도 있다.

예술의 문화적 의미에 대한 이러한 개념구상은 오늘날 이중의 방식으로 현재적이다. 즉, 헤겔은 오늘날 철학적 미학에 척도가 되는 논제들, 예를 들면 그가 자신의 단초, 즉 예술의 문화적 중요성에 대한 물음을 통해 잘 논증된 대안을 그것에 대립시켰던 "예술의 자율성" 논제와 드러내지 않고 논쟁한다. 이와 동시에 "예술의 자율성"과 결부하여 부가적으로 수용된 것들, 즉 예술가들의 규정, 결정적인 예술수용자들의 규정, 솔직히 말하면 천재 개념, 전문가에게 집중된 예술 및 예술의미가 비판된다. 헤겔은 이러함과 동시에, 오늘날 규범적인 단토^{A. C. Danto}의 예술이론에 의해 강령대로 요구되는 바인, "예술의 종말 이후" 예술이 "예술계" 내에 정착하는 것에 반대하며, 예술계로서는 전체 인간 문화를, 그런 세계 시민으로서는 곧 각각의 이성적 개인들을 생각한다.

헤겔은 이미 뉘른베르크 저서들에서 예술의 의미, 곧 창조 및 예술향유의 역사적 의미는 우리가 "우리를 위한" ―더욱이 예술애호가들 가운데 소수의 지성인들을 위해서만이 아니라 우리 모두를 위한― 예술의 중요성을 증명함으로써만 제시될 수 있다는 것을 강조한다. 이렇게 헤겔 『미학』은 분명히 예술가의 천재적 신神유사성의 의미에서도, 이것에 어울리는 범례적인 수용자, 즉 전문가의 비교불가능성까지 넓혀서도 천재 개념과 무관하다. 그 대신 헤겔에게 중요한 것은 예술이 그때그때 역사와 사회―자연적으로 성장한 사회들에서부터 시작하여 근대 국가에 이르기까지―에서 넘겨받을 수 있었던, 그리고 그랬어야만 했던 역할이다. 인간 문화를 위한 예술의 이러한 의미를 명백히 제시하는 것이 철학적 미학의 의미이자 목표이다.

오늘날에도 마찬가지로 그리 자명하지 않은 근본적 결단이 이런 단초와 결합되어 있다. 예술의 자율성이 아니라 인간의 자율성, 즉 "새로운 신성자^{der neue Heilige}"로서의 바로 그 "인간적인 것^{humanus}"이 헤겔에 있어서 중점이 된다. 체계적 관심에서 관철된, "예술"이라는 역사적 현상에 대한 철학적 논쟁은 이를 통해서 예술의 역사적 변이와 다채로움에 대한 전적으로 시사적인 서술로 이어진다. 헤겔에게 중요한 것은 명백하게, 과거의 완성된 예술을 이전 단계들에 반⑤해 옹호하는 —상징적 예술형식, 즉 숭고의 예술을 "아직" 아름답지 않은 예술로서 폄하하면서 자신의 현재 예술은 "더 이상" 아름답지 않은 예술로 매도하는 [인쇄본] 『미학』이 우리로 하여금 믿게 만들고 싶어 하는 듯한— 것이 아니다. 이미 『엔치클로페디』가 보여 주듯, 예술의 현재 발전에 대해서는 미에서 추에 이르기까지의 전체적 형태스펙트럼이 중요하며, 예술의 내용에 대해서는 "인간 가슴을 움직이는" 모든 것, 그러니까 그의 세계 관계와 행위함에서 인간과 관련되는 모든 것이 중요하다.

현재성의 구제 — 미학의 후원자와 비평가 vs 헤겔

체계적 미학에 대한 헤겔의 관심사와 관철 방식은 호의적 비평가들이라 할지라도 그들의 시도들을 통해서보다는 헤겔의 베를린 미학강의에 관한 원자료의 역사적·철학적인 작업을 통해 훨씬 잘 이해될 수 있고, 옹호될 수 있다. 헤겔에게 호의적으로 강조되는 것은 말하자면, 그가 매우 놀라울 정도로 예술들에 정통했으며, 체계적 미학에서도 바로 그러한 예들을 고려했다는 것이다.

흥미로운 것은 물론 —특히 1826년 미학강의에서— 헤겔이 개별 예술작품들에 대해 자세히 논했다는 사실만이 아니다. 이것은 그저, 처음부터 '헤겔 『미학』은 역사적 현상들의 철학적으로 미리 완결된 규정이 역사적 현상들의 현실성과 고유성으로의 시선을 차단한다는 의미에서 독단적'이라는 선입관에서 출발하는 자들을 어안이 벙벙하게 할 만했다. 또한 흥미로운 것은, 헤겔이 다뤄진 예들을 지속적으로 늘린다는 사실뿐만이 아니다. 헤겔이 자신의 시대와 과거의 예술에 대해 집중적으로 논술했다는 것은 적어도 그의 동시대인들, 그리고 이들과 함께 그의 수강생들에게 알려져 있다. 정말 놀라운 것은 다음의 사실이다. 즉, 자칭 예술의 종말, 적어도 예술의 현재적인 문화적 중요성의 종말을 선포한 것으로 보이는 철학자, 그리고 그 시대 작품들을 넘어서 ―그가 문자 그대로 말하듯― "더 아름다운 것은 있을 수도 될 수"도 없는 고전적 고대에 몰두했던 한 철학자가 자신의 강의에서는 눈에 띄게, 그리고 그의 수강생들에게 놀라운 방식으로 상징적 예술형식과 특히 낭만적 예술형식의 예술들 내 예술형태의 요소들, 바로 고전적 예술이 아니라 그런 지나간 가능성들을 회생시키는 요소들에 관심의 중점을 둔다는 사실이다.

그렇게 헤겔을 흥미롭게 한 것은 특히 셰익스피어와 ―어느 정도 한도 내에서― 실러에 있어서의 상징과 은유의 사용이다. 현대에 상징적 예술형식의 형태가능성들의 이런 연장은 상징적 예술형식의 마지막에 특별히 상론된다. 말하자면, 헤겔에게는 역사적으로 지나간 예술뿐 아니라, 현재에 이르기까지 예술의 계속된 작용이 중요한 것이다. 하지만 헤겔을 흥미롭게 한 것은 무엇보다, 자신의 『서동시집』을 통해 낯선 시를 재생하고자 할 뿐 아니라 현시대에 낯선 삶의 형식을 시와 성찰을 통해 (『주석과 논고들Noten und Abhandlungen』에서) 현시대를 위해 경험될 수 있도록 만들려고 한 괴테의 시도이다. 예술을 통해 매개된 이런 "세계주의"를 통해서만 헤겔이 고발한 "독일의 어리석음Deutschdumm", 즉 제한된 고유한 과거의 가치들, 말하자면 게르만 신화, 게르만 정신의 세계표상에 자신의 미래 형태를 한정하는 것을 피할 수 있다. 예술에서 ―그 최고의 가능성에 따라서는 "우리에게 과거적인 어떤 것"인 바로 그런 예술에서― 근대 국가 시민에게 다음의 가능성, 즉 전통의 성과들, 그리고 더욱이 헤겔의 견해에 따르면 유럽과 전 세계 문화의 성과들이 그 속에 통합되는 고유한 역사의식과 자기의식을 발견하는 가능성이 열린다. [오늘날] 예술들은 인륜적 방향설정의 어떠한 모범상도 제공하지 않으며, 따라서 헤겔이 고대 그리스 비극의 예에서 상론하는 바와 같은, 개인이 그것과 동일화해야만 하는 어떠한 행위지침도 산출하지 않는다. 근대 세계의 아름다운 예술도 고전적 미의 역할을 다시 반복할 수 없다. 이 예술은 동시에 세계에 대한 안목과 삶의 형식을 직관적으로 매개함으로써 "많은 생각할 거리"를 준다. 예술은 종교적 내용으로부터 자유롭게, 그리고 "인간적humanus", 즉 이성적이고 자유로운 존재로서 스스로를 실현해야 하는 인간에 집중한 채, 근대 국가 시민으로서의 정치적 실존과 분리되지 않고 오히려 이와 연관되는, 세계관들의 가능성과 자기실현 가능성들의 스펙트럼을 매개한다. 예술들은 그때그때 고유한 상황과 연관된 채 형태와 내용을 통해 성찰로, 그리고 방심하고 있는 모든 확실성들에 대한 의문제기로 이끌며 이와 더불어 비판하도록 동기를 부여한다. 예술은 인간의 "도야"이자 이것으로서 남아 있다. 예술은 이런 도야를 물론 계몽된 세계의 범위 내에서, 그리고 "분별력을 촉구하는 이성"의 심판 앞에서 세계의미와 행위 내의 대안 제안의 형식으로 수행하는 것이지, 종교적 최종타당성 요구와 더불은 명령들, 규정들의 형식으로 수행하는 것이 아니다.

헤겔이 아름다운 예술에 대해 보여 주는 것은 한층 더 대안적인 형태 가능성들로 타당하다. 예술은 세계와 인간행위에 대한 표상들의 대안적인 직관들을 통해 비판적 성찰로 도야시킨다. 예술은 "형식적 도야formelle Bildung"인 것이다. 그래서 헤겔은 예를 들어 모든 예술들과 형태형식들을 자체 내 통일하는 그런 예술로서의 오페라에서 어떻게 형식의 단순한 아름다움이 ─정당한─ 예술향유로 이끄는지, 그리고 그럼에도 내용이 자신의 시대와 연관이 없기 때문에 결국에는 역시 불만족스럽게 남는지를 보여 준다. 그는 어떻게 "위대한", 즉 종교적 내용의 포기와 ─헤겔 자신의 시대에는 매우 당황스러운─ 일상적인 것에의 집중이 곧, 노동을 통해 형태화된 인간 세계를 강조하는 것인지를 네덜란드 회화에서 내보인다. 미의 "광채"는 사람들에게 일상 사물들의 왕국에서는 그들의 노동의 성과가, 그리고 산문적 삶의 변용 속에서는 정치적 자유가 그들 자신의 작품으로서 현상하게 한다. 이와 같이 예술은 인간에게 신적인 것의 위대함이 아닌, 자기 자신의 위대함을 보여 준다.

예술은 "형식적 도야"라는 그런 과제를 특히, 사람들이 그것의 가치를 [일반적으로 이해하는] 헤겔에게 거의 기대하기 어려울 형태형식들을 통해 충족할 수 있다. 어찌 됐든, 그 형식들은 헤겔『미학』의 고전주의에 대한 비판에 맞서 있다. 그런 것은 특성적인 것과 추한 것의 형식들이며, 그 정점화로서는 희극적인 것과 유머스러운 것의 가능성이 있다. 예술의 그와 같은 형태방식들은 직관을 성찰로의 동기유발과 결합시킨다. 그러니까 예를 들면, 개별성을 나타내는 (초상화에서 나타나듯) 비동일성과 불만족을 성찰하도록 동기유발하게 하는 것을 말하는데, 이런 성찰은 그리스도 수난과 수난사의 명백히 더 이상 아름답지 않은 표현에서와 추한 예술의 본보기들에서는 물론, 실러의 극들에서도 분명해지듯, 행위지향(자유의 실현)과 관철의 화해된, 자기 내 조화로운 통일의 불가능성에 대한 성찰이다. 화해되었으나 자신과 거리를 두며, 따라서 자기 내에서 반성적인, 의도된 것과 성취된 것과의 이런 괴리는 쓰라린 아이러니의 태도가 아닌, 헤겔이 장 파울Jean Paul에게서(주관적 유머)와 괴테의『서동시집』

속의 "사물들에서의 유쾌함"(객관적 유머)에서 발견하는 유머의 태도에서 나타난다.[28]

혜겔은 근대 세계와 문화 내 예술들의 의미에 대한 이런 논의를 통해 그 최고의 가능성에 따른 예술의 과거적 특성에 관한 자신의 논제의 정확한 의미를 요약하여 말한다. 우리가 ─헤겔의 제자들이 일반적으로 행하듯이─ 예술을 근대 문화의 절정점으로 여기지 않을 때, 그럴 때만 우리는 예술의 문화적 역할을 올바로 가치 평가할 수 있고, 예술에 본질적인 기능을 귀속시킬 수 있으며, 더욱이 예술들을 위한 보호와 보살핌, 발전공간인 제도에 대한 의무를 근대 국가에 부과할 수 있다. 이를 첨예하게 말한다면, 계몽 이전의 문화와 계몽된 문화 간의 역사적 차이의 결과로서 불가항적으로 생긴, 예술의 [보편적 진리 매개의] "최고의 가능성"의 제

---

28 원주 언급된 예들은 헤겔 미학강의에 대한 일련의 사례연구들을 종합하는 헤겔 미학 개론 내 이것들의 체계적 의미에서 자세히 연구된다. A. Gethmann-Siefert, *Die Rolle der Kunst in Geschichte und Kultur*, München 2004. ─ "객관적 유머"의 의미에 대해서는 맨 먼저 O. 푀겔러가 언급했으나("Hegel und Heidelberg", in: *Hegel-Studien*, 6 [1971], S. 65ff), 이러한 예술의 가능성을 아직 괴테의 『서동시집』과 연관 짓지는 않았다. 『서동시집』과의 분명한 연관은 1826년 강의 텍스트에서 비로소 명백하게 된다. 호토는 『서동시집』에 대한 헤겔의 숙고들을 괴테의 『파우스트』와 결부시킨다. 이에 대해서는 A. Gethmann-Siefert, B. Stemmrich-Köhler, "Die 'absolute philosophische Tragödie' ─ und die 'gesellschaftliche Artigkeit' des *West-östlichen Divan*. Zu Editionsproblemen der Ästhetikvorlesungen", in: *Hegel-Studien*, 18 (1983), S. 23ff; 괴테의 『서동시집』은 현저히 헤겔의 주변에서는 그다지 긍정적인 반향을 얻지 못했다. 이에 대해서는 B. Stemmrich-Köhler, "Die Rezeption von Goethes West-östlichem Divan im Umkreis Hegels", in: *Kunsterfahrung und Kulturpolitik im Berlin Hegels*, hrsg. von O. Pöggeler und A. Gethmann-Siefert, Bonn 1983, S. 381ff; 동저자, *Zur Funktion der orientalischen Poesie bei Goethe, Herder, Hegel. Exotische Klassik und ästhetische Systematik in den 'Noten und Abhandlungen zu besserem Verständnis des West-östlichen Divans' Goethes, in Frühschriften Herders und in Hegels Vorlesungen zur Ästhetik*, Frankfurt a. M. 1992 참조.

한만이 예술에 인간 문화 내에서의 문화적 중요성의 여지를 열어 주며, 동시에 대체 불가한 작용과 더불어 형태와 내용에서의 진보를 보증한다.

우리가 여기서 미학강의의 단지 짧게 스케치한 논증과정을 하나하나 검증한다면, "예술의 종말"이라는 성가신 논제는 마침내, 근대 예술을 위한, "예술의 종말 이후의 예술"을 위한 프로그램으로 그 논제를 고양시키고자 한 단토의 구제시도를 통해서가 아니라, 오히려 더욱 헤겔 자체에 의해 성공적으로 된다는 것이 드러난다. 비록 단토가 일상 속으로의 예술의 와해와 철학에 의한 예술의 "금치산^{禁治産}"에 대한 자신의 추론결과들의 논거를 위해 헤겔에 의지하지만, 더 정확한 견지에서 보면 헤겔 자신은 그런 논리귀결을 위한 보장을 떠맡지 않으리라는 것이 드러난다. 헤겔은 바로 [단토의] 계속된 추론결과들, 즉 그 세계의 시민들이 천재적인 예술가, 기질이 같은 비평가와 작품들 자체여야만 하는 "예술계"를 예술의 문화적 기능에 대한 그의 기본적인 규정을 통해 배제한다.

우리가 예술과 예술들의 역사적 작용의 철학적 규정을 발전시키고자 할 때, 헤겔 자신의 제자들과 동시대인들에게서 볼 수 있듯, 예술의 미래에 대한 옹호인과 비평가에 반^反해서뿐만 아니라 그 원래 의미와 역사적 의미와는 반대로 해석되는 예술의 종말 논제의 상황에 대응하여서도 헤겔 고유의 개념구상이 더 조심스럽고 비평적인 것으로서, 또한 이를 통해 더 생산적인 것으로서 증명될 것이다. 1826년 미학강의는 이를 위한 탁월한 예를 제공한다. 헤겔은 근대 문화 내 그 역할에 대한 체계적으로 논증된 가치평가를 함으로써 예술을 자율적 "예술계"로 옮기지 않고자 하며, 오히려 인간의 문화적·정치적 삶 세계 내의, 근대 국가 내의 예술에 이를 위해 필요한 생활공간, 역사적으로 생생한 작용을 열어 주고자 한다. 예술은 "우리를 위해", 근대인 및 모든 인간을 위해 포기할 수 없는 역사적 자기확신의 원천이다. 과거 예술과의 논쟁에서 나타나는 것은 고유한 역사적 자기의식을 위한 회고적 이득의 가능성, 즉 헤겔이 명백히 근대 문화의 포기할 수 없는 계기로서 내세우는 예술을 통한 도야의 가능성이다. 그럼에도 예술은 근대 국가시민의 전체 문화적 관심을 충족시킬 수 없다. 예술은 세계인식에서의 타당성 요구들에 대한, 그리고 행위의 방향을 정해 주는 모범상들을 고려한 정당성 요구들에 대한 반성적 보장으로의 길로 이끈다. 하지만 예술 자체가 그런 보장의 길이 아니며, 합리적 담론 내의 안전한 조치를 대체하지 않는다. 간략히 요약하면, 예술은 종교의 진리요구에서도, 철학에서도 미래를 가진다는 것, 더 이상 ―그리스 세계에서와 같이― 스스로 만들어 낼 수 없는 보완적·보충적인 확장을 한다는 것이 『엔치클로페디』 논제의 의미이다.

　그러므로 우리가 헤겔 미학의 "현실성"을 옹호하는 자를 찾고자 한다면, 우리는 의심의 여지 없이 베를린 미학강의들의 헤겔 속에서 그 옹호자를 발견할 것이다. 예술을 그 고유한 전통 및 인간 문화의 역사적인 전통에서 유리시키는, 회의적인 채 알랑거리며 오인하는 예술의 종말 논제의 반복들이 저와 같은 구제를 제공하는 것도 아니며, 헤겔 『미학』을 그 당시 잘 알려진 형식으로 이끌었던 헤겔의 "친구들과 후원자들"이 호의적으로 좋게 하려다 더욱 망쳐 놓은 시도들의 스타일로 옹호하는 것이 그것을 가능하게 할 수도 없다. [호토가 편집한 인쇄본] 『미학』의 체계적으로 완결된 형식은 근대 예술을 둘러싼 현재의 토론들에서 헤겔을 활성화하는 소급적 파악과 마찬가지로 예술을 둘러싼 편견 없는 철학적 논쟁을 위한 수많은 근거를 그다지 많이 제공해 줄 수 없다. 헤겔은 저와 같은 완성 또는 동화同化 형식들과는 대조적으로, 강의들에서 현상에 정향된, 그럼에도 불구하고 합리적으로 기초된 예술에 대한 담화의 필요성과 의미를 옹호하는 예술철학을 발전시킨다. 그는 자신의 문화를 위한 예술의 기능을 정확하게 규정하는 것, 예술의 중요성을 예술의 역사적 과제와 "우리를 위한" 예술의 의미를 통해 확실하게 하는 것이 이전이나 이후에도 이득이 있다고 추정한다. 예술에 대한 이와 같은 사유적인 논쟁에 관여하고자 하는 독자에게 특별히 헤겔의 1826년 미학강의를 간곡히 권유한다. 헤겔은 이 강의에서 예술에 대한 비평적인, 그리고 그럼에도 불구하고 체계적으로 정향된 성찰의 예를 보여 준다. 또한 그는 오늘날의 독자를 위해 예술과 그 역사 및 미래를 다룸에 있어서 순간적으로 "유행하지만en vogue" 명료함보다는 오히려 혼돈으로 이끄는 임의적 방식과 달리, 과소평가될 수 없는 훌륭한 논쟁의 기반을 준비해 두고 있다.

2004년 6월 3일, 하겐
안네마리 게트만-지페르트

　이 발간본에는 헤겔 미학강의에 대한 연구에서 나온 중간성과가 제시되어 있다. 이 성과는 1991년부터 지속되고 있는 독일 관념론의 미학, 법철학, 역사철학에 관한 연구중점의 틀 내에서 생겨났고, 헤겔의 베를린 미학연구들의 광범위한 문서화에 의해 종결되어야 하는 것이다. 우리는 이 연구들을 수년간 후원해 준 것에 대해 하겐대학FernUniversität Hagen에 감사드린다. 1826년 여름학기에 이뤄진 헤겔 예술철학강의의 이 간행본과 같은 프로젝트는 당연히 그때그때 자신의 연구 틀 내에서 이 강의의 손질과 논평을 위한 견해들로 함께 거들었던 일련의 학자들의 협업을 통해 생겨났다. 이 자리를 빌려 사항주석들에서 협업을 한 베른트 페터 아우스트Bernt Peter Aust 석사께 우리의 특별한 감사를 표하며, 사항주석들 속의 미술사적 정보들에 대한 중요한 참조를 정리하고 필기록 원본에서 인쇄체 변환의 첫 교열을 함께 작업한 베르나데테 콜렌베르크-플로트니코프Bernadette Collenberg-Plotnikov 박사께도 감사를 표한다. 텍스트 제작에서 조력을 하고 전기傳記적 표기를 완성할 수 있게 한 안야 엑스너Anja Exner 씨와 로제마리 푀스네커Rosemarie Pößnecker 씨께도 감사드린다.

원고에 관하여[29]

프로이센 국립도서관의 대다수 수장품들과 같이 수고手稿는 안전상의 이유로 1940-1944년에 운터 덴 린덴 건물에서 나와 안전한 곳으로 옮겨졌다. 남서부 독일로 안전하게 옮기는 데 유력한 수장고는 마르부르크 Marburg대학 도서관이었다. 이 도서관의 공간들 내 국립도서관인 서쪽 부분은 1949년에 "서독 도서관"으로서 "자체" 업무를 다시 시작할 수 있었던 곳이다. 1967년 베를린의 포츠담 플라츠에 새로운 국립도서관 건물들을 짓기 시작한 후 서독에 보관되어 있던 모든 수장품들이 점차 베를린으로 되돌아왔는데, 그 가운데 P. 폰 데어 포르텐P. von der Pfordten의 원고, 특히 여기에 간행된 헤겔 미학강의 직필본도 포함되어 있다.

원자료Quelle: 베를린 국립도서관 — 프로이센 문화소장품. 원고. 독일
　　　　Qu. 2006.
제목: 예술철학Philosophie der Kunst

29　원주 원고(Manuskript)에 관해 조언해 준 베를린 국립도서관 — 프로이센 문화소장 수고부서의 도서관 고문인 유타 베버(Jutta Weber) 박사께 감사드린다.

필기록에 관하여

혜겔이 미학 또는 예술철학Aestheticen sive philosophiam artis이란 제목으로 공지했었던 1826년 강의에 대한 P. 폰 데어 포르텐의 직필본은 7권의 노트로 되어 있고 92장, 즉 183쪽에 달한다. 노트들에는 드문드문 날짜를 적은 것이 보이는데, 1826년 6월 8일에 시작하여 9월 1일로 끝난다. 1826년 여름학기의 4시간짜리 강의는 간략하지만 중요한 생각들이나 기본적 규정들의 재생에서는 매우 정교한 텍스트인 이 직필본 속에 완전하게 전수되어 있다.

도입부

이 강의들은 자연미가 아니라 예술미에 헌정
된다. 각각의 학문은 그 범위를 자의적으로 규

미학, 노트 1.

정할 수 있다. 그럼에도 그것은 단순히 자의적인 규정만은 아니다. 자연
미를 배제하는 것은 자의적으로 보일 수 있는데, 우리는 습관적으로 아
름다운 사람, 아름다운 동물, 그리고 그와 같은 것들을 말하기 때문이다.
실로 예술미는 자연미보다 더 높다. 전자는 정신에서 산출된 것이기 때
문이다.

더 높다는 것은 단지 양적인 구분이다. 더 높
은 것은 상념의 공간 내에서는 다른 것과 나란
히 위치한다. 이에 반해 정신적으로 더 높음은
참다운 것으로서 파악될 수 있다. 그러므로 정
신에서 생산된 것은 [인간에] 더 가까운 대상이
다. 우리는 예술이 정신의 가장 높은 관심거리
를 인간에게 의식되게 만드는 방식이라는 것을

인간의 가장 나쁜 착상도 자연
미보다 더 나으며 더 높다. 우리
가 태양을 필연적인 요소와 그
러한 것으로서 고찰한다면, 태
양을 미로서 고찰하는 것이 아
니다. 우리는 민족들이 그들에
게 숭배할 만한 가치가 있었던
것을 예술에 기록해 두었던 것
을 본다.

보게 된다. 예술은 많은 국민들에게 있어서 지혜의 열쇠를 전유全有한다.
우리는 미의 철학 입문에 어떻게 다가갈 수 있을까? 철학적 학문은 그것

이 다루는 어떤 특정한 대상, 그것의 개념과 더불어 시작한다. 그리고 본질적으로 개념은 필연적인 것으로서 서술되어야만 한다. 예술은 정신이 스스로를 실현시키는 특유한 형식, 그러니까 스스로 현상하는 정신의 특별한 방법이다. 이 특별한 방법은 본질적으로 [정신의 활동] 결과이다. [이에 대한] 과정 또는 논증은 다른 학문에 해당된다.[1] 이에 반해 철학적 학문은 총체성인데, 거기에는 어떤 절대적 시작도 없다. 절대적인 것은 순전히 추상적이며, 시작이기만 한 시작이다. 철학적 학문의 그런 시작은 언제나 [선행 사유의] 결과이며, 이 학문은 본질적으로 자기 내로 귀환하는 원환으로서 파악될 수 있다. 철학의 특수부분[예술]을 고찰하려면, 우리가 취하고자 하는 입장을 안내할 필요가 있다. 우리는 예술을 고찰할 때, 여기서 고찰하려는 것의 관점을 명료화하기 위해 우리의 상념들에 예술을 연결시킨다. 우리는 이 도입부에서 먼저, 우리의 대상을 다루는 방식이 어떠해야만 할 것인지를 부각시킨다. 두 번째는, 그런 다음 재료(건축석재)로서 우리 개념의 내용을 제공하는 그런 계기들을 우리의 상념들에서 찾아내는 것이다.[2] 우리는 추상적으로 관점을 옹호하기 위해 먼저 상념들로 넘어가야만 하며, 그 상념들과 연관하여 우리 개념의 내용이어야 할 것을 규정해야만 한다.

a. 예술철학에 대한 의구심

첫 번째를 염두에 두고 우리 머릿속에 어떤 종류의 상념들이 떠다니는지를 둘러보면, 먼저 소재의 무한정한 범위와 같은 어려움들을 발견할 수 있다. 두 번째 의구심은 미는 곧, 철학적 고찰을 거부하는, 직관을 위한 대상일 것이라는 고찰에 의해 생겨날 수 있다. 첫 번째 것과 관련해서 보면, 아름다운 대상들은 무한하게 다양하다. 각각의 특수한 예술은 무한한 양의 형식들을 드러낸다. 국민들이 무엇을 아름답다고 부르는지, 이에 대한 그들의 판단과 의견들이 얼마나 무한하게 상이한지는 상이한 시대들과 국민들에 의해 좌우된다. 개별 대상들, 경험들, 장르들이 각 학문에서 기초가 되며, 이와 같은 것들에서부터 예술의 개념과 이론이 구축되고, 이에 이어서 단계들 내의 특수한 방식들이 구축되어야 한다. 그리고 이로부터 특수한 규칙들이[2] 도출되어야 한다. 예술에 대한 고찰에서도 이렇게 절차가 이뤄져 있다. 이런 절차를 거치며 내가 말하는 것은 예술이론이 도출되어야 한다는 것이지, 예술의 개별 대상들의 감성적인, 충만한 정신적인 고찰에 관한 말이 아니다. 내적으로 상이한 것에 대해 취미가 어떠한 규정과 규칙들도 부여할 수 없고 일반적으로 아름답다고 불릴 수 있는 것만 제시할 경우, 대상들의 이런 무한한 상이성들의 결과는 부정적으로 멈추었을 수 있다. 만약 취미판단이 긍정적이어야 하고 결과가 그렇게 부정적이지 않게 되어야 한다면, 규정은 매우 추상적이고, 표면적일 것이다. ─ 예로, 미의 예술은 우리에게 쾌적한 감각들과 생생한 표상들을 불러일으킨다는 규정을 가질 것이다. 이것은 우리에게 좀 진부한 것으로 보인다.[3] 《3》

이런 범주는 볼프 철학에[4] 의해 많이 논의된다. 미학이라는 명칭이 이 시대에 나왔다. 바움가르텐은 아름다운 감정의 이론을 미학Ästhetik, Aesthetica이라고 불렀다.[5]

예술에 대한 볼프의 견해

이 표현은 독일에서 유래한 것이고, 프랑스인들은 그것을 '예술이론théorie des arts'이라고 부른다.[6] ─ 먼저 우리는 개별적인 외적 대상들에 존립하는 미가 아니라, 즉자대자적인 미das Schöne an und für sich[1]가 고찰될 수 있다는 미 이론에서 시작하자.[7] 이 [미의] 이념Idee[2]은 또한 그 자체로부터 스스로 발전해야만 한다. 그래서 우리는 상이한 형식들과 형태들에 이르게 되며, 실로 그렇게 하여 이 형식과 형태들이 그 필연성에 따라 나타난다. 이런 것들이 우리의 고찰 대상이다.

다른 난처함은, 그러면 미는 어떻게 인식될 수 있는가, 또는 미는 철학의 대상이 아니라는 즉각적인 상념들과 연관된다. 대상[미]의 본성이 천성적으로, 철학적인 취급을 꺼리게 되어 있는 것처럼 보인다. 미는 그러니까 사고思考에 즉각 대립하는, 정신 내의 다른 측면을 취하는 형식으로 출현한다. 사유는 사고를 가지는데, 사유에서 생기는 것이 사유되어서 (정신적으로나 감각적으로) 사고가 되고, 존재하는 것은 사유에 대립된다. 사유는 실로 스스로를 느낄 뿐만 아니라, 자신을 양도하면서도 스스로를 느낀다. 그러므로 예술작품은 정신의 영역에 속한다. 정신으로부터 생산되며 정신

> 이념, 여기서는 즉자대자적인 미의 이념에서 시작될 수 있다. 거기에는 우리가 아름답다고 부르는 상이한 대상들로 인해 빠지게 되는 난처함이 제거되어 있다.

> 미는 감정과 직관의 사안이라고 주장되었다.[8] 하지만 예술작품은 정신에서 나오며, 정신에서 탄생된다. 정신으로부터 생산된 것, 그것에 대해 이 정신은 자신의 것에 대한 것으로서 자각할 수 있을 것이다.

1   의식의 발전과정에서 즉자(an sich)는 타자와 무관하게 있는 그대로의 자신, 자신에 대해 긍정적이고 잠재적인 상태 혹은 실체로 있는 의식이며, 대자(für sich)는 타자와 관계에서 자신의 규정을 얻지만 반성을 통해 이를 부정하고 자기에 대(對)하여 있는, 자신을 객관화한 의식의 상태임. '즉자대자적(an-und-für sich)'이란 의식이 대자 상태를 다시 부정하여 즉자와 대자가 통일을 이룬 상태, 실체적 의식이 객관성을 갖추고 주체가 된 자기의식의 상태를 의미함.

2   이념(Idee)은 플라톤, 칸트에게서도 핵심적 개념이지만 이들에서와 달리 헤겔에게서는 초월적 혹은 선험적이거나 주관적이지 않고, 자체 내 구분의 계기들을 가지고 역사 속에서 발전해 가는 개념이 실재성을 갖춘 것임. 이러한 이념은 현실 속에 있는 모든 것에 함유되어 있으면서 그것들의 존재를 가능하게 함. 논리학에서 이념은 생명 이념, 인식과 의욕으로서의 진과 선의 이념, 즉자대자적인 것으로 있는 진리, 즉 정신의 자기 자신의 절대지로서의 이념으로 구분됨.

에서 떠밀려 나온 것으로서 말이다. 이렇게 하여 정신은 자기 자신에게 불충실하지 않게 된다.

최고의 예술규정은 대체로 우리에게 과거적인 것이다. 예술은 그 최고의 방식으로 존재했을 때의 현실성과 직접성을 더 이상 갖지 않는다.[9]

사람들은 아름다운 예술 시대의 상실에 대해 다음 사실을 하소연할 수 있을 것이다. 즉, 감수성이 풍부한 자들이 대개 그런 자유를 잃어버렸으며, 그들이 이제는 예술의 무관심적 목적을[10] 위해 산다는 것을 말이다. 모든 공통 규칙과 법칙들은 그 당시에 지배적인 것이다. 《3a》 실러[3]는 그의 애가哀歌들에서 "모두가 한 사람으로만 헤아려지며, 슬프게도 개념이 그들을 지배한다"라고[11] 말한다. 사람들은 보편적인 관점에 따라 특수한 것을 규정하기 위해 이제 더욱 이 관점들을 꼭 붙잡으려 한다. 사람들은 예술생산에 대해서는 그 내에 보편적인 것이 정서와 동일해야 할 생동성을 더 많이 촉구한다. 우리에게 이런 생동성이 결여된 경우, 예술이 본질적인 관심을 갖는다고 보는 입장은 더 이상 우리의 입장이 아니라고 말할 수 있을 것이다. 예술은 다른 민족들이 거기에서 발견하였고 또한 발견할 수 있었던 만족을 더 이상 보장하지 않는다. 우리의 관심들은 오히려 상념 속에 있고, 그리고 관심들을 충족시킬 방법은 추상을 요구한다.

b. 예술의 내용 또는 궁극목적에 관한 여러 가지 상념들

이제 예술 개념의 내용에 속하는 규정들에 대하여. 이제 우리가 상념들 속에서 발견하는 것을 둘러보면, 거기서 우리는 많은 것들을 만나게 된다.

---

3   Friedrich Schiller, 1759-1805. 독일의 극작가. 칸트 미학의 비판적 계승자.

a) 자연의 모방

첫 번째는 예술이 내적, 그리고 외적 자연을 모방하는 데 한정되어 있다는 것이다.[12] 인간은 어떤 목적을 위해 자연을 모방하는가? 먼저 인간이 예술품을 만들고, 또한 그의 역사성을 증명하며, 자연과 비슷한 것 또는 비슷하게 보이는 것을 만드는 것에 대해 즐거워하는 것으로서[의 목적]이다. 이것은 외적인 목적들이다. 사람들은 말하길, 이런 것은 형식과 그와 같은 것에서 모상模像을 갖기 위해 발생한다고 한다. 그런 다음 사람들은 으레 곧장, 자연을 모방하는 것은 매우 한정적인 기쁨이라고 말할 수도 있을 것이다. 인간이 특유하게 생산적이라면, 이 기쁨은 모방에 비해 훨씬 더 클 것이다. 비록 아직 매우 미숙하더라도 그가 기술적 도구, 예를 들면 못이나 배를 만들 때 그러하다. 그는 그와 같은 발명들에 대해 훨씬 자랑스러울 수 있다. 더욱이 사람들은 자연적 산물들을 신의 산물들이라고 말하지만, 정신적인 산물들 또한 신의 산물들이다. 그리고 신은 자연산물들에서보다 정신적 산물들에서 더 잘 인식될 수 있다. 자연 모방에는 제욱시스[4]의 포도가[13] 해당된다. 왜냐하면 비둘기들이 그려진 포도를 쪼아 댔기 때문이다. 그와 같이 인간은 나이팅게일(밤꾀꼬리)들을 모방한다.[14] 하지만 이것은 개별적인 예술적 기교의 완벽성에 불과할 뿐, 고찰의 여지가 없다. 다른 측면에서 자연의 모방은 —예로 빛 반사들—회화에 있어서 중요하다. 하지만 그럼에도 불구하고 자연적인 것의 모방은 단지 추상적인 것이며, 따라서 역시 언제나 졸렬할 뿐이다.

우리는 이런 추상성의 결여 의식을 한 튀르키예인의 질책에서 본다. 그에게 물고기와 다른 동물들에 대한 브루스J. Bruce의[15] 그림들을 보여 주

---

4   Zeuxis. 고대 그리스 화가. 아폴로도로스의 제자로서 음영표현에 뛰어났음.

었는데, 그는 다음과 같이 대꾸했다. "이제 이 물고기가 너에게 대항하여 최후의 심판에서 일어서서, '너는 비록 그 물고기를 물고기로서 그렸을지라도, 그것에 어떠한 영혼도 함께 부여하지 않았다'라고 말한다면 너는 이에 대해 어떻게 자신을 옹호하겠느냐?"

정신성의 표출이 거기에 있어야 하며, 더욱이 통제하는 것으로서 있어야 한다. 그러니까 그 표출은 자연적인 인간에게도 결여되어 있는 표출이다. 모방은 필수적이지만, 이를 통해서는 추상적인 것만 제공된다. [모방에서] 참으로 부족한 것은 정신적인 것이다.

감각적 형태화들을 이런 방법으로 스스로 보유하려는 목적에 있어서는 그러니까, 비록 특정한 것의 자연성에 대한 이야기라는 것이 어울리지만, 참으로 결여된 것은 하찮은 것이 아닌 정신적인 것이다. 우리가 여기서 회화의 표현에 대해 말하면서 이로써 오직 의미하는 바는, 자연성이 규정의 최고 규칙과 최고 법칙이어서는 안 된다는 것이다. 정신은 예술작품 자체의 순전히 필수적인 계기이다. 자연적인 것의 모방에서는 그것이 있는 그대로 우리에게 직접적으로 표현되는 것만이 목적이다. 하지만 우리가 요구하는 것은 단지 어느 한 감각적 존재의 표현 일반에 대한 만족이 아니며, 자연적인 것의 모방이 발생할 때 회상에 대한 만족만이 아니다. (4) 심성이 고무되고 만족스러워지고자 하는 요구도 등장한다.

우리는 결과로 야기되는 것에서 예술의 궁극목적을 인식한다. 형식들만 차이가 있으며, 내용은 동일한 것으로 남아 있다. 우리는 예술이 정신 속에 높은 것, 참된 것 또는 본질적인 것으로 들어 있는 것을 감정에, 또는 심정에 여하간 더 가까이 데려다준다는 것을, 그리고 예술의 표현을 통해서 우리 속의 모든 것이 감각되고 경험된다는 것을 알게 된다. 예술은 꾸준히 우리의 현실적인 삶의 경험을 보충한다. 그리고 우리는 이런 자극들을 통해 동시에 특수한 상태들과 상황들 속에서 더 철저하게, 깊게 느끼는 것을 더 잘할 수 있게 되거나, 또는 외적인 정황들이 이런 감각들을 자극하는 것에 능숙해지고, 예술직관 속의 그러한 매개들에 의해 비로소 가능해진 것에 능할 수 있게 된다.[16]

예술은 우리의 직관, 또는 표상에 의존한다. 그리고 예술의 내용에 의해 우리 내의 열정들이 자극되고, 슬퍼지고, 동요된다. 또한 예술은 열정들 자체에 의해 생생하게 우리 앞에 주어진 표상들을 통해 촉발된 우리의 심정을 사로잡을 수 있다. 그러니까 예술에 의해 심정이 모든 감정들을 두루 거쳐 끌어내어지는데, 이것이 예술의 본질적인 위력이며 작용성이다. 이러한 것이 일반적으로 예술의 궁극목적으로 간주된다.

b) 열정들의 환기

그 외에도 예술에 의해 모든 종류의 열정들이 일깨워지고 소생될 수 있다. 우리는 이를 통해 사랑과 경탄에 열광할 수 있는데, 예술은 악과 범죄를 떠올리게 할 능력이 있으며, 여하간 우리가 모든 것을 심정 속에서 함께 행하도록 할 수 있다. 예술은 우리에게 마찬가지로 쾌와 열정도 끌어들이고 표상들의 여유로운 움직임 속으로 우리를 침잠시킬 수 있는 능력도 있다. 그렇게 우리는 예술에 의해 강해지기도 하고 동시에 나약해지기도 한다. 그것에 대해 내용이 어떠해도 상관없는 예술의 그러한 위력은 형식적이다. 이것은 예술의 궤변인데, 논리적 추론들에다 여전히 최악의 행위들을 위한 이유들을 제공하는 궤변과 유사하다.

예술은 우리에 대한 이런 영향을 일체 구분 없이 행한다. 예술의 궤변론적 측면

c) 도덕적 목적

목적과 참다운 구분이 어떻게 규정될 수 있을지, 그런 내용 간의 필수적인 구분이 이내 촉구된다. 목적은 열정들이 예술을 통해 일깨워져야 하는 동시에 정화되어야 한다는 형식으로 표명된다. 그리고 이런 정화가 어떤 특정한 표현에서 계속 주어진다면, 이것은 《4a》 예술의 목적으로 만들어지는 도덕적 목적을 낳는다. 열정들의 표현은 필연적으로 즉각 그런 정화 작용을 낳을 것이다.

감정은 표상 일반의 형식으로 나타나며, 이를 통해 우리로부터 나와서 대상성이 되어 있다. 이에 대한 일례는 내적인 고통을 객관적으로 만드는 애도의 풍속이다. 열정의 고양이 형식적인 집중에 머물러 있어야 하는 것이 아니라, 순화가 어느 정도의 규정으로 나아가야 한다. 그리고 그 내용은 열정에 대응하는 힘으로서 쓰인다. 이런 것이 예술의 도덕적 목적이며, 이것은 예술을 위한 최고의 궁극목적이기도 하다. 예술작품에는 도덕적인 것이 들어 있어야 하지만, 도덕적인 것이 법칙으로서 진술되어 있지 않게 (단지 함축적으로) 그렇게 들어 있어야 한다. 실로 구체적인 역사적 표현 일반에서 언제나 하나의 좋은 도덕이 추출될 수 있다. 그리고 도덕적일 수 있기 위해 사람들은 사

> 잘 알려져 있듯, 큰 상실에서 고통이 눈물로 분출되는 것이 그러하다. 이것은 감각(Empfindung)[5]의 객관화인데, 그렇게 하여 집중된 것[감각]이 드러나며 분산된다.

---

5   감각(Empfindung)은 대상과 관계하여 외부자극을 받아들인 것을 의미함(문맥에 따라 '감정'으로도 옮겨짐. empfindlich는 '감수성이 풍부한', '예민한'으로 옮김). 유사한 용어인 Sinnlichkeit는 외부자극을 받아들이는 능력인 감성, Gefühl은 감각에 의해 촉발된 주관적이며 정서적 내용인 감정(느낌), Sinn은 의미, 뜻 혹은 감각기관, 감각으로 옮겨짐. 감각은 발견된 것, 수동적인 것에, 감정은 자아와 연관되며 정신의 하위 단계에 속함. 감각의 분류에 대해서는 『엔치클로페디』(1830), § 401 참조.

악한 것도 알아야만 한다. 속죄를 하는 것이 지금은 비록 매우 좋은 것이지만, 사람들은 이에 앞서 죄를 범했어야만 할 것이다. — 빈번히 속죄하기 위해 종종 죄를 범했던 아름다운 속죄인 마리아 막달레나^{Maria Magdalena}가[17] 그러하다. 또 다른 하나는, 사람들이 말하기를, 도덕이 명확하게 그 속에 보존되어 있어야만 하며, 교훈들과 법칙들이 그 속에 확립되어 있어야만 한다는 것이다.[18] 도덕적인 것은 참다운 것이 발생할 수 있는 관점이다. 도덕은 의지의 법칙이 정해져 있다는 관례를 더구나 양심 속에, 그리고 절대적인 법칙으로 보유하고 있다. 우리는 한편으로는 법칙들의 관례를, 다른 한편으로는 경향들, 감각들, 열정들을 구분한다. 그렇다면 도덕적 관점은, 인간은 법칙을 알며 이 법칙에 따라 결심한 상태에 있으며, 열정들 및 경향들과 싸우리라는 것이다. 다시 말해 인간은 의무 때문에 의무를 행하기로 결심한다는 것이다. 하지만 의무는 추상적인 것이다. 이 법칙은 자연적인 의지에 대립되며, 사람들이 함께 마음, 정서 일반이라고 부르는 것, 또는 열정, 경향에 대립된다. 그리고 인간은 이 법칙을 그런 추상적 형식으로 의식 속에 갖고 있다. ⟨5⟩

　이런 도덕적인 관점을 가짐으로 인해 의지의 보편적인 것과 자연적 의지의 특수한 것과의 대립이 정립되어 있으며, 도덕적인 것이 본질적으로 자연적인 것들에 대한 투쟁들 속에, 모순 속에 있는 것으로서 여겨질 정도로 대립 속에서 고착적이다. 이런 대립은 제한적이 아닐뿐더러 매우 보편적으로, 그리고 포괄적으로 취해질 수 있다. 법칙은 추상적인 것으로서 고찰될 수 있으며, 자연 일반의 구체적인 충만함에 반해 오성적인 것으로서 고찰될 수 있다. 인간은 이런 대립 속에 위치하며, 이런 모순 속에서, 대립 속에서 배회한다. 이와 같은 대립은 심정과 의무, 자유와 필연의 대립일 것이다. 전자는 인간이 자기 내에 그리고 자신에 대해 있으면서 그의 목적들을 자신을 위해 가질 때이다. 그의 마음과 심정의 정황들의 필연성도 이와 같다. 자유도 합법칙적으로 불릴 수 있다.[19] 또는 그것은 보편과 특수의 대립 일반이거나—특수는 보편에 적합할 수 있으며 그렇지 못할 수도 있다는 특유한 규정을 가지고 있다—, 또는 그것은 추상적 개념 혹은 명증한 법칙과 생동성의 대립이다. 이런 대립에 의해 인간은 가장 다면적으로 바쁘다. 그리고 구분들을 조화롭게 정립하며 더 높은 것을 추구하는 정신에서 이런 대립이 해소된다는 것이 중요 관심사이다. 먼저 자유가 본질적으로 정신의 속성이라는 것을 떠올려 보자. 필연성, 자연의 법칙은 그것과 모순 속에 있으며, 인간은 다소간 매개에 대한 믿음을 가진다. 철학에서는 이런 대립들을 다음의 형식, 즉 서로서로 대립해 있는 것이 사실은 그렇게 확고하거나 극복할 수 없는 것이 아니라는 형식들로 해소하는, 즉 제시하는 것이 주된 과제이다. 이러한 통찰을 위해 철학은 그런 대립을 해소해야만 한다. 이것은 철학의 결과가 된다. 도덕성 일반이 예술의 궁극목적으로서 제시된다면, 이로써 무릇 진부한 어떤 것, 부분적으로는 무규정적인 어떤 것이 말해진다. 사실 이런 관점을 그 전체 깊이에서 파악한다면, 이는 해소되지 않은 모순의 관점이다. 그리고 《5a》 방금 언급된 입장, 즉 스스로 화해하는 대립의 관점이 이 관점에 반해, 그리고 그것을 넘어 정립된다.

자연적인 것의 법칙

이런 도덕적인 것의 관점은 칸트 철학 속에 최고의 것으로서 추동되어 있는 관점이다. 칸트 철학은 이 대립을 본질적인 의식이 되게 했고, 이 대립에 머물러 있다. 그래서 이 해소되지 못한 모순은 본래 참다운 것이 아니게 되며, 이것은 오히려 표상된 사유물일 뿐이게 된다. 그러니까 통찰을 해 보면 칸트 철학은 이 대립을 해결하지 못했다.

칸트 철학은 물론 미에 대한 견지에서도 이런 대립의 추상적 해결을 내놓았다. 비록 그 해결이 우리의 일개 주관적 방식이라는 의미에서일 뿐이라고 해도 말이다. 이런 견지에서 칸트[6]의 『판단력 비판*Kritik der Urteilskraft*』은 매우 교육적이다. 그는 이 책에서 한편으로는 목적론적인 것, 즉 합목적적인 것의 관계를 고찰하며, 그리고 자연산물들을 고찰하면서 살아 있는 것의 개념에 한층 가까이 다가갔다. 그리고 그는 우리가 유기적인 자연산물들을 고찰하는 방식을 반성적 판단이라고 부른다.[20] 이것은 말하자면, 우리가 판단할 때 한편으로는 규칙, 보편적 명제를, 다른 한편으로는 특수를 가진다는 것이다. 규칙에 의해서는 특수가 규정적이지 않다. 특수는 특수한 것으로서 보편과 다른 것이다. 목적은 자연 속에 어떤 규정, 자유라는 목적을 포함하고 있다. 목적에 따르면 자연은 인간의 행위에 마땅히 규정적이어야 한다.

우리는 유기적인 자연산물들(살아 있는 것들)에서 동일한 것을 고찰하게 되는데, 목적이 내부에서 나와 특수를 규정함으로써 유기적 자연산물이 그런 살아 있는 개별성을 자신 속에 가진다는 것이다. 그것은 예술미에서도 마찬가지이다. 여기에는 일치가 있는데, 그 자체로서의 이런 특수가 개념에 맞는, 대자적으로 보편에 적절한 형태가 있다. 이처럼 칸트는 예술미를 그 속에 인식능력들의[21] 자유로운 유희가 현상하는 것으로 서

예술은 저런 더 높은 관점, 즉 이념을 표현해야 한다. 사람들은 이 관점에서 예술을 고찰한다. 그래서 이런 것이 설명된 다음에 역사적 해설이 행해질 수 있다. 우리는 도덕성 일반의 관점을 제공했다.

---

6   Immanuel Kant, 1724-1804. 독일 철학자. 관념론과 경험론을 종합하고 인식의 가능성과 한계를 비판적으로 연구함. 3대 비판서 가운데 1790년 『판단력 비판』은 미적 취미판단의 보편적 근거를 연구한 논서임.

술한다. 이 상이한 계기들은 매우 능란하게 결합되어 있어서 하나의 통일성을 나타낸다. 감정, 심정, 관능, 열정, 경향, 이와 같은 것은 자유에서 유래하는 윤리적 규정에 의해 지배된다. 실로 예술미에서 특수는 자유의 개념에 《6》 내적으로 적합한 것으로서, 자신에 대해 자유롭게 실존하는 것으로서 현상한다. 이와 같이 칸트에게서 통일성이 나타나지만 조정調停이 우연적일 뿐, 사실은 참이 아닌 방식으로서 있다. 미가 개념이 되어 있는 방식을 돌아보면, 여전히 역사적인 어떤 것이 이어진다.

이것은 예술미의 추상적 개념이다.

d) 역사적인 것

이런 것이 어떻게 역사적으로 나타나 있는지, 이제 서술해 보자. 추상적·도덕적인 것이 그런 자신과 투쟁 중에 있는 한, 이성은 부정의 명령 또는 자연과 감정의 한계를 지양해야만 한다. 실러는 자연적인 것, 심정적인 것 등의 한계에 대한 이런 칸트의 견해에 맨 처음으로 맞섰다. 그는 예술에서만 예술미의 관심을 철학적 원칙들과 비교했던 것이 아니라, 더욱이 처음에 1795년 『호렌*Horen*』[22]에 수록된 인간의 미적 교육에 관한 그의 서간들에서도 그러했다. 실러가 예술을 더 심오하게 고찰하게 되었던 것처럼, 괴테도 자연적 측면, 예술의 외적인 본성(특히 색채)을 고찰했으며 학문적인 탐구를 하였다.[23] 실러에게 있어서 주안점은, 개개 인간도 순수한 이상적인 인간을 자신 속에 담지하고 있다는 것이다.[24] 이런 순수한 인간은 국가가 대표하는데, 국가는 주관들의 다양성이 그 속에서 통일되고자 노력하는 객관적인 규범적 형식이다. 통일성을 촉구하는 것은 이성이며, 자연은 다양성을 촉구한다. 그리고 인간은 두 가지 입법 모두로부터 답변을 요구받는다. 자유와 필연, 보편과 특수 등을 통합하는,

실러가 이성이자 감각이라 부르는 이런 통일은 셸링 철학의 원리가 되었다. 빙켈만[7]은 예술고찰을 위한 새로운 기관Organ을[25] 내놓았지만, 이것은 사유 또는 개념에 대해서는 처음에 성과 없이 남았다. 셸링[8]에 의한 철학적 이념의 각성과 동시에 슐레겔 형제[9]는 대범한 솔직함으로, 그리고 전적으로 빈약한 단편들과 구성요소들로써 지금까지의 견해들에 맞섰고, 예술의 상이한 가지들 내에 다른, 그리고 더 상위의 관점들을 도입했다. 하지만 그들의 비판이 철학적 인식에 의해 수행되어 있지 않았기 때문에, 그들의 척도는 매우 흔들렸다. 그래서 그들은 전혀 무의미한 사물들을 경탄하게 되었고, 비뚤어진 방향들에 열광했으며 다른 사람들을 함께 사로잡았다. 그렇게 그들이 찬양한 작품들에 속하는 것은 홀베르크Holberg[26]의 희극과 니벨룽겐[의 노래][10]이며, 그림에서는 고대 이탈리아적인 것이다. 《6a》

위대한 것과 참다운 것의 무화, 또는 위대한 것을 자기 스스로 무화되는 것으로서 표현하는 것이 본질적으로 아이러니이다.

이런 예술견해들은 그 방식에 의해 목적이 전적으로 표출되어 있는, 여기서 아직 논의될 수 있는 하나의 주요 범주를 가지고 있다. 이 범주는 아이러니Ironie, 反語이다. 그리고 이런 입장은

---

7 Johann Joachim Winckelmann, 1717-1768. 독일 미술사가. 고대 그리스 미술 모방을 신고전주의의 목표로 제시함.

8 F. W. J. Schelling, 1775-1854. 독일 관념론 철학자. 칸트의 선험철학을 비판적으로 수용하여 주객동일성의 철학을 발전시킴.

9 독일 낭만주의 문학운동의 지도자. 형 August Wilhelm Schlegel(1767-1845)은 평론가이자 번역가, 동생 Friedrich Schlegel(1772-1829)은 문예비평가이자 문학사가. 함께 1798년 『아테네움』을 발간했음.

10 12세기 중세 고지독일어로 쓰인 영웅서사시. 니벨룽겐은 게르만과 노르드 신화에 등장하는 부족으로 부루군트 왕족을 형성함.

피히테 철학에서 나왔으므로, 그 연관성이 언급될 수 있다. 이 입장은 셸링, 그리고 형 슐레겔에 의해 추종되었다. 셸링의 예술과 천재성의 개념은 그 자체 여전히 피히테[11]의 원리와 연관되어 있다. 피히테에게 있어서 지知의 원리는 자신의 전체 추상 속에 있는 절대적 원리로서의 자아이며, 순수하고 형식적이며, 그 속에서는 모든 규정과 구분이 완전히 부정되고 지양되어 있는 매우 단순한 것이다. 자아는 나에게 타당한 모든 것을 내 안에서 부정할 수 있으며, 마찬가지로 내 안에 있는 모든 것은 나의 자아로서, 나에게 정립된 것으로서 고찰된다. 이에 따라 [첫째,] 어떤 것도 즉 자대자적이지 않으며, 일체 모든 것은 오직 나에 의해 정립되어 있다. 내가 그것에 대해 주인이요 지배자로 머문다는 것은 내가 그것을 타당하게 할 때만 타당하다. [둘째,] 모든 윤리적인 것, 도덕적인 것, 신적인 것은 나의 산물이며, 내가 그것을 정립된 채로 두기를 원하는 한에서만 타당하다. 나는 그것을 나의 자의恣意에서 머물면서, 여하간 내 안에서, 무릇 나에 대해서는 단지 가상假像[12]인 특수자로서 지양할 수 있다. 셋째, 인간의 규정은 그의 개별성을 진술하는 것인데, 그래서 나는 실로 이런 진술을 의식과 더불어 또는 활기찬 예술가로서, 나의 진술로서, 나의 행위로서 행하며, 이런 것은 나에 대해서 무릇 가상으로 머물게 된다. 이것은 내가 나에게 부여하는 하나의 형태인데, 이로써는 그런 행함들이 나에게 참으로 진실하지 않으며, 나에 의해 만들어진 가상이 지속된다. 만들어진 것

---

11 J. G. Fichte, 1762-1814. 독일 철학자. 자아를 기초로 한 지식학을 정초하고 주관적 관념론을 발전시킴.

12 가상(Schein)은 일반적으로 빛남, 외관 그리고 거짓상의 의미를 가짐. 실러와 헤겔, 아도르노 미학에서 가상은 단순한 거짓상이 아니라 사태의 본질이 드러나는 것으로, 현실보다 더 참된 미적 가상을 가리킴. 따라서 가상은 예술미의 특징이 됨.

은 이런 입장에 있는, 나의 자아의 형식주의일 뿐이다. 그리고 이렇게 예술가, 천재는 다른 이들을 우매하다고 간주한다. 이제 개인은 예술가로서, 천재로서 살면서 자신에게 관계, 연대를 부여한다. 하지만 이것은 가상일 뿐이다. 그와 같은 관계 속에서 개인은 그 반대로 아이러니하게 처신하는데, 이것이 (프리드리히 폰 슐레겔이 고안한, 다른 자들이 따라서 말했고, 여전히 따라서 말하고 있는) 천재성의 신적인 것이다.[27] 이런 입장은 모든 실체적인 것, 객관적인 것의 허황함이라고 불릴 수 있다. 주체는 모든 참다운 것의 이런 허황함, 공허 속에서 만족할 수도 있을 것이다. 만약 그렇게 한다면, 그 자체가 허황되고, 공허하며, 속 빈 것이다.

물론 또한 다음의 것이 가능할 수도 있다. 다른 개인이 이런 입장에 의해 만족스럽지 않다는 것, 그리고 그가 이와 동시에 확고한 것, 실체적인 것, 객관성, 실재성,[27] 특정한 관심에 대한 갈증을 가지지만 그럼에도 사태 속으로 깊이 들어가기 위해(이런 것은 사실 윤리적인 인간이 행한다) 그의 주관성에 고착된 고집을 포기할 능력이 없다는 것이 말이다. 그렇다면 개인의 이런 형태는 피히테 철학에서도 나왔던 동경 일반이다. 사람들은 이 동경하는 형태들을 한 측면에 따라서는 아름다운 영혼이라고도 불렀다.[28] 아름다운 영혼은 자기에게서 항상 머물지는 않고, 근사하게 행위하기도 한다. 그리고 동경함의 이런 형식도 역시 하나의 관점, 말하자면 허황함, 공허함이다. 아이러니한 주체는 예술가 자신이며, 그의 삶은 그의 개별성의 예술적 진술이다. 이 형태화의 법칙은 예술의 최고의 관점, 즉 신적인 것을 표현하는 아이러니한 것das Ironische이다. 물론 희극적인 것이 아이러니한 것과 혼돈될 수 없다. 아이러니는 표현된 것의 기본어조이다. 하지만 인간은 참다운, 내용이 풍부한 관심을 원한다. ― 드레스덴의 티크[13]도 역시 이 시기에 나왔다. 그는 자신의 비판적 저서들에서 항상 이 아이러니에 관해 말하며,[29] 다른 자들처럼 이런 어법들로써 감탄을 자아내고, 그런 것과 매우 친숙하게 행위한다. 그래서 티크가 ―원래는 아이러니를 언급하기 위해― 위대한 예술작품들, 예로 『로미오와 줄리엣』[14]을 평가할 때 그 평가는 근사하다. 왜냐하면 그가 아이러니에 관해 전혀 말하지 않기 때문이다. 그러니까 이와 같이, 그가 [아이러니에 관해 말하고자

희극적인 것에서는 목적이 그 자체에서 무상하며 개체적으로 특수한데, 예를 들면 인색함과 같은 열정이다. 의도되는 것은 개체적으로 특수하며, 전혀 실체적인 것이 아니다. 졸거(Solger)도 이론가로서 아이러니에 관해 말했지만 삶 자체에서도, 그의 『에어빈(Erwin)』에서도 이를 계속 상론하지는 않았다.[30]

하면서도] 아이러니가 전혀 실행되지 않게 하는 논리적 모순이 나타나는 것이다. 사실 좋은 자리를 차지할 수 있는 경우에는 아이러니가 생겨나지 않는다. 그리고 아이러니를 여기서 설명하는 것 또한 쉽지 않다. 아마도 그러할 때 악마가 아이러니하게 나타날 수도 있을 것 같다. 우리가 참다운 것으로서 명하는 것은 이념$^{die\ Idee}$이며, 참다운 목적도 이념이다. 이념은 구체적이기 때문이다. 최고의 것, 그리고 이것을 표현하는 것이 예술의 목적이고 규정이다. 이 입장은 종교에서, 그리고 철학에서도 동일하다. 자유로운 정신, 즉자적으로$^{an\ sich}$ 참다운 이념의 표현. 차이는 표현 방식에 있다. 이제 우리는 이러한 궁극목적에 도달하기 위한 수단을 고찰하자.

그러니까 일반적으로, 예술은 이념을 가상을 통해, 기만을 통해 표현한다고 말할 수 있을 것이다. 철학에서는 즉자대자적으로 있는 것만이

---

13   Ludwig Tieck, 1773-1853. 독일 낭만주의 소설가. 공상적 사건, 기담, 마술 이야기 등을 소재로 정경 묘사가 뛰어난 작품들을 씀.

14   1597년 영국 극작가 셰익스피어(William Shakespeare, 1564-1616)의 5막 희곡. 서로 원수 간인 집안에 속한 두 주인공의 사랑이 비극으로 끝남.

참이다. 감각적인 현재 속에서 참다운 것, 그런 것은 예술에 의해 표현되는 영원한 보편적 위력들, 인륜적인 것, 참다운 것이다. 예술의 최고의 목적, 그것은 신들이며, 예술이 신들을 표현한다는 것은 예술의 과거적 시대성에 따라서가 아니다. 예술의 가상은 우리가 실재라고 부르곤 하는 것, 혹은 우리가 인륜적인/감성적인 것das Sittliche/Sinnliche을 보는 것에 익숙한 대로보다 훨씬 더 높은, 더욱 참다운 실재적인 형식이다. 《7a》 상태들의 그런 혼돈이 실재이며, 그 속에 작용하는 위력들은 예술이 그것들을 현상하게 만든 것들이다. 역사적인 서술이 우리에게 떠오르는데, 부분적으로는 일종의 가상이다. [하지만] 거기에는 아무런 감각적이고 직접적인 현재가 없다. 영원히 역사 속에 있는 것, 이것을 예술은 그것의 외적인 부차적 현존Beiwesen, 또는 감각적인 부차적 현존으로부터 해방시킨다. 그리고 이렇게 함으로써 예술은 우리에게 참된 가치내용Gehalt을 가져다준다.

> 이 신들, 즉 자연위력들이 순수하게 정신적인 한, 이것들은 참다운 것이지 가상이 아니다.

우리는 추상적 진리들을 반대하면서 예술에 인륜적 진리들을 귀속시킨다. 보편적 진리들의 형식으로 있는 실체적인 것은 예술에서 그 자체가 어떤 하나의 현상 방식으로 있다. 사유의 보편성, 이 요소는 철학적 사고이다. 실체적인 것은 예술의 내용이기도 하다. 본질은 그것이 있어도 현상하지 않는 한, 본질이 아니다. 실로 현상함은 본질 자체에 필수불가결하다.

분류

1. 일반부분

전체의 개관. 철학에서의 이런 분류는 아직
즉각적으로 파악될 수 없는 어떤 예측된 것이
다. 왜냐하면 연관관계는 곧 학^{*}을 통해 결과

로 생겨나야만 하기 때문이다. 개관은 그러니까 역사적으로만 주어질 수
있다. 먼저 우리는 두 부분, 즉 일반부분과 특수부분을 고찰할 것이다.
일반부분은 미 이념[15] 자체와 그것의 더 자세한 규정들과 더불어 시작해
야만 한다. 이 이념을 고려할 때 동시에 주목할 바는, 우리가 고찰할 것
이 미 이념이라는 것이다. 미의 이념은 단순한 이념이 아니라 이념상[16]으

---

15 미 이념(Idee des Schönen)은 생동적인 이념으로서의 미를 말함('이념'에 관해서는 앞의 역주 2번
    참조). 즉자대자적인 것으로 있는 진리, 즉 의식의 자기 자신에 대한 절대지로서의 절대적
    이념은 역사 속에서 발전해 나가며 정신의 영역인 철학, 종교, 예술에서 표현되는데, 예술
    에서는 예술미로 나타남.

16 Ideal은 일반적으로 이상(理想)을 뜻하지만 헤겔 미학에서는 '이념의 현존, 구체적인 상'을
    의미하므로 '이념상(理念像)'으로 옮김(문맥에 따라 한 민족이 추구하는 '이상'으로 옮겨지기도
    함). 이념상은 미 이념이 역사 속에서 다양하게 형상화된 것으로, 각 시대와 문화 속에서

로서 파악되어야만 한다. 그 자체로서의 이념은 자신의 보편성 속에 있는 참된 것이다. 이념상[17]은 이러한 미가 동시에 개별성, 현실성, 주관성을 갖춘 것이다.

a. 미 이념 자체와 그것의 더 자세한 규정들

이와 동시에 우리는 두 가지 규정을 구분할 수 있다. 그 하나의 규정은 이념이며, 다른 규정은 형태이다. 그리고 이 두 가지가 함께 이념상 또는 이념의 형태die Gestalt der Idee가 된다. 사람들은 이러한 요청을 먼저 매우 형식적으로 받아들일 수도 있다. 이념이 이

이념상은 자연이며, 그리고 표상과 현실성의 융합, 소생된 자연, 감각화된 이념, 형태가 된 이념이다.

러저러하게 있을 수 있고 형식적인 것을 통해서 단지 표현되는 것은, 이념이 형태와 조화롭게 되며 상응하는 방식으로 표명된다는 것이다. 표현의 결함은 서투름으로서 받아들여질 수 없고, 오히려 이념의 결함이다. 불완전한 예술 일반은 그 자체 내에 내용의 불완전성을 내포하고 있다. 그리고 ⟨8⟩ 최고의 이념에서는 표현, 즉 형태가 이념에 상응한다. 이념은 자기 자체 내에서 완전한 규정을 가지는 한에서, 자신의 척도가 자기 자체 내의 본질적인 규정, 즉 자기 내의 규정된 존재의 총체성인 한에서만 참답다. 규정성은 소위 현상을 넘어서는 시작이다. 만약 이념이 그렇게 자체적으로 참이라면 자체 내에 구체적으로 규정되어 있을 것이다. 이념

행위하는 인물과 그를 둘러싼 사태의 표현을 통해 이뤄지는 구체적인 예술미임('예술미'에 관해서는 제1부, 제1장, II의 역주 4번 참조).

17 원문의 das Ideale를 das Ideal로 수정하여 옮김. 1820/21년의 아셰베르크 강의필기록에도 das Ideale의 e가 편집에서 삭제표시가 되어 있음(Ms. 40). 이하 같은 경우, 별도 표시 없이 동일하게 수정하여 옮김.

은 그 자체 자신을 형태화하는 것이다. 그리고 이념의 형태가 이념의 고유한 규정화인 한에서만, 이념은 참답다. 참된 형태가 이념에 도달하지 못한 채 있다면, 이념 자체가 달성되어 있지 않은 것이다. 만약 이념이 무규정적이라면, 이념은 아직 참되지 못하다. 그리고 그렇다면 이념은 아직 무규정적이고, 형태는 자기 자신에 의해 규정되지 않은, 아직 외적인 어떤 것이다. 이것은 우리가 맨 먼저 다뤄야 할 분류의 견지에서 중요한 주요 계기이다.

b. 그 형식들에서의 미 이념

그러니까 우리는 즉자적 미의 이념을 고찰했다고 하려면, 이러한 미를 그 형식들에서 다음과 같은 것으로 고찰해야만 할 것이다. 미 자체는 그런 형식들과 규정들하에 정립되어 있는 것으로, 그리고 이런 것은 따라서 미 일반의 모든 총체성의 규정들인 것으로 말이다. 여기서 이 규정들은 이념이 자신의 형태들과 맺는 관계 방식들이다. 그리고 이런 구분은 이념과 자신의 형태와의 관계가 취해져 있는 방식대로만 있을 수 있다. 이념은 [형태의] 분류근거이다. 자신의 형태에 대한 이념의 이런 관계를 자세히 규정한다면, 세 가지 관계가 있다.

첫 번째 것은 이념이 아직 무규정적이며 불명료하고 추상적이며, 실체성의 방식으로 있을 뿐 주관성도, 참된 형식도 아니라는 것이다. 이처럼 이념의 가상은 아직 참다운 형식일 수 없다. 이러한 이념은 처음에 자신의 형태화와 형식을 모색한다. ― 형태는 아직 이념의 외부에 있으며, 감각적 소재 일체는 아직 그것에 적합하지 않다. 자신의 불안정 속에 있는 이념, 이것은 아직 절대적 형식이 아니고, 아직 자신에게 고유하지 않은 모든 그런 소재들에서 자신을 찾고 있으며, 스스로를 이 소재에 적절하게 만들고자 노력한다. 사실 이념은 무척도이기 때문에 아직 스스로에게 자연적 형태를 참으로 적절하게 만들 수 없고, 자연적 소재를 한갓되이 증대하며 «8a» 이를 부정적으로 다룬다. 이런 것은 그러니까 숭고의 특성이며, 그 한 형식이 상징적 형식이다. (두 번째 형식은 고전적 형식이며, 세 번째 형식은 낭만적 형식이다.) 이러함에 있어서 다른 측면은, 여기에서는 직접적으로 존재하는 그대로의 자연적 형태에서 출발했다는 것, 하지만 이런 자연적 형태화들에 실체적 이념이 투입되고, 그것이 해석된다는 것이다. 이런 것은 동양 예술의, 미의 범신론이라고 불릴 수 있다. 실로 이 추상성은 무한한 자유이다. 이 예술은 상징적 예술, 즉 의미를 갖지만 그 의미가 아직 표현으로 완전하게 구상되어 있지 않은 표현이다.

예술의 두 번째 형식인 고전적 형식은 외화, 현상, 표명 속으로의 이념 또는 개념의 적합한 구상構想, Einbildung이라고 규정된다. 그러니까 여기서 개념은 자신에게 고유한 형태 속에 구상되어 있는 것이다. 중요한 것은 언제나 다음의 사실, 즉 이 적절함이 단지 형식적으로 취해져 있지 않아야만 하며, 자연적인 것, 또는 개념에 의해 수반되는 형태가 즉자대자적 개념 자체에 맞아야만 한다는 것이다. 참다운 형태는 인간 형태이다. 이 형태가 그러니까 가장 완전한 미이다.

세 번째 형식은 낭만적 형식이다. 여기서는 합일이 다시 와해되는데, 고전 형식이 예술로서는 최고의 것에 이르렀던 것이다. 고전 형식에 결여된 것, 그것은 예술의 영역 자체의 제한성, 또는 예술로서의 예술이다. 신은 정신에 대해서 참다운 신이며, 정신에 대해서만 신이다. 낭만적 이념도 상징적 형식에 현존하는 그런 붕괴를 포함하고 있다. 하지만 다른 측면에서는 이념의 가치내용이 다른 종류의 것이다. 그 가치내용은 바로 정신이다. 고전적 예술은 즉자적으로 신적인 본성과 인간적 본성의 통일 속에 존립한다. 하지만 이것 역시 즉자적인 구체적 내용일 뿐이다. 그리고 이념이 여기서는 즉자적으로만 있기에, 바로 그 때문에 이 이념은 직접적으로 감각적인 방식으로 발현되는 것

낭만적 예술에서는 정신으로서의 이념에 직접적인 것이 대립되며, 정신이 감각적 방식으로는 표명되지 않으려고 한다.

이다. 더 높은 단계는 신적이자 인간적인 자연의 의식이다. 그리스 예술에서 통일은 실체이며, 낭만적 예술에서 통일은 주관성이다. 인간은 동물인데, 인간이 이를 안다는 것이 [동물과의] 엄청난 차이를 만든다. ⁽⁹⁾ 그리고 인간이 이를 안다는 것이 그에게 의식을 부여하며, 인간을 어떤 정신적 영역으로 상승시킨다. 인간은 동시에 그가 동물이라는 것을 안다는 것, 바로 그 때문에 동물이 아닌 것이다. 형태화하기 자체는 그 자체 대자적인 것으로서 현상하며, 그것의 우연성에서 받아들여질 수 있다. 하지만 내적인 것은 형태화하기의 우연성을 뚫고 나아가야만 하며, 이것이 내적인 것의 관심 자체이다. 그러니까 여기에서는 정신적인 것이 우리가 형태라고 여기는 것보다 우세하다.

2. 특수부분

제2부 또는 특수부분. 분류의 상이성은 다음의 것이다. 즉, 제2부에서 이념상은 그 자체 내에서 스스로 발전하며, 그 자신의 와해, 자신의 내적인 구분을 아무 형식으로나 전개하지 않고, 그런 구분된 계기들/자신의 구분 계기를 아름다운 것으로서, 예술작품으로서 나타낸다는 것이다. 여기에는 마찬가지로 그런 규정들을 가진 일반적 구분들이 있다. 그중 한 규정은 상징적 규정이고, 두 번째는 고전적이며, 세 번째에는 낭만적 형식들의 주관성이 덧붙여진다. 예술은 여기서

자신의 참다움 속에 있는 정신

스스로를 세계로서 전개한다. 미는 대상 자체이며, 미의 참다운 가치내용은 정신, 정신 일반, 절대적 정신[18]이다. 그리고 그 자체로서의 정신이 중심을 이룬다. 예술은 신, 이념상을 그 중심에 세운다.

신은 스스로에게 자신의 계기들을 두 개의 극단으로서 맞세우는데, 하나는 정신이 부재한 외적인, 추상적인 객관성이며, 다른 하나는 주관성, 자신의 주관적 신성이다. 우리는 이러한 전개를 종교와 연관시킬 수 있다. 여기서 우리는 먼저 외적인 생, 실존을 구분한다. 두 번째는 신으로의 고양이다. ─ 여기서는 신이 중심이다. 세 번째는 숭배의식, 공동체 Gemeinde의 기도, 공동체에 깃든 신적인 정신, 공동체 속에 있는 신적인 것이다. 예술에도 그런 세 가지 관계가 있다. 건축은 첫 번째 관계, 즉 외적인 것으로서 신성을 둘러쌈이다. 두 번째는, 그런 사원 속으로 신 자체가 들어가는 것, 정신이 현상의 외적인 방식을 스스로 취득하는 것, 즉 조각이다. 그리고 이 두 번째에 속하는 것은 주관적 요소, 공동체이다. 세 번째는, 신적인 것이 그의 개체적 특수성Partikularität[19]으로 분산된다는 것이다. 여기에는 [개체적 특수성의] 발현 그 자체가 있다. 이 발현에 대해 우리

---

18 헤겔은 의식의 발전을 현상학적으로는 의식, 자기의식, 이성, 정신의 순으로 고찰함. 이는 의식이 즉자적/주관적 정신(정립)과 이를 부정하는 대자적/객관적 정신(반정립)의 상태를 거쳐 양자가 통합된 즉자대자 상태인 절대지, 절대정신(der absolute Geist)에 도달하는 과정임. 현실에서 즉자와 대자 정신의 발전이 가족과 사회/국가 영역에서 이뤄진다면, 두 정신의 통합인 절대정신은 예술, 종교, 철학의 내용이 되며, 각 영역에서 직관, 표상, 사유를 통해 표현됨.

19 Partikulrrarität는 근대에서 주관과 객관이 분리된, 보편성이 결여된 한 개인의 주관적 특수성을 의미함. 일반적 의미의 특수성(Besonderheit)과 구분하기 위해 '개체적 특수성'으로 옮김. 주체의 개체적 특수성은 근대 인간의 특성으로 예술의 핵심적 주제가 됨. 이로 인해 근대에서 예술은 더 이상 보편적 진리를 매개하지 못하고 '파편적(partial)' 진리만 다양하게 매개할 수 있으며, 관람자가 이를 비판적으로 고찰하는 역할을 하게 됨.

는 세 가지 요소를 가진다. 1) 빛과 색채(회화), 2) 즉자대자적인 음들, 음악, 3) 표상의 기호들, 말 또는 언어인 한에서의 음의 요소. 두 번째 표명은 음, 그러니까 음악이다. [회화와 음악을 위한] 눈과 귀[의 시각과 청각]은 관념적인 것이다. 세 번째 것은 가장 완전한 요소이다. 스스로 정신적으로 표상되는 정신적인 것은 여기서 시 예술이다 《9a》 (서사적, 서정적, 그리고 극적인 시). 조각에는 질료의 유기적인 형체화가 있고, 회화에는 평면과 선, 공간적 규정이 있다. 음악에서는 시간 속으로 이행하며, 시문학에서 본질적인 것은 게다가 이런 추상적인, 감각적인 것보다 더 폭넓은 규정이 덧붙여진다는 것이다.

제1부 또는 일반부분

제1장

I. 이념 일반과 이념상

1. 이념 일반

첫 번째. 우리는 입장, 그리고 다른 영역들에 대한 예술의 관계를 자세히 규정해야만 한다. 우리가 이념을 정신적인 것 일반, 즉 일반적으로 정신적인 것이라고 부를 때, 이념이 구체적 방식으로 설명될 수 있을 것이다. 절대정신은 곧 보편적 정신이다. 절대정신으로 규정되는 것은 무릇 참다우며, 참된 것이다. 우리는 정신과 자연을 나란히 두는 것에 익숙하다. 우리는 이와 더불어 여기서 자연에 대한 정신의 관계를 갖는다. 정신이 곧 자기 자신으로부터 스스로를 구분하는 활동인 동안, 자연은 정신 속에서 이념적인 것으로서, 정립된 것으로서 현상한다. 정신과 구분되는 것으로 규정된 것[자연]은 즉자적으로는 전체 이념이지만, 바로 그 때문에 정신의 참다움이 아니고, 정신의 행위일 뿐이다. 자연은 그런 한에서 정립된 것으로 불릴 뿐이다. 그리고 자연의

> 더 고차적 고찰에서는, 정신이 정신이기 때문에 자신 속에서 스스로를 구분한다는 사실이 의미가 있다. 자신 속의 이러한 분리는 우리가 절대정신이라고 부르는 것이다.

진리는 바로 이런 자연의 관념성, 부정성이다. 그리고 주관성조차 다른 것[정신]이 부여한 것이며, 사실 이런 다른 것만이 주관으로서 감득될 수 있다. 정신은 그러니까 이러한 총체성, 이러한 최고의 진리이다. 최고의 진리는 보편적 정신으로 있다는 것이 우리가 예술에서 시작하려는 지점이다. 먼저 자연과 스스로 관계하며, 자연에서 유래하는 정신은 유한한 정신일 뿐이다. 정신은 이런 유한한 것을 부정적인 것으로서 알며, 절대적인 것을 참다운 정신으로 안다.

참된 것이 예술에서 대상이라면, 이 [참된 것의] 직관은 자연물,[31] 태양, 대지 그리고 그와 같은 것들에 의해서는 달성될 수 없다. 이러한 것들은 비록 감각적 실존들이지만 대자적 정신의 직관을 보장하지 않는 개개 실존들이다.

우리는 자연과 유한한 정신을 우리 앞에 둠으로써 본래 그런 입장에 실제로 서 있게 된다. 예술은 이런 영역 너머로 고양되어 있다. 예술은 [정신의] 최고의 영역에 속하지만, 논리적인 것, 사고로서 고찰되는 사고에 들지 않으며, 객관, 즉 자연으로서 실현되어 있지도, 정신으로서 자신 내 그런 반성에 이른 것도 아니다. 예술은 절대자, 지고한 것의 영역에 속한다. 이런 절대정신의 영역에는 절대정신에 관한 지(知)가 있으며, 정신이 [지의] 대상이라는 것은 유효하다. 그리고 정신은 대상인 한에서 《10》 하나의 대립물로 정립되어 있으며, 따라서 유한한 정신이다. 자기 자신의 의식, 이 주관성은 유한한 정신이다. 절대정신은 그것 스스로가 그 자체로서 의식되면서 곧 절대정신이 된다. 종교, 학문, 철학도 역시 유한한 정신이 절대적 진리를 다루는 것이다. 인간이 일상적인 것을 넘어 상승한다면, 그것은 종교이다. 철학은 참된 것을 사유하며, 참된 것, 즉 신을 대상으로 삼는다. 철학은 본질적으로 합리적인 신학이며, 신에 대해 종사하는 것 외 어떤 다른 관심도 갖지 않는다. 그러므로 [절대정신과의] 관계는 이 세 가지 방식 모두에서 같은 것이다. 이 방식들은 형식에 따라서만 구분되어 있다. 그리고 이 형식은 규정되어야만 한다. 이런 형식구분은 그 자체에서 스스로 만들어지며, 정신이 —이 구분의 본질인 한에서— 유한한 정신의 본질을 넘어 절대적 진리, 자신의 정신, 모든 사물들의 본질을 비상非常하게 고찰하는 것이 바로 형식구분이다. 형식들은 매우 간단하게 생겨난다. 그 한 형식 또는 첫 번째 관계는 직관이며, 절대정신에 대한, 그리고 바로 그렇기 [직관이기] 때문에 감각적인 의식에 대한 직접적인 지이다. 두 번째는 표상하는 의식인데, 감각적인 것은 직접적인 것이기 때문이다. 세 번째는 절대정신에 관해 사유하는 의식이다. 예술은 실로 자연을 직관하는 의식이다. 그래서 예술은 감각적으로 직접적인 형태화들 일반의 감각적인 방식으로 의식을 가진다. (여기서 표상들은 예술에 속하는 한, 주어진 직접적인 방식으로 포착되어 있는데 이에 대해서는 나중에 [살펴본다].)

종교의 형식은 표상Vorstellung[1] 일반의 형식 또는 이념이다. 그렇듯 참된 것은 표상을 부여한다. 참된 것이 심정과 마음의 내적인 것으로 들어가기 때문에 개인의 주관성이 주된 계기가 된다. 종교에 있어서 예술은 한 측면일 뿐이다. 예술작품은 감각적으로 정신에 참된 것을 표현하며, 종교는 예술 그 자체에 결여된, 직관함의 내면성, 기도를 덧붙인다. 예술에서 객관적으로 표현되는 것은 심정과 동일하게 된다. 심정이 이런 내용을 자신 내 수용하며 동시에 이를 흡입하고 삭이는 그런 기도가 종교이며 공동체인데, 처음에 외적으로 주어진 것이 공동체에 의해 종교에 통

1 　표상(Vorstellung)은 의식 앞에 생성되는 주관적 심상으로 객관적인 사유와 구분됨. 감성적 직관과 개념적 사유의 중간성격의 것으로, 종교에서 절대정신이 표현되는 방식이기도 함. 또한 상념, 생각이라는 일반적 의미로도 사용됨.

합된다. 가장 큰 주관성 내의 그 주관적인, 가장 내면적인, 즉 가장 순수한 형식에서의 숭배의식이 종교이다. 예술 내 외적인 것은 그래서 주관성의 형식이 된다. 《10a》 세 번째는 철학이다. 종교는 주관 일반의 내면성, 주관의 표상, 실로 더 나아가서는 주관의 심정들과 마음속에서 실현된다. 하지만 인간은 신이 어떻게 스스로를 계시하였는지 가르침을 받아야만 한다. 그런 다음 정신은 자신의 공동체를 채우며, 그곳에 거주한다. 이 내면성은 감정의, 표상의 내면성이다. 내면성 또한 최고의 이념 또는 사유 형식을 가지는데, 그렇다면 철학은 그런 예배이다. 철학은 종교에서 감정의 내용인 그런 내용을 사유하고, 알아야만 하며, 그것에 대해 사유하는 방식으로 알아야만 한다. 이 세 번째 방식에는 예술과 종교의 특유한 것, 이 양자가 통일되어 있다. 예술은 사고가 감각적인 것으로 만들

정신적, 객관적으로는 예술 /
주관적으로는 종교

어진 것이라는 점에서 객관적인 것으로서의 예술이며, 종교는 사유의 주관성이라는 점에서 주관적인 것으로서, 내적인 정신성, 마음의 통일 자체로서의 종교이다. 종교 그 자체는 이전[고대 그리스 시기]에 예술종교Kunstreligion였다. 종교가 정신의 종교[기독교]이기 전에 인간은 참된 것을 감각적으로 포착했고, 그런 다음 참다운 방식으로 정신 속에서 포착했다. 그렇듯 신적인 것의 발현이 감각적 형식으로는 곧 참다운 내용, 즉 정신에 더 이상 참되이 적절하지 않다는 사실이 뚜렷이 드러났다. 두 번째 것은, 우리가 자세히 고찰하려는 것이다. 즉, 이념상으로서 이념인 것이다.

2. 이념상

　이념은 개념[2]과 실재성의 통일 일반 이외 다른 것이 아니다. 개념은 영혼이며, 실재성은 신체성이다. 이념에서 개념과 실재성은 중화되거나 무뎌져 있지 않다. 개념은 명실상부하게 지배적인 것이다. 개념과 실재성의 통일 일반이 있는데, 실로 개념 자체가 이런 통일이며, 실재성에 전혀 굴하지 않는다. 이것이 일반적인 규정이다. 이제 또다시 나오는 것은, 이념은 현실적인 것 일반이라는 것이다. 현실적인 것은 단지, 현실적으로 있으며 외적으로 실존한다는 것일 뿐이다. 이런 외적으로 실존하는 것은 자신의 개념에 상응할 때 비로소 현실성을 가지며, 그런 다음 비로소 객관적 의미에서의 진리가 된다. 나의 현실성에서, 이 현실성이 그것의 개념에 상응하지 않는 한, '나는 진리다'라는 것은 현상Erscheinung에 불과할 뿐이며, ⑾ 그 현실성 속에는 어떤 다른 것이 현상하고 실현되어 있다. 이런 것이 이념 일반의 추상적인 개념인데, 개념은 규정들을 포함하며, 구체적인 것이다. 개념이 추상적인 한, 그것은 한갓 우리에게, 우리의 주관성 속에 있을 뿐이다. 우리가 영혼, 자아라고 부르는 것은 나의 실존 속에 있는 개념 자체이다. 나는 표상들의 세계이며, 다양한 내용은 이런 통일 속에 압축되어 있고, 전혀 형체가 없다. 실재성은 다음과 같은 것이다. 즉, 규정성들이 외적으로 따로따로 있는 것이다. 개념은 순수한

2　개념(Begriff)은 절대지/절대정신의 논리학적 규정임. 자체 내 구분의 계기들을 포함하고 있으면서 스스로를 전개하는 과정에서 구분들을 지양하여 주관과 객관이 완전한 통일을 이룬 의식의 상태를 말함. 헤겔은 이러한 개념이 현실의 모든 존재의 발전원리라고 보며, 개념은 현실에서 실재성(Realität)을 가질 때만 참다운 진리일 수 있다고 봄. 개념이 자신의 실재성을 갖춘 것이 이념임('이념'에 관해서는 도입부의 역주 2번 참조).

관념성이며, 실재성 속에서 개념들은 자립적인 것으로서 현상한다. 개념은 영혼이며, 실재성은 신체이다. 싹은 개념이며, 싹 속에 모든 것이 즉자적으로 포함되어 있다. 식물의 싹 속에는 나무가 이후에 나타내게 될 모든 규정들이 들어 있다. 나무는 실재성이다. 이념은 개념과 실재성의 통일이며, 싹은 나무의 생동성이다. 비유기적 자연에서는 개념이 전적으로 자신의 실존 속으로 이행되어 있다. 만약 내가 금의 개념을 가졌었다면, 그것에 대한 무게를 응시할 수 있었다면, 그것은 노랗다는 사실이 즉자적으로 개념에서 스스로 발전되어 나올 수 있었을 것이다. 금은 영혼이 없다. 그러나 우리는 살아 있는 동물에 대해서는 영혼에 관해 얘기하는데, 거기서 개념은 자신의 실재성 속에 있는 방식, 대자존재^{Fürsichsein}의 방식이 되어 있다. 개념은 실체적으로 있는 대자존재가 된다. 그와 같이 나는 내 몸에서 1,000개나 되는 수많은 곳에 감각^{Empfindung}을 가지지만, 그럼에도 나 혼자 감각하는 자이다. 생명체의 이념은 개념이 자신의 실재성 속으로 완전히 침잠되어 있지 않다는 것[즉, 양자가 완전한 합일을 이루고 있지 않다는 것]이다. ― 그래서 아픈 사람 속에도 여전히 [사람의] 개념은 살아 있다. [아픈 자는 그에게] 이미 어떤 다른 것이 들어와 있는 것이다. [이 경우에] 실재성은 개념에 의해 본질적으로 규정되지 않으며, 개념은 더 이상 전적으로 참이지는 않다. 그러나 비진리도 아니다. 왜냐하면 완전히 참이 아니었다면, 개념은 죽었을 것이기 때문이다. (대자적으로 존재하고자 하는 지체^{肢體}들은 관념화된다.) 실존하는 세계 속에는 이런 구분이 있다. 개념이 자신을 위한 하나의 실존을 가지게 되는지, 아니면 단지 실재성으로 넘어갔는지 말이다. 예를 들면, 태양은 실존하는 영혼이 아니라 전체 개념의 하나의 계기일 뿐이다. 태양은 비록 대자적으로 있지만, 추상적인 동일성일 뿐이다. 태양계 내에서 [태양의] 개념이 설명된다. 개념의 계기들은 여기서 구분된 실존들이며, 하나의 체계를 형성하지만 개체가 아니다. 계기들은 본질적인 연관 속에 있다. 그리고 이런 것이 개념의 통일이지만, 이 통일이 그것들 내에는 실존하지 않는다. ― 개념은 자신의 실재성 속에 있고, 영혼은 자신의 신체성 속에 있다. 영혼과 신체성 간의 구분을 아는 것은 절대적으로 중요하다. 이러한 구별을 이루는 것은 하나의 측면이며, 또 다른 측면은 신체성과 영혼의 동일성이다. 영혼을 개념으로 파악한다면, 여기서 개념은 자기 스스로 자신의 지체들을 만들며, 자신의 규정들을 실현한다. 규정들의 이런 체계는 개념으로, 신체성, 즉 동일한 규정들의 하나의 동일한 총체성이다. 이것은 아직 더 자세히 고찰될 수 있다. 실재성은 개념에 의해 규정되며, 개념은 이런 통일성이다. 실재성은 개념이 펼쳐지는 것인데, 이런 분리에서 각각은 대자적으로, 독자적으로 현상한다. 생^{生}은 이런 모순을 견디어 낼 수 있는, 그리고 이 모순을 언제나 해소할 수 있는 힘이다. 살아 있는 생이 가장 관념적인 것이다. 생명체에서 개념은 내적인 규정이다. 이를 통해 정립되는 것은, 생명체의 지체들은 대자적으로 존립할 수 없다는 사실이다. 만일 손이 하나의 부분이라면, 떼어져 있어도 그런 부분으로 남아 있을 것이다. 하지만 손은 대자적으로 존립할 수 없다. 《11a》

즉, 실재성이 있지만 언제나 관념화되어 있다는 것이 더 높은 실재성이다. 추상적으로 표현

실재적인 것의 부정

하자면, 실존하는 것은 언제나 부정적인 것으로 정립된다. 개념은 실재적이라는 이런 부정을 통해 주관성으로 정립되며, 실재성은 현상으로서 실존한다. 현상은 말하자면, 어떤 것이 있다는 것이다. 이 실재성은 동시에 부정된 것으로서 정립되어 있는데, 하지만 이런 부정은 동시에 그 자체로는$^{für\ sich}$ 긍정적이다. 그리고 이것은 또 하나의 현실성이며, 그렇다

면 영혼이다. 그런 한, 세 가지 현상이 있다. 첫째 실재성, 둘째 이런 실재성의 부정인데, 이 부정적인 것은 또한 셋째, 긍정 또는 신체적인 것에서 현상하는 영혼이다. 금은 가상하는 것이 아니라 있는 것이다. 거기에서 실재성은 긍정적이다. 금인 것은 거기서 한갓된 현상이 아니다. 현실적으로 있는 것은 사실 긍정적인 것, 영혼이다. 이것은 그러니까 생명체의 주관성이다. 현상은 어떤 긍정적인 것의 현상이다. 그리고 거기에는 실로 그렇게 내적인 것으로서 나타나는 외적인 것이 있다. 현상은 완전히 본질적이다. [하지만] 본질 자체는 현상적이지 않다.[32] 만약 지금 생명체가 우리가 이념을 규정하는 그대로라면, 그것은 아름다울 것이다. 왜냐하면 개념은 현존하며, 개념에 의해 규정되어 있는 필연적인 실재성이기 때문이다. 생명체는 영혼이 그것에서 현상되는 한에서 아름답다. 하지만 그것은 본래의 미에는 아직 충분하지 않다. 그것에는 감각하는 주체로서 있는 개념뿐 아니라 더욱이 자기 자신 내에서는 이념인, 이념의 중복으로서의 개념이 속한다. 개념이 자기 자신 내에서는 이념이어서, 개념 자체는 자신의 실재성을 가지며, 자기 자신을 대상적으로 나타내게

개념과 이념에서의 실재성은 정신이 만든다.

된다. 그리고 이 대상성이 바로 실재성이며, 그런 구체적인 개념 또는 정신성이 [실재성의] 근거이다. 정신적인 것은 주체이며, 정신적인 것으로서 규정된 주체는 미의 관점이 요구하는 내면적인 것이다. 정신적인 것은 먼저 또한 생명체이며, 따라서 생명체의 그런 실재성도 가진다. 우리는 소위 유한한 정신적인 것에 관해 말하고 있다. 정신적인 것은 생동적인, 동물적인, 야수적인 생동성을 가지고 있다. 신체성의 형식으로 있는 실재성, 신체성은 동물적인 생동성인데, 정신은 그 속에서 자신의 직접적인 신체성에 거주한다. 행위들이 자신의 실재성인 한, 정신은 더더

욱 그 속에서 현상해야만 한다. 이런 신체적인 현현 속에 살아 있는 영혼의 현현이 있다. 하지만 정신적인 것도 그 속에 있어야만 한다. 그리고 이 정신적인 것은 인간 형태에서 현존한다. 인간은 직립 보행하는데, 그것은 그의 의지에 속한다. 입은 한편으로 먹는 기관이지만, 동시에 온화함과 노여움 등이 입에서 표출된다. 입은 인간의 ⁽¹²⁾ 순전히 생동적인 욕구 활동을 위한 기관이다. 동물의 앞발에 반해 인간의 손은 동시에 무한한 도구로 예시된다. 손은 정신적이며, [동물의] 앞발은 그것에서 표출되는 생동성의 한 지체이다. 머리는 몸통과 그 외의 사지들과는 달리 정신성의 전혀 다른 표출이다. 이러한 것이 이념이라고 불리는 것에 대한 더 자세한 규정이다.

이로써 우리는 이제 이념상의 규정을 하려 한다. 이념이 방금 언급된 정도만으로도 널리 실재성 속에 들어갔더라면, 우리는 미 그 자체, 이념상을 가졌을 것이다. 생동적인 파악의 조직화가 개념, 영혼이다. 그와 같은 방식에 의해 개념은 실재적이 된다. 이렇듯 동물의 이런 자기 내 존재는 자신의 감각Empfindung이다. 그리고 이 감각은 신경체계로서 실재적이지만, 동물이 외부를 향해 관계하는 한에서만 자기 내에 있다. 동물의 이념은 우리[인간]가 동물 속에 [이념으로] 남아 있으면서 실재성의 방식을 제시하는 그런 것이다. 생명체가 자신의 개념을 실현하는 것, 개념을 실존하게 하는 것보다 더 멀리 나아가지 못할 때, 우리는 이상적인 것das Ideale을 가졌을 것이다. 이념은 사유, 사고에 속한다. 이념상은 실존한다. 현실성은 개념에서 개념의 실재화로 나아감이 아니라, 실존하는 것보다 더욱 멀리 나아간다. 그것은 계속 나아감으로써 자연적인 것, 외적인 것의 장벽 속으로 들어간다. 그리고 이 자연적 현존재는 이념상 그 자체가 인식될 수 있게 하는 것이다. 생명체, 정신적인 것은 주체이며, 정신적으로 실존하는 것으로서 있다. 이런 실재성에는 이것[실재성]이 개념을 향해 유지된다는 사실이 들어 있다. 실재성의 측면에 따르면, 개념이 현존재 내에서는 다른 것들과의 관계 속으로, 즉 필연성 속으로 들어와 있다. 여기는 자연적인 것의 곤궁함이 시작되고 이상적인 것에 더 이상 적절하지 않게 되는 곳이다. 만일 인간이 병든다면, 어떤 것이 그의 실현에서 쇠약해질 것이다. 인상사相, Physiognomie의 묘사들에서, 얼굴에 있는 것을 표출할 줄 아는 사람의 경우, 인상 묘사가 안 좋을 것이다. 왜냐하면 그는 모든 찌푸림과 구레나룻 털을 함께 표현했기 때문이다. 이에 반해 동물의 겉 장식을 그린다면, 이것은 매우 다르게 표현될 것이다. 하나의 행위는 그러니까 다양한 방식으로 개별화된다. 인간과 모든 것은 이때 다른 것들에 의존되어 있다. 실재성에는 실로, 그것이 개념에 의해 규정되어 있다는 사실이 들어 있다. 대자적 이념은 무한하며, 자기 자신에 머물러 있다. 즉 자기 내로 귀환한다. 《12a》 그래서 초상화를 그리는 화가에게 통상적으로 가해지는 비난은, [그림 속에는] 삶의 곤궁함이 지워져야만 했을 것이기 때문에 그가 아부한다는 것이다. 정신적 특유함의 표출도 사실 표현되어야만 한다. 예술가가 그렇게 앉아서 그리는 것은 그것에 충분하지 않다. 그렇지 않고 예술가는 또한 인간의 언어, 관습들을 잘 알고 있어야 하며, 열정들이 어떻게 얼굴에 반영되는지, 그리고 정신적인 것들의 표출은 통상적인 인상에서는 그리 잘 나타나 있지 않다는 것을 알아야만 한다. 그렇듯 생동적인 그림들이라는 얼굴들은[33] 그저 일상적인 얼굴들일 뿐이었는데, 화가는 정신적인 것을 거기에 집어넣어야만 한다.

이념상에는 또한 다음의 것이 속한다. 즉, 표출되어야 하는 얼굴의 형식들이 성격에 부합되어 있다는 것이다. 라파엘로³의 성모상들에서[34]

표정연출, 근심 등이 성격에 적절하며, 여전히 겸허하고 경건한, 신성한 모성애가 표현되는 것처럼 말이다. 이런 형식들의 정신적인 것은 그와 같은 것을 표출하는 성격에 적절한 형식으로서 있다. 모든 형식들이 감각Empfindung에 능하다고 해서, 성격에 그렇게 적합한 것은 아니다.

여기서 인상에 관해 언급되어 있는 것은 전체 예술에 관계된다. 그래서 표현 속의 비극적이지 않은 사람들이 어린 시절의 장난들을 할 수 있는데, 사실 이것은 즉자대자적으로 아무런 모순이 아닐 것이다.

II. 예술미의 더 자세한 규정

이다음 규정은 예술미[4]는 인간의, 예술가의 산물이며, 정립된 것이라는 거다. 우리는 즉시 추상적인 규정을 갖는다. 우리는 예술미를 한

객관성에서의 예술미, 주관성에서의 예술미

편으로는 객관적으로, 다른 한편으로는 그것이 예술가 속에 있는 대로 주관적으로 고찰하도록 제공할 것이다. 우리는 후자를 예술가의 영감, 환상, 기교, 개성이라고 부른다.

---

3   Sanzio Raffaello, 1483~1520. 이탈리아 전성기 르네상스의 화가.
4   예술미(das Kunstschöne)는 절대적 이념이 예술에서 구체적으로 형상화된 미를 말함(자연미는 즉자적 이념이 구체화된 것). 따라서 예술미는 이념상과 동일한 것으로 이해됨. 헤겔은 역사 속에서 발전하는 이념이 예술에서 구체화될 때 표현형식과의 관계 양상에 따라 예술의 시기와 유형을 세 가지로 분류함(오리엔트의 상징적 예술형식, 고대 그리스의 고전적 예술형식, 중세 이후 근대 유럽의 낭만적 예술형식).

1. 그 객관성에서의 예술미
우리는 예술미 그 자체, 예술미의 본질적 측면들을 점검 해야만 한다

1) 이러함에서 첫 번째 것은 생동적인 내용이 없는 형식적 개념이다.

2) 두 번째는 내용, 특수성에서의 예술미이다. 이 특수성을 우리는 행위Handlung[5] 일반이라고 부를 수 있다. 행위에는 거기에 나타날 다음의 계기들이 있다. 첫 번째 계기는 세계상태der Weltzustand이다. 하나의 외적 세계가 거기에 속하며, 행위하는 자가 자립적인 것일 수 있어야만 한다. 두 번째 계기는 상황die Situation, 행위를 유발하는 것, 유발적인 것으로서의 외적인 것이다. 세 번째 계기는 움직이는 것das Bewegende, 내적으로 그런 자극에 대해 반응하는 것이 된다.

3) 세 번째는 개별성, 성격, 움직이는 것에 활동성을 덧붙이는 개체성이다.

4) 네 번째는 외적인 규정성, 외적인 개체성으로서의 개체성, 외적인 삶의 상태이다.

1) 형식적 개념

우선 그 추상적 규정성에 따른 형식적 개념에 관해서 보면, 그것은 통

---

5   행위(Handlung)는 주체의 의지, 목표에 따른, 의식적이며 도덕적 가치가 내포된 움직임을 뜻함. 이는 순간적이고 자동적인 행함을 의미하는 행동(Tat)과 구분됨. 예술의 내용인 이념은 상이한 역사적 상황 속에서 유발되는 대립과 충돌, 반작용의 담지자이자 어떠한 관심과 목적을 가진 인물(성격, 캐릭터)들의 행위를 통해 다양한 이념상 내지 예술미로 형상화됨.

일성 일반이다. 그리고 여기에는 두 가지 관점이 있다.

첫 번째는 다양성의 추상적 통일성, 합규칙성 일반이다.

두 번째는 단순성으로서의 통일성이다. — 물
론 그럼으로써 그것은 하나의 특수한 실재적
측면의 단순성이다. 일반적 합규칙성은 예술작

[형식적 측면에서] 개념은 예술작품을 고갈시키지 않으나, 생동적이지는 않다.

품의 법칙이며, 개념이 그것의 전적으로 추상적인 형식적 방식으로 취해
져 있다. 그리고 합규칙성은 쉽게 법칙으로 만들어질 수 있어서, 완전한
미가 금방 지양되어 버린다. 합규칙성은 본질적으로, 예술작품에 즉해
있는 외면성에 속한다. 사람들은 이것을 오성적인 통일성, 또한 개념의
지배라고 부른다. 합규칙성은 비유기적인 것에서 제자리를 갖는다. 합
규칙성에 관해 우리가 아는 것은 예를 들면, 어떤 집의 창문이 합규칙성
을 가진다는 것, 다시 말해 그 창문들이 동일해야 한다는 것이다. 그것은
하나의 통일성, 하나의 규칙이다. 하나의 크기 규정이 이 모든 것을 지배
하는 것이다. 《13》 천체들의 운동에는 합규칙성이 있다. 식물들에도 그와
마찬가지다. — 더구나 더 크다. 여기에는 반복되는 특정한 수와 크기가
있다. 동물이나 인간에게서도 합규칙성이 보이는데, 이 합규칙성은 본질
적으로 외적인 것으로 향해 있는 그런 기관들에서 보이는 것이다. 심장,
폐 그리고 내장은 그 형태에서 규칙적이지 않다. 오히려 합규칙적인 것
은 오직 자신의 기관들, 인간의 실천적인 상태
에 속하는 팔과 다리이다. 여기에서 그런 외면
성은 단순한 동등성과 합규칙성의 규정성에 기

균제, 통일성 그리고 다양성, 자체 내에 차이를 갖는 것.

초하는 이원성이다. 예를 들면 눈들이 그렇다. 가슴의 위치는 오른쪽 팔
이 먼저 바깥으로 뻗쳐짐으로써 정해진다. 균제는 합규칙성과 연관되지
만, 그것들과 관련하여 어떤 단절이 발생했던 한에서의 부분들 또는 상

합규칙성은 주로 크기의 규정들에 관계된다.

이한 실존들의 합규칙성이다. 예를 들면, 한 집에 한 측면에는 창문이 세 개가 있고, 더 먼 곳에 이 세 개보다 더 큰 창문이 서로 떨어져 있지만 서로 간에는 역시 동일한 크기이며, 그리고 다른 측면에도 세 개의 더 큰 창문이 있다면, 이러한 것이 균제이다. 건축은 비유기적 환경, 정신적인 개별성을 둘러싸기가 된다. 음악에서 박자는 음들이 그 속에서 흘러가는 시간이다. 이런 박자는 외적인 것, 감각적인sinnlich 것의 형식이다. 그리고 이런 감각적인 것은 감각적인 것으로서의 박자에서의 통일성이다. 합규칙성은 통일성이 외적인 것 그 자체에서 존재할 수 있는 방식이다. 이런 합규칙성에는 각운도 속한다. 이것은 순전히 감각적인 울림인데, 하나의 동일한 감각적인 울림의 되풀이가 합규칙성이다. 음악과 운문의 박자들과 또한 각운에는 마술적 힘이 들어 있다. 이런 되풀이됨은 주관적이며, 그런 주관성, 나 자신 속에 있는 확신의 그런 추상적 통일성이다. 이런 합규칙성은 계속해서 본래 생동적인 내용 속으로 올라간다. 극劇에서는 막幕들이, 시에서는 장章들이, 회화에서는 어떤 균제들이 그러하다(예를 들면, 사람들은 피라미드식으로 그룹 짓기 하는 것을 좋아한다). 물론 이런 것은 드러나지 않아야 하며, 실로 이런 경직된, 너무 규정적인 균등성은 그토록 규정적으로 나타나지 않아야만 한다. 부분들이 최소한 눈에 띄지 않게 서로에 대해 비균등하게 만들어져야 할 것이다. 이런 합규칙성은 양적인 관계들, 크기의 규정들, 즉 수량과 시간의 단면에서의 균등성에 연관된다. 더 이상 이런 외면성에 속하지 않는 모든 것에 있어서는 그런 양적인 관계들이 폄하된다. 그런 다음 양적인 것 서로서로에 대한 질적인 규정성이 나온다. ─ 예를 들면, 타원은 더 이상 원주와 같은 그런 형식적인 선이 아니다. 《13a》 유기적인 물체들에서의 선들은 달걀 모양들인데,[35] 이것은 그와 같은 규정된 형식들로 소급될 수 없는, 오히려 단지 양적인 것의 질적인 관계들만 기초되어 있는 선들이다. 조화는 합규칙성과 구분되어야만 한다. 기본음에 대한 관계에서 조화는 합법칙성이기도 하며, 한갓된 균제가 아니라 질적인 종류이다. 색채의 조화는 어느 정도 균등한 형식의 색조에 포함되어 있다. 이런 조화는 마찬가지로 또한 모든 예술들에 정립되어 있다. 총체성도 조화하에서 이해될 수 있다. 푸름, 노랑, 빨강, 그리고 초록은 색채들의 총체성이다. 이것들은 개념의 본성에 의해 특정한 관계 속에 있다.[36]

회화에서 사람들은 색채의 총체성이 그 속에서 나타날 때, 색채가 속하는 원환의 완벽함이 거기에 있을 때 효과를 감지한다. 옛 화가들은 일부 그것에 주의를 기울였다. 외적인 것의 단순성, 외적인 것의 순수성, 이것도 추상적인 규정이다. 예를 들면 아, 에, 이, 우 같은 모음들이 순수한 음들이며, 복모음들은 순수하지 않고 단순하지 않으며, 그래서 목소리의 순수한 음이 아니다. 색채의 미는 그것의 단순성, 순수성인데, 장밋빛 붉은색이 그러하다. 다홍색에는 이미 노랑이 한 뜸 들어가 있다. 단순한 색들이 가장 표출력이 있는 색들이다. 예를 들면 푸른 의복 속의 마리아, 붉은 외투 속의 요셉, 초록, 보라 그리고 다른 중간색들로 혼합된 그외의 색채들. 지금까지의 것은 그러니까 형식적 통일성에 관한 것이다.

> 앞서 나타나는, 외적인 것은 순전히 비혼합적이어야 한다.

2) 행위

예술미의 구체적인 것, 행위.

형식적 통일성은 미의 외적인 측면에 속한다. 내재적 통일성은 실로 내용에 연관된다. 그러므로 우리는 내용이 풍부한 통일을 고찰해야만 한다. 이런 견지에서 고찰될 수 있는 것은 첫 번째, 본래적인 자립성 일반이며, 두 번째는 상황, 세 번째는 움직이는 것 또는 그러한 차이를 해소하는 위력이다.

a. 특유의 자립성

내용이 풍부한 이런 통일성을 우리는 구체적 실체성의 자립성, 자신 속에 있는 내용의 지복, 그것의 평온, 그것의 자기 자신에 대한 관계라고 부른다. 자신의 자립성 내에 있는 그런 내용이 우리에게 현상하는 것과 같은 것을 우리는 먼저 신적인 것, 그 자체로 보편적인 것[6]이라고 부를 수 있다. 우리가 그것을 구체적인 보편자로 파악한다면, 그것은 그럼에도 불구하고 즉시 특수한 것에, 개별성에 대립될 것이다. 또는, 보편적인 것은 참답게 자립적이지 않다. 그것에는 주관성이 결여되어 있다. 그리고 우리는 참다운 자립성을 보편적인 자신과 개별성 또는 주관성의 통일성으로서 파악해야만 한다. 그렇기 때문에 우리는 곧바로 형식, 즉 이 보편적인 것이 현존할 방식을 고찰해야만 한다. 보편적인 것은 주관의 고유한 것이지만, 사고思考 속에 있지 않다.

---

6   보편적인 것(das Allgemeine), 특수, 개별은 개념의 세 계기들임. 보편적인 것 혹은 보편성은 개념이 자체 내에 머물면서 오직 자기 자신과 관계하는 상태, 자기 자신과의 동등성을 의미함. 보편성은 이런 규정성의 부정도 자체 내에 포함하고 있어서 개념이 자체 내의 부정을 통해 특수성(규정된 보편성)과 개별성(대자적 자기지향성을 지닌 절대적 부정성)으로 이행함. 『미학』에서는 역사 내 구체적인 시·공간 속에 있는 '규정된 보편자'인 개별(개인)과 그의 행위가 이념(진리)을 구체적이고 가시적인 형태(이념상)로 실현하는 매개자로서 주목됨. 고대 그리스 시대에는 인간 행위의 보편성이 우세했으나 근대에는 주관과 외적 존재들과의 관계가 다면성을 띠면서 특수성이 지배적이 됨. 이와 함께 낭만적 예술형식(회화, 음악, 시문학)에는 특수성이 주된 요소가 됨.

사고로서의 보편적인 것과 주관들과의 나뉨

이 ⁽¹⁴⁾ 이미 현존한다면 이 나뉨은 내적으로 현

존해야 하지만, 또한 주관들의 외적인 분리로서도 현존해야 할 것이다. 보편적인 것은 주관에 고유해야 하는데, 주관이 사고 속에 있지 않고 심정에 고유하며 성격 속에 개별성으로 있는 한에서 그러하다. 이러한 것이 일반적인 규정이다. 하지만 이 보편적인 것이 매우 직접적으로 심정에, 감정에 속한다면, 그것은 동시에 우연적인 것으로서 현존할 것이다. 보편적인 것이 실존한다는 것은 필연성이 아니다. 그것은 오히려 개인에 고유한 것으로서 존립하거나, 또는 이와 함께 특수한 세계상태가 된다. 첫 번째는 직접적인, 형식적 자립성이다. 형태[인물]의 자립성은 우연적이며, 보편적인 것으로까지 연장된다. 이것에는 세계상태 일반, 즉 실체적인 것, 정신적인 것이 그 속에 현존하는 외적인 방식이 결부되어 있다. 이 자립성은 다음과 같이 자세하게 파악될 수 있다. 즉, 본질적인 것은 주관적 의지의 방식 속에, 그러니까 주관적 의지의 특유함에 현존한다는 것이다. ― 그리고 바로 이러함에 우연성이 연관된다. 보편적이고 윤리적이며 정당한 것이 개별적 성격 속에 정립되어 있음으로 인해 사실, 보편적인 것은 특수한 개별성 또는 의지에 의해 현실적으로 만들어진다. 이런 것이 일반적인 규정이다. 이러한 것을 분명하게 만들기 위해, 그리고 이런 자립성과 구분된 상태를 제시하기 위해서는 상반된 상태가 고찰될 수 있는데, 거기서는 인륜적인, 실체적인 것이 하나의 객관적 질서로서 현존하거나, 또는 이성적 자유의 규정 속에 들어 있는 것이 대자적으로 존립하는 어떤 외적 필연성으로서, 특정 개인에 종속되지 않는 하나의 위력으로서 현존한다. 이것은 "국가"라는 명칭을 얻을 만한 국가의 상황이다. 우리는 어떤 사회집단이든 모두 국가라고 불러서는 안 된다. 국가에 있어서 구성적인 것은 법률들, 의지의 본질적인 것이다. 이 법률들은 그 추상성에서 현존하며, 그 추상성, 즉 보편성에 의해 유효하게 된다. 그러므로 [그] 반대는 국가의 생동성에 반(反)하는 합법칙적인 오성으로 규정된다. 근대적 상태에 있는 이런 국가에서는 학문과 마찬가지로 법, 정의가 공권력으로서 그 자체로 자립적으로 현존하며 그렇게 보유된다. 개인은 그와 같은 질서에 연결된다. — 그는 개체적으로 특수한 의지를 갖지만, 이 질서에 순응해야만 한다. 《14a》 보편적 관계들은 자체적으로 실존 속에 정립되어 있으며, 유효하다. 법과 인륜적인 것의 관장(官杖)은 이러저러한 개인의 특별한 자의에 의거하지 않으며, 적법한 행위들은 그러한 자체적으로 확고한 전체의 주변에서만 펼쳐지는 개별적인 경우들뿐이다. 만약 이성적인 것이 그렇게 질서로서 현존한다면, 이와 결부되는 것 또는 이를 통해 전제되는 것은 행위의 구체적인 것이 자의적인 것—특수한 개인의 권력, 용맹—에 위탁되어 있지 않고 오히려 분할되어 있다는 것이다. 예를 들면, 하나의 재판상의 행위, 즉 범죄는 처벌되며, 발생된 불의는 지양된다는 것, 이런 것은 개별 개인의 권리를 위한 의미 문제가 아니다. 오히려 권리가 발생한다는 것은 많은 부분들로 분할되어 있다는 것이다. 왜냐하면 개인에게는 그와 같은 구체적인 행위의 개별적 계기를 완수하는 것만 속하며, 그리고 그와 같은 구체적인 행위는 그 속에 많은 여러 계기들을 가지고 있기 때문이다. 예를 들면, 행동(Tat)의 탐색, 그 행위에 대한 법적인 또는 인륜적인 관점에 따른 판단, 그런 후 집행. 이런 주요관점들이 다양한 개인들에게 맡겨져 있고, 그 결과로 전체가 생겨난다. 그리고 이것은 개인들이 전체 행위의 단편을 하나씩 실행함으로써 발생한다. 하나의 구체적인 전체는 그러니까 그것의 계기들로 나눠져 있는데, 이 계기들은 특수한 개인들이다. 개별 개인이 행하는 것은 전체의 한 측면일 뿐이다. 이런 상태에서 사람들은 개인, 인물이 자립적이라고 말할 수 없을 것이다. 사람들은 그럴 때 그것을 이렇게 표현한다. 즉, 개념이 통치하는 것일 거라고, 그리고 보편적인 것의 지배권이 그런 개별성에 예속되어 있다고 말이다. 이와 같은 상태들에서 구체적인 전체는 개별적 형태 그 자체의 행동이 아니다. 이런 상태와 반대인 것은 주체 그 자체가 그와 같은 본질적인 행동 전체를 넘겨받아 수행하는 상태, 그리고 전체의 이런 인수引受가 주체의 특수한 개별성에 맡겨져 있는 상태이다. 우리는 이런 상태를 영웅적 상태[7]라고 부를 수 있다. 개인들은 영웅, 또는 하나의 행위 전체를 대자적으로 가지고 이 행위를 실행하는 출중한 그런 자립적 개인들로서 행한다. 무릇 발생해야 하는 것, 즉 법적인, 인륜적인 것을 실행하는 것이 《15》 하나의 개체적으로 특수한 천성인 그런 개인들에 있어서, 우리는 이들을 생동적인 성격[인물]들이라고 부른다. 우리는 [영웅적 상태에서는] 이념상으로서의 이념의 실존 영역, 예술 영역에 그런 [개인과 법적, 인륜적인 것의] 구분들이 지양되어 있음을 본다. 하지만 예술에 대해서도 [구분들은] 마찬가지로 유효하다. 예술의 이념이 이념상으로 있는 한, 이 이념상은 또다시 개체적 특수성, 우연성 속 아래로 들어오기 때문이다. 사람들은 그런 [그리스] 영웅들에 대해 더 자세한 의미에서의 덕Tugend들을 진술할 수 있을 것인데, 그것은 덕ἀρετή, arete이지 미덕virtus이 아니다. 왜냐하면 미덕은 개별성이 몰락되어 있는 데서 성립하기 때문이다. 하지만 영웅들 속에는 보편적인 것—주관적 목적으로서

---

7   영웅적 상태(der heroische Zustand)는 행위하는 주인공의 관심과 목적이 그 시대의 인륜성과 보편적 가치와 일치하는 역사적 상태를 말함. 고대 그리스 영웅시대가 그러한 시기임. 법치 국가의 시대인 근대에는 영웅의 목적과 의도가 단지 주관적인 것, 시대착오적인 것으로 몰락함(『돈키호테』나 『군도』가 이와 같은 영웅을 묘사함).

의—이 개인과 통합되어 있다. 그렇듯 이런 개별성 그 자체 스스로가 법칙이다. 이런 상태는 자립성과의 연관 속에 전제되어 있는 상태이다. 우리는 호메로스[8]의 영웅들을 당연히 사회공동체의 우두머리라고 본다. 하지만 그런 아가멤논[9]은 지금의 의미에서의 군주가[37] 아니다. 거기에는 질서, 법적 상태가 없고, 그의 부하들이 전체에 기여하는 것은 그들의 개체적으로 특수한 행위이다.[38] 헤라클레스[10]는 [고전적] 이념상이었다. 그는 자신의 지[知]의 개체적 특수성을 통해 불의를 제어하는[39] 영웅-Heros이었다. 헤라클레스에게는 무엇보다 덕ἀρετή, arete이 탁월하다. 우리는 아라비아 역사의 영웅들도[40] 그러함을 본다. 그들이 행하는 모든 것은 그들의 결단, 성격, 개별성이다. 근대 시대의 봉건적 관계가 그런 방식의 토대이다. 표본은 스페인의 시드[11]이다. 호걸들Helden은 그들의 동맹 내에서 의무가 있으며, 그들의 법칙은 명예의 법칙이다. 이것은 그들의 고유한 인격성이다. 그리고 왕을 위해 무엇을 행할지에 대한 그들의 생각, 그것이 그들의 조언, 그들의 제도, 그들의 특수한 관심이다. 이러한 호걸단 속에는 카를 대제[12]가 있었다. 그는 위대한 자들, 호걸들과 상의하는데,

8   Homeros. 고대 그리스 서사시인. 『일리아스』와 『오디세이아』 저작자.
9   Agamemnon. 그리스 신화 속 트로이 전쟁의 영웅. 미케네 왕으로 트로이 원정군의 총대장. 전쟁 후 아내 클리타임네스트라와 그의 정부에게 살해되자 딸 엘렉트라와 아들 오레스테스가 복수함.
10 Heracles. 제우스와 직조하는 여인 알크메네 사이에서 탄생. 헤라의 간계로 광기에 빠져 자신의 아내와 세 아들을 죽임. 그 죄로 12가지 과업을 수행하고, 이로써 신의 반열에 오름.
11 Cid. 스페인의 전래 영웅서사시의 주인공. 1080년경 스페인 내 기독교와 회교도 무어인의 싸움이 계속되자 기독교와 회교도의 협력을 호소하며 외적을 물리치고자 한 청년 기사 로드리고 디아스(엘 시드)로 추정됨.
12 Karl der Große, 747-814. 카롤링거 왕조 프랑크 왕국의 2대 국왕. 서유럽을 정복하여 정치적, 종교적으로 통일시켰음. 사후에 대제로 칭해짐. 프랑스 무훈시 『롤랑의 노래』에 그

이들은 그러함에 있어 자신들의 권리를 위한다고 여기는 대로 카를 대제를 위해 혹은 그에 반해 행위하면서 그들의 열정을 행사한다.[41] 괴테[13]의 『라이네케 여우*Reineke Fuchs*』[42]에서도 그와 같다. 사자가 주인이고, 늑대와 여우는 조언을 주기 위해 앉아 있다. 그러나 여우는 자신의 의지에 따라 행위하며, 현혹을 통해 [상대방의] 앙갚음을 벗어날 줄 안다.

질서정연한 국가에서는 [그 첫 번째 규정으로,] 자립성의 견지에서 현존할 수 있는 그와 같은 개별성들이 살 수 없으며, 행위할 수 없다. — 거기서는 명예로운 인간 또는 가장家長이 이념상이다. 예를 들면, 우리 시대의 장군은[43] 큰 권력을 손에 쥔, 그리고 그의 결단 속에 위대한 관심들이 들어 있는 개인이다. 하지만 그에게 개체적으로 특수하게 있는 것은 아주 제한되어 있으며, 《15a》 수단들이 그에게 순종하지 않고, 오히려 그의 특유한 인격성과는 전혀 다른 관계 속에 있다. 마찬가지로 그의 목적도 다른 힘과 다른 관계로부터 그에게 미리 주어져 있다. 우리가 행위한다면, 행위가 개인에게 돌려져 평가받을 수 있어야 할 것이며, 그러함에는 그가 행위 속의 정황들을 올바로 알았다는 것이 필요하다. 그가 정황들을 몰랐으나 그럼에도 행했다면, 그의 의식에서와는 다른 종류의 결과가 주어져 있을 것이다. 영웅적 성격은 자신에게 전체를 귀속시키며, 전체를 위해 있다. — 『오이디푸스*Oedipus*』[14]에서 정황들의[44] 대립이 그러하다. 그

<hr />

의 영웅담이 그려짐.

13 Wolfgang von Goethe, 1749-1832. 독일 시인, 극작가. 바이마르 공국의 재상으로도 활약함.

14 B.C. 5세기 고대 그리스 비극시인 소포클레스의 작품. 오이디푸스는 그리스 신화에서 테베 왕 라이오스와 왕비 이오카스테의 아들. 아버지를 죽이고 어머니와 결혼한다는 신탁 때문에 버려져 코린토스의 왕자로 성장하였고, 집을 떠나 테베로 가는 길목에서 라이오스 군대와 부딪혀 모두 죽인 후 테베에서 스핑크스를 만나 수수께끼를 풀고 이를 퇴치함.

는 여행 도중에 한 사람을 마주치는데, 그 사람을 때려죽였다. 그는 자신이 때려죽인 남자를 광폭한 인간으로 보았던 것이다. 하지만 그자는 자신의 아버지였다. 그리고 그는 잇따라 자신의 어머니, 이오카스테^{Jokaste}와 아무것도 모르는 채 혼인한다. 여기서 행위자는 자신의 전_全 권역에서 행위를 감수한다. 두 번째 규정은, 개인은 그의 가족에 소속된다는 것, 그는 자신에게와 같이 또한 그의 가족의 삶에 적대적이지 않다는[45] 것이다. 우리는 우리의 더 정당한 표상에 따라 개인과 공동사회를 분리한다. 거기서 개인은 대자적이며, 그가 행했던 것은 그의 개체적으로 특수한 행위이다. 영웅시대에는 이런 분리가 발생하지 않는다. 영웅적 자립성은 보다 이상적인 자립성이다. 왜냐하면 형식인 것으로서의 개인이 아니라 가족의 실체적인 것이 항상 그와 함께 정립되어 있기 때문이다. 가족의 운명은 언제나 구성원의 운명인 것이다. 이로부터 몇 가지 결과들이 주목될 수 있다. 그 하나는, 예술형태들[예술 속의 인물들]이 전적으로 신화적인 시대로 옮겨진다는 것, 그런 [현실적 관계들을] 덮어씌워 감춤으로써 형태들은 현실적 세계에만 현존하는 개체적으로 특수한 결부들로부터 자유로운 채 단지 기억에 귀속되기 때문에 보편적 방식으로 현상한다는 것이다. 두 번째 결과는, 형태화들의 지위^{Stand}, 개인들이 처한 관계들에 있어서는 영주 지위가 선택되어 있다는 것이다. 이것은 귀족주의적 지반이 아니다. 오히려 하찮은 지위가 개인들을 더 제한하거나 혹은 제약하는 그런 것이다. 희극에서는 하찮은 자가 더 적합한데, 거기에는 침해되

그는 테베인들의 환호 속에 왕으로 추대되어 왕비 이오카스테를 아내로 삼고 두 아들과 안티고네를 낳음. 그는 이후 이것이 신탁에 따른 것임을 알고 자신의 눈을 찔러 스스로를 벌하고 방랑의 길을 떠남.

는 범속한 지위들의 으쓱댐이 있다. (영웅시대의) 그런 주제넘은 자립성은 낮은 지위에서 더 제한적인 외적인 관계들에서 주로 훼손된다. 『메시나의 신부*Braut vom Messina*』[15] 속의 영주가 '나를 바로잡을 수 있는 자는 아무도 없다'고[46] 말할 때의, 그런 어떤 것이다. 그것은 매우 영웅적이다. 이처럼 셰익스피어의 성격들도 주로, 시민전쟁들에서 파악되어 있는, 법칙성의 끈이 지양되어 있는 그런 제국을 전제한다.[47] 그와 같은 영웅적 자립성의 주제넘음은 많은 작품들 —실러의 『군도*Räuber*』[48][16] 같은— 속에 있다. 자립성은 사물들의 질서에 대한, 인간의 공동사회에 대한 항거를 통해서만 도달되며, 이를 통해 도달되고자 시도된다(카를 무어*Karl Moor*는 스스로 불의[추행]의 응징자가 되지만, 그 응징은 한낱 개인이 실시한다는 점에서 무의미하다). 자립적 행위는 《16》 범죄를 자체 내에 포함하고 있으며, 이를 필연적으로 초래한다. 이런 범주에는 발렌슈타인[17]이 속한다. 왜냐하면 그는 정치적 질서의 독자적 조정자로 자처하지만, 그에게 맞서 있는 권력이[49] 그를 덮치기 때문이다. 그와 같이 괴테도 『괴츠 폰 베를리힝겐*Götz von Berlichingen*』[50][18]에서 대립을 묘사했다. 괴츠와 프란츠 폰 지킹겐[19]은 영

---

15 프리드리히 실러의 1803년 비극작품. 서로 반목하는 형제 누엘과 체잘이 그들이 모르고 있던 여동생 베아트리체를 동시에 연모함. 동생 체잘은 애인을 끌어내려 무모한 시도를 한 형을 죽이고 스스로도 속죄의 죽음을 택함.

16 1781년 작. 동생 프란츠의 모함으로 집을 떠난 카를 무어가 현실에 대한 반항으로 도둑떼의 두목이 되어 용맹과 위세를 떨침. 계획대로 영주가 된 프란츠는 형의 애인 아말리아도 차지하려고 했으나 형 무리의 공격을 받는 순간 자살함. 카를은 배신자로 오해받아 무리에 의해 죽음에 내몰린 아말리아를 직접 총살한 후 다시 방랑의 길을 떠남.

17 Wallenstein. 실러의 삼부작 『발렌슈타인』(1798-1799)의 주인공. 30년 전쟁에서 황제 측의 장군으로 신망이 컸으나 유럽을 지배할 권력에 대한 야망 때문에 반역의 길로 접어들고, 결국 멸망함.

18 1773년 작. 5막극. 16세기 농민봉기를 주도한 기사 프랑켄의 자서전을 기초로 한 작품. 바

웅들인데, 자신들의 인격성을 통해 [영웅으로] 규정되기를 원한다. 영웅적인 것, 귀족적인 것이 객관적 질서와의 대립으로 이행하는 그런 위대한 시대에 화제를 길어 올렸던 것이 괴테의 큰 의미이다. 기사도, 봉건시대도 영웅적 토대를 가지고 있었다. 『돈키호테*Don Quijote*』[51]20 속에도 불의를 향해 내달리고자 하는 한 기사가 있지만, 거기에는 모험과 우스꽝스러움만 있다. 내가 말했던 그런 자립성에서 무엇보다 그리스 신들은 자기 자신 내에서의 지복함, 평온함을 가진다. 그리고 그런 평온함 속에서 신들은 우선적으로 조각의 대상이 된다.

b. 상황

이런 자립적 형태[인물]들은 다른 것과의 관계에 이르고, 움직이게 되며, 상황 속으로 들어간다. 이념상은 스스로 나타나는 한, 특정한 발현으로 넘어간다. 발현은 그것에 대해 반작용이 일어나지 않는 그런 것일 수도 있다. ― 발현은 자체 내에서 끝난 하나의 행위일 수 있다. 이런 것은 유희*Spiel*들로서 간주될 수 있는 상황들이다. 그것으로 인해 유희가 진지

유희들

함이 되지 않는 어떤 것[종료된 행위]이 행해져 있다. 그렇게 고대인들은 그 자체 내에서 끝난 행위 속에 있는 신들 또는 개인들을 조각품으로 내놓는다. 《16a》 부동적인

이에른 계승전쟁 때 오른손을 잃고 의수를 한 주인공이 황제에게 충성을 다해 정의와 자유를 위해 싸웠으나 적의 음모와 동료의 배반으로 마침내 사형 선고를 받음.

19 Franz von Sickingen, 1481-1523. 종교개혁 시대 독일 기사. 기사전쟁의 군사적, 정치적 지도자.

20 스페인 작가 세르반테스(Saavedra Miguel de Cervantes, 1547-1616)의 1605년 작 소설. 후편은 1615년에 출간됨. 주인공 돈키호테는 기사 이야기에 빠져 세상의 비리를 바로잡기 위해 늙은 말 로시난테를 타고 편력하며 모험과 실패를 거듭함.

것의 이런 움직임과 외화는 먼저, 뒤따르는 결과가 없는 상황이다. 그와 같은 외화를 통해 형태의 유쾌함과 지복함은 흐려지지 않고, 오히려 그 자체가 그런 유쾌함의 연속이 될 것이다. 이러함에는 다양한 외적 정황들이 속하는데, 이 정황들에서는 특히 그리스 미술이 자신의 신들과 영웅들에서 설명된다. 이것은 조각에 적절한 외화이다. 거기서 특히 그리스인들은 그와 같은 무수한 천진난만한, 유쾌한 상황들 속의 아모르[21]를 표현하였다. 토르발센[22]은 유명한 머큐리[23]를[52] 앉아 있는 것으로도 제작했다. 그는 감춰진 비수를 갖고서 마르스[24]를 살펴보고 있다. ─ 생생하지만 신에게는 적절하지 않은 상황이다. 〈벨베데르의 아폴로Apollo von Belvedere〉도[53] 그러하다. 그는 자신의 승리를 확신하면서 그의 적을 향해 분노한다. 존엄하게 이뤄지는 표출은 훌

사티로스[반신반수의 숲의 신]도 그와 같은 무해한 유희를 하고 있는 모습으로 묘사된다.

륭하다. 하지만 그것은 후기 작품이며, 고대인들의 장엄한 양식으로 만들어져 있지 않다. 그 속에서의 상황은 아직 단일하다. 다른 상황들은 더 심각한 종류이다. 어떤 하나의 대립을 표출하는 것, 그렇게 머물러 있을 수 없고 오히려 지양될 수 있으며 화해되어야만 하는 침해를 표출하는

---

21 Amor. 사랑의 신. 큐피드 또는 에로스로도 불림. 헤시오도스는 태초에 대지와 지옥, 아모르가 있었다고 보았으나, 후대에는 아모르가 사랑과 미의 여신 아프로디테의 아들로 전해짐.

22 Bertel Thorvaldsen, 1770-1844. 덴마크 신고전주의 조각가이나 40년 이상 로마에 머물며 활동함.

23 Mercury. 제우스와 마이아 사이에서 탄생. 로마 신화의 신들의 사자, 전령의 신, 상업의 신. 그리스 신화의 헤르메스에 해당됨.

24 Mars. 제우스와 헤라 사이에서 탄생. 로마 신화의 전쟁의 신, 그리스 신화의 아레스에 해당됨.

그런 것들이다. 심각한 상황들은 하나의 규정, 즉 다시 바뀌어야만 하는 변화를 포함한다. 이 상황들은 행위의 시작에 불과하며 우선 직접적으로 전제되어 있는 것으로, 하나의 행위가 그것에 의해 처음 진행되는 것, 그러니까 사람들이 고대인들에게서 삼부작三部作이라고 불렀던 그런 것이다. 그리스인들의 이런 삼부작들은 속편들이다(극의 시작점은 [이전 상황의] 결과이다). 해소는 새로운 상황을 초래하는데, 새로운 상황은 새로운 해소를 필요로 한다.

해소되어야만 하는 상황이 주로 극의 대상이다. 극은 미가 자신의 최고의 발전 속에서 표상되는 예술작품이며, 정신의 높은 위력들이 움직여지는 조각의 상황은 [대립 없이] 무해하다. 이런 심각한 상황들은 그 규정의 본성에 들어 있는 어떤 어려움을 자체적으로 수반한다. 왜냐하면 이 상황들은 침해로서, 즉 그렇게 머무르지 말아야 하는 관계들로서 있기 때문이다. 하지만 미는 본질적으로 그 자체 내에서 통합적인 것이다. 그와 같은 심각한 상황—이상理想, 즉 조화의 침해—이 정립되어 있다면 부조화가 현존한다. 여기에는 그런 침해의 부조화가 《17》 그것에 이르기까지 계속 추동될 수 있는 아무런 확고한 규정이 없다. 각 특수한 예술은 그 특유의 한계들을 갖고 있다. 시문학에서는 이런 부조화들이 추醜로까지 계속 나아갈 수 있지만,[54] 회화에 있어서는 그런 것이 비난이 될 것이다. 왜냐하면 회화에서는 추가 머물러 있기 때문이다. 반면에 극에서는 추가 현상하기만 하고 사라질 수 있다. 조화의 이런 침해에는 미가 보존되어 있다. 그리고 예술가는 이런 침해에서 미가 생겨날 수 있도록 해야 하며, 미가 그것에 적절한 소재를 찾아내도록 해야만 한다. 상황에 대해서는 본질적인 것만 제시될 수 있는데, 그렇게 머물 수 없는 현존하는 정황들, 전제들이 있다. 이런 것들은 저항하는 것으로, 곧 필요하지만 지양되어야 하는 것이다.

a) 물리적인 것으로서의 충돌

우리가 저항을 포함하는 정황을 고찰한다면, 그것은 물리적인 종류의 저항일 수 있다. 예를 들면, 에우리피데스[25]의 비극, 또는 『알케스티스 *Alkestis*』[26] 속의 그런 어떤 병이다. 거기서 병은 상황이며, 그것이 이해되는 방식에 의해 비로소 흥미로워진다. 여기에는 병들어 가는 왕이자 아버지 아드메토스 *Admetos*가 있다.[55] 아내는 왕을 대신하여 자신을 죽음에 바치고자 한다. 『필록테테스 *Philoctetes*』[27]에서도 그러하다. 갈등의 가장 첨예한 지점은 그러니까 물리적 재앙이다. 필록테테스는 트로이로 향한 그리스 인들의 대열에서 병 때문에 섬에 버려진다.[56] 이러한 불의와 그의 어찌할 바 모르는 곤궁한 처지는 다른 방법으로도 ―질투 또는 증오를 통해서― 야기될 수 있었을 것이다. 정황들은 순전히 외적인 자연에 의해 초래되어 있다.

b) 자연적인 것으로서의 충돌

충돌이 발생하는 두 번째 상황은 자연적인 방법으로 생겨날 수 있다. 예를 들면, 이에 속하는 것은 다음과 같다. 한 왕가에 두 아들이 있고 후

---

25 Euripides, B.C. 484?-B.C. 406?. 그리스 3대 비극작가 중 한 사람.
26 에우리피데스의 최초의 비극작품. 알케스티스는 신화 속의 테살리아, 페라이의 왕 아드메토스의 아내. 아폴로의 신탁으로 죽을 운명임을 알게 된 남편을 대신하여 죽음을 맞이하였으나 헤라클레스가 죽음의 신 타나토스와 싸워 다시 살려 냄.
27 B.C. 409년 소포클레스의 작품. 필록테테스는 트로이 전쟁의 영웅으로, 헤라클레스로부터 활과 독 묻은 화살을 받아 트로이 왕자 파리스를 무찌르며 공을 세움.

계자가 아직 규정되어 있지 않다면, 합법적인 이 아들 둘 모두 지배권을 가진다. 지배는 본질적으로 국가에 필수적이기 때문에 있어야만 한다. 이 같은 비극적 순환 속의 유명한 상황이 테베 가문에 있다. 아버지[오이디푸스]는 물러나 있고, 같은 요구를 가진 두 아들[에테오클레스와 폴리네이케스]이 있다. 그들은 [권한을 서로] 교체함으로써 균등해졌다. [하지만 둘은 왕위를 다투다 결국 모두 죽는다.] 중세의 영주 가문들에는 이러한 «17ª» 견지에서 그와 같은 셀 수 없는 이분二分들이 있었다. 이것은 자연정황 속에서도 그 근거를 가지는 상황들이지만, 거기서는 자연적 정황이 예를 들면 통치 속의 안정과 같은 인륜적인 관심과 결부되는 그런 상황들이다. 『맥베스Macbeth』[28] 속에도 동일한 관계[가 보인다]. 던컨Duncan은[57] 왕이었고, 맥베스는 그의 친척[사촌]이었는데, 맥베스는 던컨이 두 아들을 가졌음에도 불구하고 당시 왕좌에 대해 첫 번째 서열의 권한을 가지고 있었다. 그리고 맥베스에게 던컨을 살해하려는 생각이 일어났는데, 던컨이 그의 아들을 왕위 계승자로 지명한다는 사실 때문에 그렇게 하고자 한 것이다. 거기에는 그러니까 맥베스의 거동에 정당한 측면이 있다. 있는 그대로 고찰하면, [맥베스에게의] 이런 권리부여가 셰익스피어의 작품 속에 서술되어 있었더라면 선호될 수 있었을 것이다. 하지만 셰익스피어는 이것을 전적으로 건너뛰었다.

---

28 셰익스피어의 1605-1606년 4막 비극작품. 충신이던 맥베스가 마녀들의 예언에 현혹되고 부인의 부추김으로 던컨 왕을 살해함. 이후에 죄책감과 자신의 왕좌에 대한 불안감으로 무분별한 살해를 계속하던 중, 던컨 왕의 아들 맬컴을 돕는 맥더프에 의해 죽음. 이후 맬컴이 왕위에 오름.

c) 세 번째 모순, 자연이 된 불의

세 번째 상황은 자연이 된 불의^{不義}이다. 즉자적으로 부당한 것, 하지만 확고하게 실정적²⁹이 되어 있는 그런 어떤 것이다. 이와 동일한 것은 노예제도, 농노 신분, 기독교 국가 내 유대인들의 차별^{Unterschied}들, 귀족적 및 비귀족적 출생의 차별이다. 한 측면은, 여기에서는 인간 일반에게 속하는 권리들, 관계들, 행위의 가능성들이 중요하다는 것이다. 다른 측면으로는 행위자에게 자연위력으로서 맞서 있는 방해 또는 위험이 현존한다. 이것은 전체적으로 일종의 차별일 수 있으며, 이 차별은 인간이 요구할 수 있다고 믿는 그런 것에 다시 대립할 수 있다. 지위들의 차별은 본질적이고 필연적인 차별이며, 그것은 종사하는 일, 교육과 정신의 차별이고, 그런 다음 사적 개인들과 정부들의 차별이다. 그 하나는 차별이 이성적이며 필연적이라는 것이며, 다른 하나는 차별들이 자연이 되었고, 자연적인 차별이 된다는 것이다. 그러함에 있어서는 기원^{起源}이 중요하지 않으며, 자연 내의 굳건한 차별이 계통의 상이성에서 유래하는지는 하등 상관없다. 주된 사안은 이러한 자연으로 만들어져 버린 차별이다. 설사 지금 그와 같은 차별들이 필연적이라고 할지라도, 이 차별들은 원천적으로 개인에게 달려 있다. 우리의 생각에 따르면 지위의 차별들은 출생에 매여 있지 않다. ― 궁정에 속하는 것과 소수의 통치자들을 예외로 한다면 말이다. 그런 소수의 층만이 특별한 권한들을 가지는데, 이 권한들은 출생에 매여 있다. 이런 것을 요구하는 것은 필수적인 견지들이다. 하지만 그 외 출생의 차별은 개인이 귀속될 수 있는 지위의 ⁽¹⁸⁾ 어떤 차별도 만들지 않는다. 만일 개인이 하나의 지위에 속하는 완전한 자유를 가

---

29 positiv. 헤겔의 초기 종교비판 용어. 객관적인 것, 정해진 것, 실재하는 것을 의미함.

져야 한다면, 그는 그의 숙련성, 성향 또는 교육에 의해 그런 지위에 적절해야만 할 것이다. 실로 이제 출생이, 인간이 자신의 성향과 교육을 통해 획득할 수 있는 어떤 것에 대해 극복할 수 없는 견고한 방해물이라면, 인간이 불의로 고통스러워한다는 결과가 정당함으로 보일 것이다. 만일 인간이 자신의 숙련성을 통해 이런 자연적 차단물 너머로 고양할 때 바로 이 차단물에 의해 어떤 방해물이 놓여 있다면, 그것은 우리에게 불행과 불의로서 나타날 것이다. 만일 그와 같은 차단물이 퇴치되어야 한다면, 우리는 그가 자신의 기질과 숙련성을 통해 그럴 권리가 있다고 촉구할 것이다. 만약 그런 경우가 아니라면, 우리는 이를 우둔하다고 평가할 것이다. 예를 들면, 한 하인이 공주 또는 신분이 높은 부인한테 사랑에 빠졌다면, 이것은 부조리할 것이다.

그와 같은 충돌은 인간에게 있어서 사랑의 고찰에서 발생한다. 사랑은 인간의 정신적 본성과 연관하여 표상되어야 한다. 만일 우리가 그들을 서로 적절하지 않게 본다면, 이것이 본래적인 그리고 본질적인 방해가 된다. 그리고 만일 높은 인격자가 이런 부적절함과 관계들의 전 권역을 망각했다면, 그것은 어리석은 짓이다. 만일 실로 그렇지 않고 인간이 정신을 통해 어떤 하나의 관계에 대해 요구할 수 있었더라면, 그리고 그에게 단지 그런 자연적 규정이 극복할 수 없는 방해로서 맞서 있다면, 그것은 자체 내에 미감적이지 않은 어떤 것을 포함하고 있는 그릇된 상황일 것이다. 자연적 위력이 극복될 수 없다면, 그런 필연성에 굴복하며 불가능한 것을 체념하는 것이 인간의 이성적인 행동이다. 인간은 이를 행함으로써 자신을 불가능한 것과 뒤엉키게 한 관심을 포기한다. 그리고 그가 그런 관심을 도외시함으로써 이 관심은 그에 대해 어떠한 위력도 갖지 않으며, 그래서 그는 자신의 추상적인 자유를 구제하였다. 하지만 그가 고집을 부린다면, 그는 이런 필연성에 종속적으로 남아 있을 것이다. 말하자면, 그가 이런 필연성으로써 그를 엉클어 놓은 관심을 포기했다면, 그런 종속성이 외적으로는 실행될 수 있으나 그의 심정 속에서는 그렇지 않다. 다른 하나는, 그러니까 개인은 그와 같이 자연으로 만들어져 버린 규정의 측면에서도 있을 수 있다는 것이다. 하지만 이런 측면의 형태화들은 미감적이지 않은 어떤 것이다. 예를 들면, 농노 신분의 권한은 《18a》 이에 대해 반대를 주장하는 것에 대항하여 자신을 주장할 수 있다는 것이다. 만일 그들이 훌륭한 믿음을 가지고 이런 것을 주장한다면, 그들이 가진 권력과 힘은 개별성과 성격의 위력—그들이 맞서 있는 것에 대해 이로써 저항하는—이 아니다. 오히려 그것은 법적인 명령, 보편적 권위이다. 그리고 [그들은] 이러한 것들을 통해서 오직 위력과 권능을 가진다. 어떤 것이 법적인 권위를 가진다면, 그것의 힘은 그들에게 기인하지 않으며 그들과 동일하지 않다. 오히려 그것은 외적인 권능이다. 만일 이들이 다른 한편, 그와 같은 확고하게 된 관계로부터 지지받아 특수한 관심, 사적인 목적을 관철한다면, 이들은 나쁜 성격일 것이다. 이들이 원하는 것은 그러면 일종의 개체적 특수성이며, 그럴 때 이런 법적인 것, 확고함은 그들을 위한 수단일 뿐이다. 사람들은 그와 같은 상황들을 통해 연민의 감각을 일깨울 수 있다.[58] 이런 충돌은 그러니까 일종의 불의를 전제하는데, 이것은 형식에 따르면 하나의 권리이지만, 이성에 따르면 그렇지 않다.

d) 인간 행위에 의한 충돌

네 번째 충돌은 인간의 행위에 의해, 모순에 의해 만들어져 있는 어려움 또는 침해이다. 어떤 본질적인 것에 대한 그와 같은 침해는 개인 자체에 의해 만들어져 있을 수 있다. 인간이 무의식적으로 어떤 것을 행하는 것, 그가 존경해야 하는 것에 침해를 가하는 것, 이런 침해가 그런 것에 해당된다. 소포클레스[30]의 아이아스[31]에게서[59] 그런 저항이 발견되는데, 그는 자신의 광기 속에서 그리스인 자체라고 여긴 그리스 영웅들을 죽인다. 그가 의식을 차리자 자신의 부끄러움, 그러니까 그가 실제로 행한 것[32]에 대한 저항이 일어난다.

『로미오와 줄리엣』 속에는 뒤엉킴을 만드는 부모의 헤어짐이 있다.[60]

『햄릿Hamlet』 속에서 햄릿의 아버지는 이후에 스스로 왕이 된 자에 의해 침해당해 있다.[61] 『마하바라타Mahabharata』[62] 속의 날루스Nalus와 그의 아내는 한동안 매우 행복하게 살았다. 그리고 악한 정령들이 날루스의 머리를 조정하는 비행非行을 찾아냈다. [악령이 발자국에 숨어서 날루스를 조정하여] 그는 어딘가에 방뇨를 하고 축축함 위로 발을 내딛는데, 이것이 침해로 간주된다. 그리고 그는 자신의 왕국을 빼앗긴다. 악한 정령들은 그의 속에 유희중독을 넣어 두었고, [이로 인해 몰락한] 그는 마부로서 자신의 생계를 찾아야만 했다. 그리고 마침내 그는 자신의 왕좌를 되찾았다. ― 이것은 우리에게 황당무계하다.

c. 상황에 대한 반작용

세 번째는 상황에 대한 반작용이다. 상황들은 반작용을 도입하기만 한

---

30 Sophocles, B.C. 496-B.C. 406. 고대 그리스 비극시인. 『아이아스』, 『안티고네』, 『오이디푸스왕』, 『엘렉트라』, 『필록테테스』 등의 작품들이 있음.
31 Aias. 그리스 신화 속의 영웅. 살라미스의 왕 텔라몬의 아들로 트로이 전쟁에서 그리스 용장으로 맹활약을 함.
32 그가 광기 속에서 가축들을 그리스 영웅, 아트레우스의 두 아들이라고 여기고 죽인 것.

다. 그리고 본래의 동작은 상황이 자체 내 포함하고 있는 대응작용이 일어나 있을 때 시작한다. 이런 것은 자신의 차이 속에 있는 특정한 이념상이다. 물론, 특정한 이념상은 《19》 이상적 자연의 상태에 있는 관심들과 더불어 진리도 자체 내 가지고 있어야만 한다. 이런 상황의 한 측면은 움직이는 자, 신적인 것인데, 이것은 1) 보편자로서 있을 때, 2) 보편자가 활동적일 때 그러하다.

이 보편자는 자기 자체 내에서 이성적이어야만 하며, 자신의 그런 이분二分 속에서도 이상적인 것의 인장을 자체에 담지하고 있어야만 한다. 이 보편적인 이념들은 자기 자체 내에 있는 신적인 것, 절대적으로 타당한 위력들이다. ― 이 위력들은 게다가 참다운 동인들이다. 위력으로서의 국가, 명성, 명예, 그의 조국에 대한 사랑, 부, 권력, 이성애異性愛. 한편의 사람들은 그들 자체에 다른 자들보다 더 높은 신성을 가지고 있다. 이것은 전자에 대해서는 이성적인 위력들이며, 후자에 대해서는 가슴의, 감정의 위력들이다. 위력으로서 타당한 것은 자체 내에서 이성적인 것이어야만 한다. 그래서 노예 신분은 그런 것이 아니며, 이들은 괴롭히는 어떤 것만 가진다. 이와 연관되는 행위들은 우리를 부추기기 위해서만 가해져 있다. ― 고대인들에게 있어서 인간제물이 그러하다. 이렇게 인간제물의 법칙과 같은 그런 위력들도 나온다. 이 위력들은 비극들에서 나오지만 기만당하며, 실행되지 않는다. 그러니까 고대인들에게 있어서 이 위력들은 스스로를 타당하게 만드는 그와 같은 위력들로서는 나오지 않는다.[63] 아직 다른 위력들, 즉 악한 것과 비열한 것의 위력들이 있다. 물론 이것은 참다운 위력들, 참으로 미감적인 것에서 제자리를 가져야 할 위력들이 아니다. 이것들은 바로 악을 자기 속에 품고 있기 때문이다.

이런 실체적인 것은 자립적으로 실존하는 것으로서 생각될 수 있는데,

그것이 고대인들의 신들이다. 악마는 나쁜 인물이며, 증오의 푸리아[33]도 그러하다. 왜냐하면 증오는 형식적인 감각이며, 그리고 증오가 맹목적이며 순전히 증오로서의 증오라면, 그것은 어떤 사악한 것일 뿐이기 때문이다. 이 실체적인 위력들은 움직이는 것이자 추동하는 것인데, 이 위력들은 다양하기 때문에 충돌 속에서도 나올 수 있다. 호메로스에게서는 신들이 공식적인 전투에서조차도 서로 대립적으로 나온다. 아이스킬로스[34]에게서도 그러하다. [그의 비극작품]『오레스테스*Orestes*』[35]에서 아폴로[36]와 옛 신들은 서로 대립적이며, 그들 사이에 아테나[37]가 있다. 그들은 추동하는 위력이지, 사실 본래는 행위하는 자들이 아니다. 그와 같은 행위는 오히려 인간들에게 속한다. 이러한 위력들은 보편적인 규정들이다. 하지만 그 위력들이 활동적이 되고 작용할 수 있다는 것, 이것에는 인간이 해당된다. 인간에 대한 이 위력들의 관계가 출현하며, 이 위력들이 자립적인 것으로서 ─고대인들에게 있어서 신으로서─ 현상한다면, 거기에는 《19a》 천태만상의 개별성이 등장할 것이다. 거기에는 인간이 굴복해야만 하는 외적인 것이 있으며, 이것은 또 다른 위력이다. [이런 위력으로 인해] 곤경이 생긴다. 그리고 신의 이런 외면성은 시인에 의해 고쳐되어야만 하며, 이 두 가지는 서로 통합되어야 한다. 우리가 에

---

33 Furia. 복수의 여신들. 그리스 신화의 에리니에스. 나중에 자비의 여신이 되어 에우메니데스로 불리기도 함.

34 Aeschylos, B.C. 525-B.C. 456. 그리스 극작가, 비극시인.

35 B.C. 458년 3부작 비극. 1부: 아가멤논, 2부: 제주를 바치는 여인들, 3부: 자비로운 여신들. 에우리피데스의 『오레스테스』도 있음.

36 Apollo. 제우스와 티탄족 레토 사이에서 탄생. 태양, 음악, 시, 예언, 의술, 궁술을 관장하는 신.

37 Athena. 제우스와 메티스 사이에서 탄생. 지혜의 신이자 정의로운 전쟁의 신.

로스, 비너스, 아프로디테에 관해 이야기한다면, 그리고 그녀가 인간을 사로잡았다고 말한다면, 그것은 낯선 어떤 것에 대한 관계이다. 왜냐하면 인간은 낯선 자의^{초의}에 순종하며, 그리고 미신은 철저히 저런 자립성에 적대적이기 때문이다. 인간들 속에 있으며 그 속에서 자신의 활동성을 가지는 그대로의 위력들은 고대인들이 파토스^{πάθος, Pathos38}라고 불렀던 것이다. 우리가 말하는 "열정^{Leidenschaft}"은 그것을 온전히 표출하지 못한다. 열정은 부수적 규정을 수반한다. 이 규정은 하나의 내용을 자체 내 포함하고 있는데, 그것은 조금 예속된 채 자신이 마땅히 해야 하는 것, 보다 저급한 것을 자체 내에 담고 있을 그런 내용이다. 자신의 오빠를 매장해 준 안티고네³⁹는 파토스이며(이것은 열정이 아니다), 그녀가 인간의 심정을 동요시키는 한, 위력 일반이다. 그리고 그것은 이성적이며 자유로운 의지의 계기여야 한다. 그처럼 오레스테스⁴⁰는 그의 모친을 열정에서 살해한 것이 아니다. 오히려 그의 행위는 심사숙고된, 완전히 의식적인 것이다. 그리고 그를 움직인 것은 그의 결단이다. 그러니까 우리가 열정에 관해 얘기할 때, 우리는 고대인들에게 있어서의 파토스에 관해 말하는 것이다. 파토스는 현재적인 것, 인간의 가슴

---

38 파토스는 일종의 열정이지만 경향성과 충동적 성질을 띤 일반적 의미의 열정(Leidenschaft)과 달리 인간 존재의 저변에 자리하는 근원적 감정으로, 인륜적인 것, 정의 등 인간의 실체적 삶과 관련된 강렬한 감정임.

39 Antigone. 테베의 왕 오이디푸스의 딸. 형제간 왕위를 다투다 죽은 오빠 폴리네이케스가 역적으로 몰려 매장이 금지되었으나 안티고네는 국법을 어기고 오빠를 매장해 준 후 처벌받음.

40 Orestes. 그리스 신화에서 아가멤논과 클리타임네스트라의 아들. 정부(情夫)와 모의하여 부친을 살해한 모친 클리타임네스트라를 누이 엘렉트라의 도움으로 죽이고 부친의 원수를 갚으나 살인자가 됨.

속에 있는 자신이지 외부로부터의 신이 아니다. 이러한 파토스는 예술의 본질적인 것, 중심점이다. 파토스는 곧, 그것의 표현이 작용력이 있는 것, 인간이 그 속에서 함께 감각하는 그런 것이며, 인간이 그것의 가치를 일반적으로 인정하는 규정이다. 열정적인 감각, 파토스적인 감각은 반성^{反省}의 도움을 받을 수 있으며, 판타지를 통해 스스로 표현될 수 있다. 이 감각은 무릇 마음을 움직이는 것이다. 사람들은 예술에 의해 여하간 감동이 창출되어야만 한다고 말하며, 그리고 감동을 공감이라고 생각한다. 인간적 열정은 예술의 본질적인 영역인데, 풍경화에서도 그러하다. 자연은 본질적으로 상징적이며, 예술에서 파토스의 형식과 표현으로서 사용되어야만 한다. 파토스는 자체 내 참다워야만 하는 것이지, 인간이 열정적으로 빠져 있는 그런 어떤 어리석음이나 괴벽이 아니다. 왜냐하면 이런 것은 파토스가 아니며, 오히려 파토스는 언제나 참다운 것이어야만 하기 때문이다. 근세에는 사람들이 반성의 역겨움과 거짓으로 넘어갔다. 이것은 어떠한 빛나는 작용도 행하지 않는다. 파토스는 또한 명예, 확신들에 의거해서는 안 된다. 예를 들면 학문적인 관심들인데, 거기에는 학문 가치의 앎과 게다가 학문 자체의 앎이 필요하다. 이런 것은 실로 보편적으로 《20》 인간의 가슴속에 실존하는 것이 아니다. 왜냐하면 거기에는 언제나 소수의 사람만 몸 바치는 정선된 교육이 필요하기 때문이다. 이에 반해 종교적인 것, 신에의 믿음은 인간의 가슴속에서 하나의 보편적인 위력이다. 고대인들에게서 종교적인 것은 다른 종류의 것이다. 파토스의 내용과 양에 관해 얘기하자면, 외연^{外延}이 아주 크지는 않다. 이런 것[현상]은 예를 들면, 일반적인 것에서 한층 더 유지되는 오페라에서 보이는데, 왜냐하면 오페라는 파토스적인 것에 대해 관심의 폭이 미미하기 때문이다. [파토스의] 외연은 보편적인 위력들이다. 이런 파토스는 선명하게 묘사되어야 하며, 스스로 설명되어야 한다. 그렇기 때문에 그것은 집중적이어도, 집약적이어도 안 되며, 오히려 그것은 [사건의 전개에서] 확장적이고, 스스로 외화하는 것이어야만 하며, 수련된 형태로 스스로를 고양해야만 한다. 분노와 불만 등의 외침 속에서는 파토스가 응집된 채 머물러 있다. 이것은 조야한 파토스이며, 조야한 파토스는 조야한 영혼에 속한다. 실로 풍요로운 정신과 판타지가 이런 파토스에서 현상해야 하며, 스스로를 진술하고 형태화할 줄 알아야만 한다. 이것은 파토스가 보다 응집된 채 유지되는지, 아니면 확장되는지의 큰 차이를 만든다. 그리고 그것은 종종 국민적 차이와 관계된다. 괴테는 실러보다 덜 파토스적이다. 괴테의 파토스는 보다 집약적이며, 열정은 그의 시가들 속에 더욱더 집약적이다. 그리고 그것은 시가에 적절하다. 실러와 프랑스인들은 그러함에 있어서 더욱 파토스적이다. 모든 측면에 따른 열정들, 파토스를 늘어놓는 옛 고전주의자들도 그러한데, 실로 [그들에게] 파토스는 그것의 심연에 머물며, 허튼 지껄임이 되지 않는다. 아스무스[41]는 셰익스피어와 볼테르[42]를 이렇게 특성 지운다. 즉, 한 사람은 다른 사람이 나타나 보이는 그대로라고 한다.[64] 대가인 아론이 나는 운다고 말하면, 셰익스피어는 정말로 운다. 그리고 만약 셰익스피어가 정말로 울기만 했고 그러함에 있어서 아무런 설명도, 묘사도 없었다면, 그는 하찮은 시인이었을 것이다. 파토스는 그것이 그 자체 내에서 구체적이라는 것을 스스로 나타내야만 한다. 그리고 이런 것은 곧바로

---

41 Asmus, 1740-1815. 본명 Matthias Claudius, 독일 시인, 언론가.
42 Voltaire, 1694-1778. 본명 François-Marie Arouet(Aron으로도 불림). 프랑스 계몽주의 철학자, 역사가, 작가.

세 번째의 것, 우리를 성격 또는 인간으로 이끄는 것으로 안내한다.

3) 성격 또는 인간

파토스는 실행적이며, 무릇 실행하는 것^{Betätigung}은 인간이다. 구체적인
것은 참다운 주관성, 이념 그리고 관념성이며, 참다운 실행은 인간적 총
체성이다. 인간들은 예술의 참다운 관념성을 형성한다. 그들은 구체적
인 총체성이며, 그렇기 때문에 완전한 개인들이어야만 한다. 총체성으로
서의 인간은 고유한 속성들의 외연이다. ― 또는 한 인간에게는 많은 신
들이 속해 있다고 말할 수 있다. 인간은 많은 신들보다 더 풍요로우며,
모든 신들을 자신의 가슴속에 품고 있다. 《20a》 포괄적이며 풍요로운 강력
함 속에 이념상이 존립하며, 이런 규정들이 자신 속에 본유적인 한에서
인간은 주체이다. 그렇듯 호메로스에게서는 전체 외연의 규정들이 발견
된다. 예를 들면, 아킬레우스[43]는 그런 가장 강력하며 용감한 영웅이다.
그런 자신의 혈기왕성한 힘에서는 자신의 다른 규정들이 결여되어 있지
않다. 그는 그의 브리세이스[44]를 사랑했고, 애정 깊은 감동과 더불어 자
신의 연로한 아버지 펠레우스^{Peleus}를 회상하며, 가장 신실한 친구이다.
호메로스는 파트로클로스[45]와 안틸로코스[46]에 대한 그의 사랑을 묘사한
다. 그는 연로한 네스토르[47]를 경외하며 존중한다. 그는 또한 최고로 자

---

43 Achilleus. 바다의 여신 테티스와 프티아의 왕 펠레우스의 아들. 트로이 전쟁의 그리스
영웅.
44 Briseis. 리르네소스의 왕 미네스와 왕비 브리세우스의 딸. 아킬레우스가 미네스를 죽인
후 종으로 삼음.
45 Patroklos. 메노이티오스의 아들, 아킬레우스의 절친한 친구. 트로이 왕 프리아모스의 맏
아들인 헥토르에 의해 죽음.
46 Antilochos. 필로스의 왕 네스토르의 맏아들. 부친과 동생과 함께 트로이 전쟁에 출정함.

극에 예민하고, 가장 **빠른**, 가장 용감한, 가장 화끈한 그리스인이며, 나이 든 프리아모스[48]가 그에게 와서 자신의 아들인 헥토르[49]의 시체를 간청하자 그가 프리아모스에게 악수를 청하는 바와 같이 매우 유연하다.[65] 그러니까 묘사되는 이런 것은 어떤 추상물이 아니고, 하나의 개별적인 고유성이다.

한 편의 극에서는 개별성이 그렇게 다양하게 스스로를 표현할 다면적인 기회를 갖지 못한다. 하나의 위력, 하나의 파토스가 지배적인 것

서사시에서는 생동적인 것이 더 규정적으로 표현될 수 있다.

이다. 개인들은 주체들인 한, 이런 생동적인 다면성으로도 나타나야만 한다. 비록 스스로 나타나는 파토스만 있거나, 아니면 비극들 혹은 서정적인 것—거기에는 심정상태만 있다—에서와 같이 파토스가 그 자체 즉 자적으로 있을지라도, 그런 심정상태 또한 자체 내 풍요로운 것으로서 스스로 표현되어야만 한다. 생동적인 판타지는 여러 가지의 것과 결부되며, 생동적인 달변, 즉 소위 열정적인 궤변이 거기서 제자리를 갖는다. 이런 풍요로움에 있어서 이제 본질적으로 주목될 수 있는 것은, 한 형태[인물]의 힘이 거기에 있어야만 한다는 것이다. 이것이 현존하지 않는다면, 우리는 산산이 붕괴되는 어떤 것, 무사유無思惟적인 어떤 것을 가지게 될 것이다. — 때로는 이것 속으로, 때로는 저것 속으로 빠져들면서 말이다.

---

47 Nestor. 필로스의 왕. 트로이 전쟁 때 그리스군의 노장.

48 Priamus. 트로이 왕이자 헥토르와 파리스의 아버지. 파리스는 불길한 신탁에 의해 출생 직후 버려져 산속에서 목동으로 지냈으나 아프로디테의 도움으로 그리스 왕 메넬라오스의 왕비 헬레네와 사랑에 빠져 함께 트로이에 들어왔고, 이로 인해 트로이 전쟁이 일어남.

49 Hektor. 트로이 왕 프리아모스의 아들. 파트로클로스를 죽인 후 아킬레우스와의 결투에서 사망함.

성격은 그러니까 본질적으로 하나의 성격으로서 나타나야만 한다. 성격은 다양성의, 분별성의, 오성에 대해서는 일관적이지 않을 수 있는 생동성의 논리귀결이다. 예를 들면 아킬레우스는 자신의 아버지에 대해 아주 깊은 감정을 가지고 있다. 하지만 그와 같은 부드러운 심장의 인간이 헥토르에 대해서는 어떻게 그렇게 행세하는지. — 이것은 오성에게는 가장 일관적이지 않은 귀결이다. 이에 반해 생동성에서 보면 이것은 일관성 없는 귀결이 아니다. 왜냐하면 인간은 바로, 모든 모순을 자체 내 통합하고 있는 자이기 때문이다. 셰익스피어에

모순을 가지는 것, 그리고 모순을 넘는 힘을 가지는 것이 인간이다.

게 있어서는 팔스타프^{Falstaff}가[66] 그러하다. 프랑스 비애극들에는 명예와 사랑 간의 빛나는 충돌이 있다. 하지만 동일한 심정 속에 이런 충돌이 있게 되면, 비록 그것이 매우 빛나는 장면들과 독백들을 부여할지라도, 이러한 이분二分 그 자체가 《21》 거슬리며, 우유부단함이 된다. 주인공이 다른 자들에게 설득당하고 다른 자들에게 이 잘못을 미룰 수 있다면, [그것은] 성격의 그런 결단성에 적절하지 않다. 예를 들면, 『페드르^{Phèdre}』[50]에서[67] 주인공은 이러저러한 갈등 관계에서 설득된다. 하지만 [그에게는] 자발적으로 이를 행하는 그런 자립성이 포함되어 있지 않으며, 사람들이 행했던 것의 잘못을 스스로 책임지려고 하는 것도 없다. 이와 같은 박약함은 괴테의 베르테르[51]의[68] 예와 같은 보다 새로운 형식을 용인했던 근

---

50 라신(Jean Racine, 1639-1699)의 희곡. 출정을 간 테제왕의 소식이 끊기자 계모 페드르가 그의 아들 이폴리트에게 흠모한다고 고백했으나 거절당하고, 왕의 귀환 후 시녀의 계책으로 이폴리트에게 누명을 씌움. 왕에게 추방당한 이폴리트는 괴물과 싸우다 죽게 되며, 페드르도 죄를 시인하고 자결함.

51 Werther. 『베르테르의 슬픔』(1774)의 주인공. 감수성이 풍부하고 재능 있는 젊은 법률가로,

세에 생겨났다. 열정은 거기서 감각의 자연성이며, 전체는 그 자체에서 병적인 성격 이외 아무것도 아니다. 이런 나약함 또는 무성격성은 나중에 다른 형식들을 받아들였는데, 주로 사람들이 영혼의 아름다움[69]이라고 불렀던 그런 것이다. 하지만 이것은 현실적인 것을 훑어보며 견디어 내는 힘이 하나도 없다. 실로 거기에서는 무례의 옹졸함이 지배한다. 그 것의 장대함은 작은 정황들, 즉 심정의 투쟁성에 의해 곧바로 침해된다. 영혼의 통일에 속하는 것은 실로, 현실적인 것을 원하는 것이다. 파토스는 스스로를 타당하게 만드는 특정한 관심을 가지고 있다. 이에 반해 저 와 같은 진기함은 언제나 본질적으로 자기 내에 머물러 있다. 그런 다음 자기 자체 내에서의 그런 장대함은 계속되는, 종종 더 좋은 형식들, 즉 이런 더 고차적인 것 자체가 의인화되고 통상적 방식으로 자립적으로 만 들어질 그런 형식들도 수용한다. 그런 것에 속하는 것은 마술적인 것이 며, 한편으로는 운명, 악마적인 것인데, 악마적인 것에서는 생동적으로 행하는 개인이 스스로를 자신 속의 어떤 타자, 즉 저승적인 것[부정적 측 면]에서 표현하는 것으로서 나타나게 된다. 더 고차적인 것은 거기서 불 분명한 것, 어두운 것으로 저급하게 조작되며, 우유부단함, 허영이 된다. 이런 우유부단함과 허영이 여기서 특정한 내용이며, 매우 주요한 것으로 보인다. 그리고 이로부터 무의미한 찌푸림이 나오는데, 호프만E. Th. A. Hoffmann[70]의 묘사들에서 그러하다. 그런 천리안 따위 또는 광기는 저급 한 것과 식상한 것으로 전락할 정도로 근세에 사용되었다. (실러의 『빌헬 름 텔*Wilhelm Tell*』[52] 속에는 미래를 내다보는 늙은 아팅하우젠Attinghausen[71]이 있다.)

약혼자가 있는 로테를 알게 되고 사랑에 빠짐. 로테가 결혼하자 슬픔을 못 이겨 자살함.
52   1804년 바이마르에서 초연된 5막의 희곡. 오스트리아의 지배를 벗어나고자 한 스위스의

사람들이 그와 같은 병적인 상태들을 자신의 도피처로 취한다면 매우 유감스럽다. 아이러니는 성격들이 자기 자신 속에서 스스로 붕괴되도록, 그리고 성격의 통일성으로 동시에 합쳐지지 않는 열정들의 다양성이 그들 속에 있도록 만드는 그런 결과를 낳았다. 성격은 이처럼 먼저 규정적으로 현상하며, 그런 다음 그런 규정성에서 벗어나 무성격성과 무가치함으로 떨어진다. 《21a》 사람들은 맥베스 부인[53]을 매우 사랑스러운 여인으로 만들기를 원했다. 하지만 셰익스피어는 자신의 성격[등장인물]들 속에 보이는 바로 그의 추상적 반동성反動性에 의해 뛰어나다. 사람들은 이런 것을 성격들의 아이러니한 어중간함, 유령성이라고 부르며, 그렇게 대략 그들 자체와 그들 속의 낯선 어떤 것을 가리킨다. 그리고 필시 이런 것이 하나의 성격을 그것이 무엇인지 모르는 유령 같은 어떤 것으로 만들었을 것이다. 이념은 인간 속에 현실적으로 있는 한, 주체여야만 한다. 저러한 유령성은 자기 내 이런 확고부동함에 전적으로 대립해 있다.

4) 외적 규정성의 구체적인 것

네 번째는 외적 규정성이다. 이념은 현실성이다. 그리고 이러한 현실성은 인간적 주체이다. 물론 이념상은 더욱 멀리 나아가야만 한다. 그리고 실재성의 측면에는 또한 다양한 종류의 외적인 규정성이 속한다. 그러함에 있어 먼저 이런 외면성에는 행위와 현존재에 속하는 모든 것이 속하며, 그러함에 속하는 것은 나아가 시간, 공간과 지역성의 관계들이

독립 영웅 이야기로, 외세 압제자에 대한 저항을 촉구하는 정치적 이념극.

53 셰익스피어의 『맥베스』 내 주인공 맥베스의 아내. 던컨왕의 충신이었던 남편 맥베스가 왕을 살해하고 왕위를 차지하도록 추동함. 왕위 찬탈 이후 죄책감으로 몽유병에 시달리다가 자살함.

다. — 각 발걸음은 특정한 영역이 된다. 나아가 기술적인 것, 즉 집, 자동차, 음식, 안락함이 그것에 속한다. 그런 다음 부, 소유, 가족, 생활방식, 인륜, 시중드는 자에 대한 지배자의 관계들이 속한다. 외면성은 간과될 수 없으며, 오히려 이념상의 본질적인 현존재에 귀속된다. 중요한 것은 이런 외적인 것과의 관계 속에 있는 형태[인물]가 그곳에 본래적으로 있다는 것, 그 외면성에 적합하다는 것이다. 어떤 예술은 그러함에 있어 다른 예술보다 외면성을 더 많이 가지고 있다. 회화와 시 예술에서는 대개 현존재의 조건들이 예술작품의 본질적인 측면이다. 그 조건들이 그런 모든 측면에 따라 규정되어 있다는 것이 위대한 대가들의 특성이기도 하다. 장돌뱅이 따위에서는 이런 것이 무규정적으로 방치되어 있으며, 『니벨룽겐의 노래』[72]도 이런 측면에서는 그다지 규정성을 갖추고 있지 않다. 이런 외적 정황들에는 많은 것들이 속한다. 1) 외적인 (둘러싸고 있는) 자연 일반, 그리고 더욱이 그것의 기후, 산 등에서 완전히 규정되어 있는 개별화된 특정 지역. 이런 외적인 자연의 견지에서 우리가 기대하는 것은 교양의 특성들이 일반적으로 그것과 일치한다는 것이다. 예를 들면 오시안[54]에게서의 영웅들이 그러하다. — 그들의 감각들, 행위들은 그런 황무지들, 동굴들과, 그런 원초적인 자연과 꼭 같이 일치한다.[73]

2) 인간이 자신의 의지에 의해 이런 외적인 수단을 습득하며 《22》 자신의 사용에 적용하는 한에서 인간에 대한 자연적인 정황들의 관계. 인간은 개별화된 자연에 의존적이다. 그는 수단을 정비해 두어야만 하며, 이런 의존성을 아무 어려움도 만들지 않는, 그의 본질적인 관심을 빼앗지 않는 어떤 것으로 만

> 인간은 자연을 지배한다.

----

54 Ossian. 3세기경 고대 켈트족의 전설적인 시인이자 용사.

들어야만 한다. 한편으로는 그런 궁핍에 반해 안정성이 생겨난다는 것, 자연이 인간에게 그가 필요한 것을 보장한다는 것이 미감적인 관계에 해당된다. 다른 한편으로는 인간이 스스로를 통해, 자신의 오성을 통해 궁핍에서 벗어나는 것을 창출하기에 이르렀다는 것이 그것에 해당된다. 그런 마지막 측면은 본질적인 측면인데, 왜냐하면 바로 인간의 오성적인 것, 즉 인간이 그의 욕구를 해소하였다는 것은 자연과의 관계를 자유로운 관계로 그리고 산물로, 자신의 고유한 활동성으로 만들기 때문이다. 그러함에는 장식, 청소, 그리고 그와 같은 것들이 속하는데, 왜냐하면 이런 자연산물들은 인간의 치장, 장식이 되며, 그리고 예술가들은 자신들이 할 수 있는 만큼 그런 것을 향하고 있기 때문이다. 현실에서 그들은 그와 같은 장식을 자신들의 작품을 위해 사용한다. 아테나를 상아판으로 덮어씌우고, 그 외에도 많은 금으로 치장했다. 상태들은 그것들의 고유한 상이성에 따른 이런 관계 속에서 큰 차이를 만든다. 왜냐하면 어떤 형성된 상태 속에는 바로 그런 의존성의 오랜 지속적인 관계가 현존하기 때문이다. 거기에는 각 개인이 다른 이들의 무한히 많은 노동들 속에 끼인 채 제한되어 있으며, 그리고 그가 자신을 위해 행하는 것은 전혀 그의 노동이 아니거나 또는 미미한 부분일 뿐이다. 그와 같은 궁핍의 상태에서 구제되어야 한다면, 그것은 개인의 부에 의해 야기될 것이다. 자립성은 또한 본질적인 계기이기도 하다. 더 고차적 관심들, 파토스적인 것만이 인간을 몰두시킨다. 다른 측면에서는 상태가 자신의 산물들에 대한 개인의 고유한 관계에 의해 규정되어 있다. 이것은 예를 들면 호메로스에게서 나타난다. 여기에서는 그런 영웅들이 모든 욕구들과 관계있다. 이 영웅들에게서 우리는 자신들의 소유에 대한 인간들의 즐거움과 그리고 그들이 자신들의 욕구를 위한 수단을 스스로 준비하는 기쁨을 본다. 그렇듯 영웅들은 그들의 황소를 스스로 굽는다. 그들이 무기를 입수한 곳은 불분명하다. 아킬레우스의 무기들은 테티스[55]의 간청으로 헤파이스토스[56]가 제작했다. 여인들은 베를 짜는데, 이들은 여기서 모두 토착적인 현지인이다. 그리고 토착적이라는 것은 인간에게 가치가 있다. 그것이 그 자신에 의해 《22a》만들어져 있기 때문이다. 이런 측면은 호메로스에게 있어서 목가적인 측면이지만, 보통의 목가적 상태보다 더 고차적이다. 그리고 서사시는 이런 주변환경, 그리고 더 고차의 목적들에 종속되는 그런 자연수단들을 화제로 시작한다. 이런 측면에서 보면, 어떤 한 서사시의 장면들은 우리 시대로 잘못 옮겨져 있다. 이것은 실로 위험한데, 그 속에는 그 개인들에게 특유하지 않고 오히려 외부에서 가져온 아주 많은 것이 들어 있기 때문이다. 그 밖에도 마찬가지로 그런 본래의 현존재에 속하는 다량의 정황들이 있다. 그것에는 (인륜적인 것과 법률적인 것,) 교육, 종교의 단계들이 속한다. 이런 신적인, 그 자체로 필연적인 것은 거기에 있기 위해 다양하게 수정되어 있다. 예술들은 이런 특유함들, 개체적 특수성에도 연관된다. 여기에는 이제 그런 여러 가지 참작이 발생한다. 시인, 화가, 조각가는 다른 시대의 소재들을 다룬다. 그리고 그런 특유성의 참작은 이전 시대의 대상들을 현재의 맥락에서 나타나도록 하는 장점이 있다. 예술가는 비록 자기 자신의 시대, 그의 시대의 인륜들에 속해 있지만 다른 민족들의 그와 같은 소재들을 다룬다. 그는 자신이 직접 살고 있는 것과는 다른 형식들, 변경들, 관계들을 가진다. 그는 그

---

55 Thetis. 바다의 여신이자 아킬레우스의 어머니. 아킬레우스를 불사신으로 만들기 위해 스틱스강에 목욕시킴. 발뒤꿈치만 잠기지 않아 그의 취약점이 됨.

56 Hephaistos. 불을 다스리는 대장장이 신. 절름발이의 추남이나 미의 여신 아프로디테의 남편이 됨. 『일리아스』에는 광휘의 여신 카리스가 그의 아내로 언급됨.

러한 한, 자신이 표현하는 그런 대상에 숙달되어 있지 않다. 하지만 예술가 속에는 더 고차적인, 인간적인 것이 몇 배로 규정되어 있으며 전제되어 있다. 호메로스의 시들은 트로이 전쟁 자체보다 훨씬 이후에 만들어져 있다. 니벨룽겐이 활약하는 역사도 마찬가지이다. 이 모든 것[소재와 시대]은 따로따로이다. 세 번째는 그러면 다시 우리, 즉 청중인데, 시인은 청중을 위해 자신의 표현을 만든다. 먼 시대의 시들 속에 [이입된] 자신을 옹호하기 위해서는 그와 같은 시대에 귀속하는 많은 특유함들과 이해를 위한 많은 장치가 필요하다. 여기서 학식, 서지학이 등장한다. 그리고 우리의 삶에는 현존하지 않지만 우리가 그것을 오히려 박식한 방식으로 비로소 마련해야만 하는 다량의 정황들이 여기에 있다. «23» 낯선 시대를 다루는 예술가가 어느 정도까지 특유한 것을 먼 시대들에 맞추어야 할지, 아니면 그런 정확성을 간과하는 것이 그에게 법칙일 경우, 그럴 때 충돌이 생긴다. 이런 측면에서 프랑스인들은 자유로운 회화를 발전시키는 것에 대해 전혀 신중하지 않고, 오히려 많은 것을 그들의 교양에서 유지한다. 『아울리스의 이피게네이아*Iphigenie in Aulis*』[74]57 속의 아킬레우스는 가발과 형형색색의 신발 끈들을 갖춘, 전적으로 프랑스적인 왕자이다. 여기에는 그러니까 그것이 나타나 있는 시대의 전체적 외면성이 자신의 것으로 만들어져 있다. 여기에는 그런 자기 것으로 만들기가 가장 첨예하게 추동되어 있다.

독일에서도 우리는 이런 것을 매우 걸출한

1826년 6월 8일

57 에우리피데스의 비극작품. 이피게네이아는 그리스 총사령군 아가멤논의 딸. 아가멤논은 출정 전에 딸 이피게네이아를 제물로 바치라는 신탁을 받고 그녀에게 아울리스 항구로 오라고 편지를 함. 그녀는 부름에 따라 와서 의연하게 고결한 희생을 함.

방식으로 가지고 있었는데, 한스 작스[58]의 이야기가 그러하다. 아버지 신神은 그의 집에서 카인Kain과 아벨Abel과 함께 어린이 교리문답을 한다.[59] 그는 그때 십계명에 관해 문답식으로 가르치며, 그것을 뉘른베르크식으로 만들었다. 그리고 카인은 모든 것을 뒤바꾸어 말한다. ─ 너는 훔쳐야 한다 등. 가톨릭 예술에는 그리스도의 수난들이 표현된다. 빌라도[60]는 거기서 고위공무원으로 행세하고, 전쟁노예들은 모든 조야함들을 뻔뻔스럽게 행하는데, 그들은 그리스도에게 코담배를 내밀고는 그가 받지 않자, 이를 그의 콧속에 찔러 넣는다. 그럴 때 민중들은 기도하며 경건하게 있다.[75] 이 같은 표현들은 무취향적이며, 내용, 소재의 특유한 것 간의, 그리고 사람들이 생각하며 말하고 행위하도록 하는 것들 간의 대비가 있다. 이 대비는 그와 같은 것을 뭔가 골계적인 것으로 만든다. 이런 것은 역사적인 것, 외적인 것이며, 제약적이고, 제한적이며 개체적으로 특수하다. 여기에서 지배적인 것은 우리의 것이 아닌 원래의 인륜들이다. 그 하나는, 우리가 본질적인 그러한 것을 또한 우리의 것으로 만들 수 있다는 것이다. 실로 우리는 그렇게 한다면 일정한 범위 내의 교양 있는 세계, 학식 있는 자가 된다. 예를 들면 그리스가 그러한데, 그리스는 우리에 대해서는 교양 있는 세계이고, 예술가에 대해서는 예술의 출발점이다. 다른 하나는, 예술작품들이 수고를 했던 우리를 위해, 그리

---

58 Hans Sachs, 1494-1576. 독일 뉘른베르크 출생의 시인이자 극작가. 본업은 구두장인.

59 구약 「창세기」 이야기. 카인과 아벨은 아담과 이브의 두 아들. 카인은 첫 수확한 보리를, 아벨은 양의 첫 새끼를 재물로 바쳤는데 아벨의 재물이 채택되자 카인은 이를 시기하여 아벨을 살해하고 죄인의 낙인이 찍힘.

60 Pontius Pilate. 본디오 빌라도. 유다 주재 로마제국의 5대 총독. 예수에게 반역죄를 씌워 사형을 언도한 자.

고 또한 우리가 속한 민중을 위해 향수될 수 있어야 한다는 것이다. 역사적인 것에는 종교적인 것, 그리스 신들이 속한다. 그리고 종교적인 것에서는 내적인 진리가 중요하다. 이것은 물론 '제우스에게서, 오 그대 신들이여'라고 부르짖게 되는 경우는 아니다. 《23a》

역사적인 것에 관하여 보면, 그것은 올바름의 의미에서 참된 것이어야 한다. 역사적인 것이 우리가 소속된 나라에 생겨났을 때, 우리가 이 시대와 상태들을 저 역사가 본질적으로 그것으로부터 한 지체를 형성하는 결과들로서 고찰할 수 있을 때만, 역사적인 것은 우리의 것이다. 그렇듯 역사적인 것은 우리에 대해 여전히 하나의 현실적인 현재를 가지는데, 『니벨룽겐의 노래』가 그러하다. 장면은 토착적인 지반 위에 있으며, 부르군트인들[61]이 있다. 하지만 다른 한편으로는 아틸라[62]가 있다. 그리고 기독교 역사는 이런 관심들에서 우리의 상태들과는 아무 관계가 없다.[76] 사람들은 이런 낯선 인류들과 시대 속으로 들어가 이해하는 것을 천재적인 어떤 것으로 간주했다. 이로부터의 결과는 다음의 것이다. 역사는 우리에게 귀속되어야만 한다는 것, 또는 실로 표현 속의 그와 같은 낯선 것은 부차적인 것으로서 생각된다는 것이다. 이것이 기본틀이 되는 것이 우세해야만 한다. 우리가 페트라르카[63]의[77] 시들을 고찰한다면, 인간적인 것이 그 속에서 본질적인 것이다. [페트라르카가 연모한] 그녀가 라우라Laura로 불렸든, 어디에서 살았든, 그것은 전혀 하찮은 정황들이다. [이에 반해] 서

---

61 게르만족의 일파. 중부 라인 지역에 부르군트 왕국을 건설함. 437년에 아틸라가 이끄는 훈족에 멸망당함.
62 Attila. 5세기 전반 훈족의 왕. 게르만족과 동고트족을 굴복시켜 카스피해에서 라인강에 이르는 대제국을 건설함.
63 Petrarca, 1304-1374. 이탈리아 시인, 인민주의의 선구자.

사적인 것은 대부분 그와 같은 외적인 것이 거기에서는 필수적이라는 사실을 수반한다. 서정적인 것에서는 심정의 감각이 주된 사안이다. 극劇적인 것에서는 그런 외적 실재가 가장 저급해서, 시인이 스스로에게 낯선 이름을 부여하는 경우와 다를 바 없다. 사람들이 낯선 표상들로부터 아무것도 조달할 필요가 없고, 오히려 그럴 때 그들이 가져야 하는 직관들이 예술작품에 의해 주어지는 그런 즉각적인 이해력이 본질적인 것이다. 관람자들과 독자들은 이런 것이 자신들에게 생생하게 현재화되도록 시인들에게 요구할 권리가 있다. 극적인 것에는 다량의 소재들이 여러 나라의 예술가들에 의해 다뤄져 있다. 하지만 각 나라에는 특유한 것이 남아 있다. 그와 같은 극들이 이미 더 이전에 다른 낯선 종류의 언어로 현존했었다면, 시인들은 그것도 자신의 나라에 수용하는 수고를 꺼리지 않을 것이다. 영국인들은 그것을 이렇게 한다. 즉, 그들은 그 민족에게 이해될 수 있는 주요 장면들을 셰익스피어에서 골라낸다. 《24》 예술작품은 [소재의 시공간성에] 제약적인 향유이다. 외적인 관계의 이념상은 개체적으로 특수하며, 개체적으로 특수하게 인간적인 것은 실로 역사적인 것이다. 뛰어난 것은 모든 시대들에서 뛰어나다. 그리고 만일 사람들이 그렇게 말한다면, 그들은 이념상에 관해 매우 추상적으로 말하는 것이다. 미는 현현한다. 그리고 미는 현현함으로써 외면성 속으로 들어간다.

그리고 미는 외면성들을 위해 현현하는데, 이 외면성들은 현현의 이런 측면에 적절해야만 한다. 사람들은 다른 측면에서는, 그렇기 때문에 예술작품을 위한 소재들을 우리 시대에서 선택하는 것이 가장 유리하다고 말할 수 있을 것이다. 하지만 이상적인 것에 있어서 중요한 것은 [소재의 시공간적] 제한성과 종속성의 체계가 차단되는 것이다. 그리고 그렇기 때문에 행위들이 위대한 자립성 속에서 표상될 수 있는 고대古代로 소재들을 옮기는 것이 더 유리하다.

2. 그 주관성에서의 예술미
예술가 속에 있는 한에서의, 창조적 주체 속에 있는 그대로의, 그러니까 아직 나오지 않은 한에서의 예술작품

1826년 6월 9일 이런 주관적 측면은 우리의 고찰에 있어서는 아무 관심이 없기 때문에 의도적으로 언급될 수 있다. 거기에는 몇몇 규정들만 있으나, 그럼에도 고찰되어야만 하는 규정들이다. 사람들은 예술가가 그런 규정들을 만들었다고 한다. 사람들은 예술가가 어디에서 그것을 가져오는지, 저런 것을 산출하기 위해 주체는 어떤 정황들하에 자신을 정립해야만 하는지 묻는다. 사람들은 라파엘로에게 그렇게 물었다. 그리고 그런 다음 사람들은 주체가 예술가이기 위해서는 어떤 능력들이 필요한지 더 자세하게 묻는다. 판타지, 이성, 오성, 심정, 그리고 마음이 그러함에 기여한다. 판타지는 주요 능력이지만, 따로 떨어져 있는 것으로서 고찰될 수 없다. 그것은 예술적 제작의 능력, 본질적으로 이성적인 내용이다. 다른 한편으로 그것은 직관된다. 예술가는 자신의 대상의 내용, 즉 파토스 또는 본질적인 것을 잘 인식했어야만 하는데, 그것은 이성, 또한 오성, 심정, 마음 그리고 기억, 이런 것 모두를 아우른다. 제작에서의 이런 독자성은 무릇 천재라고 불린다.

천재는 일반적인 용어이다. 최고 지휘관, 위대한 왕 또한 천재이며, 학문에서도 그러하다. 여기서는 오직 실로 예술작품을 산출하는 독특한 것이다. 여기에서는 자연성이 《24a》 예술작품 속에 개입한다. 예술가들의 위대한 사고들에서는 그런 생각이 차단되지 않고 오히려 형태화되어야만 한다. 그리고 바로 그런 형태화하기가 예술적 천재의 고유한 것, 탁월한 것이다. 그렇기 때문에 위대한 예술가들은 기술적으로 큰 수월함을 가지고 있다. 이런 것은 많은 연습을 필요로 한다. 예술가가 자신의 이념을 발전시키고자 할 때 이를 위한 도구^{Organ}는 그의 형태화인데, 그때 기술적인 것에서 그런 수월함이 있다. 그가 수중에 획득한 것은 그의 [역량] 하에서 하나의 형태가 된다. 사람들은 이제 예술가가 예술작품을 제작하는 상태에 관해 이야기한다. ― 사람들은 이 상태를 영감靈感이라고 부른다. 이것은 실로 뜨거운 피[열정]가 아니라(시인들에게서는 샴페인이 이를 보다 더 불러일으킬 수 있다), 오히려 영감은 사태로 충만해 있는 것, 그리고 사태를 표현하기 위한 충동 속에 있는 것, 내용들로 충만한 것 이외 다른 것이 아니다. 예술가는 그의 인격성을 그 속에서는 제거한다. 오직 사태만 거기에 있으며, 그의 주관성은 오직 형식을 부여하는 것이다. 그리고 그는 단지 사태의 고양만 가지며, 사태를 진술하는 생동적인 활동성이다. 표현에서의 객관성에 관해서는 많이 얘기되어 있다. 그것은 바로 사태를 표현하는 것 외 다른 것이 아니며, 반성과 특정한 사유들과 감정들이 아니라, 오히려 사태가 그러니까 생생하게 직관으로 제시되는 것이다. 이에 대해서는 세 가지[64]가 언급될 수 있다. 첫 번째로 사람들은 그것에서 외적이고 범속한 현실성을 이해해서는 안 된다. 예를 들면, 코체부Kotzebue는[78] 아주 가련한 외면성을 가졌던 형태화들, 형체들 속에서 그런 내용을 수행했다. 하지만 이런 외면성은 이념상에 부족하며, 범속한

---

[64] 원문에는 '두 가지'로 되어 있으나 이어지는 내용에 따라 '세 가지'로 수정함. 헤르만 (Friedrich Carl Hermann)의 1826년 필기록에는 세 번째 규정('예술가의 기교')이 두 번째 규정으로 표시되어 있음.

외면성은 예술작품에서 벗겨 내져야 한다. 이런 객관성은 확실히 사람들을 빈번히 즐겁게 하지만, 그것에는 아무런 미학적인, 참다운 가치도 부여될 수 없다. F. 슐레겔 씨와 티크 씨는 이런 객관성을 특별히 애호한다.[79] 하지만 이런 외면성은 민숭민숭하게 진술된다. 예를 들면 『괴츠 폰 베를리힝겐』에서 커튼이 걷힌 후 두 시종이 등장하며 여주인에게 '독주 한 모금 더'라고[80] 말하듯, 그리고 다른 측면에서 밤베르거가 '너, 만족을 모르는 자'라고 말하듯이 말이다. 그렇게 해서 이것은 많은 청중을 그리 끌어당기지 못할 것이다. ⟪25⟫ 객관성의 두 번째는 내면성이 암시되어만 있다는 것인데, 이 내면성 속에서는 감정이 매우 억제된 채로만 외적으로 나타나며, 실로 스스로를 설명할 수 없고 파토스의 열변으로 토해질 수 없을 정도로 집중되어 있다. 이런 감정은 주로 민중가요들 속에서 발견된다. 그리고 그것은 오직 예감이 가득한 방식으로 주목되게 만들어져 있다. 괴테는 이런 종류에서 우수한, 탁월한 시를 만들었다. 학식이 없는 사람들에게서는 이런 형식이 제자리를 갖지 못한다. 괴테의 목가牧歌, "저기 저 산 그 위에"가[81] 그러하다. 목동은 그것을 더듬더듬 진술하는데, 외면성의 특징들에서 그러하다. 그다음, 상황이 전적으로 외적인 방식으로 유지되는 완전히 야만적인 어떤 것인 객관성이 있다. 괴테의 잘 알려진 시가詩歌, "내가 꺾은 꽃다발"이[82] 그러하다. 이 꽃다발 속에는 내적 감각이 거의 암시되어 있지 않으며, 내적인 것은 거기서 참다운 의식에 이르지 않는다. 이에 반해 실러에게서는 내적인 것이 대단히 충만하게 진술되어 있다.

표현의 이런 객관성은 이전에 아이러니, 그리고 낭만적인 것으로 불리었던 것과 관계가 있다. 표현은 외면성들을 제공해야 한다. 이런 것은 확실히 낭만적인 것에 있어서의 경우인데, 거기에는 그 속에 직접적으로 현상하는 관계를 하나도 형성하지 않는 외적인 우연성들이 여전히 있다. 이런 객관성은 독자에게 외적인 것만 가리키며, 모든 것이 그 속에 포함되어 있으며 감춰져 있다는 지침만 줄 뿐이다. 이런 시문학의 시는 가장 통속적인, 가장 중요하지 않은 산문이다. 슐레겔은[83] 그가 시인이라는 발상을 가지고 있었다. 하지만 그의 시들은 통상적인 산문들에 불과하다. 시인이 자신 속에 좋은 어떤 것을 가지고 있다면, 그는 그런 것을 진술해야 한다. 만약 그가 그런 것을 진술하지 않는다면, 자신 속에 아무것도 가지고 있지 않았다는 것이다.

세 번째는 예술가의 기교Manier다. 이것은 독창성과 관계있으며, 특별한 어떤 것을 표출한다. 1826년 6월 12일 그리고 이 특별한 어떤 것은 외적인 측면, 또는 기술적 측면과 연관된다. 피디아스[65]는 그의 조각작품들에서 사태가 우선적인데, 예술가의 특유한 것이 전혀 거기에 있지 않아서 예술가는 내용 또는 소재의 형식적 활동성에 불과했다고 할 정도이다. 《25a》 여기에 이제, 개체적 특수성의 이런 측면이 그들에게서 다소간 뛰어난 예술가들이 있다. 그것이 성격과의 관계에서 특유한 것이라면, 시작詩作예술에서는 모종의 어조가 그것이다. [반면,] 회화는 가장 규정적인 것을 위해 감각적인 것, 외적인 것에 몰두해 있다. 기교는 이런 특별한 것, 즉 이 외적인 측면을 개진하는 예술가의 능숙함이다. 기교는 독창성과 밀접하게 관계되는데, 독창성은 예술작품의 참다운 객관성이다. 많은 사람들은 특별함과 객관성을 혼동하며, 유일한 것은 특별함에 의해 독창적인 것으로서 나타난다고 생각한

---

65 Phidias, B.C. 460?-B.C. 430?. 페이디아스라고도 함. 고대 그리스 아테네의 조각가이자 건축가.

다. 그것은 아무런 예술도 아니다. 오히려 독창성은 역시 바로 이것, 즉 사람들이 오직 사태만 본다는 것이다. 예를 들면 사람들은 호메로스의 시들에서 전혀 호메로스를 생각하지 않는데, 예술가의 독창성이란 없는 것이다. 셰익스피어와 소포클레스는 바로 사태를 표현하기 때문에 독창적인 자들이다.

유머러스한 것은 개개의 발상들과 관계있다. 그런 까닭에 유머러스한 것으로 방향을 돌리는 것은 매우 쉽다. 왜냐하면 그것은 그 자체로 자명하게 설명되기 때문이다. 유머와 더불어 모든 것이 용납될 수 있다. 하지만 유머는 종종 허튼소리가 되며 얄팍하게 된다. 참다운 독창성은 예술작품이 정신의 창조라는 데서 드러난다(우리 시대의 가장 위대한 유머가의 한 사람은 장 파울[66]이다). 『괴츠 폰 베를리힝겐』에는 시인이 예술의 모든 규칙들을 용감한 방식으로 침해했고 모욕했던 것이 나타난다. 내적 소재가 실체성을 증명한다. 그 속의 한 장면은 괴츠가 자신이 무엇을 배웠는지 보여 주기 위해 나오며 그 당시에 학습이 추진되었던 대로 서술되어 있는데, 이 장면은 바제도 교육학[박애적 교육학]에[84] 대한 암시로서 들어 있다. 이와 같은 것은 사람들이 당시에 그것을 생각했던 방식에서, 관심에서 추출되고 수용되어 있다. 하지만 이런 것은 한 작품의 독창성에 상반된다. 상연의 소재들은 또 다른 것이다. 독창적인 것은 실로 내용에서부터 전개되며 이에 상응하면서 유지되는 그런 것이다. 지금까지 우리는 예술작품의 이념 일반, 즉 예술작품에 본질적이 되는 특수한 계기들을 고찰하였다. 《26》

---

66 Jean Paul, 1763-1825. 독일 낭만주의 문학가. 본명은 Johann Paul Friedrich Richter. 공상과 현실, 청아와 기괴함의 배합, 아이러니, 유머가 그의 작품의 특징적 요소임.

제2장

미 일반이 현상하는 보편적 방식들 또는
미의 특수한 형식

이념상의 더 자세한 규정성은 이념과 그것의 실재성, 그것의 표현방식과의 관계로서 파악될
미학, 노트 3
수 있다. 이념이 불완전하면, 형태[67] 또한 그러하다. 이념이 참다운 이념이려면 그 자체 내에서 규정되어 있어야만 한다. 그렇다면 사람들은 이념이 그것에 알맞지 않은 실재성을 갖는다고 말할 수 없을 것이다. 물론 여기서는 이런 것이 표출되어 있지 않을 나쁜 예술작품들에 관해 말하는 것이 아니다. 이러한 이념에 표현이 관계된다. 우리는 그것을 전체적으로 이념상의 형식들, 또는 미의 여러 가지 방식들이라고 부를 수 있는데, 마치 외적인 특수성이 장르들에 부가하는 것과 같은 의미에서가 아니다. 여기서 방식은 이념의, 그리고 이와 더불어 이념상 자체의 상이하며 폭넓은 규정들을 표출한다. 우리가 여기서 고찰하는 것은 미의 본성에 대

---

[67] 형태(Gestalt)는 특정한 형상으로 구체화된 형식을 가리킴. 형태화(Gestaltung), 형태 짓기 (Gestalten)는 그런 형식을 만드는 것을 의미함. 이와 달리 형식(Form)은 내용에 대립되는 개념으로 내용이 표현되는 외적 방식을 뜻함. Figur는 형태가 갖춰진 사물의 외관을 가리키는 것으로 모습 또는 형체로 옮겨짐.

한 더 자세한 규정이다. 그리고 이러한 것에 이념의 규정성이 달려 있으며, 이것에 실재성 또는 형태의 규정성이 달려 있다. 보편적인 것은 이러함에 있어 그것 자체에 즉하여, 그것의 성격에 따라 자세히 규정된다. 우리는 이 제2장에서 세 가지 형태화들을 갖는데, 언급된 상징적, 고전적 그리고 낭만적 형태화이다. 상징적 예술형식은 아직 무규정적인 이념을 실재화하며, 이런 아직 무규정적인 이념에 형태를 부여하려는 상징적인 것의 노력이다. 고전적 예술형식에서는 이념이 자유로운 주체로 규정되어 있으며, 거기서 이념은 보편자, 정신이다. 이념이 순수한 주체라는 것, 이것이 이념의 규정성이다. 상징적인 것에서는 형태가 자의적이거나 또는 그릇된 적절함인데, 이념이 아직 무규정적이기 때문이다. 고전적인 것에서는 이념이 자유로운 주체로서 규정되어 있으나, 아직 순수한 정신으로서는 아니다. 왜냐하면 이 규정성은 여전히 추상화抽象化에 매여 있으며, 아직 완전히 정신적이지 않기 때문이다. 그러니까 《26a》 외면성을 가지는 것이 이러한 이념에 적절하다. 이념은 외적 형태화를 갖는 것이 적합한 것이다.

낭만적인 것은 자기 자신 내에 있는 정신이다. 대자적으로 자유로운, 그런 자유로운 주체이다. 이런 것에서는 형태화가 하등 상관없는 것이 된다. 왜냐하면 그 자체로서의 이념은 자신의 실존 또는 형태화를 넘어서 있기 때문이다.

우리는 이제 이런 세 형식들을 고찰해야 한다.

I. 상징적 형식, 형태화

일반적으로 상징적 예술은 동양에 고유하며, 두 가지 측면에서 고찰되어야만 한다. 한 측면은 그것의 자유로운 특유성이다. 그러므로 그 자체로서의 상징적 예술이 지배적이다. 다른 측면은, 상징적인 것은 단지 하나의 형식이라는 것이다. 그래서 고전적인 것과 낭만적인 것에도 상징적인 것이 나타난다. 하지만 거기서는 상징적인 것이 개별적 특징들과 부차적 영역들에서만 나타나며, 상징적인 특성이 전체 예술작품의 본성에 규정적인 것, 영혼을 형성하지 않는다. 상징적인 것에는 숭고가 해당되는데, 이념이 자신의 보편성, 무척도성과 무규정성 속에서 현상하기 때문이다. 그리고 이 무척도적인 것은 형태화되어야 한다. 하지만 거기에는 무척도적인 것에 상응할 수 있을 형태화, 현존재가 없다.

상징[68]은 도대체 무엇인가. 그것은 하나의 실존물인데, 직접적으로 주어져 있지만 이 직접성에 따라서가 아니라, 의미에 따라 고찰되어야 하는 실존물이다. 그럴 때 그것은 형태와 원래 하등 상관이 없다. 의미에 대한 기호 또한 상징적이다. 예를 들면, 자기 자체가 아니라 다른 어떤 것을 나타내는 무기와 깃발이 그렇다. 표상된 것은 이러함에 있어서 자의적이다. 그럼 그와 같은 하나의 실존이 자기 자체를 표상하는지, 또는

68　상징(Symbol)은 기호의 일종으로 18세기에 일반적으로 내용과 형식의 일치로 이해됨(셸링, 괴테). 이와 달리 헤겔은 상징에서 내용과 형식의 부분적 일치에 주목하여 상징의 본질을 내용과 상징의 불일치, 부적합성으로 규정하고 이를 고대 오리엔트 예술의 특성으로 규정함. 상징은 무의식적 상징과 의식적 상징으로 구분되는데 전자는 종교적, 전래적 상징을 말하며, 후자는 근대 작가에 의해 만들어지는 상징으로 내용과 형식의 관계가 작가의 주관성 속에서 이뤄지게 됨. 이런 측면에서 헤겔은 후기에 주관적인 낭만적 예술의 새로운 표현방식을 (의식적) 상징에서 찾음.

다른 어떤 것을 표상하는지, 무규정성이 여기에서 흔히 생겨난다. 우리에게 그것이 분명하게 상징으로서 정립되어 있다면 그것은 상징이기를 중단하며, 심상心象, Bild이 된다. 심상은 오히려 개별적이고 일시적인 경우들을 위한 것인데, 의미가 《27》 거기에 함께 있기 때문이다. 신화적인 것은 일반적으로 상징적이다. 그것은 신적인 것을 형태화한 것들이다. 이 형태화들에는 실로 아직 많은 다른 것들이 나타난다. 더 심오한 의미와 의의를 갖는 것, 그것은 보편적인 어떤 것을 그 뒤에 숨겨 둔다. 정신, 이성적인 것은 종교에서 만족했어야만 할 것이다. 많은 자의성들이 자연히 그러함에 있으며, 배제될 수 없다. 고대인들은 이런 것을 아마도 스스로 알지 못했을 것이다. 사실 그렇게 덮인 채 핵심 속에 들어 있는 것, 그것은 상징학자들이 풀어내어야 한다.

[지면이] 비어 있음Deest nihil[85] 《28》

가장 중요한 점은, 참다운 주관성이 시작되자마자 상징적인 것이 사라진다는 것이다. 참다운 주관은 오직 자신만 표명한다. 그리고 그것이 행하는 것은 자신의 내적인 것이다. 그러므로 주관성과 더불어 상징적인 것이 중단된다. 의미는 자유로운 주관이며, 주관이 행하는 것은 그의 정신적인 자유와 자립성에 적절하다. 하지만 어려운 점은 이런 점이다. 주관으로서 표현되는 것이 얼마만큼 현실적인 주관성으로서 받아들여질 수 있는가, 또는 그것이 자신의 표면적인 의인화일 뿐인가이다. 그와 동일한 형태화들이 취해질 수 있는 곳에서는 주관적인 것이 하나의 표면적인 형식이며, 그리고 외화 또는 행위는 확실히, 또 다른 내적인 것이 된다. 하지만 우리의 관심과 관련해서는, 즉자적으로 상징적이거나 그렇게 받아들여져야만 하는 것은 우리와 아무 상관이 없다. 왜냐하면 그 자체로서의 [원래 의미의] 상징적인 것은 다음과 같은 것이기 때문이다. 즉, 비록 대자적으로[자신에 대해] 분명하게 정립되어 있지는 않을지라도 추상적인 의미가 이미 추출되어 있을 것이어서 그 의미가 스스로 자체를 고시하는 그런 것, 추상적 의미가 그것이 표현되어 있는 그대로 직접적으로 받아들여질 수 없고 오히려 어떤 다른 의미 속에서 받아들여질 수 있는 그런 것이기 때문이다. 사람들은 그리스 신들의 행위들에 만족할 수 있다. 그리스 신들은 대자적으로 있는 그대로 충분히 관심을 끈다. 하지만 즉자적인 것[있는 그대로의 것]이 그들에게 있어서는 상징적으로 취해질 수 없는지의 물음이 생길 수 있다. 상징적인 설명에 있어서는 예술형식이 문제가 아니다. 주관적 형태가 현상했다면, 그것은 자신에게 알맞은 하나의 형태를 스스로에게 부여했을 것이다. 그러면 그 형태는 더 이상 상징적이지 않고, 오히려 그것의 내면에 상응한다.

이제 상징적인 것의 형식들과 형태화들이 중요하며, 다음의 사실, 즉 어느 하나의 자연적인 것이 그것의 특수한 자연성에서 유효하지 않고 자체 내에 하나의 의미를 가져야 한다면, 이에 따라 그런 자연적인 것 속에 직접적으로 표명되어 있다는 것이 중요하다. 고전적 예술에 관해, 즉 이 예술이 상징적이 아니라는 것에 대해서는 나중에 말할 것이다. 예를 들면 인간의 관상, 여기에서 사람들은 그것이 정신의 형태화라는 것을 보게 된다. 인간의 관상은 속에 깃들어 있는 정신적인 것을 표상한다. 상징적인 것은 그러한 한, 전예술^{前藝術}이지 아직 그 참다움에서의 예술이 아니다. ⟪28a⟫ 그리고 이 예술의 노력과 목적은 주관적인 것, 정신적인 것이 자유롭게 되며 스스로 형태화하는 것, 그것이 스스로 자체를 표상하는 것이다.

상징적인 것의 범위는 감각적인 것과 정신적인 것과의 투쟁이다. 그리고 여러 단계들은 상징적인 것의 방식들이라기보다는 상징적인 것과 정신적인 것과의 투쟁, 이 영역에서 아직 참되이 달성하지 못한 형태화의 시도들이다. 이 단계들은 다음의 방법으로 이해될 수 있다. 그 한 단계는 내적인 사상과 현존재의 전적으로 실체적인 통일이다. 두 번째는 상징으로의 이행, 구분의 시작이며, 내적인 것이 자신의 참다운 규정 및 이와 더불어 자신의 참된 형태를 획득하려는 시도이다. 세 번째는 본래 상징적인 것이다. 여기에는 사람들이 본래적 또는 더 자세한 의미에서 예술작품이라고 부르는, 그와 같은 것이 들어온다. 즉, 다른 어떤 것이 그 속에 동시에 표명되어 있는 형태이다. 네 번째는 양 측면이 서로에 대해 자유로워짐이다. 또는 정신적인 것이 자신의 주관적 의미 속에서 자유로워져서, 감각적인 것이 부정적인 것으로서, 단지 정신적인 것에 봉사하는 것으로만 현상한다. 추상적인 방식이겠지만 이것이 상징적인 것의 범위의 네 가지 형식들이다. 나는 이와 같은 형식이 월등하며 지배적이었던 민족들을 거명하고자 한다. 한편으로 이런 형식들이 민족들을 들여다보는 것인 한, 바로 이 형식들은 특정 민족들의 종교적 방식들이다. 여기에 덧붙여지는 것은, 이 형식들은 그런 다음 무릇 예술의 주된 계기들이 되며, 더 고차적인 이후의 예술 속에도 여전히 나타나지만 부수적인 방식으로 나타난다는 것이다.

사고의 실체적 형식으로서의 실체적인 통일성은 고대인들에게 있어서 지배적인 것이었다. 이런 혼란에는 인도적 직관 일반이 속한다. 그 자체로서의 상징에는 이집트 예술작품들을 특징짓는 것이 있다. 이집트 예술작품들은 자연의 실존에서부터 직접적으로 받아들여져 있지 않고, 오히려 변형되어 있으며 내용에 적절하게 만들어져 있다. 《29》 하지만 이 작품들은 아직 참되지 않다. 오히려 이 작품들은 그것을 과제로 설정하고, 내적인 것을 계속 지시하며 이를 완전히 또는 불완전하게 표출한다. 네 번째 것은 정신적인 것이 자유로워짐에 관계되는데, 여기서 감각적인 것은 단지 봉사하는 것 일반으로 나타날 뿐, 내적인 것이 그것에서 스스로 표명되는 형태로는 아직 나아가지 않는다. 이 네 번째 것에서 우리가 고찰해야 할 것은 세 가지 형식이다.

그 하나의 관계는 정신적인 것이 대자적으로 내세워져 있어서 감각적인 현존재가 사고의 이런 방식에 봉사하는 그런 관계이다. 여기에는 고전적 숭고함이 본래적이다. 유대적 직관에는 이런 형식이 압도적인데, 의미가 의식된 것으로서 나타난다. 두 번째는 오리엔트 범신론이다. 그것은 이념, 즉 무한히 많은 개별들 속에 스스로를 나타내는 것으로 파악되어 있는 실체이다. 그래서 보편자는 이런 자연형태화의 실체, 영혼, 언명이 될 것이다. 여기에는 그러니까 긍정적인 관계가 들어온다. 세 번째는 서로에 대해 양 측면, 즉 의미하는 것과 그것의 감각적인 방식의 완전한 자유로움이 언급될 수 있다. 의미와 이것이 표현되는 것과의 관계[69]는 시인의 주관적 관계가 된다. 내용은 대자적으로 있으며 다른 감각적 현존물도 즉시 대자적으로 타당하다. 그리고 이런 것은 [시인의 주관 속에서] 서로 연관될 뿐이어서 위트^{Witz}가 된다. 우리는 이 세 번째에서 본래적인 상징의 소멸을 보게 되는데, 여기에는 우화^{Fabel}, 비유들^{Vergleichungen}, 심상^{心像, Bild}들이 속한다.

1. 배화교적 직관

첫 번째 방식은 그러니까, 본질적으로 배화교적 직관 속에 있는 것, 말

---

69 원문의 Bedeutung을 문맥에 맞게 Beziehung으로 수정하여 옮김.

하자면 실존 또는 자연적 방식과 내적인 것의 직접적인 통일성이다. 그래서 우리는 이 내적인 것을 절대로 의미라고 부를 수 없다. 왜냐하면 양자는 직접적인 통일에서 직관되기 때문이다. 여기가 시작인데, 여기에는 그 자체로서의 상징적인 것이 아직 현존하지 않는다. 우리는 빛, 그리고 이와 더불어 불꽃, 《29a》 불 일반이 보편적인 본질로서 숭배되었다는 것을 알고 있다.[86] 이 빛은 선善이다. 하지만 사람들은 그것이 신의 상징이거나 이를 의미한다고 말할 수 없다. 빛은 신, 신적인 본질 일반이다. 이것은 범속한 추상물이며, 오르무츠드[70]로 의인화된다. 이 빛은 그러니까 실체적인 본질이며, 태양, 천체, 불꽃으로서, 그리고 다양한 방식으로 현존한다. 물론 또한 모든 식물들, 인간들도 빛이다. 그것들 내의 실재적인 것, 선인 것은 빛으로서 유효하다. 이것은 보편자이다.[87] 정신적인 것과 자연적인 것의 이런 통일성은 여전히 매우 실체적으로 머물러 있다. 그리고 구분들은 외적인 것과 자신의 관계에서의 내적인 것의 구분과 관련이 없다.[88] 이렇게 빛은 오르무츠드로 의인화되어 있다. 이 오르무츠드는 유대인의 신과 기독교의 신처럼 자유로운 주체가 아니다. 오르무츠드는 판정자, 정의로운 자, 선이지만, 그의 감각적인 실존과 분리되어 있지 않다. 별들은 그런 거대하고 특별한 빛들이다. 일곱 개의 별은 최초의 정

모든 것에서의 소생, 실체적인 것

신들, 왕들이다. 각 별은 그것의 작용방식과 선행善行이 지배적인 자신의 날들을 가진다. 이런 빛 세계는 오르무츠드의 왕국으로 표상되는데, 여기서 그는 최초의 존재이다. 그리고 전체 세계는 하나의 빛 세계이며, 번성함, 성장함으로서의

---

70 Ormuzd. 아후라 마즈다(Ahura Mazdah)와 동일. 어둠에서 벗어난 자로 빛과 선의 화신이며, 파르시교 혹은 조로아스터교의 최고신.

모든 생은 빛이다. 빛은 실로 모든 선들, 힘, 진리, 지복을 자기 속에 품고 있다. 개별적인 것의, 인간 생 일반의 규정은 빛을 찬미하는 것이다. 인간은 선을 사랑해야 하며, 빛의 왕국을 확장해야 한다. 빛 또는 생의 왕국이 확장되기 위해 인간은 빛으로서 자기 자신 곁에 그의 가축을 돌봐야 하며, 땅을 일구어야 한다. 이와 꼭 같이 태양, 천체가 배화교도들로부터 신격화된다. 하지만 형태들이 아니라 광휘가 숭배된다. 이것은 즉자적인 보편자와 자연적인 것의 통일성이다. 자연적인 것은 빛이며, 자신의 본성에 따라 그 자체로 보편적인 것을 가지고 있다. 빛은 그 자체에서 형상화되지 않으며, 하나의 물리적인 실존이다. 인도인들은 이런 직관에서 훨씬 멀리 나아갔다. 태양에 대한 그들의 기도들은 《30》 전적으로 배화교적 직관에 상응한다. 이런 직관을 예술로 여길 수 있을까? 우리는 그것을 예술작품으로도, 시로도 간주할 수 없다. 우리는 그것을 결코 상징적인 것으로 타당시할 수 없다.

자연적인 것과 정신적인 것의 이런 통일과 함께, 정신적인 것의 그런 감각화와 함께 이미 예술이 시작되었다. 이것은 거대한, 그리고 숭고한 표상방식이다. 왜냐하면 감각적인 것이 순수한, 기초요소적인 빛이기 때문이다. 우상들에 반대되는 것으로 여겨진, 자신의 순수성 속에 있는 빛인 감각적 표현은 빛의 내용, 즉 선 일반에 적절하며, 한층 더 숭고하다. 그것은 판타지이며, 정신에 의해 고양된 직관, 보편성을 띠고 있는 직관이다. 우리는 그것을 시라고 부를 수 있으나, 단지 전적으로 가장 낮은 방식의 것이라고 말할 수 있다. [그래서 엄밀히 본다면,] 우리는 그것을 예술작품, 또는 시라고 부를 수 없다. 왜냐하면 그 선은 자체 내 규정되어 있지도 않으며, 마찬가지로 감각적 방식, 즉 빛이 정신에 의해 산출되어 있지 않고 오히려 직접적으로 감각적인 기초요소들의 자연적 직관이지, 정신에 적합하도록 그렇게 정신에 의해 형식화되어 있지 않기 때문이다. 이런 직관은 아직 상징적이라고 불릴 수 없다. 빛은 모든 것을 포괄하는 것이며, 그러한 한에서 생, 특수한 자연형태화들의 힘이어야 한다. 그리고 이와 관계되는 것은, 특수한 자연형태화들이 보편적 형태화들 또는 종種, Gattung들로 총괄되며, 그것들의 직접적인 개별성에 놓이지 않는다는 것이다. 빛은 그러니까 보편적 힘이다. 물론 불과 불꽃은 이미 즉자적인 빛보다 더 감각적인 방식이다. 바이람 불Beiramfeuer은 종種이며, 본질적인 불이다.[71] 거기에는 아주 보편적인 물, 즉 모든 자레Zare(물)의 자레, 물이 나타나는데, 이 물은 엘부르즈[72]에서 솟아나는 물이다. 불멸의 물이 솟아나는 (홈Hom이라는 원초나무도 그러하다) 이런 것은 단지 보편적인 표상이다. 배화교적 표상 속에는 오르무즈드왕의 총아인 셈시드[73]왕이 있는데, 《30a》 그는 땅을 자신의 황금판으로써 쪼갰다. 그리고 이것은 경작에 대해 상징적인 것이다.[89] 이런 것은 특수한 상들에 의해 감각화되는 보편적인 표상들이다. 전체적으로 보편적인 것과 감각적인 것은 직접적인 것으로서 동일하게 정립되어 있다. 이것이 보편적 표상 속의 감각적인 다수성이 이루는 첫 번째 숭고함이다.

---

71 바이람(Kurban Bayram). 매년 8-9월(이슬람력 12월 10일부터 4일간)에 열리는 종교축제. 아브라함이 아들 이삭을 신에게 바치려 했던 신앙심을 기념하는 날. 결국 이삭 대신 동물이 제물로 바쳐져서 희생절이라고도 함.

72 Albortsch/Alborz. 이란 북부에 위치한 산맥.

73 Schemschid. 잠시드라고도 함. 페르시아 신화에서 가장 숭배되는 왕. 절대악을 굴복시켜 말로서 타고 다녔던 왕 타무라스의 아들. 오르무즈드의 도움으로 세계를 평화롭게 다스린 자.

148

2. 인도적 직관

두 번째는 이러한 통일성이 생기려고 들끓음^{Gärung}, 즉 내적인 의미와 그것의 감각적 현존재 간의 구분 일반이 시작하는 것이다. 우리는 이런 들끓음을 민족의 한 총괄적 직관의 방식에서 볼 수 있는데, 그것은 인도적 직관이다. 들끓음은 구분을 획득하고 이를 다시 통일하고자 노력하는데, 이것은 불완전한 것으로서 표시될 수 있다. 특성적인 것은 그 속에 있는 모순이다. 이 모순은 기초요소들의 참다운 통일에 유용할 그런 것이다. 직접적으로 개별적인 사물들은 다음의 것들이다. 즉, 그것들에 하나의 의미가 주어지는 사물들, 그것에 표상들 또는 보편적 표상이 연결되는 사물들, 그러나 그러함에 있어 표상되거나 의미된 바가 그것에 적합하지 않은 그런 사물들이다. 자신에게 매우 부적합한 것으로 확장되는 형태는 감각적 대상의 가장 범속한 산문이다. 그리고 도리어 보편적인 것은 대자적으로 파악되어 있는 것처럼 보일 때 가장 범속한 현재 속으로 추락할 뿐이다. 한편으로는 보편적인 것, 다른 한편으로는 형태의 규정성. 이것이 들끓음의 특성이다. 우리는 예술의 양兩 기초요소들을 갖지만, 이 요소들은 불완전한 방식으로 통일되어 있어서 예술의 미보다는 과정, 괴물 같은 것을 산출한다. 우리는 그러니까 거친 판타지의 바탕 위에 있는 것이다.

a. 주관적 형태

주요 계기들: 형태, 하나의 주관적 형태. 거기서[이 계기들에서] 우리는 인도인들에게서 어마어마한 내용으로까지 펼쳐지고 늘어져 있는 갖가지 형태들을 발견하게 된다. 예를 들면, 그들이 소, 게다가 또한 원숭이

인간을 《31》 신적인 것으로 숭배하는 것이다. 원숭이 제후 하누만[74]은 『라마야나*Ramayana*』[90]에서 라마[75]의 한 친구이며, 라마를 그의 원숭이 군단들과 함께 조력한다. 1,000마리의 많은 원숭이들이 시내에 거주하며, 몇몇은 훌륭한 봉급을 받는 1,000명의 사제를 거느린다. 또한 가족의 우두머리는 숭앙되며, 신적이다.[91] 거기에서는 그러니까 개별적인 개인도, 살아 있는 감각적인 것도 숭배되는데, 이것은 상징적이지 않다. 신성한 것으로 경배되는 것은 개별적인 소가 아니다. 그것은 무엇보다도 소의 형상이다. 시들 속에서도 소는 어마어마한 내용과 위력을 지니고 나타난다.[92] 『라마야나』 제1권, 51-55장에는 라마와 그의 형제 르마나[76]가 비슈바미트라[77]의 지도 아래 한 현자[78]에게 간다는 것이 나온다. 비슈바미트라는 왕자들의 스승으로 출현한다. 현자는 라마에게 비슈바미트라왕의 이야기를 해 준다. 비슈바미트라와 군대는 한 현자(우시슈타/바시슈타)의 은신암자로 온다(이 암자는 꽃, 아름다운 문설주들로 장식되어 있다. 평화스러운 동물들과 새 떼들이 그의 주변에 거처한다). 이런 빛나는 묘사는 인도 시들에서 탁월하다. 이 현자에 대해 전해지는 얘기는 그가 물을 먹고 살며, 스스로 굴복했던 다른 현자들이 그를 숭배한다는 것이다. 발데키아[79] 현

---

74 Hanuman. 원숭이 모습의 종족인 바나라족의 우두머리. 몸의 크기를 자유자재로 변하게 할 수 있고 마음대로 뛰고 날 수 있는 재주를 가짐.

75 Ramah, 힌두어: Rama. 인도 신화에서 비슈누신의 7번째 화신. 『라마야나』의 주인공으로 코살라 왕국 다사라타왕의 첫째 왕비의 맏아들.

76 Lmana. 락쉬마나(Lakshmana)라고도 함. 라마의 동생. 사우미트라(Saumitra)로도 알려져 있음.

77 Wischwamitra, 힌두어: Vishvamitra. 카우쉬카왕으로 라마의 스승. 우시슈타(바시슈타)와 암소 샤발라를 두고 전투를 일으켜 망한 후 혹독한 고행을 통해 브라만이 되어 비슈바미트라로 불림.

78 쟈나카 사제장인 사다난다(Sadananda)로 추정됨.

79 Baldekiah, 힌두어: Balukhilya.

150

자들이[93] 그러한데, 엄지손가락 하나의 크기이며, 수가 6만 명이다. 그 다음 다른 성스러운 자들은 브라만의 손톱들에서 생겨난 자들이다. 이 와 같은 이야기들 속에 상징적인 어떤 것이 숨겨져 있어야 한다면, 거기 서 그 상징적인 것은 잘못된 형태화이다. 그 비슈바미트라는 언급된 일 화의 계속된 과정에서 우시슈타[80]에게 갔고, 그리고 우시슈타는 암소[샤 발라]를 가지고 있다. 이 암소는 '밝아진 것', 그와 같은 내면성으로서 직 관된다. 그 현자는 비슈바미트라가 누구인지, 이자가 우시슈타[바시슈타] 에게 왔던 강력한 왕이었음을 라마에게 얘기해 준다. 비슈바미트라가 암 소를 잡아 쥐자, 우시슈타가 암소를 소리쳐 불렀다고 한다.[81] 비슈바미트 라는 그 암소를 보석이라고 칭했다. 그리고 그는 우시슈타에게 그 암소 의 대가로 소 10만 마리를 주고자 했다. 비슈바미트라는 다음과 같이 외 친다. "오, 두 번 탄생한 자여, 응당 나의 것인 샤발라Shabala라는 이름의 소를 나에게 달라"(바라문[82]은 두 번 탄생한 자). 비슈바미트라는 우시슈타 에게 더구나 황금 마차와 장비를 갖춘 만 명의 신과 반점 있는 새끼 동물 10만 마리를 제공한다. 하지만 현자는 여전히 그것을 거절한다. 이제 비 슈바미트라는 폭력을 행사하며 우시슈타에게서 암소를 빼앗는다. 하지 만 암소는 비슈바미트라에게서 달아나 우시슈타에게로 되돌아간다. 그 러고서 우시슈타와 암소는 다정하게 서로 탓한다. 암소는 왕들의 힘이 바라문들의 힘보다 더 크지 않다고 대꾸한다. 《31a》 이 소 샤발라는 비슈

---

80 Uschischta, 힌두어: Vashishta. 현자 이름. 신의 정신에서 태어난 현자.

81 신화에서 우시슈타가 샤발라라는 천상의 암소(난다니로도 나옴)에게 손님을 대접하라고 청하자 암소가 몸을 떨어 진수성찬을 차려 냄. 그러자 비슈바미트라가 이 암소를 갖기를 원함.

82 Brahminen. 브라만(Brahman). 인도 카스트 제도에서 가장 높은 지위인 승려 계급.

바미트라의 약탈에 복수하고자 하는 바시슈타[우시슈태]에게 100명의 팔라바[83]의 군단, 즉 페르시아 왕들을 창출해 준다. 비슈바미트라왕은 그의 갖가지 화살로 왕 100명을 죽였다. 소는 샤카[94]와 야바나스[95]를 산출하는데, 이들에 의해 비슈바미트라 군대가 추방된다. 하지만 비슈바미트라는 그의 민족들을 불러서 이들을 다시 격퇴한다. "오 암소여, 더 많은 소들을 낳아라"라고 비슈바미트라가 [도발적으로] 외친다. 암소는 이에 따라 캄보저[Kambojer]를 산출한다(이들은 킴브리쉬[84] 민족을 상기시킨다). 그리고 이들에 의해 비슈바미트라의 군단이 무력화된다. 사실 우시슈타[바시슈태는 그의 배꼽에서 나오는 한 번의 타격으로써 그들 모두를 폐망시킨다. 이런 것은 나쁜 승부, 나쁜 판타지이지, 상징이 아니다. — 인간들이 신들로 확장되어 현상하는 것은 널리 확산된 표상이다. 비슈누[85]는 특히 그와 같은 하나의 인격이며, 라마도 마찬가지이다. 아울러 이런 보통의 인간 실존은 대단히 신적인 산출이다.

b. 원초적 자연대상들을 의인화하기

두 번째 형식은 원초적인 자연대상들이 신, 신적 자연으로서 의인화된다는 것이다. 이것은 다시 [그리스 신화와] 동일한 것이다. 우리는 그리스인들에 관해, 그들이 폰투스[Pontus, [96]] 나무요정들[Dryaden, [97]] 태양, 그러니까 그와 같은 자연대상들을 의인화한다는 것을 알고 있다. 거기서 하나

---

83 Pahlava. 275-897년에 남인도 지역을 지배했던 고전기 인도의 왕국.
84 kimbrisch. 게르만족의 일파. B.C. 113년에 유틀란트반도에서 형성, B.C. 101년 이탈리아에 침입했다가 로마 장군 마리우스에게 패함.
85 Wischnu, 힌두어: Vishnu. 힌두교에서 태양의 빛을 신격화한 신. 우주를 유지하고 보존하며, 세상의 질서이자 정의인 다르마를 보호하는 자비로운 신.

는 형태, 즉 인간 형태이며, 다른 하나는 의미이다. 이것은 정신적인 것이 아니라 자연적 대상이며, 의미하는 것은 주관적인 것이다. 인도인들에게서는 내적인 것이 자연적 대상이다. 하지만 그리스인의 이런 더 고차적 신화에 있어서는 의인화가 진정으로 주관적인, 정신적인 것이 된다. 그리고 나서는 자연적 의미가 물러난다. 일종의 그런 방식[인도인들의 방식]에서는 의인화가 주관적 형태인 것에 이르지 않고, 오히려 그로테스크한, 거친 어떤 것, 순전한 자연과 인격적인 것의 혼합적인 어떤 것으로 머물 뿐이다. 이런 방식에 대해서는 인도적인 것 속에 많은 예들이 나타난다. 그와 같은 하나는 마찬가지로 『라마야나』에 나오는 강가[86] 또는 갠지스강의 이야기, 강가의 출생 이야기이다. 이 장章에는 [이 이야기에 대한] 슐레겔의 과장됨이[98] 일부 완화되어 있다. 주요 표상은 산맥의 지배자인 위대한 히무드[87]에게 딸이 있었다는 것이다. 《32》 딸의 어머니는 메나Mena인데, 그녀에게서 제일 맏이인 딸로서 강가가 태어났고, 둘째 딸은 우마Uma라고 한다. 마찬가지로 등장하는 인드라[88]는 가시적인 천상의 신이다. (한 영국인이 어느 브라만에게 그들이 얼마나 많은 신들을 가지고 있는지를 물었더니, 그는 333,000명이라고 답했다.)

신들은 히무드[히마바트]에게 강가를 자신들에게 주기를 부탁했다. 그런 다음 강인한 사물들의 훈련[99]에서 낙오했던 우마에 관한 계속된 이야기가 나온다. 루드라Rudra[시바Shiva][100]는 우마와 혼인했으며, 그는 그녀를 본 후에 100년 동안 그녀의 팔에서 지냈다고 한다. 그리고 그때, 그녀

---

86 Ganga. 힌두교에서 갠지스강을 의인화한 신.
87 Himud. 히마바트(Himavat). 히말라야산의 의인화, 히말라야 왕국의 지배자.
88 Indra. 인도 고대신화 속의 전쟁의 신. 아리아인들의 수호신으로, 천둥과 번개, 비를 다루는 신.

에게서 태어난 것은 신들이 경악할 만큼 무섭게 되었다고 한다.[89] 우마는 그것에 불만스러워하며 저주들을 분출한다. 그것들은 순전히 감각적인 대상들이며, 우리의 감각들과 표상들에 거슬리는 일그러진 것이다.

c. 형상으로 나타난 사고

세 번째 형식은 본래적인 상징이다. 이것은 사고思考, 보편적 관계가 형태화되어 있되, 그 형태가 하나의 형상으로 나타나 있는 것이다. 인도인들에게 있어 가장 보편적인 관계는 발생, 생성 일반이다. 이런 발생은 주로 시바[90]에 귀속된다. 그러함에 있어 주목할 것은, 이런 내용이 판타지에서 발원했을 형태에 의해 형상화되어 있는 것이 아니라, 그 형상이 언제나 자연으로 산출된 형상들에서 취해져 있다는 것이다. 이것은 그런 감각적 표상의 표현에서 괴물 같은 것 내로까지 나아간다. 사람들은 시바와 그다음, 가장 안쪽 사원에 있는 황소, 연꽃, 이런 형상들에 낯익다면, 다량의 인도적 표상들을 감득하게 될 것이다.

d. 순수한 사고의 출현

네 번째 규정은, 순수한 사고 자체, 그러니까 그 자체로서 내적인 것의 원리가 인도인들에게서 또한 확실히 출현한다는 규정이다. 이 순수한 사고는 브루마Bruma[내지 브라마Brahma][91]라고 한다. 이런 추상물 자체

---

89 시바와 우마 사이에서 두 아들, 6개의 머리를 가진 스칸다와 코끼리 머리를 가진 가네샤가 탄생함.

90 Schiwa, 힌두어: Shiva. 인도의 파괴와 생식의 신. 루드라가 그 원형임.

91 범천(梵天). 우파니샤드 사상의 최고 원리인 브라만을 신격화한 것. 불교시대에는 브라마가 우주의 알을 두 개로 갈라서 하늘과 땅을 창조한 것으로 전해져 오기도 함.

는 그 자체로 다시 강조되어 있지 않고 곧바로 자연적인 실존의[101] 방식으로 타락한다. 브루마는 추상적 원리이며, 세계의 주인이다. 《32a》 여호와Jehova, 세계의 주인은 사고에 대해서만 있으며, 이 일자一者는 보편적인 위력이다. 인도인들에게 있어서는 이 추상적 일자가 감각적인 것과 자연적인 것으로부터 분리되어 있지 않다. 오히려 브루마는 범속하고 자연적인, 감각적인 것이다. 최고의 것은 일자 일반인데, 이 일자가 브루마 또는 브라마이다. ― 인도인들에게는 유대인들에게서 유일신인 것과 동일한 것이다. 각 바라문은 브루마 자체로 간주되는데, 바라문은 두 번의 탄생을 가리킨다. 즉, 1) 자연적 탄생, 2) 정신 속에서 인간의 재탄생이다. 각 바라문은 브라마의 직접적인 실존으로 간주된다. 마찬가지로 이 내적인 것은, 바라문들은 아니지만 자기 내 이런 집중을 불러오는 것들 속에 현재적으로 실존하는 것으로서 있다. 비슈바미트라는 비록 바라문으로 태어나지 못했지만, 바라문이 되고 싶다는 소원을 밝혔다. 바시슈타에게 굴욕당하고 바라문들의 위력이 얼마나 위대한지를 경험했을 때 그는 1,000년 동안 순수한 기도에 몸을 바쳤으나, 마지막에 그에게 브라마가 현현해서 그가 아직 바라문이 아니라고 말했다고 한다. 그때 그는 기도를 새로이 시도했고, 10,000년간이나 기도하였다. 하지만 인드라가 비슈바미트라를 유혹한다. 자신과 바라문들이 그를 두려워했기 때문이다. 그들은 비슈바미트라에게 아름다운 아가씨 두 명을 보내어 20년의 시간을 소모하도록 했다. 하지만 이 시간이 지난 후에도 그는 죽지 않고 다시 개종하며 천상에 한 왕을 데리고 온다. 마침내 브루마가 그에게 와서 그가 바라문의 존엄스러운 가치가 있다고 선포한다. 이런 인도적인 것 속에서는 정신적인 것이 대자적으로 자립적이지 않게 되며, 감각적인 것 속에 부착된 채 머물러 있다. 그리고 감각적인 것도 이로 인해 어떤 참다운 형태도 받아들일 수 없다. 이 영역은 아직 상징적인 것의 영역이 아니며, 미의 영역도 아니다. 이런 기괴한 것은 아름답지 않다. 인도적인 것 내에는 비록 다섯 가지 섬세한 ⁽³³⁾ 감각들이 나타나지만, 더 고차적 분야, 신화적인 것이 현존하지 않으며, 자연적인 것은 정신적인 내용에 적절하지 않은 채로 있다.

이런 [상징적인] 것에는 다음의 것, 즉 자연적인 것이 상징적인 것이 되는 것, 내면적인 것이 자연적인 것으로부터 자유롭게 되는 것, 정신적인 것이 대자적으로 자유롭게 되는 것이 속한다. 자연적인 것의 죽음. 이를 통해서야 비로소 영혼은 대자적이며, 바로 이를 통해서 의미가 생성되고, 의미는 참답다. 우리는 죽음 또는 부정적인 것의 이런 계기가 국민들의 의식 속에도 드러나 있는 것을 직접 보는데, 그렇듯 죽음은 삶 속에 있는 이행의 자연적 계기이다. 우리는 시리아 민족들에게서 아도니스[92]의 죽음과 아도니스에 대한 아프로디테[93]의 애도를 발견한다.[102] 이것은 종교적 직관 내의 탁월한 계기이다. 이 축제는 아테네에서도 열렸었다. 자연적인 것의 이런 죽음은 태양이 마치 약해져 동지[103]에 사멸하고 그런 후 그리스도 향연[부활절] 무렵에 다시 탄생한다는 특정한 자연의미도 부여했다. 하지만 다른 한편, 이런 표상은 자연적인 것을 위한 더 고차적인 계기 내에서 상징일 뿐이다. 의미는 부정적인 것을 매개로 하여 비로

---

92 Adonis. 키프로스의 왕 키니라스와 그의 딸 스미르나(혹은 미르나) 사이 불륜으로 태어난 아름다운 청년. 그를 몰래 키워 준 아프로디테와 페르세포네의 사랑을 받았으나, 멧돼지 사냥에서 죽게 됨.

93 Aphrodite. 그리스 신화 속의 미의 여신. 대장장이 신 헤파이스토스의 아내이지만 사냥의 신 아도니스와 불륜 관계를 맺음.

소 자유롭게 될 수 있으며, 자연적인 것과 보편적인 것, 양자의 통합들은 아직 상징적인 것이 아니다. 상징적인 것에 대한 예는 이집트 세계이며, 이 이집트인들은 상징적인 것의 민족이었다.

3. 이집트적 직관: 그 자체로서의 상징

이집트인들에게서 주목할 만한 것은 그들이 죽음을 [육체가] 고정된 것으로 여겼고, 그리고 동시에 자립적인 것으로서 고찰했다는 것이다. 헤로도토스[94]는 이집트인들에 관해, 이들은 영혼들(정신적인 것, 즉 자연적인 것으로부터 자유로운 대자적이고 정신적인 것)이 불멸적일 것으로 생각한 최초의 사람이었다고 말한다.[104] 우리는 그들이 죽은 것들(인간과 동물들)을 방부 처리하고 숭배했다는 것에서도 그런 것을 본다. 죽음은 그들에게 있어서 아민테스[95]의 왕국으로까지, 죽은 자의 왕국으로까지 확장되었다. 그리고 이 비가시적인 왕국의 주인과 판정자는 오시리스[96]이다. 우리는 그들에게서 지상과 지하의 이중적 건축을 보게 된다. «33a» 특히 왕의 무덤은 (마지막 방에 관이 놓인, 작은 방들이 있는) 통로들인데, 30분이나 걸린다. 이 지하의 내밀한 구축들은 지상에 위치한 것과 꼭 같이 놀라움에 빠트린다. 피라미드가 여기서 언급될 수 있는데, 몇 년 전에 피라미드들이

---

94 Herodotos, B.C. 484-B.C. 425. 소아시아 카리아 출생. 페르시아 전쟁사를 다룬 『역사 (Historiae)』를 집필. 키케로가 역사의 아버지라고 부름.

95 Amenthes. 죽은 사람의 영혼이 머무는 사후세계. 고대 이집트어로는 듀아트(Duat)라고 함.

96 Osiris. 이집트어로 우시르(Usire)라고 함. 나일홍수의 신. 죽은 자들의 신으로 숭배됨. 땅의 신 게브(Geb)와 하늘의 신 누트(Nut)의 아들. 누이동생 이시스(Isis)와 혼인하였으며, 호루스의 부친. 남동생 세트(Seth)에게 살해됨.

개방되었다. 그것이 왕을 위한 무덤이었다는 것은 의심의 여지가 없다. 말하자면 그것은 내적인 것을 자체 내 품고 있으며, 다른 어떤 것을 자체 속에 감추고 있음을 암시하는 외적인 형상들이다. 이집트적인 것 속에서는 모든 것이 상징이다. 하지만 내면성은 상징적이기 때문에, 아직 자신에게 참다운 형태를 스스로 부여할 정도로 멀리 나아가지 못했다. 형태는 만들어진 것일 뿐이다. 내면성이 자유롭게 되는 곳에서 비로소, 내적인 것에서, 정신에서 나온 형태를 이 내면성에 부여하고자 하는 예술의 충동이 등장한다. 내적인 것을 형태화하고 이것에 의식적이 되려는 이집트인의 충동은 이집트인들의 보편적인 본능이었다. 그들은 최대로 넓은 면적에 자신들의 지반을 개조하였고, 그 안과 위에 가장 큰 구조물들을 만들었다. 이 구조물들은 그와 같은 기념물들을 달성하려 한 제후들의 업적들이기도 하다. 사람들이 직관, 형식을 배우고자 한다면, 이집트적인 것을 주시해야만 할 것이다. 여기에는 그 자체로서의 상징과 그들의 예술에 대한 최고의 의식이 있다. 이집트적 세계관은 우리에게 그와 같은 상징적인 판타지의 예를 제공한다. 우리는 동물적인 것이 가장 다양한 방식으로 표현된 것을 보게 된다. 하지만 이 방식에서 동물적인 것은 가면으로서 사용되어 있고,⁽³⁴⁾ 거기서 동물적인 것은 가장 소박하게 상징으로서 사용되어 있다. 동물적인 형태화들은 동시에 매우 흔히 한갓된 가면들이기도 하다. 그래서 사람들은 조각작품들에서 그 작품들이 단순히 가면들로 덮여 있음을 식별할 수 있다. 방부보존은 흔히 나타나는 표현이다. 이것에 종사하는 사제들, 그런 방부 처리되어 보존된 동물들에게 그와 같은 가면이 덮이는데, 이로써 무언가 의미 있음을 나타내기 위해서이다. 의미를 지녔으나, 표상하는 것을 직접적으로 표현하지 않고 다른 의미를 표현했던 형상들, 이것이 상형문자들이다. 주요 인물은 오시리스와 이시스[97]이다. 이렇듯 우리는 오시리스가 나타나는 방식에서 그가 태양을 표상한다는 것을 알게 된다. 오시리스는 [남동생 세트에게] 살해되었고, 이시스는 그의 사지四肢를 모아서 묻었다. 오시리스의 이런 죽음은 실로 태양의 직관에서 상징적인 의미를 지닌다. 이것이 상징하는 것은 태양이 북쪽으로 갈 때 약해진다는 것이다. 오시리스는 마찬가지로 나일강을[105] 의미하는데, 나일강이 불어남은 전적으로 이집트인들을 풍요롭게 하기 때문이다. 그리고 마찬가지로 나일강의 쇠퇴도 오시리스 속에 포함되어 있다. 이런 것이 오시리스의 의미인데, 일부는 자연대상으로서, 일부는 또한 변화의 과정으로서이다. 게다가 그는 농경의 원리이기도 하다. 농경지들의 분배, 특히 소유권을 통해 법칙들, 농경 자체를 지원한다. 이런 모든 것은 자신의 인륜적 자연, 합법성과 관계된 인간의 활동이다. 그렇듯 오시리스는 나아가 죽은 자의 주인, 죽은 자의 왕국에 도착한 영혼들에 대한 판정자이다. 내적인 것의 의미는 그때 한갓된 자연대상이기를 멈추며, 그럴 때 그것은 정신적인 것이 된다. 그러함에서는 상징의 소멸이 암시다. 왜냐하면 상징은 정신적인 것 그 자체가 표현되는 곳에서 소멸하기 시작하기 때문이며, 정신적인 것은 그 자체로 내적인 것, 절대적인 의미이기 때문이다. 정신적인 것이 인간 형태로 표상되는 한, 상징은 이 상징에서 직접적으로 출현하는 의미, 정신적인 것을 나타내는 참다운 의미를 가진다. ― 그런 다음 거기서 상징이 중단된다. 《34a》

상징이 천문학적인 어떤 것을 의미한다면, 변화란 정신 속의 자연적인 것이 사멸함으로써만 정신이 그 자체가 되는 것이다. 그렇듯 정신은 먼

---

[97] Isis. 오시리스의 여동생이자 아내. 혼인, 의학, 농업의 여신.

저 자연적 변화와 보편적인 자연과정의 한 방식에 대한 그와 같은 상징이다. 그런데 이 자연과정은 그런 다음 그 자체로 다시 정신적인 것에 관한 상징이 된다. 그리고 이 정신적인 것은 바로 그와 같은 이집트적인 형체들 속에서 스스로 결합된다. 태양의 성장이 내적인 의미이듯, 정신적인 것만이 상징이다. 저런 사원들은 특정한 수의 층들, 계단들을 갖추고 있기 때문에 상징물이다. 예를 들면, 보폭들은 열두 동물궁을 의미한다.

스스로 표현되지만 아직 대자적으로 자신의 실존에 이를 수 없는 상징. 상징에 한편으로는 적합하며, 다른 한편으로는 아직 그렇지 않은 형태들.

방들, 층들의 수를 통해 예를 들면 나일강이 상승하는 피트 수가 암시되어 있다. 이런 것이 상징적인 것이다. 중심점 또는 직접적으로 이집트적인 것의 상징적 본성이 표상되어 있는 곳은 스핑크스[98]이다. 사람들이 이와 연관하여 이해하는 것은 수수께끼이며, 자기 자신을 의미하는 것이 아니라 다른 의미들을 시사하는, 그리고 동시에 다른 어떤 것에 대한 이런 시사를 지니는 형태화들이다. 이런 것에 속하는 것은 직접적으로 단순히 주어져 있는 형태의 일정한 일그러짐인데, 그 형태가 인간 형태 자체가 아닐 때 그러하다. 인간의 몸에 동물 얼굴을 하고 있다면, 그것은 상징적인 것이다. 그것은 자기 자신을 표상하는 것이 아니라, 오히려 다른 어떤 것을 지시한다. 그래서 스핑크스는 수수께끼이며 풀려야 할 하나의 숙제이다. 이 숙제에는 의미들이 주어져 있지만, 내적인 것이 아직 그것 자체에 나타나 있지 않으며 외적인 것이 전혀 대자적으로 유효하지 않은 방식으로 주어져 있다.[106] 이집트인들에게 있는 스핑크스들은 어마어마한 방식으

---

98 Sphinx. 고대 오리엔트 신화 속의 괴물. 몸은 사자인데 사람 머리를 가지고 있음. 왕자의 권력을 상징. 시대에 따라 모습과 성격이 달라짐.

로 현존해 있다. 사람들은 앞발이 남성의 높이만 한, 엄청난 높이의 거대한 스핑크스들을 발견했다. 이렇게 사람들은 그와 같이 엄청난 100개의 형태들의 대열을 발견했다. 한 스핑크스는 인간 머리를 한 사자의 몸이다. 그래서 음습한[미개한] 동물적인 것에서부터 정신적인 것이 스스로 솟아나려고 애쓰고 있지만, 이 정신적인 것은 아직 자기 자신을 위한 자유로운 실존이 되지 않았고, 이런 애씀에 몰입해 있을 뿐이다. 이것이 이집트인들에게서의 상징적인 것이다. 《35》 스핑크스는 그리스인들에게 다음의 수수께끼를 부과했다고 한다. 먼저 네 발로, 그다음에 두 발로, 그런 후 세 발로 다니는 것은 무엇일까. 오이디푸스가 이 수수께끼를 풀었고, 스핑크스는 절벽에서 추락했다고 한다.[107] 그리스인들은 이집트 수수께끼를 풀었던 자들인데, 수수께끼는 내적인 것, 오롯이 자기 자신만을 의미하는 정신적인 것이다. 그래서 그리스 사원들에서 다음의 것을 읽게 된다. '인간이여, 너 자신을 알라.' 이것은 말하자면, 정신 속에 있는 인간을 인식하는 것이다. 네이트[99] 사원에는 베일을 쓴 여성 형체가 서 있었다고 하는데, 그 위에 다음의 것이 기재되어 있다. "나는 거기에 있고 거기에 있었던 것이며, 그리고 나의 베일은 어떤 필멸자도 풀지 못했다." 그리스인들은 베일을 집어 올렸고,[108] 무엇이 내적인 것인지를 드러냈다. 이처럼 그러니까 이집트적인 것 속에는 상징 일반이 가장 위대한 방식으로 있다. 이집트인들은 이미 인간 형태에 도달했으나 (정신적인 것이 감각적인 방식으로 실존한다면, 그것은 인간 형태로만 표상될 수 있다. 왜냐하면 이 형태가 정신적인 것의 참다운 형태이기 때문이다) 일부는 동물적인 것으로 혼합되어 있다. 인간 형태는 먼저 동물적인 것에서 추동되어 나

99 Neith. 니트라고도 함. 이집트 신화 속에서 싸움과 여자의 기예를 주관하는 여신.

온 형태이다. 인간 형태는 그런 다음 나아가 아직 정신의 빛을 자기 내에 갖지 않은 방식으로 표현되어 있는 채로 이집트인들에게서 나타난다. 발가락 높이가 인간의 크기인, 격식 없이 앉아 있는 형체들이 그들에게서 유명하다. 그리고 다른 형체들은 눈을 감고 발들을 붙인 채 앉아 있다. ― 이집트인들은 형태들의 자유로운 움직임을 아직 발전시키지 않았다. 그렇게 형태들은 태양을 향하고 태양광선을 통해 스스로 소리들을 내는[109] 동시에 태양광선으로부터 해방되기 위해 태양을 기다렸다. 아직 매우 태만하게 자기 속에 접합되어 있는, 그리고 의식의 빛이 그 속에 아직 그 자체로 정립되어 있지 않으며 빛이 외부로부터 겨우 그것에 도달하는 그런 매우 무절제한 형태화들이 있다. 인간 형태들은 쾌활한, 자기 내 명료한 인간을 표현할 수 있는 자유와 완성에 아직 이르지 않았다. 내적인 것을 표현하려는 충동이 거기에 있다면, 그렇다면 형태가 만들어져야만 한다. 이러한 것이 세 번째 단계와 이 영역의 중점으로서 제시되어 있는 것에 관한 것이다. 《35a》

4. 정신적인 것과 감각적인 것의 구분

네 번째는 양 측면의 붕괴 일반이다. 즉, 한편으로는 형상들로, 다른 한편으로는 신념으로 갈라져서 양 측면이 뚜렷하게 서로 구분되어 있다. 이런 견지에서의 첫 번째 단계는, 정신적인 것이 대자적으로[100] 자유로워진다는 것이다. 정신적인 것은 감각적인 것이 정신적인 것과 구분된

---

100 여기서 대자적(對自的, für sich)이란, 정신적인 것이 다른 외적인 것(자연적인 것)과의 관계를 부정하고, 그것과 상관없이 '자신에 대해서' 혹은 '자체적으로' 있는 상태를 의미함.

것일 때에만 자유로울 수 있다. 이에 덧붙여지
는 것은, 대자적으로 있는 정신적인 것이 자연
적인, 유한한 것에 대한 지배자이고, 자연적인

> 정신적인 것에는 본질적으로 인
> 격성의 그런 자유가 속한다.

것은 우발적인 것으로서, 그리고 더구나 봉사하는 것으로서 있다는 것
이다.

두 번째는 다음의 관계이다. 즉, 마찬가지로 실체, 정신적인 것, 이념이
대자적으로 실존하지만 모든 개별적인 것 속에 스스로 나타나는 것이어
서, 모든 개별적인 것들에서 그런 보편적인, 실체적인 것이 두드러지게
되는 관계이다. 자연적인 것은 여기서 봉사하는 것으로서가 아니라, 오
히려 우발적인 것으로서 있다.

세 번째 관계는 다음과 같다. 즉, 양 측면이 외적인 방식으로만 서로
통일되어 있다는 것, 의미와 형상이 시인의 주관적인 자의에 의해서만
조합되어 있다는 것이다. 첫 번째는 유대적 직관이다. 두 번째는 오리엔
트 범신론이다. 세 번째는 대상들의 갖가지 형상화를 포함한다.

a. 유대적 직관: 자연적인 것의 폄하

첫 번째 관계는 정신적인 것이 일자이자 자연적인 것 및 유한적인 것
과의 관계에서 이에 대한 위력인 신으로서 대자적으로 자유로워진다는
것, 그래서 이런 자연적, 세계적인 것이 부정적인 것으로 정립되어 있다
는 것이다. 자기 자신을 위해서가 아니라 오히려 봉사하는 것으로서만
존립하는 이런 관계는 숭고함[101]이라고 불린다. 숭고함은 어떤 독자적인

---

101 Erhabenheit는 숭고함 혹은 숭고성으로, das Erhabene는 숭고로 옮김. 숭고는 상징적 예술
형식에서 나타나는 내용과 형식의 불일치 현상을 가리키는 미적 범주임. 이는 칸트의 숭

존엄을 전제하는데, 이 존엄에서는 형태화, 외화가 본질적으로 부정적인 것으로만 규정되어 있으며, 예속된 것—그 속에서 내면적인 것이 그 자체로서 현상하지 않는—이 내적인 것에 적절한 형태를 아직 갖지 못한다. 이런 것이 본래적인 숭고함의 자리이다. 무엇일지라도 숭고한 모든 다른 것은 이런 것을 자체 내 담지하고 있다. 그것은 자유와 자립성을 가지고 있으며, 어떤 하나의 상태, 즉 이런 자립성이 그것을 넘어 고양되어 있어서 이로부터 숭고한 것이 나온 그런 상태와의 관계 속에 있다.

우리는 본래적인 숭고함을 주로 세계, 외면성과 유일신의 관계에 대한 유대적 직관 일반 속에서 만난다. 다음의 규정들이 그것과 결부되어 있다. ⁽³⁶⁾ 첫 번째 것에서는 정신적인 것이 스스로 외적인 것과 분리된다. 그래서 사람들이 다른 견지, 즉 세계가 탈신적이 된다는 것, 세계가 그 한계성에서 정립된다는 견지에서 언급했던 것이 규정성의 형식으로 하락되어 있다. 이런 특성은 여기서 무릇 일반적으로만 우리와 관계되며, 상징적인 것이 그런 것과 결부되어 있다. 히브리적인 것에서는 상징적인 것이 자연적인 방식으로 행해진다. 거기에는 인간, 규정된 개인들이 있으며, 이들은 그들의 관계들에서 이해될 수 있다. 그리고 그들이 행하는 것은 오성적인 것, 자신에게 속하는 것이다. 우리는 여기서 확고한 토대 위에 있으며, 인물들과 이들의 행위 묘사 속에서 특유의 진리를 발견한다. 그런데 이런 산문적인 분야에서 기적이 일어날 수 있다. 평상시 사람들이 사물들의 자연적인 경과라고 부르는 것이 현존하는 곳에서 기적

고 개념과 유사하지만 칸트에게서는 대상에 의해 촉발되는 모순의 감정이나 이성 이념의 무한성과 연관되는 반면, 헤겔에게서는 내용과 형식의 불일치 자체가 숭고로 규정됨. 이런 헤겔의 규정은 포스트모던의 숭고 규정과 유사하며, 그 근원이 된다고 할 수 있음.

은 그와 같은 경과의 중단인데, 신적인 것이 현상Erscheinung으로서 정립되면서 그러하다. 이집트적인 것에는 오직 기적만 있으며 거기에는 어떤 관계도 없다. 일체의 것은 모든 규정적인 것이 즉각 무규정적인 것 내로 해소되는 곳에서 분열되어 있다. 규정적인, 제한적인 것의 이런 중단, 즉 기적이라고 불리는 것이 여기에서는 그냥 발생한다. 그렇기 때문에 기적과 그와 같은 것은 바로 숭고한 어떤 것이 아니라, 오히려 그런 규정은 저와 같은 오성적인 연관 관계 속에서 그냥 현상할 수 있다. 본래의 숭고는 산문적인 것에 대한, 세계에 대한, 유한적인 것의 연관에 대한 신의 관계 속에 포함되어 있다. 이 유한적인 것은 무릇, 그것이 유한적인 것이라는 것, 그 자체 대자적으로 존립을 갖지 않는다는 것에 의해 규정되어 있다. 이런 숭고함의 모범은 저런 굉장히 많은 수의 송가들, 신의 찬양들, 구약시편들이다. 이런 것은 고전적 숭고함이며, 또한 모든 시대에 대해 모범인 산문적 저술들의 숭고함이다.[110] 예를 들면 「시편」 90, 신의 남자인 모세의 기도문이 그런 것이다. "주여, 당신은 영원히 우리의 도피처이시네" 등. 신은 인간을 죽게 하고, 다시 자신에게 부르기도 한다. 또한 「시편」 104가 이러한 것에 속한다. "빛이 생기라고 신이 말하자 빛이 생겼다."[111] 이것은 가장 위대한 숭고함의 표출이다. 이런 표출은 팔미라Palmyra의 제노비아Zenobia 왕비[112] 아래 있었던 롱기누스[102]에 의해 인용된다.[113] 이것은 자신의 유한성에 대한 인간의 의식과 결부되어 있다. 신의 그런 숭고함에는 깊은 고뇌의 감정이 결부되어 있다. 영혼의 불멸성은

---

[102] Cassius Longinus. 그리스 철학자, 수사학자. 아테네에서 철학과 수사학을 가르친 뒤 소아시아의 팔미라 여왕 제노비아의 고문으로 봉사함. 이후 로마 아우렐리우스 황제에 의해 반역죄로 사형됨.

《36a》 여기에 아직 나타나지 않는다. 왜냐하면 여기서는 인간이 정신이기 때문이다. 신의 그런 숭고함에는 허무함, 인간의 유한성에 대한 고통의 심연이 결부되어 있는데, 이런 것이 의도적인 유한성, 악인 한에서 그러하다. 거기에는 마찬가지로 영혼의 심연에서부터 나온 비통함들이 엄습하며 스며드는 방식으로 묘사되어 있다. 일반적으로 신의 노여움에 대한 두려움, 저러한 애통함, 비탄, 외침, 이런 것이 규정이다.

b. 오리엔트 범신론

두 번째 관계는 일자─者, das Eine가 그 속에서 절대적 실체로서 강조되지만 이 절대적 실체가 모든 형태화들에 대해 긍정적이고도 집중적인 관계를 갖는 그런 것이다. 여기서 유한적인 것은 정립된, 규정된 것으로 있으며, 게다가 그와 동시에 임시적인 것으로 현상한다. 실체는 특수한 형태를 넘어 외부로 제시된다. 이 형태는 시인들에 의해 포기되며, 일자는 그런 사물들을 임시적인 것들, 특수한 형태화들이 되게 정립하는 어떤 다른 형태에서 직관된다. 특수한 형태화들은 사라지지만, 사라지는 것으로서 그렇게 정립되어 있지는 않다. 숭고함의 이런 종류는 동양에 있는데, 여기서 브루마는 대자적인 일자로서 모든 형태화들 속에 머무르고 있다고 확신되며, 세계현상들의 무한한 다양성으로 스스로 변형하는 일자로서 확신된다(거기서 일자는 우리가 배화교도들에게 있어 초감각적인 것과 자연적인 것의 직접적인 통일이라고 불렀던 것과 유사성을 가진다). 브루마가 말하는 것이 거기서 인용된다. "흙, 물, 바람, 불, 공기, 정신, 오성, 자아성은 나의 여덟 가지 본질의 힘들이다. 그대는 물론 세속적인 것을 포함하며 살아 있게 하는 더 고차적인 본질을 나에게서 인식할 것이다. 나는 모든 삼라만상의 원천이며, 이와 동시에 파멸이기도 하다. 그 외에는 시바가 파괴하는 자이다. 나 외에는 어떤 더 높은 것도 더 이상 없다. 나는 유동적인 것 속의 수액이며, 성스러운 경전들 속에서는 기도이고, 공기 속의 소리이며, 땅의 힘에서 나오는 순수한 향기이자, «37» 모든 세속적인 것 속에서는 생명이며, 살아 있는 것 속에서는 사랑이다. 어떤 참다운 자연들, 그리고 또한 현상할 수도 있고 어둡기도 한 자연들은 나에게서 나온 것이다. 이것은 참다운 것, 현상할 수 있는 것, 어두운 것인 세 개의 세계들이다. 이 세 가지 고유성들의 기만을 통해 모든 세계가 현혹되어 있으나, 그런 기만도 나에게서 나온 것이다. 마이야^{Maia}는^[114] 이집트인들에게 있어서 기만이다. 진리의 세계 또한 하나의 세계일 뿐이다. 이 세 개의 세계는 기만하는 세계에서 창조되어 있다. 나를 따랐던 자들은 기만 속으로 발걸음을 내딛는다." 여기에는 실체적인 통일성이 있다. 이런 빛나는 오리엔트 범신론은 마호메트교적 동양인들에게서 본래적이다. 폰 하머¹⁰³의 파스-알리¹⁰⁴가 한 편의 시에 관해 소식을 전한다. 한 왕^{Schah}이 빈으로 선물들과 함께 사신을 보냈는데, 그 선물 가운데 한 편의 시가 주요 선물이었다. 이 시는 한 페르시아 궁중시인에게서 유래한다. 이 시인은 파스-알리라고도 하는데, 왕이 그가 자신의 의식이며, 자신을 진술한다는 점에서 그를 친히 그렇게 불렀다. 이 시는 피르다우시¹⁰⁵의 옛『왕들의 책^{Schah-Name}』¹⁰⁶이 가졌던 33,000개의 2행시와 66,000개의 압운 시행을

---

103 Joseph von Hammer-Purgstall, 1774-1856. 오스트리아 동양학자, 역사가.

104 Fath-Ali, 1771-1834. 페르시아 왕.

105 Abolghassem Mansour-ibn-Hassam Firdausi Tousi/Ferdowsi, 941-1020. 페르시아의 시인. 이란과 고대 페르시아 문명에 많은 관심을 가지고 민족서사시를 썼음.

106 *Schahnameh.* 1010년 저술. 7세기 이슬람 정복 때까지의 페르시아 신화와 역사, 왕과 왕자들의 이야기를 기록한 서사시.

가지고 있다. 이로써 동양적 시의 견지에서 일자에 대한 더 자세한 규정이 있게 된다. 지배의 관계가 그것과 연관된다.[115]

일자는 근본규정이며, 대상들은 일자가 주인으로 고시되는 그런 것의 찬미에만 이용된다. 범신론에는 대상들의 특출함이 있다. 이 대상들 속에 신적인 것이 깃듦은 외적인 장엄함으로 고양되며, 이 대상들에게 자체 생명을 부여한다. 그리고 이와 더불어 바로 대상들에 대한 고유한 관계, 주관적인 감각의 관계, 표상, 시인의 사고들이 기초되어 있다. 오리엔트 시 예술의 특성은 시인의 정신이 스스로 실체적으로, 광범위하게, 거대하게, 완전하게, 독자적으로 나타나는 어떤 보편적인 특성이다. 시인은 이런 독립성 내로, 즉 자연적 사물들과 그의 대상들과의 동일성 속으로, 긍정적인 관계 속으로 자신을 형성해 넣는다. 이러함에서부터 오리엔트에 고유한, 그런 유쾌한, 지복한 내면성의 특성이 자라난다. 서구적 (낭만적) 내면성은 감상적일지라도 한층 자기 자신 속에 집중되어 있으며, [감정에] 종속적이고 우울하며, 이기적이다. 그와 같은 탄식하는 내면성이 전체 특징을 이루는데, 이 특징은 야만인들의 민속가요들에서 본래적이다. 동양인이 고뇌하고, 불행하다면, 그것은 운명이다. 그는 자기 자신에게 확신하면서 머물며, 《37a》 비록 억압되어 있어도 그는 자신의 비탄과 탄식 속에서도 근심 없는 동일한 사람으로 머물러 있다. 양초는 스스로 잠식되면서 밝히고, 즐거워한다. 이런 웃기와 울기는 거기서 동시적이다.[116]

페르시아 꾀꼬리(Bülbül)[117]

동양인들은 장미와 수선화, 그리고 나이팅게일(밤꾀꼬리)과 많은 관계가 있다. 거기에는 비유적인 관계가 있다. 그래서 나이팅게일은 장미의 신부로 나타나는데, 이런 것은 서로에 대한 관계에서 갖는 장미의 지복至福, 감각을 제공한다.

또한 괴테의 『서동시집West-Östlicher Divan』[107]에도 이런 것이 한 편의 시가 속에 나타난다.[118] 나이팅게일에 대한 장미의 이런 관계는 하피스[108]에게서도 나타난다. 그는 "장미야, 사랑 속에서 나이팅게일에게 너를 거만하게 내보이지 말며",[119] 나이팅게일에게 향기를 베푸는 것을 거부하지 말라고 말한다. 이런 예들에서 시인은 영혼, 장미의 정신 속으로, 자연 속으로 매우 깊이 빠져든다. 범신론 일반은 자기 내에 있는 자립적 정신인데, 이 범신론은 비탄 속에서도 이런 무근심성을 보유하며, 그런 자립적 정신의 비탄 속에서조차도 매우 긍정적으로 형상들과 대상들 속에 현재한다.[120]

c. 의미와 형태의 자유화

형상, 형태와 의미의 이런 구분과 분리의 세 번째 관계는 의미의 자립화, 자유로워짐이다. 그래서 의미가 대자적으로 표상된다. 그리고 형태는 이런 자립적인 의미와의 관계에서 외적인 어떤 것이 되며, [의미에 대한] 형태의 관계는 자의적인 어떤 것이 된다. 이와 관계되는 것은 다음의 것, 즉 이런 내용이 더 이상 주님, 범신론의 신이 아니라는 것, 오히려 신은 제한되어 있으며, 정신적인 형태가 아닌 단지 감각적인 형태일 뿐이라는 것이다. 그렇듯 신은 제한된 형태이며, 바로 그렇기 때문에 내용 또한 제한되어 있다. 이런 관계의 영역은 그 자체로 매우 광대하다. 다음의 것이 벌써 저절로 밝혀진다. 만일 표상이 그처럼 대자적으로 제시되어

---

107 1814-1819년 작. 요셉 폰 하머가 번역한 페르시아 시인 하피스의 『디반(시집)』에 나타난 동방의 자연친화적이고 긍정적인 세계관, 희열에 매료되어 쓴 시집.
108 Mohamed Schemseddin Hafis, 1327-1390. 페르시아 시인. 괴테에게 영향을 줌.

있으며 자신의 표출, 자신의 형태에 마찬가지로 대립해 있다면, 그것은 예술의 중점에, 본질적으로 미에 속하는 관계는 아니라는 것이 말이다. 그것은 미에 상응하지 않기 때문에 단지 하위에 놓여 있을 수 있다. 그것은 장식, 주어져 있는 표상일 뿐이다. 이제 또 하나의 다른 형상이 제공된다면, 그것은 장신구, 장식일 뿐이다. 만일 예술장르가 이런 것에 의거한다면, 그것은 하위적일 뿐이다. 여기에는 세 가지 형식이 있다. 첫 번째 형식은 『이솝 우화^{Äsopische Fabel}』이다. 그리고 그런 것에는 또한 비유담 Parabel이 속한다. 《38》

두 번째 형식은 수수께끼, 알레고리, 무릇 은유^{Metapher}, 그리고 비유^{Vergleichung}이다. 우리는 나중에 교훈시와 묘사적 시를 얘기하게 될 것이다. 사람들이 그런 것들을 특정한 장르하에 넣고자 한다면 혼돈에 빠질 것이다. 왜냐하면 자연 속에는 개념에 상응하지 않는 수많은 형태화들이 나타나기 때문이다. 개념은 참다운 관계를 포함하고 있다. 하지만 자연과 인간의 시작^{詩作}에는 개념들하에 포섭될 수 없는 수많은 중간형태들이 나타난다. 그와 같은 형식들은 불완전한 형상물들이다. 이 형상물들은 본질적인 형태에서 다른 형태로의 과도기를 포함하는 것에 관해 말해야만 하는 곳에서 제자리를 갖는다. 고전적 미는 바로 정신에 상응하는 형태, 참다운 의미이다. 고전적 미가 있다는 것은 의미, 그리고 그것이 정신적이라는 것, 이 정신적인 것이 대자적으로 자유롭게 된다는 것을 말한다. 우리는 의미가 대자적으로 제시되어 있으며, 자유롭게 정립되어 있는 지점에 도달했다. 하지만 여전히 분리의 지점에 고수되어 있어서, 참다운 재통합이 아직 거기에는 없다. 거기에는 이제 그와 같은 불완전한 형태들, 즉 직접적인 형태화로서의 대자적 의미, 사고, 표상이 등장한다.

첫 번째 관계: 이솝 우화, 비유담, 교훈담

이런 자립성의 그와 같은 형식은 [첫째,] 이솝 우화이다. 우리는 물론 이솝 우화를 그 특유성에서, 즉 원래 그것 그대로의 것에서 보아야만 한다. 사람들은 다음과 같이 생각한다. 인간의 행위방식, 어떤 것이 발생하는 방식이 동물들에게 덧붙여져 있으며, 동물들 가운데에서 발생하는 것에 관한 이야기의 일종으로 서술되어 있다고 말이다. 여기에는 인간형태들 대신 동물형태들이 전가되어 있다. 이러한 종류의 가장 위대한 우화는 옛 이야기, 즉 『라이네케 여우』이다. 거기에는 사자 왕, 여우, 늑대가 있으며, 오소리들은 신하들이다. 이야기는 매우 우습지만, 참다운 내용은 자신의 강력한 신하들과 함께 있는 제후의 상태이다. 이 신하들은 비록 제일인자에 대해 두려움을 갖지만 그들이 간계를 통해 획득한 것을 자신들을 위해 실행 내지는 유지하는 자들이다.[121] 본래의 이솝 우화는 다른 방식이다. 사람들은 왜 거기에 동물들이 이용되는지 이해하지 못한다. 인간이 거기에 있어도 그와 마찬가지로 괜찮을 수 있었을 것이다. 사실 레싱[109]이 이 동물들 속에는 특정한 성격이 표출되어 있다고 말하긴 했다.[122] 여우는 그의 간계를 통해, 사자는 그의 용맹성을 통해서 말이다. 《38a》 하지만 인간 대신 동물을 끌어들이는 것은 사소한 장점이다. 색다를 수 있는 것은 그것이 인간의 체계들에 관한 말일 때이다. 예로, 『라이네케 여우』 속에는 거기서 실행되는 전체 사회, 이기심의 그와 같은 사회 일반이 있다. 거기에는 동물적 특성들을 도입하는 것이 매우 잘 맞다. 그런 정황들은 인간적 관계들이 묘사되는 것, 그리고 인간 대신 동물들이 제시되는 것을 정당화해 줄 것이다. 이솝 우화의 본래 특성은 특유

---

109 Gotthold Ephraim Lessing, 1729-1781. 독일 계몽주의 시대 극작가, 비평가.

한 의미가 주어지는 어떤 한 상태의 관계 단계를 이 우화가 자체적으로 형성한다는 것이다. 그 하나는 어떤 한 상태이며, 다른 하나는 이 상태에 의미가 주어진다는 것이다. — 그러니까 자신의 직유를 그와 같은 외적인 상태에서 가지는 의미를 말한다. 이런 견지에서 이솝 우화는 자연계 현상, 자연에 대한 관심 같은 특유한 관심사를 가지고 있다.[123] 이솝[110]은 크로이소스[111] 시대에 살았던 역사적 인물이다. 곱사등 신체를 가진 노예였다.[124] 사람들은 그에 관해 독일의 오일렌슈피겔Eulenspiegel[125]과 유사한 역사들, 그와 같은 수공예 도제 익살들을 이야기한다. 이솝 우화 속에 현존하는 것은 참다운 예술작품이 아니다(익살스러운 것은 저급한 자연계 현상 내에 있다). 그것들은 거기에 등장하는 동물들일 필요가 없다. 가령 떡갈나무와 갈대가 될 수도 있다. 폭풍 속에서 떡갈나무는 부러지며, 갈대는 휘어질 뿐이다.[126] 도덕적 의미에서는 떡갈나무가 높은 지위의 사람이고, 갈대는 이에 반해 열등한 상황에 살고 있는 사람이다. [또 하나의 예는 제비 우화이다.] 제비들은 농부가 삼씨를 뿌리는 것을 보았다. 삼씨로 새 잡는 그물들이 만들어진다. 제비들은 다른 새들에게 주의를 주며 촉구하길, 삼씨들이 올라왔을 때 서리해야[먹어 없애야] 한다고 했다. 하지만 새들은 이를 듣지 않았다. 삼씨가 올라왔고, 이것으로 편물실[그물]과 그와 같은 것이 만들어졌다. 그리고 [제비들의 말을 듣지 않고 삼씨를 먹어 없애지 않은] 다른 새들은 [이 그물에] 포획되었다.[127] 이런 것은 단순한 자연계 현상이다. 새들의 포획이 일어났을 즈음에 제비는 떠나간다. — 이것은 자연관계이며, 사람들이 우화라고 하는 것으로 변환되어 있다.

110 Äsop, 아이소피카(Aesopica). 고대 그리스에 살았던 노예이자 이야기꾼.
111 Krösus/Coroesus. B.C. 6세기 소아시아 리디아의 마지막 왕.

한 새잡이가 올가미를 정돈하던 도중에 뱀에게 물려 사망한다.[128] 다른 사람을 추적하는 자는 그로 인해 자기 자신을 잃는다는 한 편의 우화가 이로부터 만들어질 수 있다. 거기서 우리는 한편으로 자연적인 어떤 것을, 다른 한편으로 이런 자연적인 것에 주어져 있는 의미를 얻는다. 《39》 이것은 시 예술이 아니고, 직접적인 현실존재이다. 선행사건이 앞서 주어져 있거나, 또는 직접적으로 포착되어 있다. 그리고 그것에 이렇게 하나의 의미가 부여되어 있다.

두 번째 것은 비유담이다. 이것은 이솝 우화와 유사한 어떤 것이다. 그럼에도 우화는 보다 일상적인 삶의 범위 내에서 나타날 수 있는 사건이 받아들여지는 것이다. 일상적 삶의 범위에서 사건은 그 자체로는 하찮은 관심을 끌지만, 그런 다음 거기에는 이런 하찮은 관심 대신에 더 높고 도덕적인, 또는 그 외의 높은 관심이 투입된다. 하나의 사소한 경우가 중요한 도덕적 관심들이 투입되는 보편적인 관계로 변환된다. 예를 들자면, 기독교적 비유담이 여기에 속한다. 키루스[112]는 그가 어떤 방법으로 페르시아인들 가운데 있었는지를 얘기한다. 그는 페르시아인들에게 하루는 바닥에 거대한 광장을 새로 만들어야 한다는 통지문을 내걸었다고 한다. 다른 날에 그는 그들에게 훌륭한 향응을 마련해 주었고, 그런 다음 그들에게 어떤 삶의 방식을 선호하는지, 첫 번째 날인지 아니면 두 번째 날인지 물었다고 한다. 그랬더니 그들은 당연히 두 번째 날을 말했다고 한다.[129] 기독교적 우화들은 무엇보다 미미한 외적인 내용을 갖는 얘기들이다. 향응에 관한 비유담[130] 속의 상황은 천상에 관한 교훈과 비교된다. 괴테는 바로 그와 같은 비유담들을 가지고 있다. 요리사가 고양이를

---

112 Cyrus. B.C. 6세기 고대 페르시아 제국을 창건한 왕.

총으로 쏘아 잡아 이것을 토끼[고기]로 만들기 위해 많은 양념들을 뿌린다.[131] 이것은 뉴턴의 색채론[113]에 대한 비유담이다. 뉴턴은 색채들에 많은 양념들을 뿌렸다. 유명한 우화는 레싱의 『나탄*Nathan*』[114] 속의 반지에 관한 비유담이다.[132] 보잘것없는 형태에 보다 높은 의미가 부여된 하나의 산문적인 사건이라는 것이 비유담의 본성이다.[133]

교훈담*Apolog*은 비유담과 같은 어떤 것이긴 하지만, 비유담과 구분될 수 있는 것이기도 하다. 교훈담하에서 이해되는 것은 더욱이 다음의 것이다. 즉, 이야기 자체가 개별적인 경우를 포함할 때, 저러한 보편적인 것이 하나의 개별적인 경우 속에 표출되어 있을 때, 내지는 거기에 특별한 경우가 도입되지만 우화에서처럼 시작에서는 교훈이 추출되지 않고, 오히려 이야기가 그 자체 교훈과 더불어 마무리되는 경우, 즉 상황 속에는 교훈이 주어져 있지 않은 그런 경우이다.

그와 같은 교훈담은 예를 들면 괴테의 마하다바*Mahadabah*의 로맨스[115]이다.[134] 또한 『보물 찾는 사람*Schatzgräber*』도 일종의 교훈담이다.《39a》한 사람이 보물을 채취하기 위해 나간다. 막 12시 종이 울릴 때 보물 대신 어떤 현상이 그에게 다가온다 등.[135] 거기에서는 이야기가 교훈 자체와 더

---

113 Isaac Newton, 1642-1727. 영국 물리학자, 천문학자, 수학자. 만유인력 법칙을 확립했으며, 빛의 입자설을 주장함. 뉴턴은 1666년 『광학』에서 백색광을 프리즘으로 분해하여 7가지 색채 단계로 나눔. 뉴턴의 색채론은 근대 색채학의 초석이 됨. 괴테는 1810년에 뉴턴의 색채론을 비판하며 명과 암, 두 양극을 원현상(Urphänomen)으로 하여 색채들을 구성하는 색채론을 발전시킴.

114 1779년 작. 현자 나탄이 반지 우화를 통해 유대교, 이슬람교, 그리스도교는 진위를 가릴 수 없으며, 상호이해가 필요함을 보여 줌. 당시 계몽주의 관용 윤리를 구현한 작품.

115 Romance. 로망스어로 사랑과 모험담, 기사도 일화를 전한 이야기. 중세 시대에는 서정적 서사시의 성격을 띠었으나 이후 허구적 소설로 발전함.

불어 끝난다. 스토리가 상세하거나 교훈이 특별히 부여되어 있지 않은 채, 이야기는 매우 간결하게 설정될 수 있다. 우화는 보편적인 의미가 그 후 그것에 부가될 수 있는 그런 개개의 관계일 수 있다. 속담에서의 개개의 관계가 그러하다. "한 손이 다른 손을 씻는다", "네가 나에게 이것을 해 준다면, 나는 너에게 그것을 해 줄 것이다."[136] 예를 들면 괴테에 있어서의 격언과 같은 것이다. "베이컨을 얻어먹기 위해 고양이는 걸음을 아끼지 않고 달려 나온다." 이것으로부터 한 편의 우화가 만들어질 수 있다. "시간, 그것은 장미들과 가시들을 벤다. 실로 시간은 언제나 처음부터 몰아댄다." 장미는 쾌적한 것, 가시들은 불쾌한 것인데, 둘 다 없어진다. 하지만 그렇기 때문에 인간은 자신의 용기를 잃지 않는다. 이와 같은 어법들은 이를테면 짧게 압축된 우화들이다.

두 번째 관계: 수수께끼, 알레고리, 은유

이러한 첫 번째 측면은 다음의 규정, 즉 설명되는 감각적인 행위가 현존하며, 정신적인 보편적 의미가 그 행위에 주어지고 그 내로 부연된다는 규정을 갖는다. 위트가 가리키는 것은 보편적 관계가 자체 내에 또한 이런 직접적인 감각적 사건 같은 그런 사건을 갖는다는 것이다. 사람들은 두 번째 관계를 첫 번째 관계의 뒤바뀐 관계라고 표출할 수 있을 것이다. 즉 의미가 첫 번째인 것이다. 의미가 그 자체로 앞서 첫 번째 것이어야 하며, 그런 후 이 의미에 외적인 형상 또는 표출이 주어져야 한다. 의미는 그러니까 직접적으로 현존하는 것이며, 형태는 거기서 이런 의미를 감각적으로 특정하게 만들기 위한 것이다. 이런 형태화를 형상화하고 그런 관계를 만드는 것은 예술가의 주관성이다. 시인은 이런 것을 만드는 자, 그것을 그렇게 조합하는 자로서 출현한다. 의미가 첫 번째 것이며,

그리고 이것에 외적인 형태가 덧붙여진다.

그 첫 번째는 수수께끼^{Rätsel}이며, 두 번째는 알레고리^{Allegorie}, 세 번째는 은유^{Metapher}이다. 첫 번째와 관련해서 보면, 그것은 어떤 하나의 표상이다. 그리고 이 표상은 특징들과 고유한 성질들의 병치를 통해 표명되고 표출되어 있어서, 이러한 것들이 상호 간 대립해 있고 이질적으로 출현하며, 서로 모순된 것처럼 보이거나 《40》 또는 멀리 떨어져 놓여 있다.

알레고리[116]는 하나의 의미를 포함하는데, 이 의미는 추상물, 즉 보편적인 속성이 된다. 알레고리는 비록 감각적으로 표상되지만, 이런 개별적 형태화는 연극적[허구적]인 주체일 뿐, 추상물이 거기서 영혼, 생동성인 그런 현실적인 개별성이 아니다. 알레고리들은 종교, 사랑, 정의, 평화, 피안들을 위해 있다. 이런 것이 의미이며, 그리고 개별적 형태는 외적인 어떤 것일 뿐이다. 그렇듯 알레고리적인 존재는 어떠한 고전적 신도 아니며, 천재 또는 거룩한 자도 아니다. 사람들은 알레고리는 냉랭한 어떤 것이라고까지 말한다. 그리고 단지 그렇게 하나의 개별적인 보편성이 내적인 것일 뿐, 생동적인 개별성이 아닌 것이 냉랭한 것이다. 그러니까 추상물이 본질적인 내용을 만들어 낸다. 봄[春] 또는 종교, 한 인격으로서의 정의 ─ 이렇듯 그것은 공허한 주체일 뿐이다. 더 자세한 규정을 위해서는 수단들이 사용된다. 여름이 생산하는 것, 또는 상징적인 종류의 것인 저와 같은 속성들도 사용된다. 예를 들면, 정의의 상징으로서 천칭저울과 눈을 가리는 끈이다. 빙켈만은 알레고리에 관한 글을[137] 썼는

---

116 헤겔에게서 알레고리(Allegorie)는 상징에 속하는 비유법의 일종으로, 상징과 마찬가지로 내용과 형식의 불일치가 그 속성으로 규정됨. 헤겔의 이러한 알레고리 규정은 근·현대 예술과 사유의 본질을 알레고리로 규정하는 베냐민과 폴 드 만의 이론에 앞서는 것으로서 현대예술의 특성이해에서 그 중요성이 재조명됨.

데, 거기에는 상징과 알레고리 간의 구분이 없다. 슐레겔은 근본원칙을 내세웠다. 각 시 또는 예술작품은 알레고리여야만 하며, 보편적인 본질적 이념을 표출해야만 한다는 것이다.[138] [하지만] 이것은 알레고리가 아니다. 왜냐하면 거기에서는 실체적인 것이 추상적인 것의 형식에서 취해지기 때문이다. 알레고리적인 것은 중세에 귀속된다. 알레고리가 도덕적으로, 즉 보편적인 도덕적 교훈으로서 정립되어 있는 호메로스의 출판물들이 있다. 낭만적인 것은 특수한 개별성, 전적으로 우연적이며 자의적인 개별성을 그 내용으로 갖는다. 이 낭만적인 것에는 보편적인 것이 대립한다. 이것은 천재 또는 고전적 신들과 같은 신들로 대자적으로 개별화되어 있지 않다. 각 주체는 특수한 인물들인데, 이들에게도 보편적인 것이 마찬가지로 맞서 있다. 이 보편적인 것은 실로 그렇기 때문에 각 특수한 인격성들에 대해 대자적으로 분리된 채 등장한다. 《40a》 시인이 이렇게 보편적인 것을 떠올린다면, 그의 판타지는 [이를] 외적인 방식으로는 바로 알레고리가 만들어 내는 것보다 더 널리 비유로 표현할 수 없다. 단테[117]에게서 많은 알레고리적인 것이 그러하다.[139] 종교적 진리들은 그 자체로 이런 교훈들, 보편적 명제들로서 그런 무한한 중요성을 지닌다. 형태화는 알레고리적인 것에 종속되어 있으며, 주된 것은 종교적 진리들이 의식되고 믿음을 얻게 되는 것이다. 신학은 단테에게서 그의 애인의 심상으로 표상되어 있다. 그래서 사람들은 단테가 그의 연인을 보다 찬미하는지, 아니면 신학을 찬미하는지 언쟁했다. 이런 낭만적인 것의 시기에는 한편으로 성스러운 이야기가, 다른 한편으로는 알레고리가 있다.

---

117 Dante Alighieri, 1265-1321. 이탈리아 시인, 작가. 본명은 두란테(Durante). 『신곡(La Divina Commedia)』(1321)의 저자.

세 번째는 은유, 그 자체로서의 형상적인 것, 본래 의미의 형상Bild이며, 그다음 이와 연결되는 것이 비유이다. 언어 일반은 많은 은유들을 포함하고 있다. 본래 은유적인 것은 거기서 더 높은, 본래 시적으로 은유적인 것과 구분되어야만 한다. 여기에서 내용은 일반적인 것에서의 의미, 추상적 의미이다. 이것과 구분되는 것이 형태화Gestaltung이며, 그와 같은 대자적인 추상적 의미는 제한된 내용을 갖는다. 은유는 하나의 의미이며, 특수한 표출, 이 의미의 형태화, 즉 본래적 표출이고, 그런 다음 형상적인 것, 즉 비본래적인 표출이다. 하지만 종종 뒤바뀌어 있을 수도 있다. 즉자적으로 형상적인 것, 감각적인 것이 첫 번째이기도 하고, 이것이 어떤 하나의 보편적 의미로 고양되어 있기도 하다. 이렇듯 그 첫 번째 것은 의미이며, 감각적인 것에서 보편적인 것은 은유적인 것이다. 은유는 축약된 직유이다. (아리스토텔레스[118]는 사자는 은유이며, 이에 반해 "사자 같은"은 비유라고 말한다.)[140] 상징에서는 의미가 숨겨져 있다. 거기에는 그 의미를 인식하는 박식함이 필요하다. 은유는 직접적으로 인식될 수 있다. 언어는 그 자체로 은유를 포함하고 있다. 그래서 제2의 의미에서 취해진다. 감각적인 것이 정신적인 것으로 전의轉義되는 것이 은유적인 것이다. 예를 들면, "begreifen(쥐다/파악하다)", "mit der Hand zufassen(손으로 붙잡다/일손을 돕다)"이 그러하다. ― 여기에서 표현은 먼저 감각적이며, 그런 다음 정신적으로도 사용된다. 은유적인 것의 주된 측면은, 감각적인 것, 비유기적인 것에 더 높은 상태가 부가된다는 것, 혹은 이런 외화가 유사한 외화, 즉 본래 정신적인 것에 속하는 외화를 의미하는 어떤 표현 속에서 포

---

118 Aristoteles, B.C. 384-B.C. 322. 그리스 식민지 스타게이라 출생. 플라톤의 제자이지만, 이념계와 현실계를 구분하는 플라톤의 이데아론을 비판하고 일원론을 주장함.

착된다는 것이다. 이런 것은 더 높은 양식에 속한다. 예를 들면 "웃고 있는 논밭들"인데, 이는 명확히 논밭들의 광경을 가리킨다. "파도들은 사공들의 무거운 짐 때문에 긴 한숨을 내쉰다",[141] "목마른 평야들은 하늘의 비를 마신다."《41》 순수한 산문적 양식은 특히 은유를 억제해야만 하며, 시기時期는 그와 같은 구분된 표상들에서 성립한다. 고대인들의 양식은 우리의 이야기 투보다 훨씬 더 순수하며, 그들은 조형적 견실성을[142] 그렇게 양식, 주물에서도 보존하고 있다. 예를 들면, 실러의 산문은 은유로 가득하다. 동양인들은 은유와 형상들을 매우 애호한다. 만약 비유기적인 것이 다음처럼, 즉 어떤 활동이 표출되고 이 활동이 본래 더 높은 자연에 소속되는 식으로 그렇게 고양된다면, 그것은 젠체하며 시시덕거리는 양식으로 쉽사리 넘어갈 수 있다. 그렇게 되면 은유에서 장식과 치장만 중요하게 된다. 예로, 이럴 때가 그 경우이다. 즉, 연인이 자기 애인의 잔인함에 대해 탄식하는 목가시牧歌詩들 속의 이탈리아인들에게서와 같이, 대상이 그렇게 의인화될 정도로 이런 은유가 확장될 때이다. '나의 탄식 소리가 마음을 누그러지게 했던 숲들과 야생 동물들이 그것을 네게 말할 것이다.'[143]

심상Bild 일반. 심상은 비교Vergleich이지만, 여전히 본래의 비유Vergleichung와 구분되어 있다. 왜냐하면 심상에는 의미가 대자적으로 분리되어 진술되고 있으며, 심상이 두 번째 것으로서 부가되어 있기 때문이다. 심상 자체 속에는 의미가 진술되어 있지 않고, 심상에 대립해 있다. 심상에서는 양자가 자립적으로 서로에 대해 타당하다. 더 중요한 것은 심상의 본래적인 관심이다.

일반적으로 심상들에 관해 다음의 것이 언급된다. 그것은 생산들, 활동들의 전체 과정일 수 있다는 것, 그래서 이 과정이 또 하나의 다른 영역의 대상과 병행하는 것으로서 생각된다는 것이다. 괴테의 『마호메트의 노래*Mahomets Gesang*』[119]에서의 과정이 그러하다.[144] 순전히 그 제목만으로도 이것이 그 자체에서$^{an sich}$ 심상이라는 것을 알게 된다. 심상에 있어서는 주체가 언급될 수 있으며, 주체 내에서 발생하는 행위들이 심상적인 방식으로 개진된다. 그래서 주체는 은유적인 어떤 것이 귀속되는 본래적인 것이 된다. ― 예를 들면, '청년은 천 개의 돛대를 가지고 대양으로 항해한다'[145]와 같다. 고유한 것과 고유하지 않은 것의 상호 결합을 사람들은 질타했다. 하지만 이런 질타는 좀 빈약한 것이다. 심상 속에는 의미가 비록 관계에 따라 주어져 있기는 하나, 대상이 대자적으로 표출되어 있지는 않다. 비유에는 대상이 표출되어 있다. 형태화는 대개 내적인 의미에 대해 필수적이다. 그에 반해 의미가 이미 대자적으로 표출되어 있다면, 이미 대자적으로 형태라면, 비유는 단지 반복에 불과하다. 왜냐하면 대상이 이미 명확하게 표현되어 있기 때문이다. 비유가 하나 더 첨가된다면, 그것은 중복적이다. 그리고 한 번 더 그렇다면, 그것은 삼중적이 된다. 《41a》 심상은 무엇보다도, 시인이 한 대상에 몰두하면서 아주 멀리 떨어져 있는 어떤 것을 이 대상과의 외적인 관계에서 보아 한데 묶는 그런 대담함을 표출한다. 우리는 거기서 일하는 정신, 판타지를 본다. 이런 대담함은 특별히 오리엔트인들에게서 우세하다. 우리가 비유를 계속 고찰한다면, 이와 결부된 두 가지 더 자세한 관심사가 있다. 그 하나는, 서술자가 자신의 대상을 다른 대상과 함께 동시에 판타지로 나타내며, 스스로를 대상의 영혼 속으로 깊이 빠져든 채로 드러내고, 다른 표상

---

119 1772/1773년 작. 수고 수정본 1777년. 이 극시를 통해 괴테는 이슬람교 창시자 마호메트의 창의성을 칭송하며 인문주의의 확산을 촉구함.

들 중에서 그 대상을 실체적인 것의 중점으로 만들며, 더 널리 대상들에 몰두한다는 것이다. 다른 하나는 그 반대로, 내용이 한쪽으로 밀리고 표상들은 다른 내용으로 이끌리게 되는 것이다. 그렇게 판타지의 계속된 진행이 다른 어떤 것으로 이행할 때, 비유는 매우 무미할 수 있다(대상이 포기된다). 한 측면은 대상 속으로 스스로를 심화시키는 것이며, 또 다른 측면은 그러니까, 스스로 대상으로부터 멀어지는 것이다.

비유[120]에 있어서는 맨 먼저, 표상이 대상들에게서 머문다는 관심사가 나타난다. 대자적인 대상은 쓸모없게 되어 있을 수 있으며, 사람들은 그런 후 이 내용에서부터 관계있는 다른 것으로 계속 나아간다. 만일 실로 하나의 심상이 나타나면, 심상을 통해 다른 것, 즉 새로운 내용에 대한 주목성이 높아질 것이다. 대상에게서 머무른다는 이런 관심이 심상들과 비유들에 대한 동인이다. 대상은 비유에 의해 고양되며, 이를테면 찬미된다. 열정은 한편으로는 자신 속의 불안인데, 이 불안은 다른 한편으로 대상을 벗어날 수 없으며, 착상들, 한갓된 심상들, 그런 다음 또한 더 자세한 심상들과 비유를 스스로 만드는 그런 불안이다.

판타지가 머무르는 것에 대한 예: 줄리엣이 밤을 향해 [말한다]. "마음씨 고운 밤이여 오라, 나에게 로미오를 다오. 그가 죽는다면, 밝은 별 속에 그를 새겨서 빛나게 하여 태양이 더 이상 숭배받지 않게 하라."[146] 이런 것이 판타지, 표상이다. 비유에는 [구약성서의] 「아가서雅歌書」[가 속한다]. 서사시 속에는 비유들이 장식으로서 나타나지만, 호메로스에게서와 같

---

120 비유(Vergleichen, Vergleichung)는 상징적 수사법의 일종. 헤겔은 대상 혹은 사태에 대한 비유적 표현이 그것들과 거리를 두게 함으로써 극심한 고통이나 슬픔 등의 직접적인 감정을 극복할 수 있게 한다고 봄(셰익스피어 작품에서 많은 예들을 제시함). 이는 칸트가 말한 무관심성에 기초한 미적이고 자유로운 고찰과 유사한 맥락에서 이해될 수 있음.

이 어떤 관심사가 그 속에 들어 있어야만 한다. 호메로스에게서는 비유들이 다음의 관심사, 즉 묘사되는 한 대상에 주목을 돌리고, 이런 상황의 중요성을 부각시키며, 그리고 동시에 진지함을 중단하기도 하고 유지하기도[147] 하는 관심사를 보유하고 있다. 《42》 시인이 그의 판타지의 표상들에 자신을 내맡길 때, 종종 이런 머묾은 판타지의 표상들 내에서 탐닉하기, 심상들에서 만끽하기이다. 이런 것은 스페인 시인들에게 비난되었다. 그러함에서 흔히 이런 심상들에 대한 여유로운 기쁨 이외 어떤 다른 관심도 이런 심상들 속에는 없다는 것이다. 그러니까 비유를 통해 대상을 확장하기 위한 것이 머묾이다. 대상은 판타지의 사안이 되며, 이런 것은 주로 자유로운 오리엔트인들에게서의 주관적 대상 속으로의 심취, 기쁨이다. 심정의 탄식, 고통과 달리 기쁨은 언제나 그런 호의를 보여 준다. 오리엔트인들은 대상을 그 객관성에서 고찰하고자 노력한다. 심상 일반은 비록 심정의 만족을 가리키지 않을지라도, 대상 속에서의 감각의 심화를 묘사하는 데 쓰인다. 이런 것은 계속 진행될 수 있는데, 감각은 심상들이 필요하기 때문이다. 심상들은 대상적인 것들을 더 잘 제공하는 데 쓰인다. 비유의 한 측면은 주로 셰익스피어에게서의 극劇과 연관된다.[148] 하지만 극은 비유에 적절하지 않으며, 그렇기 때문에 셰익스피어가 종종 질타되곤 했다. 이따금씩 심상은 물론 정말로 답답하며, 비극의 분위기에서 이탈하게 한다. 비유의 진정한 의미는 이것이다. 즉, 인물이 다른 종류의 것에, 심상에 심취됨으로써 그를 몰입시키는 감정으로부터 자유롭다는 것이다. 독일인과 영국인들은 그것을 종종 공격했고, 고통이 표출되지 않는다고 생각했다. 하지만 그렇지 않고 고통은 곧바로 표출되며, 이를 통해 고통 너머에 서 있게 된다.[149]

우리는 상징적인 것을 [통일성이 생겨나려는] 들끓음에서 고찰하였고, 그런 후 상징적인 것 자체를, 마지막으로 의미의 분리, 의미와 형태화의 독자성을 고찰하였다. 마지막의 것은 그 자체로서의 의미와 형태화의 완전한 붕괴이다. [먼저] 우리가 내적인 것을 그 자체로 받아들인다면, 그것은 본래 산문이다. 그와 같은 즉자대자적인 외적인 것에 시적인 형태가 주어진다면, 그것은 교훈시Lehrgedicht이다. 《43》

교훈시는 그 내용에 따르면 산문적인 어떤 것이다. 그리고 그것에서의 예술, 또는 미, 또는 시는 외적이고 단편적인 장식이다.

1826년 6월 6일

두 번째 형식은 그 반대이다. 즉 자연적 소재, 형태화들이 수용되며, 자연의 형태화들이 기술되는데, 그러함에 있어 자연의 외적인 현존재의 표상들만이 산출되어야 한다는 것이다. 이것은 자연묘사들이며, 기술하는 시들이다. 거기에서는 정신적인 개별성이 아니라, 오히려 호수들, 강들 등 또는 사계절 속에 발생하곤 하는 것이 주된 사안이며, 그러함에는 욕구들에 이용되는 인간의 활동들도 속한다. 태양이 떠오르는 한, 가축들도 목초지로 내몰리며, 목동이 함께 간다 등. 이런 형식은 미 그 자체를 대상으로 삼지 않는다. 왜냐하면 미 그 자체에는 정신적인 활동이 기초적인 것, 본질적인 것이기 때문이다.

세 번째 형식은 양자 서로 간의 외적인 연관, 그러니까 자연묘사인데, 그러함에서는 사람들이 그런 자연대상들에서 느꼈을 어떤 것이 언술된다. 거기에는 한편으로 주관적 감각이, 다른 한편으로는 자연적 대상이 있다. 자연의 그런 상황의 일반적 분위기는 이 [주관적] 감각과 일치할 수 있다. 자연은 대자적이며[그 자체로 있으며], 나는 그러함에 있어 감각을 가진다. — 이런 것은 독일인들에게 있어서 시들을 위한 가장 익숙한 기법이다. 자연묘사, 그리고 나에게 그러함에 있어서 생각나는 것, 그것은 [실패의 여지가 없는] 탄탄대로이다. 형태와 감정은 따로 분리되며, 두 가지의 것이 된다. 클롭슈토크[121]의 많은 송가들이 이런 도식을 가지고 있다.

자연적인 것, 대자적으로 실존하는 것과 의미의 이런 외적인 연관의 네 번째 것은 경구警句이다. 어느 하나의 외적인 대상, 위에 쓰인 문구, 한 대상과 그 위에 설명이 쓰여 있는 것, 이것이 경구이다. 나중의 경구들은 의미에 대한 착상, 재치를 가지는데, 그것에서부터 정신적인 어떤 것이 나온다. 그리스인들은 그와 같은 이성적이며 감동적인 대상들에서 무한히 풍요롭다. 경구는 저러한 자연묘사와 같이 그런 감수성을 갖추고 있지 않다. 오히려 경구에는 어느 하나의 대상이 들어 있는데, 이 대상에 대해 어떤 것이 말해져 있으며, 대상 자체의 의미가 진술되어 있다. 대상에 대한 감각적인 연관, 그러니까 대상의 설명이 《43a》 제공되어 있다. 이에 반해 자연은 이런 감각 자체 내로 들어오지 않는다. 대상들은 표현 자체 내에 수용되어 있을 수 없다. — 다수의 티크 소설들이[150] 이런 방식의 것들이다. 그는 주된 관심이 음악에 쏠리는 소설들도[151] 제작했다. 하지만 사람들은 그 속에 품평되어 있는 그런 음악작품들을 들어 봤어야만 했으며, 그 자체로서의 음악은 서술되지 않았다. 즉자적인 서술은 그 음악에 대한 완전한 표상을 불러일으키기에는 부족하다. 대중석Galerie[122]들에 대한 묘사들은 그렇기 때문에 읽는 것이 매우 피로할 수 있다. 경구는

---

121 Friedrich Gottlieb Klopstock, 1724-1803. 신학 전공의 독일 서사시인. 시를 통해 조국애를 확산하고자 한 근대 독일 국민문학의 선구자.

122 Galerie는 화랑을 뜻하지만, 가장 싼 맨 위층의 관람석 또는 거기에 앉아 있는 관객을 의미하기도 함. 여기서는 수준 낮은 관객의 취향에 맞춘 연주를 의미함.

그런 종류의 어떤 것이다. 거기에는 대상과 이 대상에 대한 어떤 것이 말해져 있다. 사람들이 그 경구를 한 사람에게 향하게 한다면, 그 사람 자체는 잉여적일 것이다. 왜냐하면 위트[재치]는 자립적이며, 대상 자체의 표상은 실로 외적인 대상과는 언제나 독립적으로 설명 속에 등장하기 때문이다.

만일 대상이 전적으로 설명 속으로 들어온다면, 설명이 동시에 그런 형태화를 가진다면, 그리고 곧 형태화의 설명이 동시에 그 형태화 속에 있다면, 양자가 그렇게 결부되어 있다면, 그렇다면 우리는 하나의 다른 영역, 더욱이 고전적 예술로 들어선다. 상징적인 것 일반 속에는 영혼의 의미와 영혼의 형태화가 아직 완전한 통일성으로 진척되지 않은 채 있다.

II. 고전적 형식, 형태화

영혼과 신체의 완전한 합일 또는 [이상적인] 이념상: 고전적 예술 또는 미. 고전적 예술에서 우리는 선행했던 것에서와 같이 그렇게 상세하게 논할 수 없다. 왜냐하면 우리는 예술 일반의 본성을 고찰하면서 이미 고전적 예술을 규정했기 때문이다. 고전적 예술은 예술의 개념이 상술되어 있고 현존하는 곳 이외 다른 것이 아니다.[152] 의미가 대자적으로, 자립적으로 되어 있는데, 이 자립적 의미는 자유롭고 정신적인 개별성이며, 동시에 생동적이며 대자적인, 정신적으로 내적인 것, 보편적인 것, 본질적인 것, 절대적인 것이다. [예술의] 한 형식[상징적 예술]은 《44》 의미와 현존재의 그런 직접적인 통합존재였다. 이에 반해 고전적 예술에서는 정신적인 것이 자연적인 것을 넘어 스스로 고양한다. 그러니까 이런 분리, 붕괴가 필연적인 통과점 또는 하나의 본질적인 규정이다. 정신에 의해 변형되어 산출된 이런 형태는 곧바로 그것의 의미를 즉자적으로 가진다. 그래서 거기에서는 표출이 곧바로 정신적인 것이 된다. 이것은 개별적으로, 그리고 외적으로 실존하는 것으로서의 인간적인 것이며, 실로 이러한 자연성만이 정신을 진술하는 것이다. 이런 인간적인 것이 [고전적 예술의] 이념상이다. 그 자체로서의 인간 형태는 동물적인 형태이지만, 정신이 그 속에 거주하는 형태이다. 그러하므로 이 형태가 나타내는 것은 동시에 정신적인 것 자체이다. 형태는 상징적인 것에서 그런 경우이듯, 어떤 다른 것을 표상하지 않는다. 인간 형태에는 정신적인 것이 직접적으로 출현한다. 이것은 자연적인 것을 관통한 정신적인 것의 참다운 관철이다. 동물 자체 또는 동물적인 인간은 자연과의 가장 큰 통일성 속에 있으며, 형태로 들어오는 자연적인 것은 동시에 자립적인 것이 아니라 이상화되어 있고, 스스로를 표상하는 그와 같은 것이 아니라 정신이다. 그러니까 정신적인 것은 자연적인 것에서 지배자이며, 육체 속에서 스스로를 표명하는 자이다. 이것이 고전적인 아름다움의 기초이다. 고전적 예술하에서는 일반적으로 그리스 예술이 이해된다. 그리스 민족은 예술을 그 최대의 완전성에서 산출하였다. 낭만적 예술 속에서는 예술 자체의 형식보다 더 높은 형식이 암시된다. 그리스 예술은 충분히 신인동형적神人同形的이지 않다는 결함이 있다. 더 고차적 종교는 신인동형적인 것이 개별적인, 현실적으로 살아 있는 인간으로서 그 자체로 자립적이어야 한다는 이런 추상적 대립의 통합을 요구한다. 인간적인 자연과 신적인 자연의 통합은 그리스인들에게 있어서 훨씬 근본적으로 일어났다. 그래서 인간적인 것은 그 자체로 신적인 것의 고전적 형태화일 뿐 아니라, 그 자체로 외적인 현존재로서 존립한다. 정신적인 것이 거기에 있는 한, 정신적인 것의 현존재는 인간적인 현존재이다.

더 자세한 것은 그리스 신화와 관계된다. 왜냐하면 그리스 신들이 그러한 예술작품들이기 때문이다. 고전적 예술의 미는 바로 그리스 신이다. 《44a》

그리스 민족은 그들의 신들 속에서 자신들의 고유한 정신을 의식하였다. 그리스 정신은 바로 그리스 신의 특성에 상응한다. 그리스 신은 자유로운 정신성, 개별성이다. 이런 것은 인륜성이며, 이런 실체적인 자유는 이후의 보편적인 정치적 자유와 개별적인 시민적 자유 간의 대립으로 아직 따로 분리되어 있지 않고, 오히려 정치적인 것, 즉 인륜성의 보편성에 따른 자유가 개인적 개별성과 동일하다. 그리고 그와 마찬가지로 정신은 세속적인 것으로부터 기독교에서와 같은 그런 순수한 지적인 세계 속으로 아직 스스로 철회하지 않았는데, 기독교에서는 본질적인 의식이 더 고차적이고 지적인 세계 속에 있다. 이것은 [더 고차적인] 통일성과 우리가 출발했던 직접적으로 자유로워짐의 중간이다.

예술은 고전 형식에서 최고의 욕구, 의식의 최고의 방식이었지만, [자연적인 것과 정신적인 것, 개별성과 보편성의] 그런 통일성 속에서는 자연적인 개별성에 부착되어 있다. 고전적 예술은 자신의 세계 내부에서 장르들과 종류들로 전개된다. ─ 이에 대해서는 특수부분에서 [다룬다].

신은 이념상이다. 그러면 더 자세한 것을 규정해 보자. 이런 이념상은 성립 조건들이 있었다. 그리고 그런 조건들은 무릇 선행하는 것 속에 들어 있다. 하지만 특유한 것은, 그런 조건들, 그런 역사 또한 그리스적 의식 자체 내부에 있었다는 것이다. 정신적인 것으로의 이런 전진이 그리스 신화 속의 주된 이야기를 형성한다. 신들은 무엇을 했는가? ─ 그렇게 묻는다면, 신들은 그들의 전제들에서 스스로 조직된다. 이 조직화는 신들 자신의 본질적인 내용이다. 그렇다면 기술적인 것이 완비되어 있다는 것은 외적인 조건이다. 이제 전제들, 조건들에 관하여 본다면, 그것에는 주로 두 측면이 속한다.

첫 번째는 동물적인 것이 가치하락된다는 것, 정신적인 것이 의식적이라는 것, 정신적인 것이 더 고차의 것이고 동물적인 것은 부속적이라는 것이다. 이집트인들과 인도인들에게서 동물들은 신으로 숭배된다. 이런 동물적인 생명성은 예술형상화들에서 하나의 주요 요소를 형성했다. 동물이 부속적인 위치로 이렇게 가치하락하는 것은 그리스 예술에서 하나의 특징을 이룬다. 그리고 여기에 속하는 많은 것들은 또한 예술대상들의 내용에 속한다. 이집트인들에게 있어서 《45》 암소들은 도살되지 않을 뿐 아니라, 사람들은 오히려 인간을 굶주려 죽게 한다. 동물들의 제물은 그 반대이다. 그리고 이 제물을 그리스인은 어떤 의미 있는 것으로서 가진다. 제물은 신성하였지만, 동시에 희생동물은 먹혀 없어진다. ― 인간이 동물에서 고기를 취하는 것은 이미 무릇 동물적인 것 너머로의 고양이다. 이와 연결되는 것이 유명한 사냥들이다.[153] 주된 특징은 동물적인 형태가 위상하락으로서, 더욱이 정당한 위상하락으로서, 원래 더 고차적인 것에 벌로 주어진 형태로서 표상된다는 것이다. 소위 변신들이 이런 견지에서 여기에 속한다. 오비디우스[123]는 이러한 것들을 조합했으며, 자유와 감정을 덧붙여 선명히 묘사했다.[154] 하지만 그는 동시에 그것들을 단지 신화적인 유희거리로서, 깊은 의미와 정신의 부여 없이 전적

---

123 Publius Ovidius Naso, B.C. 43-17. 로마제국의 시인. 『변신 이야기(*Metamorphoses*)』를 통해 그리스 로마 신들의 이야기를 전해 줌.

으로 외적인 이야기들과 사건들로서만 취했다. 더 나아가 동물적인 형태화는 더 오래된 신화들에서 유래하는 다른 방식으로 나타난다. 예를 들면, 주피터[124]가 이오[125] 때문에 수소로 변신했다는 것이 그러하다.[155] 이런 것은 이집트적인 것에 속하는데, 보편적인 사유들이 그와 같은 형태들 속에 상징화되어 있다. 그리고 이 사유들이 주피터의 방종에 의해 전적으로 낮은 형태화들로 하락되어 있다. [두 번째] 다른 계기는, 자연요소가 정신적인 것에 반해 후퇴된다는 것이다. 우리는 자연요소의 이런 후퇴를 신화에서 접한다. 고전적인 아름다움은 어떤 특유한 형태로, 즉 옛 신들의 정복과 새로운 신들의 지배의 등장으로서 표명된다. 옛 신들을 고찰해 보면, 이 신들은 인도와 이집트적 직관에 기초하는 자연위력들, 위력들 일반이다. 새로운 신들은 정신적인 신들이다. 우리는 이런 연속이 헤시오도스[126]에게서의 모든 그런 신통기적인, 그리고 우주발생론적인 표상들에서 매우 뚜렷이 설명되어 있음을 본다.[156] 거기에는 밤, 우라노스,[127] 크로노스,[128] 오케아노스,[129] 헬리오스,[130] 그리고 그다음에 비로

---

124 Jupiter. 제우스 신. 그리스 신화에서 크로노스와 레아의 아들로 태어난 올림푸스 최고의 왕. 번개창을 지니고 있으며 백조, 황소, 황금비 등으로 변신하여 사랑하는 여신과 여성들을 좇아다님.

125 Io. 강의 신 이나코스의 딸. 제우스가 헤라의 눈을 피하기 위하여 암소로 변신시킴.

126 Hesiodos. B.C. 700년경 그리스 보이오티아의 농민 시인. 전래되는 신들에 관한 이야기들을 계보로 만들어 『신통기(Theogonia)』를 저술함.

127 Uranus. 하늘을 의인화한 신. 기회 또는 특별한 시간인 카이로스를 의미하기도 함.

128 Kronos. 우라노스의 막내아들이자 제우스의 아버지. 티탄족으로 아버지의 남근을 거세한 후 우주의 지배자가 됨. 자식들의 도전을 두려워해 모두 삼켰으나 먹히지 않은 제우스에게 제패됨. 시간을 의미하기도 함.

129 Okeanos. 우라노스의 장남으로 대양의 신. 남매이자 바다의 여신인 테티스의 남편.

130 Helios. 티탄족 히페리온과 테이아의 아들로 태양의 신. 동쪽에서 서쪽으로 사두마차를 몰고 다님.

소 가이아[131](대지)가 있다. 하늘, 대지, 시간은 그와 같은 자연위력들, 그리고 그것들과 더불어 시작되는 원초적 위력들이다. 무릇 티탄 신들[132]로 불리는 그런 것들은 아무런 정신적인, 그리고 인륜적인 내용이 없다. 그래서 주피터의 아버지[크로노스]는 자신의 자식들을 삼켜 버리며,[157] 시간은 산출된 것을 없애기만 한다. 《45a》 아이스킬로스에게서의 델피신탁과 관련하여 보면 이러하다. 즉, 『에우메니데스*Eumenides*』[133]는 첫 번째 신탁 부여자인 가이아가, 그다음 테미스[134](정의), 그다음 다프네,[135] 그다음 포부스[136]등이 숭배되면서 시작한다.[158] 핀다로스[137]에게서는 자연이 첫 번째 것으로 만들어지며, 그다음 테미스, 티탄족 등이다.[159] 새로운 신들이 행한 것은 그들이 옛 신들을 몰아냈다는 것 이외 다른 것이 아니다. 이것이 주된 행위다.

다른 방식: 다른 한편 밤의 울림으로서, 거기서는 실로 정신적인 것이 우세한 그런 것의 종속으로서 포함되어 있는 방식.

옛 신들은 다음의 방식으로 퇴진되었다. 그 하나의 방식은, 이 티탄족들이 여전히 숭배되지만 자기의식적인 세계의 가장자리에서 멀어진다는 것이다. 다른 자들은 ―프로메테우스[138]

---

131 Gaia. 대지를 의인화한 신. 태초에 독립적으로 존재한 신으로 만물의 어머니. 산맥의 신 오레와 바다의 신 폰토스, 우라노스를 낳음. 또한 우라노스와 관계하여 크로노스를 포함한 12티탄족을 낳음.

132 가이아와 우라노스 사이에서 태어난 거인족 12신. 올림포스 신 이전의 옛 신들.

133 『오레스테이아』 삼부작의 제3부: 자비의 여신들.

134 Themis. 우라노스의 딸. 정의와 예언의 여신.

135 Daphne. 님프, 월계수란 뜻.

136 Phobus. 전쟁의 신 아레스와 미의 여신 아프로디테 사이에서 태어난 공포의 신. 공황과 걱정의 신 데이모스와 쌍둥이 형제.

137 Pindaros. B.C. 520?-B.C. 440?. 그리스 테베 출신. 올림피아 등의 경합에서 우승한 자를 기리는 찬가를 합창시 형식으로 제작한 합창시인.

처럼— 새로운 신들에게 처벌된다. 하지만 헤라클레스가 유일하게 인간에서 신이 된 프로메테우스를 다시 해방시킨다.[160] 프로메테우스도 티탄족에 속한다. 그리고 그의 이야기는 특별한 주목을 받을 만하다.[161] 그는 인간들에게 불을 가져다주었고, 고기를 먹는 것을 가르쳐 주었으며, 그 자체로 존중될 수 있는 것이었던 동물들을 그렇게 사용하도록 자유로운 불을 인간의 위력이 되게 해 주었으므로 인간의 은인으로 전해진다. 프로메테우스에게 귀속되는 것은 그가 인간들에게 전혀 정신적인 것, 인륜적인 것이 아닌, 단지 자연 사물들을 그들의 유익을 위해 사용하는 책략을 가르쳐 주었다는 것이다. 국가의 삶은 더 고차적인 것, 합법적인 것, 인륜적인 것, 인간 상호 간의 정신적 유대를 형성하는 것이다. 주피터에게 정치가 있었다는 것이 그의 특유한 점이다. 무릇 새로운 신들은 자연 요소들과의 유사점이라는 특성이 있다. 아폴로는 대략 신탁을 말하는 신이다. 그에게는 지知의 의식, 정신의 책략이 있다. 하지만 또한 그의 속에는 아직 자연적인 빛이 있다. 디아나[139]는 셀레네[140]이며, 여자들을 잡아채 가는 자이다. 이렇듯 우리는 새로운 신들 속에서 자연위력에 연관되는 옛 위력들이 한층 더 규정적으로 드러나는 것을 본다. 거기서 주피터에게는 태양과의 유사점이 있고, 아폴로에게는 헤라클레스와의 유사점, 아르테미스[141]에게는 디아나와의 유사점이 있다. 에페수스[142]의 디아나는

---

138 Prometheus. 티탄족의 하나. 제우스의 지시로 흙을 빚어 신을 닮은 인간을 창조함. 하지만 인간에게 천상의 불을 훔쳐다 주어서 벌을 받음. 미리 생각하는 자라는 뜻도 있음. 동생 에피메테우스는 사후에 생각하는 자를 뜻함.

139 Diana. 로마 신화의 수렵의 여신이자 달의 여신.

140 Selene. 그리스 신화의 달의 여신.

141 Artemis. 아폴로와 쌍둥이 남매. 들판, 사냥의 신.

142 Ephesus. 튀르키예의 이즈미르주에 있는 고대 그리스의 식민 도시.

양자 사이에서 흔들리는데, 그녀는 이미 그런 정신적인, 인간적 머리를 가지고 있다. 그리고 동시에 그녀 속에는 자연의 어머니라는 규정이 들어 있다. 더 계속하여 추적한다면, 비너스, 아프로디테가 그와 꼭 같다. 《46》 그렇듯 비너스도 보편적 자연, 어머니이다. 하지만 비너스가 그리스적인 것 속으로 내려오는 순간, 이런 자연위력은 물러난다. 그리고 그녀는 그런 매혹적인 여신이 된다.[162] 주피터는 우리에게 번개를 치는 자로 알려져 있는데, 다른 한편 그것은 자연위력이다. 제우스에게 있어서 자신을 인간에게 개시하는 것은 번개라는 연관성이다. 신구新舊 신들의 이런 대립을 우리는 아이스킬로스의 『에우메니데스』에서 발견하는데, 한편에는 에우메니데스들[143]이, 다른 한편에는 아폴로가 있다. 아테네는 양자 사이에서 결단하는데, 더구나 인간의 행위를 위해 결단한다.[163] 이 신들 또는 이념상들은 정신에서 나온 생성물들이다. 한편으로 인간적 형태가 그 신들의 형태화의 본질적인 것이다. 형태가 그런 인간 형태를 갖추어야만 한다는 이런 필연성을 인식하는 것은 심오한 통찰의 사안이며, 인간적인 것은 수긍되는 형태이다. 사람들은 경험적으로 다음과 같이 말한다. 이런 자연성이 즉자대자적으로 참다운 것이기 때문에, 사람들은 더 고차적 형태를 모르며, 예술가는 인간을 모방했다는 것이다. 정신에서 생성된 이런 신들은 예술가들과 신들, 예언자들의 작품들이다. 이들은 무릇 생산적이다. 옛 신들은 아직 거기에 있으며, 옛 신비의식들도 거기에 보유되어 있다. 사람들은 신비의식들에서 더 고차적인 것이 그 속에 개시되어 있을 것이라고 생각하지 말아야 한다. 상징적인 것, 말하자면 실로 감춰진 것으로서, 매우 비밀스럽게 언급되어야지 명확히 진술되

---

143 복수의 여신인 에리니에스(Erinyes)들이 나중에 자비의 여신인 에우메니데스들이 됨.

면 안 되는 어떤 것으로서의 옛 위력들을 숭배하는 것은 오히려 하찮은 것이다. 이런 특성은 티탄적인, 대지적인 것의 일부에 속한다. 왜냐하면 정신적인 것은 계시적인 것이며 스스로 계시하는 것, 보다 고차의 것, 신적인 것이기 때문이다. 새로운 신들은 정신에서 나왔다. 전통의 개조가 정신적인 그리스 신들을 산출했던 것이다. 다른 것(티탄족들)은 전래된 것, 전통이다. — 정신적인 것은 하나의 전제를 갖는다.[164] 크로이처[144]는 호메로스와 헤시오도스가 그리스인들에게 그들의 신들을 만들어 주었다고 헤로도토스가 말한 문장에 대해 매우 괴로워했다.[165] 이런 것은 순전한 허구가 아니다. — 사람들이 동화형식으로 소설을 만들듯이 말이다. 그렇지 않고 이런 절대적인 정신적 형태의 생산은 전혀 다른 어떤 것이다. 동물적인, 상징적인, 자연적인 것은 벗겨 내어져 있으며, 단지 유사점만 그 속에 유지되어 있다. 이것이 그리스인들의 새로운 신이며, 이것이 진정한 미이다.[166] 예술 일반. 예술이 어떻게 한편으로는 시들로, 다른 한편으로는 조각으로 나타나는가. 여기서 《46a》 주목할 것은, 고전적인 것에서 중심점은 조각작품이라는 것이다. 서사적이며 극적인 시인들은 조각작품을 초점으로 삼았다. [반면] 상징적인 것은 건축에서 그 대표물들과 가장 고유한 표현방식을 가진다.

이런 새로운 신들은 본질적으로 의식적인, 특별한 예술의 작품이지 자의가 아니며, 오히려 이 신들은 가장 참다운 것을 지니고 있다. 시인들은 지知와 그들 자신의 상념에 다가오는 뮤즈와 영감[을 통해서] 그들 민족 최

---

144 Georg Friedrich Creuzer, 1771-1858. 독일 언어학자이자 고전학자. 하이델베르크대학에서 헤겔의 동료이기도 했음. 그의 저서 『고대 민족들, 특히 그리스인의 상징론과 신화론』(1810-1812)이 헤겔의 중요 참조자료가 되었음.

고의 의식을 표현했다.

　내용, 기초, 본질적인 것은 정신적인 것이다. 예를 들면, 제우스는 신들과 인류의 아버지이며, 국가 일반의, 그리고 또한 가족의 실체이다. 그리고 그는 또한 정치적 신, 보편적인 인륜적 위력, 인류의 인륜적 위력의 연대이다. 아폴로는 빛이다. "인간이여, 너 자신을 알라", 정신을 알라. 이런 것은 인간에게 의무로 지워진 최고의 것이다. 머큐리는 언변, 책략의 위력이다. 케레스^{Ceres} 또는 데메테르[145]는 한편으로는 결실을 가져다주며, 다른 한편으로는 외적인 자연이다. 이 여신은 한편으로는 신비의식에서 유래하는 옛것이다. 이러함과 연관되는 것은 인륜적인 것, 경작지의 배분, 재산의 구분, 법칙들이다. 이런 것이 이 여신의 근본특징에 속한다. 왜냐하면 자연적인 것과 연관되는 인륜적인 것이 주요 사안이기 때문이다. 팔라스[의 경우를 보자].[146] 사람들이 상징적인 것 또는 옛것으로 소급한다면, 거기에 자연위력도 있고, 그다음 예지로써 이끌어지는 한에서의 전쟁도 있으며, 기술적인 기예들도 있다. [그렇듯] 인간적인 것이 거기에 연결된다. 자신의 아름다움 속에 있는 이 이념상들은 그런 다음 동시에 그것들의 숭고함 속에서 출현한다. 이들은 지복하며, 곰곰이 생각하면서 자신 속에 침잠해 있다. 그리고 이것과 결부되어 있는 것은 부정, 추상이라는 그런 특징이다. 이 참다운 아름다움은 바로 그렇기 때문에, 다목적적인 것, 개체적으로 특수한 것에서 추출된 고상함과 숭고함이기도 하다. 그러니까 영원한 안정이 신들의 이마 위에 군림하며, 숭고와 더

145　Demeter. 로마 신화에서는 케레스로 불림. 크로노스와 레아 사이에서 탄생. 제우스와 남매이며, 대지의 여신이자 농업과 곡물의 여신.

146　Pallas. 아테나의 별칭. 아테나가 죽인 기간테스를 뜻하거나, 창을 휘두르는 자라는 의미가 있음.

불어 그것은 슬픔의 추이 속에 나타나는 체념을 표출한다. 《47》

이제 특수한 것[에 대해 살펴보자]. 첫 번째, 정신적인 것은 본질적으로 개별성으로서 스스로를 표현한다는 것. 이런 신들은 본질적으로 구체적인 개별자로서 출현한다. 이들은 비록 알레고리적으로 취해질 수 있으나―예를 들면, 주피터 속에 지배가, 아폴로 속에 지혜가 의인화되어 있듯―, 그렇게 하나의 속성은 어떠한 개별성이 아니다. 오히려 신들은 본질적으로 구체적이어야만 하며, 자체 내에 풍요로워야만 하여서 그들에게 개별적인 속성이 귀속되지 않게 된다. 하나의 신 내에는 일반적으로 정신성이 발견되며, 자기 속에 있는 정신성의 지복함은 특수한 것으로부터의 추상을 포함한다. 그리고 정신성의 숭고한 평온은 모든 특수한 것의 원천이다. 정신적인 것이 감각적인 형태로 표현되어 있는 곳에서 다양성, 다신론이 나타난다. 그리고 거기서 우리는 신들의 군집을 갖는다. 하지만 이 군집은 아무런 체계도 형성하지 않는다. 이런 개별성과 더불어 말하자면 동시에 우연성이 들어온다. 개별성의 해지解止, 다양한 것이 동시에 이와 더불어 생긴다. 하나의 속성이 특별히 신 내에 나타난다. 예를 들면 주피터에게 있어서 최고의 것은 지배력이다. 하지만 그는 지자知者이기도 하다. 한 측면이 압도적이지만, 이 측면이 등급, 구분을 만들지는 않는다. 각각에 이런 속성이 귀속된다.

[두 번째로] 계속되는 것은, 개별성과 더불어 외적인 특수성도 들어온다는 것이다. 그리고 거기에서는 이 외적인 특수성이 본래의 실정적인 것이다. 그 자체로서의 인간, 실존하는 인간, 그는 그 장소에서 태어났으며, 그런 우연들을 가지고 있었다. 이런 것이 우연한 것이며, 바로 실정적인 것이다. 그리고 우연들이 그것들의 외적인 형태와 더불어 나타난다는 것은 신에게 있어서도 그러하다. 하나의 순수한 형태에는 실정적

인 것이 덜하다. 하지만 그 형태가 더욱 개체적으로 특수하게 되는 순간, 이런 외면성이 들어온다. 그 자체로서의 개별성은 그것의 규정성에 또한 외면성과 그리고 이와 더불어 실정적인 것 일반을 초래한다. 이런 것은 조각상들이 보여 준다. 조각상들에서 주된 표출은 개별성의 특유함을 다루며, 외면성으로 벗어나지 않는다. 그리고 이런 이념상들, 즉 고유한 사원형태들이 중심점이다. 고전적인 아름다움이 조형적으로 표현된 것은 [그리스 예술의] 기본성격인데, 저런 이념상들이 세속적인 것 내로, 극劇적인 것 내로 들어서는 한에서 그러하다. 《47a》 하지만 이런 조형적으로 표현된 성격 그 자체가 사원형상들에서와 같이 오롯이 대자적으로 표상되지 않고 오히려 어떤 돌출이 나타나는 한, 거기에는 실정적인 것[객관적이고 외적인 것]이 나타난다. 각 개인의 실정적인 것에 속하는 것은 그가 그런 시대에, 그와 같은 공간에 태어났고, 그런 운명을 가졌다는 것이다. 왜냐하면 이것은 무정신적인, 외적인 것이기 때문이다. 이런 실정적인 것에로 다른 것, 즉 상징적인 것이 격하되어 있다. [본래] 그 자체로서 상징적인 것은 내면적인 것을 시사한다. 그리고 상징적인 것의 의미는 어느 하나의 보편적인 의미, 교훈, 명제를 본질적인 것으로서 포함한다. [하지만 고전 예술에서] 이런 상징적인 것은 주로, 미 자체에서 어떤 순전히 외적인, 실정적인 것으로 격하되어 있다. 그러한 것에는 피디아스의 〈제우스〉가 속한다.[167] 그 속에는 몇몇 장식들 외에 아무것도 상징적인 것이 없다. 이에 반해 시인에게서는, 또는 조각 속에는 상징적인 것이 어떻게 더구나 행위하는 것 내로 넘어가는지가 나타난다. 그러니까 저부조에서 처럼, 상징적인 것에 그 기초를 갖는 그와 같은 특징들이 발견된다. 헤파이스토스의 절뚝거림은[168] 그가 렘노스섬147으로 내동댕이쳐졌기 때문인데, 이것이 그의 개별성이다. 아폴로는 도마뱀148 퇴치자로 불린다. 상징적인 의미는 여기에서 전적으로 사라져 있다. 그리고 상징적인 것에서 유래하는 특징들은 개별성에 더 자세한 외적인 규정을 부여하는 데 쓰인다. 실정적인 것의 또 다른 원천이 상징적인 것이라고 할 때, 그 원천은 지역적인 것이다. 신들은 특정한 자리가 있었으며, 신께 올리는 예배들은 특별한 장소[지역]들에서 이뤄졌다. 나아가 역사적인 것 일반도 실정적인 것의 한 원천이다. 아리스토텔레스의 제자인 에페메루스Ephemerus는 신들의 기원이 왕들과 그 일족들의 옛 역사들에만 포함되어 있다고 말한다.[169] 특히 하이네149가 이런 견해를 다시 꺼냈다.[170] 물론 역사적인 것이 그런 것에 특징들을 제공했지만, 단지 실정적인 것에 대해서만 그러했다.

[규정성에 관한 세 번째는,] 비규정적인 것—일자로서의 신—은 예술의 대상이 아니다[라는 것이다]. 예술에 속하는 것은 오히려 형태, 감각적인 표상과 직관의 방식이며, 또한 형태와 내적 규정성이 서로 연관된다는 것이다. 만약 형태가 참답다면, 그것은 내적인 것이자 바로 정신적인 것이다. 이런 규정성이 자유로운 개별성이다. 하지만 이 개별성은 우연적인 규정성을 함께 수반한다. 《48》 그리스 정신의 우아함은 이 방향으로 다량의 사랑스러운 창작들과 시들을 만들어 냈다.

네 번째 포인트는, 저런 이상적인 것, 신적인 것이 인간적인 것과의 관계 속으로 발을 들인다는 것, 형태가 그것의 대상성에 다가간다는 것이다. 이런 것은 우리 오성으로 이해하기에 어려운 관계를 형성한다. 왜냐

---

147 Lemnos. 에게해 북부에 있는 그리스 섬.

148 거대한 뱀(Python)을 가리킴.

149 Heinrich Heine, 1797-1856. 독일 시인. 프랑스와 독일의 문화와 예술을 상호 소개하며 양국 문화의 교량 역할을 함. 실증적인 신화관을 가짐.

하면 우리가 하나의 신을 표상한다면 이 신은 대자적으로 독자적이지만, 이 지고의 독자성은 외적인 실재성의 의미에서 취해져서는 안 되며 오히려 대자적인 절대적 위력이기 때문이다. 정신적인 내용은 참다운 실재성과 독자성을 형성한다. 정신적 위력으로서의 신이 인간에 대립해 있을 때, 인간적인 것은 이런 신에 반해 단지 수동적인, 부자유한, 무의지적인 것이라는 어려움이 생긴다. 그리고 만약 신이 어떤 것을 행한다면, 그것은 그저 인간이 특성이 풍부한 자로서의 자기 자신을 위해 자발적으로 행위한 것으로 보일 것이다. 인간들은 그저 행할 뿐인 것으로 보이며, 신은 그들에게 그런 위력을 부여했던 자로 보인다. 이런 관계에서의 유일한 구제책은 인간들에게 귀속되는 것이 신들에게도 귀속된다고 하는 완전한 당착이다. 이것은 그렇다면 신은 한 번은 대자적으로 실존하는 것으로서, 다른 한 번은 그 자체로서의 인간에게 소속되는 정신적 위력으로서 출현한다는 그런 당착이다. [하지만] 이런 당착은 거기에서는 올바른, 참다운 관계이다. 만약 이 관계가 그런 경우가 아니며 신들이 단지 대자적이고 자립적으로만 표상된다면, 신들은 기계장치들이 될 것이다. 고대인들에게도 '기계장치에서 나온 신들'[150]이 있다. 만약 신들이 그렇게 외부에서 튀어나온다면, 그것은 인간적인 것을 중단시키는 하나의 위력이다. 정신적인, 인간적인, 오성적인 것은 지양되어 있고, 죽은 어떤 것이다. 거기에는 어떤 자유도, 정신성도 없다. 따라서 그런 신들은 차가운 어떤 것인데, 단지 외적인 위력만 거기서 작용하는 것이기 때문이다. 그런 신들은 한갓된 미신이다. 그리고 자연을 모방할 때 신들은 그와

---

150 Deus ex machina. 초자연적인 힘을 뜻함. 신을 이용해 충돌상황을 타개하고 결말을 이끄는 고대 그리스 극의 극작술.

같은 외적인 방식으로 나타난다. ─ 베르길리우스[151]에게서[171] 그러하다. 그리스인들의 위대한 예술작품들에서 당착은, 한편으로 외적인 것으로서 출현하는 것이 다른 한편으로 인간적인, 오성적인 것의 내적인 것으로서 출현한다는 것이다. 그런 위력들은 보편적이다. 한편으로는 그 위력들이 개별적 개인들과 구분되어 있으며, 다른 한편으로는 이 개인들에게 《48a》 외적인 것이 취해져야만 한다. ─『오레스테스』에서 그러한데, 아폴로는 오레스테스가 친부를 살해하도록 돕는다. 거기서 아폴로는 친부를 살해하도록 오레스테스를 시중처럼 도왔던 신이다. 그리고 아폴로에게 경건한 한 인간이 순종한다. 하지만 오레스테스가 수행해야만 하는 것은 복수, 우리에게 있어서는 정의인데, 그는 이런 것을 완수해야만 한다. 그리고 이런 복수는 신적이고, 영원하다. 그의 아버지에게 복수하는 것, 이것은 지고한 것, 인륜적인 것이며, 동시에 인간적인 것이다.[172] 에리니에스들은 그렇게 외적인 신들이 아니다. 오히려 우리는 이 여신들을 양심 그 자체로 떠올린다. 한 번은 외적으로 그런 에리니에스[복수의 여신]들로서, 다른 한 번은 양심[자비의 여신]으로서, 내적인 것으로서 말이다. 소포클레스에게서는[173] 이들이 더 자주 나타난다. 심성을 지닌 에리니에스들은 거기서 마녀들처럼 그렇게 외적으로 진술되어 있지는 않다. 셰익스피어에게서 마녀들의 특유한 것은 그들이 맥베스의 심정 속에 불꽃을[174] 던졌다는 것이다. 다른 것은 실로 맥베스 자신과, 왕좌에 도달하는 범죄를 꺼리지 않는 그의 곁에 있는 부인이다. 외면성의 이런 형식은 곧, 그런 방식으로 지양된 것으로서 나타나는 형식이다. 신들의 이런 출현

---

151 Publius Vergilius Maro, B.C. 70-B.C. 19. 고대 로마의 시인. 로마 국가 서사시 『아이네이스』의 저자.

은 더 자세히는 시인들의 제작물로 설명되는데, 산문적인, 실재적인 어떤 것으로서가 아니라 주관적인 어떤 것으로 설명된다. 신들의 돌출등장은 명확하게 매우 빈번히 시인에 의해 만들어져 있는 외적인 사건을 설명하는 것으로서 출현한다. 시인은 이런 관점에서 성직자, 예언자이다. 호메로스는 그가 신들을 출현하게 하는 곳에서 종종 주관적으로 등장하며, 그때 그의 설명이 따른다. 물론 그는 이런 설명을 다른 자들, 예를 들면 칼카스[152]의 입으로도 말하게 한다.[175] 인간들에 대한 신들의 관계를 주목하는 것이 주요 핵심이다. ─ 하지만 자유로운 정신성은 그 자체에서 아직, 나중[근대]에 어떤 하나의 성격을 형성하는 그런 분열 속에 표상되어 있지 않다. 그리고 그런 성격들의 기초는 언제나 객관성이다. 독단, 완고함, 악랄함인 것은 그리스인들 또는 고전적인 것들에는 아직 낯설다. 예를 들면 자살 등이 비록 나타나긴 하지만, 이것은 한갓된 참혹함이 아니라 동시에 본질적으로 인륜적인 어떤 하나의 정당성을 가지는 측면이 있다. 외적인 것은 실정적인 것이다.《49》 이런 실정적인 것은 본질적으로 단지 우연적인 것의 형식으로 있는 것일 뿐이며, 전체적인 구성물들의 내적인 독자성에 어떤 손실도 가할 수 없다.

III. 낭만적인 것

7월 17일

이행移行은 이념 일반의 발전에 내맡겨져 있어야만 한다. 일반적으로 다음 것이 주목될 수 있

---

152 Kalchas. 『일리아스』에 나오는 그리스군의 예언자.

다. 고전적인 것에서는 정신적인 개별성이 의식 내에 먼저 자신에게 적합해야 할 감각적인, 외적인 것을 가진다는 사실에 이행이 기인한다는 것이다. 정신적인 것이 자신 내에서 실존을 스스로 부여하는 것은 더 고차적인 것이다. 이런 대상성의 종류와 방식이 고전주의적인 것에서는 여전히 감각적인 요소이다. 정신적인 것의 더 고차적 요소는 실로 그것의 더 고차적 자유, 즉 정신적인 것이 자기 스스로를 안다는 것이다. 내적인 것이 스스로를 자기 자신에 대해 있는 것으로 알게 되며, 그러고서 외적인 것이 하위적인 것으로서 출현할 때, 이를 통해 내적인 것과 외적인 것의 붕괴가 있게 된다. 물론 이와 동시에 자유로운 정신은 외면성도 자유롭고 자립적이게 둔다. 이로써 두 개의 왕국이 생성되는데, 대자적이고 내적인 정신적 세계와 자연적인 외적 세계이다. 그렇다면 이제 양자의 서로에 대한 관계가 중요하다. 이러함 속에는 한편으로 예술의 와해가 들어 있는데, 정신으로부터 실존, 표현의 방식이 분리되어 있으면서 그렇게 된다. 이로부터 나오는 결과는 최고의 아름다움의 와해이다. 하지만 이와 더불어 동시에 외적인 것으로부터의 분리, 이분二分을 걸머진 더 고차적 아름다움, 정신적 아름다움의 영역이 나타난다. 그리고 그런 외적인 것은 상처 입은, 고통스러운 방식으로 전자와 관계한다. 이런 이행에서도 상징적인 것에서 고전적인 것으로의 이행에서와 같은 혼종형태들이 발생하는가? 이 혼종형태들은 아마, 추상적인 것이 외적인 것으로부터 뜯겨져 나올 때의 경우일 것이다. 실로 정신적인 것이 대자적으로 획득되어 있다면, 그것은 더 이상 추상적이지 않다. 로마 세계에는 아름다운 형태화의 그런 파괴와 추상, 그리고 생동적인 개별성에 반대되는 추상적 판테온[만신전] 내로 이와 같은 것들의 종합이 있다. 이런 관점에서 본 하나의 특수한 형식은 무릇 풍자시Satire의 형식이다. 타키투스Tacitus,[176] 리비우스Livius,[177] 세네카Seneca[178] 같은 로마 역사저술가들의 특성은 고귀한 영혼의 불만, 즉 참다운 것이 거기서 아무 현실성도 갖지 않고 더 이상 민족의 인륜적 상태가 아닌 현존자로부터 《49a》 정신이 스스로 분리되었다는 불만으로 설명될 수 있다. 그런 분리 속에서는 이러한 추상적 미덕, 즉 예지, 자유가 하나의 과거적인 것이며, 그리고 개별적 주관에 보존되어 있는 그런 형식이 나타난다. 이 형식을 현재에서 본다면, 그것은 풍자시의 형식이다. 일반적으로 마땅히 인정될 요구들을 하지 않는 다른 것에 대한 개인적인 분노, 증오, 개인적인 풍자시가 그리스인들에게 있었다. 이에 반해 로마 역사저술가들에게는 짜증스러움이 있다. 내용은 산문적이며, 운문에서는 피상적인 시적 형식만 갖추고 있다. 이제 본래적 풍자시들은 로마적인 의미에서의 것이며, 개인적 풍자시는 더 이상 활성적이지 않다.

그러니까 그 자신 속에 있는 정신, 그렇지 않으면 감각적인 외적 방식으로 현존하는 정신이 낭만적 예술의 징표이다. 고전적인 아름다움, 완전한 아름다움보다 더 아름다운 것은 전혀 있을 수 없다. 오히려 낭만적인 것의 아름다움은 오직, 동시에 그것의 소재를 넘어 있는 그와 같은 아름다움일 수만 있다. 그러니까 정신적인 것의 참다운 표명이기에 더 이상 적합하지 않은 외적인 것은 마땅히 능가되고, 침해된다. 이런 것이 낭만적 예술 일반의 원리이다. 더 자세한 계기들을 보면, 상세한 규정성들 또는 소재들이 이 예술의 내용일 수 있다. 거기에는 세 가지 규정이 있다.

1) 동시에 현존재와 관계를 갖지만 그 자체로 있는 내면성이 주요 사항인, 자기 자신으로 있는 정신의 내면성.

2) 주관 속에 있는 이러한 정신성의 긍정적인 반향.

3) 소재의 자유로워짐, 자연적인 것의 자유로워짐.

첫 번째 것은 주로 신적인 역사 자체, 역전逆轉, 즉 정신이 자신의 자연성과 반대로 향하며, 이 자연성을 능가하고, 이를 통해 해방되며, 자기 내에서의 자립성에 이르는 것이다. 두 번째 것은 이러한 정신의 미덕들인데, 정신이 주관 속에서 긍정적인 방식으로 현존하였던 것과 같은 것이다. 세 번째 것은 외적인 것 그 자체의 자립화이다. 《50》

1. 자기 자신으로 있는 정신의 내면성

첫 번째 것을 보면, 이것은 종교적인, 그 자체

미학, 노트 5

로서 신적인 것, 자기 스스로를 파악하는 정신의 절대적인 역사이며, 희생, 부정, 수난, 죽음을 통해 지복에 이르러서 이 부정을 매개로 죽음을 극복하고 자기 자신 속에서 생겨나며, 자기 내에서 자기 자신이 되는 신적인 것이다.

a. 그리스도의 역사

그리스도의 역사. 여기에는 특별히 수난, 사멸, 그리스도의 죽음이 강조되어 있다. 인간적인 것, 외적인 실존은 이런 관계 속에서 하찮은 것, 우연적인 것, 개체적으로 특수한 것으로서, 물론 또한, 본질적으로 훼손되는 부정적인 것으로서 정립되어 있다. 이와 더불어, 그리스도란 인격이 첫 번째 대상인 한, 이 대상은 [그리스 예술에서 볼 수 있는] 본래적인 이념상으로서 표현될 수 없다. 일부 가장 위대한 스승들이 고안했거나, 또는 한층 더 전통적인 유형에 따라 만든 그리스도 두상들에서는 존엄이 오인될 수 없다. 하지만 그리스 이념상에서는 이 존엄이 성가실 것이다.

[수난, 자연적인 것의 희생과 같은] 직접적인 감성 속의 그런 지복함은 그리스 특성에 적절하지 않[기 때문이]다. 그다음 계속되는 것은 그리스도의 역사인데, 그 속에는 내가 정신적인 것의 과정에 속하는 것, 즉 자연적인 것의 사멸로서 제시했던 것이 나타난다. 한편으로는 이런 인격 속의 인간적인 것, 자연적인 것, 인간적인 본성의 허약함이 다음의 사실, 즉 그것이 신적이라는 점에서 존중된다. 신인동형설은 그리스인들에게서보다 그리스도적인 것 속에 더욱 널리 추동되어 있다. 널리 추동된 인간성은 자체에서 이상적인 것을 갖지 않으며, 가질 수도 없다. 그리스 이념상[신]들은 그리스도보다는 훨씬 덜 신인神人들이다. 자연적인 것과의, 이런 외적인 실존과의 분리는 고통을 가져온다. 그리고 이런 고뇌는 필연적으로, 정신적인 것은 천상으로 고양된다는 것, 정신적인 것은 자기 자신에게로 온다는 것과 결부되어 있다. 왜냐하면 자연적인 것은 실로 정신적인 것인 어떤 것이 아니기 때문이다. 그렇기 때문에 자연적인 것에는 벌, 죄악이 관계된다. 《50a》 그럴 때 아름답지 않은 것, 하찮은 것, 단언적으로 아름답지 않은 것이 예술 내로 들어온다. 중요한 것은 정신의 이런 내면성 또는 내밀성이 스스로 표출된다는 것이다. 그리고 그러함에는 고뇌로까지 계속 나아가는 부정 자체가 속한다.

> 정신적인 이념상은 감각적인 것의 이러한 수난 또는 자연적인 것의 희생에서 비로소 배출된다.

b. 고통을 통한 화해(마리아)

또 다른 것은 화해이다. 화해상태das Versöhntsein는 자기 내에 있는 자유로운 정신이다. 이 과정은 그 자체 정신의 개념이다. 정신이 —최고 개념의 이런 활동범위에서— 절대적인 것이므로, 그 자체로서의 정신은 예술의 직접적인 대상이 아니다. 그리고 정신은 예술보다 더 높이 있으며, [고전 그리스의] 완성된 아름다움은 곧 이에 따라 하락되어 있다.[179] 이제 정신이 정신으로서 감각되고 직관되면서도 그 자체로서는 의식되지 않고 존중되지 않는다면, 우리는 그것을 [첫 번째로] 사랑, 또는 감각의 형식으로 있는 정신이라고 칭한다. 사랑은 의식이 자신을 다른 한 대상 속에서 잊어버리는 것, 그리고 바로 타자 내에서의 이런 쇠약에서 자기 자신을 점유하는 것 이외 다른 것이 아니다. 정신이 이렇게, 개별적 의식이 다른 개별적 의식 속에서 자신을 발견하는 직접적인 방식으로 있는 한, 그리고 타자와의 그런 통일성 속에서 자기 자신을 갖는 한, 우리는 이것을 사랑이라고 부른다. 이런 것은 그 자체로서의 정신적 아름다움, 어떤 외적인 실존 속에서 스스로를 표명하는 정신의 개념인데, 정신의 이런 표명은 다른 실존, 즉 자연적인 실존, 실재성이 자연성이 아니고, 인간이 육체적인 것이 아닌 한에서 그러하며, 오히려 자연적인 것이 하나의 의식이어서 그 의식이 다른 의식 속에서 실재성을 갖게 되는 한에서 그러하다. 자연적인 실존은 정신적인 것의 타자이다. 하지만 타자는 정신적인 것의 또 다른 하나의 인격이다. 그리고 이렇게 정신적인 것은 자신의 소유물에서 나타나 있으며, 그러한 한 그것은 사랑, 아름다움이다. 이런 아름다움은 정신적인 아름다움인데, 재료 자체가 정신적이기 때문이다. 그렇다면 [두 번째로,] 이 정신적인 아름다움은 본질적으로 더 자세히는 내밀성Innigkeit 그 자체이다. 하지만 한갓된 자연적인 것은 언제나 외면성을 즉자적으로[있는 그대로] 보유하고 있다. 비록 그것이 정신적인 것에 예속되어 있다고 할지라도 말이다. 하지만 그 속에 있는 정신적인 것은 직접적으로 자기 자신 속에 있다. 정신이 자신과의 이런 화해에 도달하였던 한, 그리고 이 화해가 현존하는 것, ⟨51⟩ 감각된 것인 한, 그러니까 정신이 정신으로서 직관되지 않는 한에서, 그것은 사랑의 형식이다. 세 번째는 어머니인데, 어머니는 이를테면 정신의 자리에 들어선다. 모성애는 욕망이라는 곤궁함에서 해방되어 있기 때문이다. 어머니는 고통과 고뇌를 관통해야만 했는데, 그러함 속에서 어머니는 실로 스스로 자신을 망각하면서도 자기 자신을 가진다. 내밀성으로서의, 그런 이득 없는 사랑으로서의 정신적인 것이 예술 속에 있다. 감정이 정신적인 것의 자리에 들어선다. 내밀성의 이런 특징이 무릇 [낭만적 예술의] 이념상이다. 낭만적 예술의 주된 대상은 마리아이다. 이것은 한편으로 그런 형태의 빼어남의 필연성을 포함하고 있으며, 예술에 있어서 그런 형태의 빼어남도 포함하고 있다.

c. 공동체의 설립(순교자들, 성인전들, 기적들)

종교적인 것 내의 세 번째 방식 또는 규정성은 공동체의 설립, 즉 신적인 것이 개개인들에게 들어가는 방식이다. 이런 표현은 순교자라고 불리는 인물들을 포함하는데, 이들은 천상적인 것을 자신 속에 간직하고 있으며, 이들의 확고함은 외적인 고난, 죽음에 반하며 더욱이 천국을 위한 것이다. 이것은 예술에서는 매우 위험한 소재이다. 왜냐하면 불태워지거나 기름에 삶기는 것, 학대 등, 그런 고난들은 그 자체로 끔찍한 대상들이기 때문이다. 거기에는 그 자체로 거슬리는 신체의 가혹행위와 외적인 파괴가 있다. 이런 거슬림은 고난들을 견디어 내는 내적인 확고함 속에 나타나는 천상적인 것과 대립된다. 사람들은 [낭만적 예술형식에서] 진정한 예술작품들인 회화작품들을 가지지만, 외적인 것의 저런 파괴, 뒤틀림은 언제나 예술이 선택해서는 안 되는 대상이다. 인상의 표출 자체가 고난과 고통을 나타낸다.

이와 관계되는 또 다른 영역은 성인전들, 기적들의 영역이다. 거기에는 보통의 소시민적 현존재가 있다. 그리고 이런 자연[소시민적 현존재]은 외적인 방식으로 있는 신적인 것에 의해 감응된다. 심정이 [신적인 것의] 현현 등에 의해 갑작스러운 방식으로 감응되며, 병자들이 치유된다는 것 등이 주된 내용이다. 신적인 것은 이성理性인 한에서만 자연적인 것을 감응시킬 수 있다. 신적인 것은 세계 속에 있는 한, 세계 속의 이성이다. 《51a》 자연과 정신의 영원한 대립들, 거기서는 기적들이 너무나 손쉽게 유치한 것으로 넘어간다. 주체의 감동, 경건함은 그 자체로 흥미로운 어떤 것을 지닐 수 있다. 사실, 자신 속으로의 주체 마음의 방향전환은 하나의 측면, 집중된 측면일 뿐이다. 내밀성, 사랑, 자기 내 주관의 천상적인 지복함은 그렇게 추상적이지 않아야만 한다. 즉, 세속적인 것에 그 권한이 미치지 않아서 [세속적인 것으로의] 확장과 세속적인 것이 완전히 희생될 정도로 말이다. 세속적인 것의 권한이란, 그 속에 이성적인 연관이 있다고 하는 것이다.

2. 개인들 내 정신성의 긍정적인 현재

두 번째 것은 다음과 같은 한에서 도달되어 있다. 즉, 낭만적인 것이 개개인들 자체에서 알려지고, 그래서 그들에게 고통으로 제약된 것으로서 출현하지 않고, 오히려 그들 속에 긍정적으로 현재하는 한에서이다. 이것은 미덕들이다. 이 미덕들은 경건함, 내밀성, 겸허함이다. 이것들은 일종의 추상을 지니고 있기는 하나, 이 추상이 고난 또는 고통으로서 감각되지 않고, 오히려 주체가 그런 규정들을 자기화하고 이 규정들 내 자신의 세속적인 현존재로 있는 방식으로 지니고 있다. 이런 미덕들은 이제 인륜적인 미덕이 아니다. 인륜적인 것은 다음의 것들을 전제한다.

즉, 인간의 정신이 스스로 발전한다는 것, 의지가 즉자대자적인 그대로 스스로에게 규정성을 부여하였다는 것, 그리고 자유의 그런 규정들은 즉자대자적인 절대자로서 타당하다는 것을 말이다. 그러니까 자녀들에 대한 아버지와 어머니의 관계, 아내와 남편의 관계, 그 자체로서 인륜적인 미덕들, 이런 것들은 정신의 발전에 귀속된다. 그리고 그렇기 때문에 이것들은 종교적인 것이 여기서 갖는 집중된 내밀성에는 상응하지 않는다. 미덕의 주된 특징은 인종忍從이다. 부정적인 것의 그런 특징, 정신의 자립적인 인격성의 포기상태. 정신 속에 있는 부정적인 것의 그런 특징이 인식될 수 있다는 사실과 더불어 규정들이 계속 나타난다. 무엇보다도 사랑의 열정이 눈에 띈다. 이 열정은 낭만적인 열정이다. 고전적인 것 속의 고대인들에게서는 사랑이 전혀 나타나지 않거나,⁽⁵²⁾ 또는 부차적으로 나타난다. ─ 예를 들면, 안티고네[181]에게서와 호메로스[182]에게서도 그러하다. 조국, 가족, 국가, 지위와 같은 인륜적인 것은 공공조직이다. 세상 속에서 실현되어야 하는 사랑은 한편으로 이런 내밀한 것이

다. 이 내밀성이 현재에서 실현될 경우, 그 실현은 개별성, 우연성을 포함한다. 현존재의 방식은 어떠해도 상관없으며, 우연적이다. 가족과 국가 등에 대한 사랑도 사랑이다. 하지만 가족과 국가는 그 본성에 따라 필연적이며, 내용이 보편적 자연, 개념에 적합하다. 이에 반해 여기[낭만적인 것]에는 대상적인 것이 우연하게 놓여 있으며, 내부로 수용되어 있지 않다. 그렇기 때문에 여기서 사랑은 특수한 열정, 사적인 사안으로서, 일종의 자의, 우연성으로서 있다. 이런 측면이 바로 근대적 사랑 속에 들어 있다. 누군가가 그런 개인적 인물에게 사랑

에 빠진다는 것은 전적으로 우연적이다. 그리고 전체 관심은 이런 주관적인 것으로 방향이 바뀐다.

a. 신적인 것의 세속적인 것으로의 이행

이 계기들은 그리스 고전 신들에서 기독교적인 것으로의 이행을 이룬다. 이런 대상 역시도 시적으로 파악되어 있다. 이행을 이해하는 것은 일부는 민감한 일이었으며, 일부는 경솔한 일이었다. 실러의 시[183]에서 내용으로 전환되는 것은 시대들이다. 인간들이 한층 더 신적이었을 때, 신들은 한층 더 인간적이었다. 기독교에서는 신인동형주의가 이교도에서나 또는 고전 신화의 범위에서보다 훨씬 널리 추동되어 있다. 고대에서 신적인 것에 한층 더 가까운 것은 잘못되고 틀렸다. 아쉽게도 괴테의 『코린트의 신부*Braut von Korinth*』 속에도 이런 이행이 표출되어 있다.[184] 그런 이행이 매우 상반되게 집필되어 있고, [그렇게] 들어 있다.

b. 사랑과 충성

두 번째는, 주관성도 긍정적인 본질을 보유하고 있으며, 세속적인 것도 정당함을 보유하고 있다는 것이다. 여기서는 사랑이 주된 규정을 만들어 낸다. 사랑의 조형적 형상을 우리는 〈메디치의 비너스*Mediceische Venus*〉[185]에서 볼 수 있다. 하지만 내밀성의 표출은 여기에 결여되어 있다. 라파엘로 또는 다른 이들의 마리아 그림은 심정을 한층 널리 낚아챈다. — 비너스에게 심정은 장엄한 것이기보다는 단지 우아한 어떤 것이다. 이런 사랑은 동시에 우연성에 시달린다.

첫째, 무정함, 잔혹함으로 인한 진실한 사랑의 고뇌는 하나의 특별한 대상이었다. 《52a》 예를 들면 하르트만 폰 아우에[153]의 〈가여운 하인리히

Der Arme Heinrich⟩[186]는 ―중세에 나온 시인데― 문둥병이 있으며, 하녀가 그에게 사랑과 연민을 가진다. 그리고 그는 다른 사람이 그를 위해 스스로를 죽음에 바칠 때 자신이 치유될 수 있다는 것을 알게 된다. 소녀가 이를 위해 기도하자, 기도가 승려들에게 다다르고, 소녀는 이제 죽음에 봉헌되어야 한다. 하지만 하인리히가 문에 귀를 대고 들을 때 승려들이 바로 소녀의 몸에서 심장을 떼어 내려고 분주해하자, 그는 문을 부수어 열고 소녀를 구한다. 이런 진실한 사랑이 그를 문둥병에서 해방시킨다.

두 번째 대상은 충성, 근대적 충성, 특히 주인과 상관들에 대한 충성이다. 그리고 이런 충성은 우리가 국가라고 부를 수 있는 하나의 유대, 나라 내의 주된 조건을 만들어 내는 것이다. 이것은 개별적인 주체를 향한 충성이지, 국가, 애국주의에 대한 의무는 아니다. 이런 충성이 주관적인 어떤 것인 한, 그것은 우연적인 어떤 것인 동시에 불안정한 어떤 것이기도 하다. 왜냐하면 그들은 상전들에게 충성스럽지만 동시에 그러함에 있어서 그들의 고유한 장점, 즉 명예를 갖는데, 만일 이 명예가 훼손되면 그들은 자신들의 충성을 포기하며, 그럴 때 그들 고유의 의지를 가지고자 하기 때문이다.

c. 명예

세 번째로 또한 명예가 여기에 속한다. ― 이것은 고대의 인륜적 위력이 아니고, 낭만적인 것에 귀속된다. 명예는 다음 것, 즉 개인이 자신을 목적으로 삼고, 이런 것으로서의 자신을 타자의 표상 내에 부여하며, 타

---

153 Hartmann von Aue, 1165?-1215?. 중세 독일 궁정시인. 기사들의 궁정생활을 묘사한 최초의 시인.

자에 의해 인정된다는 것에서 존립한다.

d. 특유한 용맹성

네 번째는 특유한 용맹성, 본래 하나의 보편적인 미덕이다. 이 용맹성은 물론 특유의 규정을 가진다. 왜냐하면 그것은 전체적으로 판타지적이며, 개인의 명예를 목적으로 삼거나, 판타지적인 목적을 가지거나 혹은 모험류이기 때문이다. 중세에 나온 주된 시는 〈파르치발Parzival〉[187]인데, 이 시는 난해한 언어 때문에 우리에게는 여전히 매우 접근하기 어려운 시다.

3. 외적인 것 그 자체의 자유라는 추상적 형식주의

세 번째 것은 추상적 형식주의 일반인데, 이는 주관 자체뿐 아니라 외적인 것 그 자체도 여기서 또한 개념에 종속되어 있지 않은 채 자신의 자유에 이른다는 것을 의미한다. 그러함에는 객관성의 형식적인 것, 즉 더 고차적인 것[정신적인 것]에 의해 포기된 그런 객관성이 들어 있다. 《53》 대자적인 성격, 객관성 그리고 주관성은 이런 의미에서 같은 것이다.

a. 형식적 성격

첫 번째는 여기서 그 자체로서의 성격, 형식적 성격인데, 이것은 그런 특수한 방식으로 있고, 그렇게 있기를 원하는 것이며, 숙고된 목적들과 의도들이나 그 자체로 보편적인 관심을 갖지 않고, 오히려 직접적으로 규정된 본성에서 나와 있는 것이며, 이 본성에서 물을 긷고, 스스로를 이 본성에 지탱하는 그런 성격이다. 직접적으로 규정된 본성은 성격의 개체적 특수성인데, 이 본성은 굽히지 않고 자신에 의존하며, 본래의 내면성 없이 그런 개체적 특수성에서 수행되고, 그런 다음 개체적 특수성에 의해 몰락한다. 성격들의 이런 확고함은 낭만적인 것에서의 특유한 규정성인데, 낭만적인 것에서는 신神 외적인 것이 자신의 대자적인 독자성에 이르게 된다. 이런 측면에 속하는 것이 셰익스피어의 성격[등장인물]들이다. 그리고 셰익스피어에게서 탁월한 것은 성격의 그런 확고함, 성격의 일면성이다. 셰익스피어 [작품] 속에는 종교와 인륜성에 관한 언급이 없다. 그 대신, 그들의 열정이 파토스가 아니며 멸망에 이를 때까지 스스로를 관철하는, 그런 확고히 자신에게 의존하는 성격들이 있다.

예를 들면, 맥베스가 그런 성격이다. 처음에는 주저하는데, 공명심의 열정에 이르기까지 스스로를 완전히 확고하게 자신 속에 정립하였던 것이다. 그는 왕좌를 향해 손을 뻗친다. 왕좌를 고수하기 위해 그는 범죄를 저지른다. ─ 이것은 그 자신의, 그의 개체적으로 특수한 성격이라는 탄탄한 동일성이다. 거기서 천상적인, 인간적인 권리들은 아무런 의미가 없다. 그리고 그렇게 그는 스스로 실행한다. 그를 편드는 맥베스 부인은 더 고약하다. 그의 남편이 왕좌에 오르게 되었다는 것에 관해서는 아무 언급이 없으며, 기쁨도 없다. 오히려 첫 번째 것은, 그녀가 그를 우려한다는 것이다. '나는 당신의 심정이 두렵기만 하오.'[188] 말하자면, 그녀는 어느 정도로 그의 심정이 공명심의 그런 계획을 저지할 수 있을지 자문한다. 거기에는 순전히 성격의 이런 추상만 있다. 자신 내에서 무너짐은 그녀가 정신착란을 일으키는 것으로 표상되어 있다. ─ 인륜성과 종교 없이. 셰익스피어 이래로 신의 이름은 극장에서 금지된다. 『하인리히 VI』 속의 리처드 3세가 바로 그렇다. 그리고 그가 그런 신 없이 자립적인 주체이자 오직 그런 주체일 뿐이고, 이런 주체를 저러한 [인륜성과 종교

없는] 에너지로써 관철한다는 것이 탄탄한 것, 확고한 것이다. 이런 성격들은 코체부적인 것들과는 반대다. 코체부[154]의 성격[등장인물]들은 고상한 사람들인데, 선량함으로 가득하나 동시에 건달들이기도 하다. 아이러니Ironie가 그 속에 있으며, 뛰어난 것이다. 그 성격들이 표현하고자 하는 것은 광기, 이중성, 부조화이다. 예를 들면, 사람들이 그에 관해 아주 많이 [작품을] 제작했던 홈부르크 공자Der Prinz von Homburg[155]는 가련한 총통이다.[189] 《53a》 이런 부조화를 사람들은 셰익스피어를 따라 만들었다고 믿는다. 하지만 셰익스피어에게서는 오직 열정만 있다. — 예를 들면 『오셀로Othello』[190][156]에서 질투, 즉 자신에게서 떨어져 나가지 않고 오히려 이를테면 운명으로서 자신의 열정 자체 위에 서 있는, 그리고 그렇게 쇠진하는 에너지가 그러하다. 소재의 이런 신 외적이며 인류 외적인 자립화가 성격의 형식주의이다.

이 형식주의에는 아직 두 번째 형식이 속해 있다. 이것은 하나의 성격이 아름답고, 종교적이며, 고상하고 자기 자체 내 영혼의 참다운 귀족인 것, 하지만 그런 심정이 발전, 외화, 객관성은 물론, 더구나 자기 자신의 유지와 확립에조차도 이르지 못하는 그런 형식이다. 형식적인 것은 성격

---

154 August Friedrich Ferdinand von Kotzebue, 1761-1819. 독일 극작가.
155 1809-1810년 하인리히 폰 클라이스트의 역사극 주인공. 기병대장 홈부르크 공자는 군법을 위반하고 공을 세워 군법회의에서 사형이 선고됨. 특사를 청원하자 공자 스스로 무죄인지를 판단하도록 종용받음. 이에 자신의 잘못을 자각하고 법에 복종하기로 결심하자 구원받게 됨.
156 1603년 작. 셰익스피어의 5막 비극작품. 베니스의 흑인 장군 오셀로가 공국 원로의 딸 데스데모나를 사랑하여 결혼함. 그를 시기한 부하 이아고는 부관자리를 캐시오에게 뺏기자 데스데모나와 캐시오가 밀통하는 것으로 꾸밈. 이를 믿은 오셀로가 부인을 죽인 후, 이것이 부하의 계략임을 알고 스스로 목숨을 끊음.

의 이런 폐쇄성 속에 존립한다. 이전의 것은 반대가 되는데, 거기서 성격은 스스로를 관철하며, 행위하면서 전적으로 자신을 과시한다. 이에 반해 여기서는 성격이 (이전의 것에서 단지 개체적으로 특수했던 것처럼) 내적으로 하나의 총체성이며 아름답고 고상하지만, 그는 자신의 무한한 충만을 말 없는 외화들 속에서만, 그의 고요 속에서만 알릴 수 있다. 이런 주관적 방식이 여기서 형식적인 것을 만들어 낸다. 외화 또는 객관화의 결핍은 고요, 침묵이다. 그리고 이 침묵은 매우 중의적일 수 있다. 피상적인 것이 잘 외화되지 않는다면, 그것은 마치 어떤 것이 그 뒤에 숨겨져 있는 것처럼 보일 수 있다. 하지만 침묵이 가치내용을 가지고 있음이 나타나야 한다면, 그런 심오함을 침묵 속에 암시하기 위해서는 시인의 고유한 기예가 필요할 것이다. 그 아름다움이 본질적으로 주관적 통일성 속에 유지되는 그와 같은 심정을 위해서는, 이 심정이 돌출하며 파악되고 스스로 어떤 현존재로 해명되는 하나의 시점이 도래해야만 한다. 그런 시대가 도래했다면 이 심정은 자신의 흩어지지 않은 힘을 그와 같은 현존재 속에 불어넣을 것이며, 그와 같은 현존재에 드리워지겠지만, 또한 그런 다음 그 속에서 유지되지 않고 사라질 것이다. 바로 객관성의 유지가 이런 주관적 아름다움에는 결여되어 있다. 이런 종류의 형식적 성격들은 마찬가지로 셰익스피어에게 있어서 그들의 특수한 아름다움 속에 현존해 있는데,《54》 예를 들면 줄리엣[191]이다. 줄리엣은 만개하자마자 한 번에 스스로를 펼치며 솟아 올라와 있는 한 송이 장미 꽃봉오리이다. 그녀는 거기서 어떤 발전, 경험도 갖지 않고, 오히려 사랑에 감동된 채 한꺼번에 전개되어 있다. 자신 그대로 was sie ist의 그녀는 하나의 불씨가 점화했던 화재처럼 나타난다. 그녀는 자신의 태도들 전체에서 무분별하며, 오직 그런 무분별한 측면으로 스스로 내던져진다. 『폭풍 Strum』[157] 속의 미란다가 이와 비슷하다.[192] 심오한 심정들은 현실성으로 나오지 못하고 순전히 자신 속에서 주관성을 보존하였던 그런 것들이다. 객관성에 이르지 못하는 이런 내밀성을 띠는 것이 민속가요들의 성격이다. 민속가요들의 성격은 매우 감수성이 풍부한 것, 심오한 것, 하지만 지리멸렬한 것을 가지고 있다. 주관적인 깊은 집중성을 갖지만 종교와 인륜성이라는 객관적인 가치내용이 없는 것은 본래 야만인들의 성격이다. 괴테에게서는 그와 같은 성격들과 상황들이 다량으로 나타난다.[193] 하나의 심오한 영혼이 그런 시들 속에 있으나, 이 영혼은 인륜적 확고함과 태도를 동시에 자신 속에 가지고 있지 않으며, 이와 더불어 아무런 인륜적인 관심도, 객관적인 관심도 가지고 있지 않은 영혼이다. 오히려 이 영혼에서는 전체가 주관적 감정들과 열정들에 한정되어 있다.

장 파울[194]은 테오도어 고틀리프 히펠Theodor Gottlieb Hippel[195]의 중요한 책 『도약기 속의 생애 이력들Lebensläufe in aufsteigender Linie』을 그가 유머 작

히펠(쾨니히스베르크의 시장, 희소한 독일 원작들 중 하나를 저술, 안타깝게 지금은 거의 망각됨)에 관하여

업들을 할 때 앞에 두고 있었다. 이 저작 속에는 신선함과 생동성이 있다. 그와 같은 고요하며 깊은 심정들은 불만을 토로할 줄 모르는 하찮은 지위들에서 나온 것이며, 종종 소름 끼친다. 햄릿도 이런 범주, 즉 연약하지 않으나[196] 우울증이며, 자신의 아름다움을 위해 행위의 외화로, 그러한 에너지로 계속 나아가지 않고 실행 앞에 겁먹는 그런 무한히 아름

---

157 1611년경 작. 셰익스피어의 마지막 로맨스극. 밀라노 대공 프로스페로가 음모에 의해 딸 미란다와 함께 추방당함. 섬에서 마법의 힘을 얻게 된 프로스페로는 폭풍을 일으켜 그를 음해했던 나폴리 알론조왕 일행의 배를 난파시켜 자신의 섬에 상륙하게 만들고, 미란다와 알론조왕의 아들 퍼디난드가 서로 사랑에 빠지게 함. 알론조왕은 지난날 죄를 뉘우치고, 프로스페로도 밀라노 공작으로 복귀함.

다운 심정에 속한다. 이런 것이 성격의 형식적인 것이다.

b. 행위와 사건

두 번째는 행위와 사건의 방식이 될 것이다. 이런 것들은 이 분야 내 모험의 규정에 들어간다. 엄격한 의미에서 그것에는 하나의 특별한 목적, 인륜적인 목적, 가족, 조국이 속한다. 그리고 선과 악이 그와 같은 확고한, 대자적으로 존립하는 목적들에 따라 규정된다. 《54a》 이 분야에서 외적인 소재는 자체적으로 계속 추동하며 뒤엉키는 외적인 우연성으로서 출현한다. 다른 한편으로는 내적인 목적들이 있다. 비록 더 고차적인 종교적 요소가 그 속에 있다고 할지라도 이 요소는 통상적으로, 현실성이 되기 위한 행위들을 대자적으로 포기하는, 세련되지 못한 판타지적인 것의 성격을 동시에 포함하고 있다. 이 분야에서 최고의 목적은 기독교 전파, 공동체의 교육이었다. 한편으로 이 교육은 학습을 통해 효과가 있다. 그리고 외적으로 여기서 사건들, 행위들이 나타나는 한, 이런 것들은 수동성, 세속에 대한 체념, 세속으로부터 후퇴의 성격, 혹은 —그것들이 세속에 머물 때는— 수난, 순교의 성격을 갖는다. 성지聖地를 정복하려는 목적, 그래서 스페인에서 성벽들을 몰아내려는 것은 한편으로는 매우 종교적이며, 다른 한편으로는 동시에 매우 세속적이다. 그러니까 종교적 목적이 정복이라는 목적과 결부되어 있는 것이다. 더욱더 판타지적인 것은 성지를 획득하려는 목적이다. 어느 한 장소, (무덤을 획득하는) 것이 목적이 되는 것이다. 이것은 가장 정신 나간 것이며, 그 자체에서 굴절되고 그 자체로 판타지적인 목적이다. 사람들이 정신적인 것의 개념을 동시에 외적 지역성에 연결하려 시도한다면, 그런 전체 목적은 자체 내 모순이 있다. 그것은 실행에서도 그러할 것이다. 즉, 한 번은 경건함, 다른 한

번은 최대의 잔혹함이 있을 것이다. 이것이 낭만적인 것의 주된 목적인
데, 이 목적은 종교적인 것을 가지면서도 종교적인 것에 스며들지 않은
세속성을 자체 속에 동시에 품고 있다. 다른 소재는 한층 외적인 모험류
들이다. 기사도, 기사도의 사상, 무죄를 구조하기 위해 방랑하고자 하는,
하지만 헤라클레스처럼 개별적인 우연한 방식으로 법과 정의를 수립하
려는 목적은 매우 판타지적이다. 풀려나는 자는 비록 무고한 자들일 수
있으나, 그들이 행하는 것에 대한 정당함은 최고의 불의일 수 있다. 예를
들면, 감옥에서 도둑무리들을 풀어 주었고 법원 공복들을 쫓아 버린 돈
키호테에게서 그러하다.[197] 『돈키호테』 속에서는 즉자적으로 고귀한 본
성에서 기사도가 광기로 되어 간다. 우리의 소설은 확실히 일정한 거리
를 둔 채 그런 성격 일반과 연관된다. 기사도는 자체 내 환영적幻影的이다.
《55》 소설은 평범한 삶의 전적으로 일상적인 목적들, 예를 들면 소녀를 아
내로 얻고자 하는 그런 것을 목표로 삼는 어떤 한 기사를 대상으로 한다.
그는 이런 일상적인 목적들을 엄청난 것으로까지 고양시켰던 판타지의
고조를 통해서만 판타지적이 된다. 그런 일상적인 목적에 도달하는 것
에는 또한 어려움들이 봉착된다. 거기에는 법, 경찰, 국가 등이 있고, 존
중될 수 있는 법들을 혼자서 자신의 무한한 목적을 위해 울타리에 가두
는 애송이 기사가 있다. 애송이 기사에게 그런 것은 그에 대립해 불의로
서 있는, 그가 반대하며 투쟁하는 마법에 걸린 세상으로서 출현한다. 이
런 투쟁은 괴테가 수업시대라고 불렀던 것 이외 다른 것이 아니다. 그리
고 이 수업시대들이 종료되면, 목적은 중단된다. 그는 소녀를 획득했고,
소녀는 그의 아내가 되며, 그럴 때 다른 사람과 같은 한 인간이 되는데,
괴테의 『빌헬름 마이스터의 수업시대 Wilhelm Meitsters Lehrjahre』[158]에서 그러하
다.[198] 거기에는 이제 자식들과 삶의 모든 애환이 나오며, 그는 이전에는

속물근성에 대항하여 투쟁했지만 [이제] 고루한 사람이 된다.

c. 산문적인 것과 유머러스한 것

세 번째 구성요소는 주관적인 것과 객관적인 것의 최종적 붕괴하에서 예술의 외적인 대상들 내로의 최종적인 붕괴이다. 정신적인 것은 전적으로 주관적이 되고, 대상들 또는 산문적인 객체들이 예술의 대상들이 되며, 정신과 심정의 한갓되이 주관적인 것이 하나의 예술형식을 드러낸다. 그 한 측면은 소재, 대상들이 전적으로 산문적인, 외적인, 객관적인 자연이 되며, 그리고 그렇게 파악한다면 산문적인 대상들이 예술의 대상들이 된다는 것이다. 여기에는 자연의 모방이 나타나며, 무엇이 예술작품인지 말하기 어려움이 생긴다. 한편으로는 전체 산문적인 내용, 나날의 삶이 그 속에 있다. 그리고 그런 것이 예술의 방식에 따라 표현된다

예술작품들은 언제나 있으며, 단지 완전한 것들이 아닐 뿐이다.

면, 그것이 예술작품들인가? 더 자세히는, 예술을 통해 아름다운 형식이 부여되는 내용을 형성하는 나쁜, 비인륜적인 대상들이 여기에 속한다. 말[言]이 추상적으로 행해진다면, 모든 특수한 것이 그 아래 들어올 것이다. 하지만 예술이 철학적으로 고찰된다면, 소재와 특유한 가치내용이 참답고, 실체적이며, 즉자대자적이어야만 할 것이다. 《55a》 그런 산문적인 것, 전적으로 외적인 것은 일부는 대자적으로 다루어질 수 있고, 일부는 더 고차적 소재를 위해 주변 환경만 만들어 낸다. 평범한 것 또한 주목된다는 것이 낭만적인 것 일반의 성격 속에 들어 있다. 말하자면, 참

---

158 1795-1796년 괴테의 교양소설. 수공업에서 장인이 되기 위해 거쳐야 하는 수련기를 그림. 시민사회 속의 자아실현과 자기완성의 과정을 보여 주고자 함.

다운 것이 이상적으로 부각되지 않는다는 것 속에 말이다. 감각적인 방식은 앞서 말했듯, 낭만적인 것에서도 자유롭다. 여기에 관계되는 것은 정황인데, 외적인 실존의 외적이고 저급한 조건들도 주목되며, 이상적인 것을 위해서가 아닌, 실존을 위한 한갓된 정황들이 현존한다는 것이다. 그러한 것에 속하는 것은 종교적 또는 세속적인 종류의 근대 극에서 예를 들면, 셰익스피어에게서 모든 왕들 혹은 영주들, 혹은 중심점을 이루는 인물들뿐 아니라, 궁중사람들, 군인들, 보초들, 사환들, 시녀들에 이르기까지 그들의 전체 가계와 주변 환경도 함께 동시에 묘사된다는 것이다. 이런 모든 것들 또한 표상되어도 괜찮다. 회화에서 예를 들면, 그리스도의 탄생이 표현되어 있는데, 그의 주변에 어머니와 아버지, 소와 나귀도 있으며, 천상적인 무리들만 아니라 매우 일상적인 동행인으로서 출현하는 양치기들도 있다. 예술의 대상들은 여기서 전혀 제한적이지 않다.

이런 종류의 예술작품들에서는 특별히 회화가 매우 풍성한 성과를 보였다. 이전의 네덜란드 화가들은 그들의 대상을 종교적인 것의 범

위에서 취했다. 물론 또한 협동적 공동생활 속의 농부들에 이르기까지 사생활의 정경들, 이와 마찬가지로 동물화, 풍경화, 꽃정물화가 여기에 속한다. 의복, 기계, 유리 등은 여기서 경탄할 만한 기교로써 표현되어 있다. 자연의 모든 변화할 수 있는 것이 거기에 고정되어 있다. 꽃들, 풍경들의 변화될 수 있는 것, 더욱이 금속들의 반짝임, 유리의 투명함, 가장 빨리 날아가 버리는 것이 일부는 몸짓의, 일부는 얼굴 인상의 움직임들 속에 있다. 자기 자체로 있는 대상들은 가치내용을 가지고 있지 않다. 하지만 화가가 그 대상들을 그토록 살아 있듯 탁월하게 포착했다는 것이

그를 경탄할 만하게 만든다. 네덜란드의 도시시민과 농부들은 [스페인 왕] 필립 2세의 강한 권력에 맞서 자신들을 고수했다. 《56》

용맹성, 경건하고 숭고한 의미로 획득된 그런 안락함의 감정 속에서, 이런 의미는 화가들을 외적인 대상들의 활기를 [표현하도록] 몰아넣었던 것이다. 선술집 속의 군인들 또는 카드놀이 하는 농부들, 이것은 가장 재빨리 사라지는 것이며, 즉시 지나가 버린다. 화가들은 이를테면 색채의 음악적인 것을 연구하였다. 색채의 조합을 통해 그들은 금속, 찻잔 등의 반짝거림을 산출해 내었던 것이다. 다른 측면, 즉 낭만적 예술의 전적으로 주관적인 측면은 무릇 유머러스한 것을 포괄한다. 거기에서는 예술가가 산출하는 형태가 있는 것이 아니라 오히려 주체가 오직 자기 자신만 보도록 제공하며, 대상, 객관적인 것, 외적인 것은 가장 중요치 않은 것이 된다. 그리고 제시되는 것은 감각들, 주체의 위트이다. 유머러스한 것은 감상적인 것들을 향해 기운다. 이런 형식에 사람들은 쉽게 손을 내미는데, 왜냐하면 그것이 그의 위트, 생각들인 한, 시인은 거기서 아무런 계획도, 객관적인 표현도 필요로 하지 않고 오로지 자신에 관해 말하기 때문이다. 이로써 예술은 실제로 중단되며, 유머적인 작품들은 실제로 더 이상 예술작품들이 아니다. 가치내용은 우연히 관계되는 그런 일련의 감각들을 가지며, 비록 깊이 있고 풍부하게 정신적일지라도 그것은 가치 내용이 없는 것이다. 이것은 예술의 와해, 붕괴이다. 이념상의 이런 기본 형식들로써 [이제 일반부분의 고찰이] 충분할 것이다.

이 부분은 이념상의 [다양한 현존 방식으로의] 와해이다. 지금까지 미는 그것의 여러 가지 형식들에 기초가 되었다. 특수부분에서 우리는 이념상, 미가 자체 내에서 붕괴되며 그 계기들로 와해되는 것, 그리고 그 계기들에 고유한 존속을 부여하여서 그런 여러 가지 미들이 그 하나의 이념상das eine Ideal을 형성하는 것을 보게 된다. 미는 자신의 가지들을 따로따로 두는데, 이것들이 합쳐져 미라는 농작물이 된다.

우리는 이 분류를 두 가지 방식으로 진행할 수 있다. 오성의 외적인 성찰은 일반적인 분류에 따라 진행되는데, 일반적인 분류는 오성이 좋고 나쁜 모든 예술을 앞에 두고 이것들을 추상적인 방식으로 알기 쉽게 표상적으로 말하는 것이다. [하지만] 분류근거가 그렇게 외적으로 수용되어서는 안 된다. 우리는 분류근거를 우선 두 가지 방식으로 파악할 수 있다. 《56a》 예술작품이 이념의 표현, 이념상이기 때문에, 사람들은 발현의 상이한 방식들을 분류근거로 삼을 수 있다. 이것[발현 방식]은 감각적이며, 외적인 감각 또는 외적인 표상을 위한 것이다. ― 이에 따라 분류가 이뤄질 수 있다. 이념의 표현은 그런 자료에 따라 분류될 것이다. 후각, 미각, 촉각은 제외되어 있다. 왜냐하면 이런 것들은 이론적이 아닌, 실천적 감관이기 때문이다. [여기서 의미하는] 감관Sinn은 말하자면 감각Empfindung의, 직관의 방식이다. 그래서 내용이 우리로부터 자유로운 것으로 머물거나, 또는 실로 대상이 무화되는 동안 대상과 반대로 활동적으로 유지된다. 만약 누군가 어떤 것을 맛보려고 한다면, 그는 대상을 분쇄해야 한다. 마찬가지로 냄새에 있어서도 향기는 대상 자체의 증발이며,

향료는 휘발성의 기름이다. 감정이라는 감관은 충돌, 힘든 것과 관계있다. 시각과 청각은 두 개의 이론적 감관들이며, 대상들을 무화하는 관계가 아니다. 대상은 우리의 맞은편에서 당연히 자유롭게 머무른다. 사람들이 대상을 흔들고 이를 통해 소리가 나게 할 때, 대상은 그것인 그대로 머문다. 참다운 분류는 내부에서, 예술작품의 이념 자체로부터 취해질수 있다. 이런 방식으로 구분이 규정되어 있다면, 상응하는 감각적인 방식도 저절로 드러나게 될 것이다. 중점 또는 단일한 총체성은 이념상인데, 이 이념상은 자신의 무한한 자립성 속에 있는 전적으로 대자적이고 정신적인 주체이다. 하지만 이념상은 곧 주체로서, 모든 살아 있는 것 일반처럼 먼저 자신에 마주해 있는 비유기적인 자연을 가져야만 한다. 그런 비유기적인 자연은 외적인 둘러싸기이다. 이 주변 환경—이것이 이념상에 걸맞을 것이라면—은 또한 그 자체로 필시 아름다울 것이다. 그런 최초의 예술은 건축이다. 그리고 건축의 첫 번째 감각적 기초요소는 형

아직 외적인 형식

식이 거기서 아직 즉자대자적으로 자립적이지 않은, 감각적으로 거친 재료이다. 두 번째 예술에서는 다음과 같다. 즉 이념상, 그 자체로서의 신이 자신의 추상적인 자립성 《57》 속에서 등장하는 것이다. 이것은 조각이다. 세 번째 것은 자립

7월 17일

적 이념상에 맞서 있는 공동체, 안락한 것, 자기내로 들어가는 것, 더불어 개별적 특수화이다.

이런 측면에서 첫 번째 예술은 회화이다. 내면성이 지배적인 것이었던 주관적인 측면, 거기에서는 저런 외적인 것이 함께 추출된다. 회화는 공간성에 따른 평면 위의 표현이다. 그런 다음 여기에 색채가 들어오는데, 색채는 자신에게 내적이고 가시적으로 생성되는 것das Sich-innere-sichtbar-Werdende, 가시적인 것이 자신의 암흑화 속에서 가지는 그런 내면성이다.

224

색채들은 빛과 어둠의 통합들이다. 색채는 주관적인 것이 스스로를 표현하는 바로 하나의 기초요소이다. 주관적인 것의 대상은 그런 주관적인 것의, 다양한 인간적 상황과 행위의 개별적 특수화이다. 회화에 대응을 이루는 것은 음악, 즉 양적인 관계를 통해 구분될 뿐인 내용 없는 주관성이다. 그런 울림은 자신의 외면성 속에서 주관적으로 머물며, 그 속에서 즉시 사라진다. 세 번째 것은 언어예술^{Redekunst}, 시문학^{Poesie} 일반이다. 그리고 이것은 절대적이고 참다운 예술이다. 시문학은 정신 속에서 구상되는 모든 것을 수용하는 그런 것이다. 시문학은 내용과 충만함이 있는 소리내기^{das Tönen}이다. 언어예술은 먼저 서사시 자체, 자신의 객관적 또는 대상적인 내용을 가진 이야기 자체이다. 두 번째 것은 음악과 결부된 주관적 또는 서정적 이야기이다. 세 번째 것은 음악과 몸짓이 있는 극^劇이다. 여기에는 전체 인간 자체가 있으며, 현실적이고 생동적인 개인이 표현의 재료이다.

I. 건축

미 전체는 상징적인 것, 고전적인 것, 낭만적인 것, 세 가지 형식으로 있다. 이 특수한 예술들 각각은 하나의 예술, 하나의 미이다. 건축술^{Baukunst}에서는 이런 구분이 가장 중요하며, 상징적, 고전적[, 낭만적] 건축술이 있다. 시문학에서도 우리는 상징적, 고전적, 낭만적 시문학을 가진다. [하지만] 조각에서는 이런 것이 중요하지 않다. [고전 조각이 전형적이기 때문이다.] 예술은 그 종류와 방식에 따르면 하나의 생성이다. 예술은 가장 완전한 상태와 다

전통적인 것, 관상학과 외관에서 부자유스러운 것이 그 속에서 동시에 지배적인 엄격한 양식

시 쇠퇴함을 가진다. 각 예술들에서 사람들은 경과를, 정확히 말하면 세 가지 종류의 양식을 구분하는데, 그것은 엄격한 양식, 고전적 양식, 쾌적한 양식이다. 모든 예술에는 이런 구분이 존재한다. 《57a》 고전적 양식은 지고한 예술의 양식이다. 피디아스의 작품들이 그런 양식이다. 라파엘로의 회화작품들은 한층 엄격한 양식인데, 움직임과 인상에 연관된 특성적인 것이 있다. [각 예술은] 고전적인 것에서부터 쾌적한 것으로 나아가는데, 후자는 모든 측면으로 향하며, 곳곳에서 자극하고자 하는 것이다. 사실, 쾌적한 것에는 아름다운 예술의 쇠퇴 원리가 동시에 들어 있다. ― 건축은 개인, 개별적인 이념상[그리스 신]을 둘러싸는 거처이다. 이것은 고전적 건축술의 규정이자 또한 낭만적 건축술의 규정이기도 하다. 먼저 우리는 이런 일반적인 방식에서 건축술을 파악해야만 한다. 일반적인 방식이란, 건축술이 비유기적인 것의 축조여서 그런 형식이 아직 주관성 자체가 아니라는 것이다. 왜냐하면 그런 형식은 그 자체가 여전히 외적으로 스스로를 나타내는 형식이기 때문이다. 그리고 그런 형식은 다른 것과 관계하며, 다른 어떤 것을 의미한다. 고전적 예술에서 건축술의 의미는 신을 둘러싸는 사원과의 관계이다.

예술 일반의 시작에 관하여. 예술의 맨 처음 방식은 무엇이었을까? 회화에서는 맨 처음에 그림자 실루엣[윤곽][199]이었을 것이다. 사람들은 생리학적 고찰에 따라 인류가 이전에 춤추고 노래했다는 것을 전제하였다. [하지만] 이 모든 것은 아무 예술도 아니다. 최초의 형식은 외적인 형식이며, 거기서 우리는 건축을 갖는다. 그리고 이런 것은 역사적으로도 가정될 수 있다. 먼저 집에 대해, 개인이 자신에게 공간을 차단하는 것에 대해, 그리고 그것이 자신을 둘러싼 의복과 같은 그의 공간이라는 것에 대해 생각해 보자. 우리는 이에 따라 단지 비유기적인 형식들을 고찰하면

된다. 그러면 이런 것들이 의미가 있게 되고 의도적인 것이 될 것이며, 그러함으로써 어떤 것이 표상되며 정신적인 것이 될 것이다. 최초의 것이 목조건축물이었는가, 아니면 석조건축물이었는가? 비트루비우스[1]에게는 목조건축물이 최초의 것이었다.[200] 석조건축물이 최초의 것이었다는 반대 의견도 마찬가지로 제기되어 있다. 이런 것은 단지 기술적인 것에 관계되는 것처럼 보인다. 우리는 그런 구별을 부차적인 것으로서 생략할 수 있다. 그리고 우리는 그런 계기들을 특정한 구분으로서 고찰할 수 있다. 둘러쌈 일반이 중요하다면, 그것은 다음과 같이 발생할 수 있을 것이다. 첫째, 견고한 어떤 것이 구멍 뚫려 있거나 또는 속이 비어 있는 것, 혹은 둘째, 다른 것, 즉 벽들로 «58» 둘러싸는 것이 만들어지며, 벽들의 위치에 의해 안쪽이 생성되는 것, **셋째**, 양자의 어느 것도 발생하지 않는 것, 즉 둘러쌈의 형식에 도달하지 않고서 여하간 조밀하게 축조되는 것. 이 세 번째 것을 우리는 자립적 건축이라고 부를 수 있다. 그리고 이런 축조에 의미가 들어 있는 한에서, 그런 자립적 건축은 상징적인 예술이다. 상징적 예술, 또는 자립적 건축[2]은 최초의 예술이다(그다음이 고전적 건축이며, 세 번째는 낭만적 건축이다). 피라미드는 시신[屍]들을 그 속에 보유하는 것으로 규정되어 있다. 이런 자립적 건축이 무너질 때, 즉 의미가 그것에서 분리될 때 고전적 건축이 있게 되는데, 고전적 건축이 둘러싸는 것을 목적으로 삼는 한에서 그러하다. 상징적 건축은 조각과 유사하게 그 자체 즉자적으로 의미를 가지고 있다.

---

1 Macus Vitruvius Pollio, B.C. 80 출생. 이탈리아 카이사르와 아우구스투스 황제 시대의 건축가. 『비트루비우스 건축 10서』로 건축이론에 큰 영향을 줌.
2 자립적 건축(selbständige Architektur)은 신을 모시는 목적이나 일반적인 거주를 위한 목적과 상관없이 그 자체가 신적인 상징물로 여겨지는 건축을 가리킴.

1. 상징적 건축술

상징적 건축술은 예술의 욕구가 배출했던 최초의 것이다. 인간이 만들었다는 것, 그리고 정신을 위한 어떤 하나의 의미를 가져야 한다는 것이 주시되는 작품이다. 이런 표현방식은 주로 오리엔트적이다. 그리고 이런 견지에서 더 근접한 작품은 바벨탑[3]이다. 더욱 중요한 것은 우리가 헤로도토스에게서 발견하는 바와 같은 벨[Bel] 사원의 묘사이다.[201] 이 사원은 공동체를 위한 둘러싸는 덮개상자가 아니다. 헤로도토스는 이에 대한 중요한 소식을 전한다. 사원은 정방형이었고, 그래서 각 측면은 두 개의 경기장에 달하는 바닥을 가졌다. 이 신성한 장소에는 이제 비어 있지 않은, 오히려 육중한 밀폐된 탑, 즉 다른 입방체가 그 위에 8개나 있는, 경기장 하나의 높이와 두께의 입방체가 있다. 축성구조는 사람들이 그 위로 올라갈 수 있었을 길 하나가 둘레를 돌아서 올라가는 방식이다. 그런 다음 마지막 입방체는 사원인데, 이곳에는 황금 탁자가 있지만 입상들은 없고, 단지 한 여인만 그 속에 거주한다. 헤로도토스는 거기다 덧붙이길, 그것은 비가시적인 신의 체류지일 것이라고 한다. 그리고 전체가 종교적인 작품이다. 거기에 깃든 상징적인 것이 특히 중요한데, 일곱 개의 층이 그런 것이다(이 층들이 암시하는 것은 일곱 개의 행성과 일곱 개의 울림, 일곱 개의 천구이다). 메디아[4]에는 상징적 방식으로 지어진 도시들이 있었다. 가운데에 왕의 성이 있고, 그 둘레에는 일곱 개의 원환들, 장벽들이 있으

---

3 Turm von Babel. 구약성서 「창세기」 11장에 기록된 탑. 역사적으로는 B.C. 6세기 신바빌로니아 네부카드네자르 2세가 수도 바빌론에 마르두크신이 거주하는 신전을 건립한 것으로 알려짐.
4 Medien. 이란 지역의 옛 지명.

며, 이 장벽들에는 성가퀴들[지붕의 작은 첨탑들]이 여러 색으로 채색되어 있다. 이런 것들은 일곱 개의 행성, «58a» 중심인 태양 성을 둘러쌌던 일곱 개의 천구들과 관계가 있다.[202] 견고한 탑 옆에는 벨의, 태양신의 형상이 있는 본래의 탑이 있었다. 헤로도토스는 그를 제우스라고 부르는데, 이 것이 상징적 건축의 일례이다.

인도에도 이와 같은 건축이 있다. 그래서 건축은 신적인 것 자체를 표현하며, 후기 형식이 둘러싸는 것에 비로소 추가되었다. 오리엔탈적인 것에서는 자연의 생명력이 주로 숭배 대상이었다. 태양이 그러하며, 다른 것도 더욱더 많은데, 특히 생산적인 생명력이 그러하다. 이런 생식력은 이제 팔루스Phallus(남근상) 또는 링감Lingam(남근)으로서 표상되어 있다. 특히 인도에서는 이런 섬김이 전적으로 가장 일반적인 섬김이었다. 기본 형태는 인도적인 축성구조, 즉 엄청난 형상들을 위한, 기둥들을 위한 형태인데, 기둥들은 매우 육중하게 축조되어 있으며 인도에 세워져 있다. 어떤 입상立像, Bildsäule도 없으며, 오히려 그런 기둥들은 자기목적이고, 숭배의 대상이었다. 이런 표상에는 메루산⁵이 속한다. 이 산은 우유바다 속의 거품기로 표상된다. 그리고 그런 휘저음은 세계가 창조됨을 표출한다. 이 기둥들은 나중에야 비로소 속이 비게 되며, 신 형상들이 그 속에 놓여 있게 된다. 저런 링감기둥들은 진정한 인도식 탑형식들인데, 아래가 넓고 위가 뾰족하며, 안쪽으로 속이 비워져 있다. 이 기둥들은 신형상들 또는 성직자, 그리고 공동체의 일부를 위한 공간을 제공한다. 헤로도토스도 이런 기둥들을 언급한다. 헤로도토스는 이 기둥들을 세소스트리

---

5   Meru. 수메루산으로도 불림. 힌두교 신화 속의 신들이 사는 성스러운 산으로 우주 만물의 중심을 의미함. 히말라야산을 가리킴.

스왕[6]의 덕분으로 돌리는데,[203] 그는 소아시아에서 자신의 군대행렬 중에 그 기둥들을 세웠다는 왕이다. 링감과 요니스Jonis(음부)[204]는 가장 일반적인 숭배 대상이었다. 그리고 이런 대상들을 표현하는 그와 같은 기둥들은 소아시아와 시리아에서 발견되었다. 하지만 헤로도토스는 그 후 그리스적인 [관점에서] 설명을 한다. 즉, 그것은 상징적 건축이었을 것이고, 남성적인 것의 모방은 용맹성의 표상들이며, 여성적인 것의 모방은 비겁함의 조롱이라는 것이다.[205] 그와 같은 축성구조들에는 이제 대부분의 이집트적인 것도 속한다.

오벨리스크들[7]이 여기에 속하며, 멤논들[8]도 그러하다. 오벨리스크들은 다음과 같이 표상된다. 즉, 《59》 이를테면 돌로 된 태양광선들이 그 위에 새겨져 있을 것이며, 태양의 광선들을 지각할 수 있게 한 선들과 상형문자들이 그 위에 쓰여 있을 것이라고 말이다.[206] 저런 멤논은 새벽노을의 아들로서 표상된다. 이집트인들과 에티오피아인들은 첫 번째 새벽노을이 뜰 때 멤논에 봉헌한다. 이 멤논은 아주 어마어마한 어떤 것이다. 사람들은 마찬가지로 많은 거대한 멤논들을 넘어져 있거나 세워져 있는 것으로, 물론 또한 사원 바깥이나 기둥들에 기대어져 있는 것으로 발견하였다. 그러니까 그와 같은 상징들, 오벨리스크들, 오지만디아스Osymandyas,[207] 멤논들, 마찬가지로 또한 코끼리들과 신 형태들이 집합되어 있고 서로서로 가까이 놓여 있을 때, 이것들을 둘러싸고자 하는 욕

---

6   Sesostris. 고대 이집트 12왕조의 왕.
7   Obelisken. 고대 이집트의 석재로 된 거대한 방첨탑. 태양광선을 조형화한 것으로 태양신 앙을 반영함. 표면에 상형문자가 적혀 있음.
8   Memnonen. 이집트 파라오 아멘호텝 3세가 테베에 세운 장제전을 지키던 두 개의 거대한 석상. 아멘호텝 3세를 묘사함.

구가 생겨났다. 그리고 그와 같이 덮개 없이 에워싸는 구역은 우리의 의미에서는 아니지만 사원으로 불릴 수 있을 것이다. 여전히 인도에는 그와 같은 에워싸는 구역들 내에 탑들, 또한 코끼리들, 황소들, 제단들, 신 형태들, 정화를 위한 그릇들이 있었다. 이집트의 스핑크스와 멤논들은 그 편성이 오히려 건축에 귀속될 정도로 잘 정리되어 있다. 사람들이 대칭적으로 배열된 백 개의 스핑크스를 맞닥뜨렸다는 것은 이미 언급되어 있는데, 그것은 건축학적인 배치이다. 왜냐하면 거기에서는 스핑크스의 조각상이 [사원의 부속물로 있을 뿐,] 대자적이지 않기 때문이다. 그렇듯 자유롭게 서 있거나 혹은 사원의 측면들에 설치된 일련의 멤논들도 보인다. 그와 같은 일련의 스핑크스들은 이집트 사원에 속하는데, 일부는 아주 규모가 큰 것들도 있다. 사람들은 한쪽에 50개가 있는 대열을 맞닥뜨렸다. 그들은 어른 키 높이의 사자 발이 있는 그런 대열들을 만났다. 그리고 사람들은 65피트 높이의 대열들도 맞닥뜨렸는데 거기에는 57피트 길이의 발들이 있었고, 8피트 높이 발톱도 있었다. 그와 같은 일련의 스핑크스들 위로는 위보다 아래가 더 넓은 방벽이 나온다. 성문의 양 측면으로 이어지는 그 방벽들은 상형문자들과 부조들로 뒤덮인 채 자기 자체를 목적으로 존재하는 화려한 벽들이다. 그리고 필론[9]들의 양 측면에는 멤논들이 기대어져 있다. 그래서 그것들은 건축에 속하게 된다. 이 방벽들은 아무것도 지지하지 않으며, 아무것도 싸지 않는다. 이 방벽들은 이를테면 역사 판들과 설화 판들로 매우 아름답게 장식된 책들의 자리를 대신한다. 더 나아가 《59a》 조밀한 벽들이 발견되었는데 거주의 방식으로 되어 있지는 않고, 사람들

---

9 Pilon. 고대 이집트 사원의 내부로 들어가는 입구를 칭함.

이 그 속에서 태양을 피할 수 있는 대열들을 이룬다. 그리고 상형문자들로 뒤덮여 있는 개방적 통로들이 보인다. 진짜 마지막으로 둘러쌈—스트라보[10]는 그것을 세코스[11]라고 부른다[208]—이 발견되는데, 그 속에는 그림이나 팔루스가 있다. 이런 벽감은 공동체나 예배를 위해 특정되어 있지 않다. 그것은 종종 오직 한 개의 돌로 연마되어 있으며, 통돌기둥(모놀리스)들이다. 이런 자유로운 건축학적 방식에서 중요한 것은 상징적인 것, 더 자세한 상징적인 것이다. 스핑크스들의 수량은 상징적인 의미가 있다. 계단과 층들의 수, 이런 모든 양적인 것은 특정한 의미가 있다. 일 년 360일, 열두 달, 달의 운행과 그것의 거대한 주기들이 거기서 발생하며, 모든 그런 위대한 것들이 수량의 대상들로 짜 넣어져 있다. 특히 통로들은 의미를 지닌 얽히고설킴들이다. 그와 같은 얽히고설킴들은 미로들Labyrinthe이며, 천체의 운행을 알기 쉽게 표상적으로 만들어야 하는 통로들이다. 이런 상징적인 건축학적 기술에는 집의 표상이 기초되어 있지 않다. 헤로도토스는 세소스트리스왕이 이집트인들로 하여금 운하들을 통해 횡단하게 하여서 말도, 마차도 더 이상 사용되지 않을 수 있게 했음을 인용한다.[209] 그와 같은 창조적인 민족은 특히 이집트인들이었다. 프랑스인들은 이런 작품들에 충분히 놀라고도 남았을 것이다. 그들이 보았던 그리스인들의 것은 이에 반해 그들에게 매우 작게 보였다. 마찬가지로 놀랄 만한 것은 이집트인들뿐 아니라 인도인들의 지하 건축이었다. 여기에는 둘러싸는 것이 한층 더 많이 들어 있다. 지면의 축조물 또한, 그와 같은 동굴 속에서의 안전과 비축물을 에워싸 두기 위한 외적인 목

---

10 Strabo, B.C. 63?-20. 고대 그리스의 지리학자.
11 sekos/σηκός. 고대 그리스 사원의 성소.

적을 가진다. 땅 아래 저런 오목하게 파진 곳들은 바로 그런 칸막이 구분들과 그와 같은 변화들이 있으며, 그리고 상형문자들, 스핑크스, 멤논들, 코끼리들, 신 형상들 등으로 뒤덮여 있는 열주회랑들이 있다. 《60》

본래의 미로들은 그 배열에 본래 한층 더 많은 상징적인 특성을 가진다. 미트라[12] 동굴들도 여기에 속하며, 천체의 운행이 이런 통로들의 꼬불꼬불함을 통해 상징적으로 표상되어 있는 크레타[13]의 미로도 여기에 속한다. 그런 지하의 축성구조들에는 죽은 자들의 거처들, 많은 건축학적 작품들의 생성을 위한 주된 규정이 속한다. 그 지하 축성구조들의 의미는 스키타이인들[14]에게서 나타난다. 이들은 [침략받았을 때] 항상 조금씩 퇴각했다. 그리고 히스타스페[15]의 아들인 다리우스[16]가 자신에게 굴복하든지 아니면 자신과 싸우라고 그들을 도발했을 때, 그들은 그가 자신들 아버지 무덤들에까지 돌진해야 한다고 답했고, 거기서 스스로를 지켜 냈다.[210] 그러니까 사람들은 여기서 그들 아버지들의 견고하고 엄청난 거처들[무덤들]의 의미를 보게 된다. 이런 것에는 이집트 왕릉인, 근세에 발굴되었던 카말Kammal들이 속한다. 이런 지하 축조물들에는 상징적인 것에서 건축으로의 본래적인 이행이 나타난다. 여기서는 죽음이 본질적인 대상이다. 죽음은 하나의 내용이나, 더 이상 살아 있는 정신적인 것이 아

---

12 Mithra. 또는 미트라스. 브라만교, 조로아스터교, 미트라교 밀교의 태양신.

13 Kreta. 그리스 지중해의 섬. 미노아 문명의 건축술을 기초로 한 크노소스 궁전(B.C. 1700-B.C. 1400)은 미로 건축으로 유명함.

14 Skythen. B.C. 8세기-B.C. 7세기경 남부 러시아에 이주하여 활동했던 최초의 기마유목민족.

15 Hystaspe. 구약 「에스라」 4장 24절에 나오는 고대 페르시아 다리오 대왕. 성전건축을 허락함.

16 Darius, B.C. 550?-B.C. 486?. 구약성경의 다리오. 페르시아를 제국으로 발전시킨 왕.

니라 의미가 거기서 스스로를 위해 추락하는 측면이다. 그리고 건축은 이와 더불어 그 자체에서가 아니라 다른 데에서 목적을 갖는, 어떤 둘러싸고 있는 것이라는 의미를 상실한다. [하지만] 저렇게 건축이 대자적으로 자유롭[지 않]게 되고 이에 따라 조각이 중심점으로 밀려들면서, 건축은 그 자체가 외적인 것으로, 자립적이지 않은 형식으로 하락한다. 거기에는 일반적으로 직선과 직각적인 것이 나타난다. 왜냐하면 거기서는 오성적인 것이 첫 번째이기 때문이다. 예를 들면 사각형 혹은 장방형에서와 같이, 이런 합규칙성은 유기적인 것의 형식들이 아니라 오성적인 어떤 것이다. 자립적 건축학의 탁월함에는 추상적 합규칙성의 그런 선들이 있다. 두 번째로, 규정은 둘러싸기가 된다. 그리고 이런 것은 이제 이중적 측면이 있다. 첫째, 바닥이 그 하나의 방향이며, 장벽으로 둘러싸기가 두 번째 방향이다. 그와 같은 장벽들은 이미 앞서 언급되어 있다. 에페수스의 디아나 신전은 위로 열려 있다. 세 번째는 위로 둘러쌈, 즉 덮기이다. 여기에서는 이러저러한 것이 우세할 수 있다. 외적으로 에워싸는 것이 우세하다면 그것은 장벽이고, 《60a》 덮기이며, 그런 다음 지탱함의 필요가 생긴다. 지탱되어야 하는 것은 그것의 전체 중력에 집중된다. 그래서 그것은 자신의 무게중심의 방향에서 지탱된다. 장벽은 거기서 불필요하며, 그런 무게중심을 지탱하기 위해서는 하나의 선線만 필요한데, 그것은 기둥이다. 기둥은 그것의 외적인 형식을 위해 두 개의 출발점을 갖는다. 하나는 상징적인 것이며, 다른 측면에 따르면 그것은 드러난 들보를 지탱하기 위한 단순한 필요이다. 필요들이 미美로 이행하는 중에 있다면, 이 들보는 장식이 필요하다. 이런 이행은 한편으로는 엄격한 합규칙성이며, 다른 한편으로는 유기적인 것을 시사하는 형식들이다. 거꾸로, 그것의 직접적인 형태에 따라 받아들여지는 것이 아니고 오히려 그 반대로 유기적인 것에서 오성적인 것으로 속행되는 형식은 유기적인 형식에서 시작할 수 있다. 상징적인 건축에서는 인간들, 혹은 멤논들이 택해질 수 있다. 이것들은 외관에 따르면 기둥들에 속할 정도로 그렇게 기대어져 있다. 지지함에 가장 가까운 자연형상은 나무와 나무 밑동이다. 줄기는 꽃을 받친다. 이 형식들은 상징적인 것에서 혹은 직접적으로 자연에서 유래될 때 나타난다. 이집트인들에게는 틀림없이 여러 가지 형태들의 기둥에 관한 얘기가 있을 것이다. 사람들은 거기서 식물형태에 따른 기둥들의 걸출함을 보게 된다.[211] 기둥의 기초는 알뿌리이다. 위에서 줄기를 넘어 잎들로 따로따로 흩어져 들어간다. 하지만 식물에서부터의 기둥의 시작은 오성적인 것이며, 직선들, 직각들에 가깝게 되어 있다. 그리고 그런 것에는 아라베스크 문양(그 위에 많은 잎들이 세워져 있으며 인간 또는 신이 그려져 있는, 요동하는 줄기들)이 속한다. 그것은 한갓된 장식으로 하락한 자연적 형식들이다. 사실 그것은 아무런 자연형식들이 아니다. 자연형식들은 오히려 일그러져 있다. 자연적인 것이 자연적으로 머물러 있지 않고, 자연형식들은 오히려 건축학적인 것의 영역 내로 들어가 구성되어 있다.[212] 《61》 여기서 아라베스크 문양의 규정으로서 언급되는 것은 고딕 건축유형에도 나타난다. 여기서는 식물들에서 시작하지만, 자연적인 식물들에서는 아니다. 오히려 아라베스크 문양들은 인간 작품이기 때문에 비유기적인 합규칙성 쪽으로 형상화된다. 버팀목은 대립된 것이 그 속에서 덧붙어 형성되는 그런 필요에 대해 합목적적이다. 그래서 버팀목 또한 아름다움이라는 목적을 위해 규정되어 있게 된다. 목조건축이 최초의 것이었다면, 버팀목은 첫 번째 요소들 중의 하나이다. 석조건축물 또는 상징적 건축물 일반에서 그것은 자연형식이다. 아름다운 기둥배열은 양자 모두에 귀속된다.

2. 고전적 건축술

이제, 그 본성에 따라 하나의 목적에 이용되는 것인 고전적인 본래의[17] 건축술로 가자. 형식은 이 건축물에서 외적이며, 그것에는 하나의 기계적 배열과 결합이 있다. 비례들은 수와 크기에 따라 규정되어 있고, 아름다움은 여기서 엄격하며 외적인 합규칙성에서, 그리고 사람들이 비례의 음악[213]이라고 부를 수 있는 넓은 항로에서 우세하게 현존한다. 여기에는 집의 규정이 기초되어 있다. 주된 건축술은 신전이다. 열주회랑들, 홀들, 체조장들, 다리들, 올라가는 입구들, 출입구들, 아테네에 있는 아크로폴리스로 올라가는 유명한 입구 ─ 이런 것들은 모두 특정한 목적들이다. 하지만 주된 목적은 신전 일반이다. 로마인들은 오히려 그들의 개인거주지들과 별장들을 대단히 호화롭게 만들기 시작하였다. 이런 고전적 건축에서는 목조건축이 응당 출발점으로서 명시되어 있다. 석재는 그 고유한 규정에서 건축과 연관하여 볼 때, 본래적인 합목적성을 갖지 않는 비형식적인 것을 지닌다. 이에 반해 목재는 곧바로 버팀목에 이용된다. 집은 주된 유형, 추상적인 보편적 기초인데, 그 자체로서의 집, 즉 벽들로 둘러쌈과 지붕의 지탱이 고딕 건축술의 기본유형이라는 차이는 있다. 고전적 건축술에서는 기둥들이 탁월하게 본질적인 역할을 한다. 기둥들은 벽 밖으로 발을 내놓으며[벽에서 분리되며], 거기서 탁 트인 조망을 갖기 위해 둘러싸지 않는 개방된 홀을 구축한다. 그렇다면 완전히 둘러쌈이라는 다른 규정은 《61a》 이것과 구분된다. 고딕적인 것에서 지

---

17 원문의 '자립적인(selbstständig)'을 오기로 보아 '본래의(eigentlich)'로 고침. 1826년 동일 강의에 대한 Victor von Kehler의 강의필기록 참조.

붕이 있는 긴 상자[형태는 추상적인, 건조한 형식이다. 비트루비우스는 위에 지붕이 얹힌 네 개의 버팀목이 있는 오두막에서 곧바로 [건축 이야기를] 시작한다.[214] 그럴 때 실로 하나의 정황이 고찰될 수 있는데, 이에 대해 사람들이 예전부터 이의를 제기했던 정황이다. 사람들이 그렇게 버팀목을 세우고 장벽의 필요가 생긴다면, 사이공간을 벽으로 둘러싸려는 욕구가 생길 것이라는 이의제기이다. 사람들은 이것을 무취미無趣味한 어떤 것으로 간주하였다. 사람들이 벽을 갖기를 원하는 경우, 사이공간 안쪽을 벽으로 둘러싸기 위해 기둥들을 가지는 것은 전혀 불필요하기 때문이며, 기둥들은 자유로이 서 있는 어떤 것이어야 하기 때문이다. 버팀목은 약간 다르다. 안쪽이 벽으로 둘러싸인 기둥들 또는 반쪽기둥들은 매우 오래된 것이다. 편평하게 벽에 대인 기둥들, 벽주壁柱들은 이와 상이하다. 사람들은 벽주들을 기둥들의 전조로 여겼다. 기둥은 그 자체로 순수하게 합목적적인 것을 지닌다. 지탱하는 것, 그리고 그다음 또한 둘러쌈. 하지만 둘 모두 고전적 건축술 내에서는 서로 나눠져 있다. 이제 기둥이 주된 규정을 형성하는 한, 이런 측면에서 기둥의 규정에 연결되는 것에 대해 아직 더 자세한 어떤 것이 고지될 수 있다.

집의 축조방식 자체를 본다면, 그것은 간단하다. 그리고 장식은 기둥과 열주회랑의 축조구성 속에 이미 들어 있다. 우리는 또한 지탱하는 것으로 규정된, 더 이상 자유로이 서 있지 않은 여러 기둥들도 갖는다. 거기에는 일련의 기둥들이 속한다. 계속 거기서 결과로 나오는 것은 기둥의 규정, 말하자면 지탱하기라는 것에 기초한다. 그리고 기둥이 지탱하는 것은 들보다. 아키트레이브[平枋는 기본들보이다. 그런 다음 이 들보 위에 횡대Roßgebälke가 놓이는데, 물론 들보에 직각 방향으로 놓인다. 들보 머리들은 돌출해 있다. 이것을 사람들은 여전히 보이게 놔둔다. 또는 들보머리들은 끝을 잘라 낼 수도 있어서 평면만 있기도 한데, 이것이 프리즈(띠 모양 장식)이다. 그런 다음 주요 처마복공이 그것 위 더 상부에 온다. 그리고 이런 것이 지붕을 위한 기초를 만든다. 기둥들의 비례, 기둥의 두께와 높이들에 대한 비례 내의 사이공간이 중요하다. 《62》

기둥은 본래 집을 형성하는 것에서 분리된다. 기둥은 첫째로 버팀목 일반과 구분되는데, 더구나 먼저 그것이 자유로이 서 있는 것에 의해서 그러하다. 그리고 기둥은 더 계속하여 구분되는데, 왜냐하면 그것은 주초柱礎와 주두柱頭도 갖고 있기 때문이다. 그리고 이런 견지에서 다음과 같이 물을 수 있다. 주두는 한갓된 장식품이 아닌가? 이미 땅이 기둥의 기초가 아닌가? 이런 것은 기둥의 본래 목적에 이용되지 않는다. 그러니까 그런 것은 한갓된 장식이다. 하지만 그러함에는 주초와 주두가 특별한 장식물이 아닌 측면이 있다. 농경작품opus rusticum (투박한 작품)이라는 기둥양식이 있다. 사람들이 고대 그리스적인 것을 그것으로 이해했던 에트루리아적 기초들[18]에 관해 말하는 대로라면, 그것들은 에트루리아적이면서도 토스카나적인[19] 기둥형식을 갖고 있다. 이 기둥형식은 주초가 없다. 주초의 규정은 여기서 기둥이 시작하며 저기서 끝난다는 것을 우연적이지 않은 것으로서 표시한다는 것이다. ─ 순전한 버팀목은 사람들이 그것을 여기서 끝나며, 저기서 시작하는 절단된 것으로서 보는 것이다. 기둥은 여기서 시작하고 저기서 끝나야 한다는 것에 관한 성찰은 주초와 주두를 통해 설

---

18 Etruria. 티레니아해에 면한 이탈리아 중앙부. 현재 토스카나 지방에 해당됨.
19 Toscana. 이탈리아 중부의 주. 피렌체가 주요 도시임.

명된다. 기둥이 식물형식에서 취해져 있다면 그것은 아래는 뿌리를, 그리고 위에는 잎들로 된 왕관을 가질 것이다. 거기에는 시작과 끝이 유기적으로 상이하다. 다시 말해, 기둥은 여기서 시작하고 저기서 끝나야 하는 것이다. 기둥의 몸체[軆身]는 단순해야만 하며, 가운데는 정교한 엔타블레처[융기, 흘림]가 있다. 또 다른 장식품들이 기둥들에 설치될 수 있다. 그래서 기둥들은 화환들로 둘러져 있거나 또는 감겨 있다. — 이런 것은 비잔틴적인 또는 후기 그리스적인 건축술에 매우 흔하다. 그것은 완전히 불필요한 장식물이다. 이 장식물은 자체 내 아무런 목적이 없고 오성[무취미함]만 있으며, 좋은 취미가 언제나 목적을 가진다고 할 때 그런 취미에 어긋난다. 또한 기둥들은 띠로 둘러져 있거나 또는 1/3 혹은 2/3가 홈이 새겨진 도리아식 기둥들과 같이 홈이 새겨져 있다. 이오니아식 형식에서는 그와 같은 줄무늬 24개가 있었다. 홈이 새겨진 기둥은 두껍게 보이는데, 자체 내 구분들을 갖기 때문이다. 고전적 건축술은 매우 적은 기본규정들로 축소된다. 기둥들은 대열로 나란히 세워지며 사회적 성질을 띠는데, 기둥 두 개가 《62a》 먼저 지탱에 필요하다. 율동적 조화Eurhythmie, 또는 주초에 대한 높이의 비례와 기둥 서로 간의 간격이 각 건물에서 나타난다. 보다 높은 기둥양식들에 있어서는 간격이 기둥 직경의 1과 1/2씩, 그리고 그 이상 서로서로 떨어져 있다. 이런 열주에서는 그 대열이 높이의 확장보다는 보다 긴 폭을 갖는 것이 중요하다.

이런 기둥양식들에는 물론 다소간 전통적인 것, 실정적인 것이 있다. 그리스인들의 그런 기둥들은 그 합목적성과 아름다움 때문에 권장된다. 그리고 거기에 어떤 내적 한계도 없어 보이기 때문에 다양성이 매우 큰 것으로 보일 수 있다면, 사람들이 많은 상이한 기둥들과 주두들을 발견했다는 것은 사실 타당할 것이다. 하지만 어느 것도 그리스 기둥에 필적하지 못했다. 본질적으로 기초를 형성하는 세 가지 기둥양식[215]이 있다. 에트루리아 또는 토스카나 양식은 매우 오랜 고대에 귀속되며, 이런 기둥들은 이후에 많이 모방되어 있는데, 우리가 고대에서 아직 이 기둥들의 축조구성들을 내보일 수 있는 것보다 더 많다. 로마 양식은 코린트 양식으로부터의 경미한 이탈이다. 주된 양식은 도리아,[20] 이오니아,[21] 코린트[22] 양식이다. 도리아식 기둥은 보다 오래된 것으로서 나타나며, 전체적으로 처마복공은 목조건축물의 형식에 따라 등장한다. 도리아식 기둥은 매우 단순한 주초와 주두, 간단한 테두리 장식들을 갖는다. 높이에 대한 두께의 비례는 다른 양식들에서와는 다르다. 사람들은 그 높이를 기둥 직경의 여섯 배로, 그러니까 둔중하게 산정한다. 최초의 것, 남성적인 것이라는 첫 번째 축조구성의 규정이 이로써 표출되어 있다. 도리아식 건축방식에는 트리글리프(세 줄의 홈 무늬)들이 속한다. 왜냐하면 도리아식에서는 아직도 들보머리들이 튀어나오며, 그런 다음 이런 것들이 세 개의 홈들로 새겨져 있기 때문이다. 그 사이에는 공간이 있다. 그리고 거기에 장식들이 덧붙여질 수 있다. ─ 브란덴부르크 성문[23]이 그러한데, 거기에는 켄타우루스의 싸움들이 그런 트리글리프에 [제작되어] 있다. 기둥들 간격은 꼭 같으며, 여기서는 확정성이 주된 규정이다. 간격은 대략 기

---

20 dorisch. 세로 홈이 있으나, 주초는 없음. 주두가 단순하고 트리글리프와 메토프로 구성된 엔타블레처의 프리즈가 특징적임.

21 ionisch. B.C. 7세기 초 소아시아 에게해 연안의 이오니아에서 발달한 양식. 세로 홈의 수가 24개까지 증가하며, 주두에 소용돌이 모양의 장식이 특징적임.

22 korinthisch. B.C. 6세기경 주두에 아칸서스 잎을 2단으로 조각하고 위에는 소용돌이 모양 장식을 첨가한 양식. 익티노스가 처음 만듦.

23 독일 베를린 중심가 파리저 광장에 있는 건축물로, 1788-1791년에 세워짐. 아테네 아크로폴리스로 진입하는 정문 프로필레아를 본따 설계됨.

둥 하나 이상이며, 최대한 두 개 거리이다. 《63》 이오니아식 건축양식은 한층 더 호감적인 것, 우아한 것으로 나아간다. 기둥이 도리아식보다 더 높다. 에페수스의 디아나 신전이 이오니아식이며, 더욱이 키루스[24]에 의해 세워져 있다.[216] 사이공간들은 지름 세 개의 크기이다. 높이는 직경 여덟 개에 달하며, 여기서 주두는 연결된 달팽이 모양의 나선형을 갖는다. 이 관계들을 볼트너트라고 부른다. 이오니아식 프리즈 또는 공간은 살대 위의 들보머리들이 놓여 있는 곳인 대들보 위쪽에 있다. 들보머리들은 감춰져 있고, 여기에 매끈한 프리즈 하나가 있으며, 비문碑文들이 거기에 들어가 있다. 트리글리프들은 여기에 설치되어 있지 않다. 주된 처마복공에는 작은 치아 모양의 돌기들, 목조건축물의 흔적, 지붕에 떨어지는 물방울[모양]들이 있다.

세 번째 기둥은 코린트식 기둥이다. 이것은 가장 가늘고 풍성하며, 화려하다. 높이는 직경의 8배와 7과 1/2배이며, 주두들은 매우 가늘다. 그런 다음, 주두들에는 더욱이 이오니아식 달팽이들이 네 귀퉁이에 있다. 하지만 이오니아식 방석 모양 받침대들은 여기에 생략되어 있다. 그리고 여기에는 아칸서스(어수리) 나뭇잎들이 나타난다.

3. 고딕 또는 게르만 건축술

고딕 건축술. 명칭이 전적으로 우연적이다. 이것은 본래 기독교적, 게르만적 건축술이다.[217] 그리스적인 것에는 궁륭형들이 나타나지 않는데, 로마식 건축에는 궁륭형들이 많이 존재한다. 거기에서는 둥근 원형적인

---

24 Cyrus, 재위 B.C. 559-B.C. 529. 페르시아 제국을 건설한 왕.

것이 특정한 원칙이다. 그리고 이런 중간물은 오랫동안 어떤 신들도 더 이상 존재하지 않을 때까지 쭉 내부로 보전되었다. 동시에 로마식 형식들을 가진 그리스 건축술의 중간물은 중세까지 보전되었다. 그리고 사람들은 비잔틴 양식이라고도 불렀던 이런 양식의 수도원들을 여전히 보게 된다. 기독교 건축술은 그 자체로 자립적이 되고 자유롭고 독창적이되었을 때, 그때 이런 소위 고딕 건축술을 낳았다. 아랍 건축술에서 고딕 건축술이 유래될 수는 없다. 고딕 건축술은 본래 기독교 건축술이다. 고딕 건축술에는 여하간 폐쇄적인 전체 건물^{Haus}이 기초되어 있다. 기독교에서 정신은 그런 내면성 속에 있다. 건물은 공동체가 전적으로 결속하는 곳이다. 《63a》 그리스 건축술의 주랑^{柱廊} 현관들이 여기서는 폐지된다. 현관들이 주랑을 갖추고 있었고 사원 뒤쪽에[도 이어져] 있었던 그런 것들이 고딕 건축술에는 없다. 고딕 건물의 인상은 한편으로는 바로 이런 고요함, 장중함과 숭고함, 외적인 자연의 망각이다. 그래서 공간은 인간에의해 그리고 인간을 위해 만들어져 있기만 하는, 둘러싸기일 뿐이다. 일반적인 빛의 위치에 양초들이 들어선다. 여기서는 기둥들과 열주회랑들이 사원의 안쪽으로 옮겨져 있다. 기둥은 여기서 고전 예술에서와는 전혀 다른 성격을 갖는다. 기둥은 위로 솟으려 노력함을 그 규정으로 가지며, 지탱함이라는 본래의 특성을 상실한다. 그리고 그것은 마치 속이는 것처럼 [플라잉 버트레스^{飛樑}로] 설치되어 있다. 기둥 위에 놓인 직각 모서리는 지탱함을 알리지만, 이 직각 모서리가 여기에는 나타나지 않는다. 기둥 두 개 사이에 첨두아치가 생성되는데, 이것은 고딕 건축술의 축조 구성에서 가장 규정적인 특성이다. 여기서 기둥은 그 높이에서 그것의 폭에 대한 모든 비례를 뛰어넘으며, 막대기들, 연결되어 상승하는 기둥들의 다발과 같이 보인다. 기둥의 모든 장식물들은 날아오르려는 특성을 획득한다. 그래서 시선이 한꺼번에 모든 것을 담을 수 없으며, 하나를 포착하면서 동시에 여기저기 부분들을 함께 포착할 수 없다. 여기에 창문의 형식들은 반복되어 있다. 그리고 날아오르려 함의 이런 불안정이 관람자에게 전달된다. 벽이 창문들을 상부에 조성하여 지탱하지 않는 것은 우연성처럼 보인다. 이런 첨두아치는 창문들과 문들을 위한 형식을 보여주며, 이 고딕 건축술에 특유하다. 기둥은 하나의 다발 이상으로 만들어져 있고, 이에 따라 다발은 상부에서 갈라져 뻗어 나가도록 규정되어 있다. 기둥은 그렇게 갈라져 벌어지는 섬유 다발을 가지고 있는 것이다. 기둥은 하나의 몸통과 그다음 위로 궁형을 내보이는 나무의 형식에 근접한다. 《64》 그런 폐쇄된 공간 내부에 기둥들과 열주회랑들이 세워진다. 이 궁륭형들은 의도적인 것, 지탱된 어떤 것으로서가 아니라, 가지들의 우연한 부딪힘에 의해 생겨나는 것으로서 나타난다. 사유의 내면성이 이런 열주에서 제자리를 갖는다. 거대한 고딕 교회에서는 이런 열주회랑들이 내적이며, 그 중간에 본당이 있다. 열주회랑은 외부 벽에 의해 형성되며, 교회가 두 개의 열주회랑만 가진다면 외부 벽에 의해 세 개의 통로가 생긴다. 안트베르펜의 대성당[25]은 열주회랑 세 개가 있는데, 이를 통해 일곱 개의 본당이 생긴다.[218] 그와 같은 대성당은 민중을 위한 공간이다. 이런 고딕 및 가톨릭 교회들 내에는 또한 의자가 없다. 예배가 개최되어야 할 때 의자를 꺼내 온다. 그리고 사람들은 거기서 유목민적인nomadisch 방식으로 한순간 머문다. 삶의 다양한 상태들과 관심들이 여기서 서로 나란히 자리한다. 여기서는 미사를 드리고, 저기서는 장례행렬이, 저기

---

25 벨기에 안트베르펜에 있는 주교좌성당. 1352년에 착공하여 1559년 완공. 루벤스의 제단화가 있음.

서는 결혼식 축제가 거행된다. 숭고한 것은 거기서 특히 제자리를 갖는다. 교회는 공동체를 위한 중심점으로 분류된다. 큰 성가대석은 사제를 위한 것이며, 그다음 또 하나의 두 번째 성가대석이 주랑현관 내에 서쪽으로 있다. 성가대석이 거기서 가장 크고 숭고하다. 내적인 것이 주요 사안이며, 외적인 축조구성은 내적인 것을 통해 규정되어 있다. 문들은 가장 바깥 부분이 더 높고, 그런 다음 [안쪽으로 들어가면서] 작아져 있다. 그러니까 첨두아치처럼 외부는 더 넓게, 그다음 문 자체로까지는 더 좁게 구축되어 있다. 그다음 외부에는 큰 장미창들이 있다. 그리고 그 장미들은 교회 내부에 상응한다. 교회 본당은 그와 같은 장미 하나를 가지고 있는데, 그런 내적인 것은 그다음 외면성으로 계속 펼쳐지며, 기둥은 나무 자체에 가까워진다. 형식은 장미의 형식이며, 첨두의 잎들은 [여러] 잎들로 이뤄진다. — 여러 번의 《64a》 중단들을 통해 최고점에 이르는 상승노력이다. 한편으로 숭고함, 다른 한편으로 작은 것, 작은 것의 형성에서의 그런 세심함이 고딕 건축술에서 보인다. 고딕적인 것은 상징적인 성질의 것이며, 본질적으로 내적인 것과의 그런 연관을 가진다. 그것은 그 자체에 대해서가 아닌, 오히려 심정에 대해, 개인들에 대해 합목적적인 것이다. 넓은 공간들, 음울한 공간들, 자연에 반한 격리 또는 그런 숭고함, 그런 다음 작은 것 내로의 저런 형성. 그 밖에 그림 그려진 유리창문(스테인드글라스)들이 고딕적인 것에 속한다. 하지만 유리창문들은 투명하지 않아야만 하며,[219] 오히려 그것들은 회화에 의해 생성되는 굴절된 채광만 제공해야 한다. 채광은 저런 내면성에 속하지 않는다. 오직 굴절된 채로만 그 빛이 들어올 수 있다. 게다가 여기[고딕건축술]에는 한정된 목적이 있는 민간건축술이 끼이게 되는데, 거주가옥들, 왕궁들이 그런 것이다. 견고한 가옥들, 축조구성들은 사용이라는 목적에 종속적이 된다. 그런 목적은 그 자체로서의 미에는 낯선 것이다. 성城과 상수시궁[26]의 계단식 지형(테라스)들이 일례이다. 거기에서는 이를테면 정원술이 건축에 편성되어 있다.

II. 조각

조각은 무엇보다도 고전 예술 일반의 중심점이다. 시들, 극시들, 역사 기록자, 웅변가들, 그리고 철학자들 속에 있는 그리스 예술, 즉 사람들이 이런 것들의 중점에 있는 그리스 예술을 이해하고자 한다면, 그리스 예술의 조각상들의 직관에서 출발하는 것이 합목적적이다. 이 조형적인 것은 거기서 조각이라는 경이로운 작품들로 대자적으로 서 있다. 조각은 이념상 자체, 즉 감각적인 직관을 위해 스스로 나타나는 그와 같은 신, 그 자체 대자적으로 있으면서 감각적이고 외적인 방식으로 나타나는 신적인 것을 자신의 내용으로 삼는다. 이런 감각적인 방식은 전적으로 내적인 것, 정신적인 것 내로 환수되어 있어야만 한다. 상징적인 건축에는 정신적인 것과 비유기적인 것이 아직 구분되어 있지 않으며, 고전적인 것에는 비유기적인 것이 정신적인 것과 분리되어 있고, 정신적인 것이 대자적으로 현재한다. 《65》

이 정신적인 것은 인간 형태 외에 어떤 다른 형태도 가질 수 없다. 조각에서는 자연의 모방이 아니라 올바른 직감Instinkt

8월 7일

---

26 Sanssouci. 1747년 독일 프로이센의 프리드리히 대왕이 브란덴부르크주 포츠담에 건립한 여름 궁전. 근심 없는 궁전을 의미함.

이 발견되는데, 정신적인 것은 참다운 것이며 이성의 내적 필연성이라는 직감이다. 정신적인 것은 그 자체로 이성적이다. 예술이 정신적인 것을 감각적으로 표현하고자 한다면, 그리고 게다가 인간 형태를 취한다면, 그것은 외적인 파악이 아니라 정신적인 것에 상응하는 내적인 필연성이다. 조각은 그 자체 대자적으로 있는 신을 표상하는 것을, [그리고] 신적인 것이 어떻게 자신의 무한한 평온과 숭고함 속에서 자기 내 침잠해 있으며, 무시간적이고 부동적이며, 자기 자신 내에, 천진난만한 평온 속에서 자신의 객관성으로서 있는지를 표현하는 것을 본질적인 대상으로 삼는다. 신의 이런 자립적인 안정, 자기 내 폐쇄되어 있음이 조각작품들의 본질적인 규정이다. 과격함, 우쭐댐, 열정의 격동은 거기에 관계없다. 오직 자신의 순수성 속에 있는 대자적인 신성만 출현해야 한다. 첫 번째 것은, 조각이 환조작품들을 산출하며(그런 후 평면적인 회화로 넘어간다), 환조형태로 형상화된다는 것이다. 회화 속의 평면은 공간 차원의 부정이다. 거기에는 공간의 차원이 부정되어 있으며, 그리고 공간적인 것의 그런 부정은 이미 주관성에 귀속된다. 하지만 조각에는 정신적인 것이 자신의 절대적인 객관성 속에 감각적으로 표상되어 있다. 그래서 조각은 자신의 차원들[3차원]에 따른 공간성에 자유로운 흐름을 둔다. 의지의 내면성이 없는, 특정한 목적과 관심이 없는 그런 자기 내 침잠상태, 이것은 공간적인 외면성의 총체성과 결부되어 있다. 이런 자기규정은 하나의 규정, 즉 외면성의 측면을 부정하는 규정을 초래한다. 외면성은 그러니까 자신의 총체성[3차원성] 속에서 자유롭다. 높은, 순전히 자기 내 침잠된, 전적으로 객관적인 신성은 조각이라는 방식으로 현존할 수밖에 없다.

두 번째는, 이런 외면성에서의 표현을 위해서 예술은 순전히 공간적인 형식들, 즉 형태 그 자체의 규정들에 속하는 것에 한정되어야만 한다는 것이다. 《65a》 형태의 표명을 위해 이용될 수 있는 그 외의 것은 색채, 질료적인 것이다. 외면성의 삼차원은 그러니까 그냥 있을 뿐이다. 그러한 한, 조각은 오직 전적으로 형식에서 유지된다. 물리적으로 규정된 질료적인 것, 즉 색채는 조각에서 배제되어 있다. 그렇기 때문에 조각상은 전반적으로 단색이다. 대리석, 청동, 나무 등 어떤 것이든 말이다. 이런 단색성에 반해 이제는 다채로운 것이 많이 있다.

또한 조각에서 예술은 그 시작들과 진전들을 가졌다. 고전적, 상징적, 낭만적인 형식의 구분은 여기서 훨씬 덜 본질적이다. 왜냐하면 조각은 주로 고전적 형식에 귀속되며, 그것의 완성에서도 여전히 그 시작과 진전의 흔적을 남겨야 했기 때문이다. 종교적 대상들을 표현하는 예술은 직접적으로 그런 실정적인 것과 관계있다. 다른 한편으로 예술은 그런 실정적인 것도 존중하며, 표출해야만 한다. 시작들은 조각의 완성과는 매우 상이하다. 가장 오래된 조각들은 나무로 만들어졌고 그림이 그려져 있으며, 인간 형태의 모방이었다. 그래서 우리는 고대 이집트와 그리스 우상들을 갖고 있으며, 우리 시대에도 대성당 속에 여전히 그려진 그림들이 보인다. 신성하며 종교에 귀속되는 시작들에서부터 가장 완성된 예술에 이르기까지 널리 발자취들이 보전되었다. 그런 단색성에 반하는 주된 예가 그리스의 위대한 조각상들이었는데, 이 조각상들은 주피터, 주노를 표현하며, 40피트 높이였고, 여러 색들, 즉 상아와 황금으로 만들어져 있었다.[220] 사람들은 상아로 된 면과 판들이 사용되어 있는 것을 쉽사리 보게 된다.

이런 종류(상아와 황금)의 예들은 더 자세한 유추Analogie, 말하자면 상아의 부드러움 및 순수성과 관련되는 것을 서로 함께 가지고 있다. 그런 황금과 상아는 더구나 인간 신체의 자연적인 색이 아니다. 《66》 사람들이 붉은 뺨을 그린 밀랍상들에는 그들이 그 다채로움을 황금과 상아들 탓[효과]으로 돌리는 것과는 전혀 다른 다채로움이 있다. 인간 신체의 자연적 색들은 조각에서 배제되어 있다.

그 외 본질적인 규정은, 조각상은 또한 눈이 없다는 것이다. 사람들은 눈동자에 상아가 있었던 형상들을 여전히 가지고 있었다. 일부는 이런 것이 개별적인 예외들이고, 일부는 그와 같은 것이 전통적인 것, 즉 그들의 신을 가장 성스럽게 치장하려는 한 민족의 충동을 암시한다. 그 때문에 고대인들도 가장 값비싼 상아와 황금을 택했다. 장려함을 위해 상아를 끼워 넣었을 것이지만, 그보다는 오히려 전통 때문이었을 것이다. 조각을 만드는 자에게는 눈의 시선, 인간의 전적인 주관성을 생략하는 것이 어려웠을 것이 틀림없다. 눈은 본질적으로 멀리 바라본다. 그리고 만일 눈이 경직되어 있다면, 사람들은 눈이 억압된 병적인 상태에 있다고 볼 것이다. 눈은 외적인 세계관의 다양성에 귀속된다. 또한 그 다양성에는 내적인 것이 귀속된다. 그리고 사람들은 눈을 통해 영혼을 들여다본다. 하지만 조각상은 바로 전체적인 것이 자기 자신 내로 침잠한 그런 상태, 그런 직관하지 않는 것이며, 외적인 세계에 관여하지 않는 것으로서 있다. 왜냐하면 신적인 것은 자신의 고요한 위대 속에 침잠된 채, 외부를 향해 바라보지 않기 때문이다. 그렇기 때문에 사람들 또한 신적인 것의 영혼을 들여다볼 수 없다. 오히려 신적인 것은 전적으로 그것 그대로의 것이며, 어떤 다른 외적인 것도 내적인 것도 존재하지 않는다. [그러므로 신적인 것에서] 눈동자는 눈빛을 표출해야 한다거나 할 수 있다는 것보다는 오히려 어떤 외적인 암시인 심오함으로서 적절히 덧붙여진다. 조각의 대상은 이런 지고한, 이상적인, 그리고 따라서 전적으로 추상적인[정제된] 예술이다. — [하지만 조각] 예술작품은 실재할 때만은 순전히 그런 추상적 방식으로 있지 않다. 예술작품이 한눈에 매우 추상적으로 파악되면, 그런 일회적 파악은 관람객을 그리 몰두시키지 못한다. 《66a》 여기저기 다니며 다양한 직관을 가지고자 하는 민첩한 사람이 있다. 그러면 그에게는 그런 [한눈에 파악되는] 형상이 매우 단조로울 것이다. (비극에 동일한 관계가 있다. 우리는 비극을 책에서 보며, 그것을 읽거나 또는 원문들이 극장에서 발설되는 것을 떠올린다. 사람들이 여기저기 다니며, 동세들과 무대장치를 만드는 것, 이런 것은 어떤 외적으로 추상적인 것이다.) [단조롭지 않게 하기 위한] 그런 외적인 다양성에는, 즉 관람에는 여러 가지 재료들, 상아 예술, 황금의 풍요로움이 필요하다. 올림포스의 주피터, 아테나 속의 팔라스, 아르고스²⁷ 속의 주노와 같은 그런 형상들은 풍부한 소재들로 된 것들이다. 그리고 그와 같은 형상들은 건축학적인 어떤 것, 즉 부조 및 다른 장식물들의 많은 화려함과 아름다운 예술이 비치된 광대한 혼합물이 있던 화려한 의자들 위에 앉아 있었다.

이런 상세한 것은 우리와 무관하다. 우리는 추상적인[정제된] 조각작품들과만 관계한다. 우리가 계속 고찰할 것은 공간적인 것의, 특히 공간적 형식들을 통해 표출되어 있는 인간 신체의 형식들이다. 직관과 표현을 위해서는 열정의 표출과 감각에 더욱더 감각적이고 정신적인 풍요로움이 중요하지 않다. 오히려 표출되어 있는 특성의 보편적인 것에 관한 언급만 있을 수 있는데, 일부는 신체 형식에 관한 언급, 일부는 표현이 그로 인해 이상적理想的이 된 부분들의 방식과 형성에 관한 언급이다.

---

27 Argos. 그리스 신화 속 백 개의 눈을 가진 괴물. 제우스가 암소로 변신시킨 이오를 주노 (헤라)의 명령에 따라 감시하다가 헤르메스에게 살해됨.

1. 의복

의복Bekleidung. 신적인 것이 그 속에 표현되어야 하는 것, 그것은 인간 형태이다. 인간 형태는 일부는 전혀 피복이 없으며, 일부는 옷으로 덮여 있을 수도 있다. 사람들은 완전히 벗겨진 것이 참다우며 걸출한 표현일 것이라는, 그리고 의복은 이상적 표현을 위한 보조이며 결함일 뿐일 것이라는 생각을 쉽게 할 수 있다.《67》

8월 7일 의복의 견지에서 사람들은 그리스인들이 벌거벗은 것을 훨씬 널리 직관했었을 것이라는 많은 푸념들을 들을 수 있는데, 벌거벗은 것은 이런 견지에서 본질적인 미로 표상된다. 이와 관련하여 볼 때 [오히려] 우리는 옷을 입은 고대의 많은 입상들을 보유하고 있다. 더구나 그 입상들은 옷을 입지 않은 것을 능가할 정도로 많은 수량이다. 이것은 특히 여성적 신성들의 입상들에 대해 타당하다. 옷을 입은 것이 열 개라면 옷을 입지 않은 것은 하나만 보인다. 이로부터 유추되는 것은, 그리스인들이 벌거벗은 것을 조금도 높이 평가하지 않았다는 것이다. 그들은 올림포스 제우스, 팔라스와 주노를 옷을 입힌 채로 표상했다. 반면 젊은 신 아폴로, 바커스, 머큐리와 비너스, 판[28]과 사티르[29]들은 옷을 입지 않은 채로 표상되어 있다. 여기에는 그런 관계들과 연관에서 하나의 구분이 형성된다. 사람들이 인간 신체를 고찰하고, 그리고 그런 감각적인 표현 속에 정신적인 것이 표출되어야 한다는 것을 중요하게 볼 때, 그때 우리는 다만, 무엇을 통해 정신적인

---

28 Faun. 반신반양의 숲의 신, 목양신.
29 Satyr. 반인반수의 숲의 신, 디오니소스의 종자, 호색가.

것이 표현되는지를 물을 필요가 있다. 머리, 얼굴 그리고 아마 손의 움직임을 통해서일 것이다. 그 외의 지체肢體들은 그 관계들에 따른 위치들만 제공한다.[221] 누드를 관람할 때 사람들은 신체의 여타 부분들[몸, 팔, 다리]에 관해서만 말하는데, 이 부분들의 위치는 옷에 의해 해를 입지 않으며, 오히려 [정신적인 것의] 곤궁, 동물적인 생동성 일반에 귀속된다. 정신적인 것의 표출은 그렇기 때문에 그와 같은 신체의 여타 부분들에는 있지 않다.

신체의 여타 부분들에서의 미는 감각적으로만 아름답지, 정신적으로 아름답지는 않다. 동물적인 생동성에 속하는 그와 같은 지체들을 감추는 것, 정신적인 것으로서의 인간이 그것 때문에 부끄러워해야 하는 것을 덮는 것이 예의 바름이다. 고대인들은 신체의 감각적인 부분들이 중요한 그와 같은 형태화들은 누드로 표현했다. 주피터, 제이슨,[30] 페르세우스[31]에게서와 같이 강렬한 신체가 중요한 바커스[32]가 그러하며, 마찬가지로 전쟁놀이의 승리자들이 그러하다. 또한 바커스를 섬기는 무당들이 그러하며, 아모르 같은 아이들이 그와 마찬가지이다. 예로, 팔라스Pallas (아테나)는 [그 반대로] 철저히 옷을 입은 채 표상되어 있다. 우리 예술가들은 《67a》 한층 더 형체들을 옷 입은 채로 표상해도 이로 인해 잃는 것이 아무것도 없다. 왜냐하면 그들은 정신적인 표출을 자체에 보유하는 그런 부분들[얼굴, 눈]을 드러나게 표현하기 때문이다. 의복의 종류에서는 고대와 근대 의상의 대립이 나타난다. 의상은 지체의 위치를 알려 주며 정신

---

30 Jason. 이아손(Iason)이라고 함. 그리스 신화의 영웅. 아버지 아이손이 뺏긴 왕권을 되찾기 위해 아르고호 원정대를 이끌고 이올코스왕이 요구한 콜키스의 황금양털을 가져옴.
31 Perseus. 제우스와 다나에(아크리시오스왕의 딸) 사이에서 출생. 여괴 메두사를 죽인 영웅.
32 Bacchus. 디오니소스로도 불림. 제우스와 헬레네 사이에서 탄생. 포도주의 신.

에서 나오는 지체들의 움직임이 스스로 나타나서 알 수 있도록 하는 그와 같은 성질의 것이어야만 한다. 고대 의상들은 이런 것을 분명하게 보여 준다. 계속 보자면, 의상은 신체의 주변 환경, 신체의 직접적인 집이며, 그러한 한에서 건축학적인 어떤 것이다. 천(옷감)의 견지에서는 다음의 것이 원칙이다. 즉, 그런 천은 자신의 권리도 보장받으며, 또한 그것의 고유함과 자유 속에서 출현한다는 것이다. 이런 것은 외투가 신체를 둘러싸고 있을 때 그 무게에 의해 자유롭게 아래로 떨어뜨려지는 경우에만 그러하다. 외투[33]가 걸쳐지고, 그런 후 신체에 고정된다. 그래서 입는 자는 자유롭게 움직일 수 있다. 그리고 그런 후 외투는 그 자신의 고유한 역학적 본성에 따른다. 사람들이 고대 의상들을 관찰해 보면, 신체가 전혀 방해되어 있지 않다. 여기서 천은 자유롭게 그 자체로 늘어뜨려진다.

우리의 근대 의상에서는 천이 사용되기만 한다. 우리는 천에서 지체의 위치, 움직임이 적절히 표출되어 있음을 보지만, 한편으로는 위치가 너무 우세하게 표출되어 있다. 외투에서 위치는 암시만 되어 있지만, 그럼에도 우리는 위치를 완전하게 포착하게 된다. 위치는 확실히 사람들이 그것을 포착할 수 있게끔 표상되어 있다. 사람들은 허벅지와 감각적 측면들 일반을 볼 필요가 없다. 정신적인 것과 관계있는 것은 고대의 것에서 완전하게 현존한다. 우리의 근대 의상에서의 천은 사용되기만 할 뿐이다. 하지만 예술작품에서 나타날 수 있는 것은 자유의 외관 방식을 가져야만 한다. 우리 의상들은 이곳저곳 끌어당겨지는 **뻣뻣한** 주름이 있는 포대들이다. 거기에는 물결 모양 선들, 유기적인 것의 미가 완전히 없어진다. 《68》 거기에는 바느질, 단춧구멍들은 있는데, 자유로운 주름은 하나

---

33 Toga. 그리스인들의 외출용 긴 상의.

도 없다. 많은 주름들은 물론 바느질에 의해 만들어지며, 그런 점에서 재단사에 의해 정해지는데, 경비본대에 놓인 저런 걸출한 조각상들에서 대략 그러하다. 그런 자유는 고대 의상 일반의 장점이 된다. 다른 하나는, 사람들이 초상조각들을 만들 때의 흉상들이다. 이런 것이 근대에 표상된다면, 근대 의상도 거기에 부합되어야만 할 것이다. 그럴 때 사람들은 고대적인 것과 근대적인 것 사이의 중간을 택하지 말아야 한다. 왜냐하면 사람들이 이상적인 것을 근대적인 것에서 유효하게 만들려고 한다면, 그것은 허세가 될 것이기 때문이다.[222] 벌거벗은 것은 비너스처럼 압도적인 사랑스러움을 표상할 때 적합하다.

2. 관념성과 개별성

인간 형태에 의해 표상되는 한에서의 이념상, 어느 정도로까지 인간 형태가 기초가 되는 동시에 실로 이상적이 되게 하기 위해 그렇게 계속 모양이 만들어질 수 있는지, 이런 것이 조각의 본질적인 연구이다. 이에 대한 첫 번째 것은 관념성Idealität 일반이다. 각 개별부분, 즉 면, 점은 완전하게 살아 있으며, 완전히 합목적적이다. 이것은 그리스 작품들에서 주로 경탄되는 것, 생동성의 효과이다. 근세에 사람들은 피디아스의 원작들 가운데 주조물들을 유럽으로 가져왔다. 모든 국민들이 이 작품들에서 그런 높은 생동성을 경탄하였다. 그리고 이 생동성은 모든 개별부분들이 완전한 지식에 의해 완성되었다는 것에 있다. 사람들은 그런 생동적인 직관의 근거가 어디에 있는지 모른다. 근거는 실로 명확히 이것이다. 즉, 그와 같은 입상立像에 목적이 아닌 점은 하나도 없다는 것이다. 그것은 바로, 사람들이 자세히 관찰할 때 구분하는 마무리 작업에서의 충실함이다. 사람들이 입상들을 횃불 빛에서 눈여겨볼 때,[223] 그때 섬세한 깊이감과 부드러운 이음들이 주요하게 보일 수 있다. 각 부분은 특별한 형식과 구분, 그리고 동시에 물론 그와 같은 부분의 전체성을 손상시키지 않는 탁월함을 가지고 있다. 그 속에 포대 같은 것과 밋밋한 종류의 것은 아무것도 없다. 주피터, 즉 한 남성 입상에서는 핏줄들이 자연히 《68a》 더 강하게 표출된다. 하지만 어린이들과 여성들에게서는 모든 것이 한층 둥글며, 그런 것이 돌출되지 않는다. 사람들은 이런 형태들에서도 물론 속속들이 해부학의 매우 섬세한 암시를 주목하게 된다. 각 부분은 확실히 특정하게 돌출하지 않으나 동시에 비규정적이지는 않은 그와 같은 방식으로 형태화된다. 사람들은 기술적 측면에서 매우 완성적인 이집트 형체들에서 근육의 흐름은 찾지만, 혈관은 찾지 못한다. 그리스인들에게는 둘 다 있다. 여기에서는 둘 다 가장 부드럽게 서로 뒤섞여 넘어가지만 알아차리지 못하게 내버려져 있지는 않다. 각 지점은 자신의 의미를 가진다. ― 이런 것이 생동성이며, 살아 있는 것에 대한 직관을 낳는다. 더 자세한 것에 관해서는, 빙켈만이 참조될 수 있다. 그는 고대 입상들에서 자신의 열광을 일깨웠으며, 동시에 가장 섬세하게 규정들의 구분들을 눈에 띄게 만들었던 자이다.[224] 주목할 것은, 우리가 인간 형태에서 이상적인 미를 다루어야 한다는 것이다. 이상적인 미는 하나의 형태여서, 개별성이다. 그리고 이와 더불어 우리는 동시에, 우리가 일반적으로 그리스 신들로서 알고 있는 이상적인 형태화들과 성격들의 범위를 갖는다. 이런 견지에서 주목될 수 있는 것은, 이 형태화들은 매우 확고하게 규정되어 있으며 매우 분명하게 서로서로 구분된다는 것이다. 일부는 외적인 속성들에 의해 구분되기도 한다. ― 투구를 가진 팔라스, 번개를 가진 주피터와 같이 말이다. 그 외 아직 그 형태들을 구분하는 더 자세한 규정들이 있다. 실정적인 구분들은 그렇듯 헤라클레스 머리카락의 특유함이다. ─ 머리카락이 짧게 잘려 있다는 것이다. 주피터에게서는 매우 곱슬곱슬한 것이 특유함이며, 아폴로[225]는 그 중간에서 그런 묶음머리를 가지고 있다. 헤라클레스는 귀가 맞아서 비정형적으로 되어 있으므로 특히 귀에서도 구분될 수 있다. [하지만] 주된 구분들은 그와 같은 외적인 특징들에 있지 않고, 그들의 신체 형식의 전체적 구성에 있다. 《69》 이와 같은 신적 개별성의 규정에서는 우리가 인간 개별성을 표출할 때 필요로 해야만 할 많은 범주들이 누락된다. 도덕적인 자질들은 여기에 아무런 자리도 갖지 못하며, 또한 내면성과 관계되는 것도 존재하지 않는다. 겸손, 순응, 복종 등은 그런 신적인 개인들에게는 없다. 하지만 먼저 눈에 띄는 구분은 남녀 개인들 간의 구분이다. 남성적인 것에는 존엄, 품위, 힘, 어려운 작업들의 수행, 심사숙고함이 귀속된다. 사람들은 여성적인 것에서도 심사숙고하는 것을 찾을 수 있지만, 그런 다음 부드러운 것, 기쁨, 바로 이와 더불어 눈물 속의 미소처럼 슬픔의 그런 특징들과도 결부되어 있는 유쾌함, 그런 후 지복함, 향유, 섬세함에 이르기까지, [또한] 이를 넘어 사랑스러움에 이르기까지 상승된 유쾌함을 보게 된다. 거기에는 남성적인 것과 여성적인 것 사이에 표시하기 어려운 경계가 있다. 예를 들어 사람들은 고대 두상을 발견하였는데, 히르트[34]는 그것을 아리아드네[35]라고 여겼으며, 다른 이들은 그것을 바커스로 간주한다. 바커스 속에는 여성성까지 이르는 부드러움도 있다. 그래서 경계를 찾아내고 결

---

34 Aloys Hirt, 1759-1837. 미술사가이자 그리스 로마 분야 고고학자. 베를린의 최초 박물관인 알테스 뮤제움(Altes Museum) 건립을 제안한 학자.

35 Ariadne. 그리스 신화 속 크레타 왕 미노스의 딸. 아리아드네는 아테네의 왕자 테세우스가 미궁 속의 미노타우로스로부터 벗어나도록 실을 풀어 도와주었으나 그에게 버림받음.

정하기 위해서는 숙련된 눈이 필요하다. ─ 하나의 동일한 개인에게는 일련의 상태들이 나타난다. 예를 들면 아킬레우스에게는 젊은이다운 그런 부드러움이 있다. 그런 다음 그는 물론 강인한 영웅으로서도 출현한다. 헤라클레스에게서는 그의 여유로운 작업들 속 최고의 진지함과 힘의 특성이 그러하다. 거기에서는 아주 많은 특수성들을 가진 개별적 특성화가 매우 어렵다. 마르스는 페르세우스, 아킬레우스와 가까운 친척이며, 거기에는 단순히 외적인 개별성만 있을 뿐, 외적인 속성들이 곁들여지지 않는다. 그래서 그럴 때 저와 같은 인물들의 어떤 것에 그런 개별부분들이 귀속하는지를 결정하기 위해 요구되는 근본적인 연구가 있다. 고대연구가들은 예를 들어 가슴 부위의 낱개 조각들을 가진다면, 어떤 개인에게 그 조각이 귀속되었는지를 가공작업의 방식과 근육의 종류에서 추론할 줄 안다. ─ 그러함에서는 개별부분들에 이르기까지 모든 것을 전체의 특성에 아주 적절하게 유지했던 감각과 작업, 살아 있는 것의 섬세함이 인식될 수 있다. 《69a》

3. 그리스 측면상

우리가 이런 형상들과 관계하여 언급했어야 할 또 다른 것은 이것이다. 즉, 우리가 형태에 더 자세히 다가가며, 주된 계기들을 빙켈만에 따라 특성화하고, 형태가 이상적이기 위해서는 그 형태에 중요한 것이 무엇인지를 도출해 내야 한다는 것이다. 첫 번째는 그리스 인상학 내의 소위 그리스 측면상이다. 이 측면상은 다음의 사실에 입각한다. 즉, 이마와 코가 거의 직선상에 나란히 위치하며 일직선의 연속을 이룬다는 것에, 그리고 그 선線이 ─사람들이 우리의 코 아래 뿌리에서 귀의 위 뿌리까지

당겨져 있어서 직각을 형성한다고 생각할 수 있는 선에 대해— 수직적이라는 데에 말이다. 우리는 우연성이 원인인지, 아니면 예술가의 주력작품이 원인인지, 또는 그것이 인상학에 속하는지 물을 수 있다. 여타의 해부학자들은 그런 각이 무릇 인간과 동물과의 차이에 기인함을, 그 속에는 인간적인 것의 자유로움이 표출되어 있음을 발견하였다.[226] 동물들에게는 입과 코뼈가 일직선으로 있다. 특히 눈에 띄는 것은 주둥이의 돌출이다. 먹이섭취, 욕구의 관계가 동물들에게서는 특별히 두드러진다. 그리고 코 너머 아래로 선이 그어진다면, 그리고 선이 귀 쪽으로, 즉 이빨들의 앞쪽 원형에서 귀로까지 그어진다면, 이런 것은 인간에게서는 더욱 직각에 가까운 예각이라는 것이 드러날 것이다. 우리가 이런 것을 계속 고찰한다면 먹기, 그리고 그다음 먹을거리를 찾는 감각, 즉 코가 동물에게 두드러진다는 사실이 쉽게 이해된다. 이것은 인간에게도 있다. 인간에게는 그런 실천적인 중점이 당연히 있을 뿐 아니라 게다가 영혼이 가득 찬 표출의 두 번째 중점들인 눈, 그리고 그것과 관계되는 것, 즉 심사숙고하는 이마가 형상화된다. 동물에게서는 이마가 뒤로 물러나 있다. 눈과 이마는 무릇 관념적인 태도와 연관된다. 직접적인 향유의 태도뿐 아니라 심사숙고하는 이론적인 태도와도 연관된다. 이런 중점은 《70》 바로 인간에게 더 중요하게 나타나며, 그 형태에 따라서 한층 더 전면으로 나온다. 눈의 자연적 방향은 중력과 신체의 선이 이루는 직각에서 직선적이다. 동물에게 그것은 대략 하나의 선으로 있다. 인간만이 직립적인데, 그가 [그렇기를] 원하기 때문이다. 이것은 의지의 습관이며, 그리고 바로 그렇기 때문에 무의식적이다. 이런 직립적인 자세는 척추에 대한 눈과 이마의 전혀 다른 관계를 유발한다. 이 두 개의 중점은 그리스 이념상에서는 거의 알아채지 못하는 이행 속에 서로 나란히 정립되어 있다. 코와 이마 간의 인상이 특별히 깊다면, 이마 또는 심사숙고하는 것이 보다 자기 자체 내에 집중되어 있음을 나타낸다. 입 또는 그런 실천적이며 전달하는 관계와 이마가 더 특정하게 나눠져 있다면, 이에 따라 다소간 다른 국민들과의 구분이 설정되어 있다. 그리스 측면상에는 심중을 털어놓는 웅변과 함께 감관이 자체 내에 아름다운 하모니를 이루는 그런 관조가 있다.

더 나아가 개별 규정들을 본다면, 이마는 수많은 방식으로 수정된 것이다. 여성적, 젊은 신체에서는 이마가 더 낮고 둥글게 유지되어 있다. 그리고 이마가 높아지며 더 깊은 주름이 형성되는 것은 늙음의 표시이지, 두발의 표시가 아니다. 여성다움은 무릇 한층 더 뒤쪽으로 깊숙이 들어간 이마를 가진다. 확실히 헤라클레스에게서도 이마가 더 낮은데, 그것은 바로 그의 외부로 나아가는 근육의 강건함에 속한다. 고대인들은 눈 모양에 크게 주목했다. 사람들은 예전과 이후 시대의 그리스 작품들에서 형상화의 진행을 보게 된다. 이집트와 고대 그리스 입상들은 눈을 통해 위대한, 지고한 [그리스 고전] 예술의 입상들과 가장 두드러지게 다르다. 또한 옛 동전들에서도 그 입상들은 다른 형식을 갖는다.[227] 눈이 크고, 넓게 열려 있으며, 깊게 놓여 있다. 여기서도 큰 차이가 있다. — 비너스의 눈은 주노의 눈과 매우 다르다. 《70a》호메로스는 주노의 눈을 황소 눈이라고 칭한다. 아프로디테에게서는 눈이 작든 더 크든 간에 그 모양에서 다시금 웅대하게 유지되어 있다. 부분적으로 눈들은 또한 위대한 작품들에서 실제로 더 깊숙이 놓이게 만들어져 있다.

이집트 작품들에서는 눈들이 편평하며, 깊숙하지 않다. 그래서 눈의 뼈들도 [돌출하지 않고] 매우 깊다. 사람들은 숭고하지만 그럼에도 작은 눈을 가진 천상의 아프로디테 모상模像들을 보유하고 있다. 팔라스는 주노와 같이 큰 눈을 가지고 있지만, 정숙한 젊은 여성의 시선을 부여하기 위해 머리의 위치가 약간 숙여져 있어서 심사숙고하는 듯하다.[228] 눈의 깊이는 매우 아름다운 효과를 내는데 일부는 모양에 의해, 일부는 코에서 눈 속으로 드리워지는 그림자들에 의해 그러하다. 눈에는 고운 만곡을 제공하는 눈썹들이 속한다. 고대인들은 눈썹을 눈 뼈의 뾰족함들로서 암시하기만 했다. 코가 들어 올려져 있으면 조롱을 가리키며, 코가 납작하다면 소크라테스에게서와 같은 감성을 가리킨다. 가장 아름다운 것은 담박淡薄한 형태로 된 코이다. 입은 눈과 나란히 얼굴의 가장 아름다운 부분이며 말과 전달의 자리이지, 단순히 욕구들의 자리가 아니다. 그리스인들에게서 입술은 풍만하며 얄팍하지 않고, 아랫입술이 위의 것보다 더 통통한데―예를 들면 실러[229]가 [그렇게 묘사한다]―, 이것은 달변을 표출한다. 입은 완전히 닫혀 있지 않고, 오히려 약간 벌려져 있다. 감각들이 작용한다면, 입은 다물어진다. 하지만 자기 내 침잠됨은 여기서, 입이 완전히 닫혀 있지 않은 상태를 수반한다. 입의 각도는 그리스인들에게서는 약간 가볍게 내려가 있다.[230] 턱은 풍만하며 둥글고, 어느 정도의 포만감과 안정이 이를 통해 표출되어 있다. 메디치의 비너스에게서는 턱이 본래의 둥긂이 아니다. 그렇기 때문에 예술가들도 턱을 진짜가 아니라고 설명했다.[231] 《가》귀들은 보통 세심하게 작업되어 있으며, 머리카락도 그러한데, 곱슬곱슬한 부분들도 있고, 장대하다. 가슴은 넓게, 엉덩이는 돌출되게, 발들은 수려하게 제작되어 있다. 그 외 전체 자세도 여기서 주된 사안을 형성한다.[232] 이런 연구가 가장 어려운 것에 속한다. 그것들이 놓인 자리도 중요하다. 엄격한 지고의 신들 형상은 필수적으로 사원 내에 있다. 영웅들, 움직이고 있는 신은 박공의 삼각벽면들 위 바깥에 서 있다. 직접 신을 표현하지 않는 형태들은 계단들과 건물 첨두 위에 자리를 차지한다. 신전에는 부조들이 늘어서 있었다. 부조들은 보통 박공의 삼각벽면들 속에 있다. 사람들은 신들과 영웅들에서부터 판들(반신반양/목양신), 사티로스들(반인반수들), 아모르 등으로 넘어간다. 대상들은 보통 트로이 전쟁 이전의 신화시대에서 나온 것이었다. 사람들은 고대인들이 금속공예라고 불렀던 것을 우리의 조각과 비교한다고들 한다. 조각은 대리석과 청동주조와 관계된다. 하지만 금속공예는 하나의 덩어리가 상아판들과 그와 같은 것으로 도장塗裝되었던 곳에서 비롯되었다.[233]

조각에는 고대인들이 아주 탁월했던 주화기술도 연관된다. 무엇보다도 그들의 세공보석들은 평가할 수가 없다. 부조들에는 이미 행렬들, 말하자면 이미 한층 더 많은 형체들이 있다. 그리고 이를 통해 《71a》 회화로의 이행이 만들어진다. 《72》

III. 회화

더 심오한 내적인 이행은 다음의 것이다. 즉, 자기 자체 내 존재하는 자립적인 조각상이 타자를 위해 존재한다는 의식이 필요하거나 혹은 공동체가 객관적인 신에 대해 맞서 나아감이 필요하여서, 신적인 것이 그런 공동체 속으로 들어가게 되었고 그래서 자기의식의, 자기 자신의 반향Reflex을 갖게 된다는 것이다. 다음의 세 가지 비유기적인 운동, 즉 대자적 신의 자립적인 형상, 자신의 공동체 내 신적인 것의 표현, 그리고 주관성의 자립화가 우리가 강의에서 접하고자 하는 논점이다. [여기서는] 주관적 신으로서 기독교의 신이 이해될 수 있다. 그는 자신의 공동체 속에 있으며, 자신의 공동체가 된다. 이런 것이 주관적인 측면이다. 조각의 신은 개별성, 정신성, 그러니까 주관성이기도 하지만, 다음에 이어지는 것에서와 같은 그 자체로서의 주관성은 아니다. 신적인 그런 공동체는 먼저 가시적이다. 두 번째는, 그 자체로서의 그런 주관성이 자신을 인식하도록 제공한다는 것이다. ― [그 방식은] 첫째, 여하간 현현顯顯하는 것, 그런 후 둘째, 추상적으로 객관적이 되지 않는 투Ton의 형식으로 그 주관성의 내적인 것을 현현하게 하는 것, 그리고 셋째, 스스로를 표상 속에서 표명하면서 내용이 충만한 외화外化로서 제시하여서 그런 내용 가득한 것이 실체적인 것, 즉 말Wort로 남도록 하는 것이다. 이 세 가지 규정의 첫 번째는 회화이다. 회화는 이런 외적인 표현에서 시각을 위해 공동체를 그 대상으로 삼는다. 회화의 대상은 공동체 일반이며, 조각의 자립적 형태가 특수성 속으로, 현존재의 다양성 속으로 걸어 나옴이다. 주체가 행위하는 것으로서 나타나는 것이다. 주체는 하나의 목적과 관심을 획득하는데, 이 목적은 내적이며, 주체에 의해 비로소 목적에 적합하게 만들어지는 외적인 정황들을 마주하는 것이다. 조각상이 자신으로부터 이렇게 걸어 나옴은 외적인 것에 반해 스스로 내적으로 만들기, 행위 속으로 걸어 나옴, 외적인 것에 반한 내면성, 그리고 외적인 것 속의 내면성이다. 이것은 특수한 것 일반에서의 규정이다. 내면성의 내용은 동시에 그와 더불어 특수성의 내용이다.

행위들, 상황들 속에서 내적인 것이 현현하는데, 이것이 [회화의] 보편적인 규정이다. 만일 우리가 회화의 중심점에 멈춰 있고자 한다면, 그것은 기독교적인 것이다. 이는 고대인들이 회화에서 위대한 거장들을 보유하지 않았다고 말하는 것은 아니다. 역사적으로 마이어J. H. Meier[234]의 『회화사』 속에 기독교적인 것에 대한 많은 것이 우리에게 전래되어 있다. 하지만 이에 대한 가장 풍부한 보물은 해밀턴W. Hamilton[235]이 소장하고 있다. 해밀턴은 검은 분필로 옛 그림 500점을 모사함으로써 사람들이 회화의 기법을 ⟨72a⟩ 인식할 수 있게 했던 자이다. 우리에게 그 밖에 남아 있는 것은 곧 거장작품들이 아니다. 왜냐하면 우리는 위대한 거장작품들이 고려될 수 없는 지방 도시들에서 나온 몇몇 개만 가지고 있기 때문이다. 가장 위대한 조각가는 미켈란젤로였는데, 많은 그의 작품들은 이탈리아에 있다. 네덜란드에 있는 작품 한 점이 그의 것인데, 네덜란드에는 그의 인물상 다섯 점 혹은 여섯 점이 있다. 미켈란젤로는 나사우[36]의 백작과 그의 부인을 앨러배스터[설화석고 대리석]로 보존하였다. 4개의 인물상들은 서 있으며, 휘장들(카이저, 레굴루스[37])이 놓인 평판을 어깨 위에 받치고 있다. 이 예술작품은 브레다[38]에 있다.[236] 조각은 신상형상들에서 그 최고의 특유함을 가진다. 회화는 기독교 내부에서, 그리고 그런 원리 일반에 관계되는 모든 것에 합목적적으로 적용된다. 이런 내면성과 더불어 추상, 동시에 그런 외면성에 대한 대립이 있으며, 이런 내면성에 특수성 일반이 결부되어 있다. 그리고 회화의 특유한 종류를 수반하는 대상들의 어마어마한 활동범위가 이런 특수성과 더불어 회화에 개시된다. 회화는 현현scheinen 일반의 예술이며, 가상 속에 있는 내적인 것, 이것이 회화의 주된 관심이다. 자기 자체에 특수성을 보유하고 있는 한, 내용은 그 자체로 어떠해도 상관없다. 실로 내용이 특수한 것이기 때문에, 한갓된 현현그 자체가 우세함을 갖는다. 회화는 예술작품이자 가상의 예술품이다.

---

36   Nassau. 현재 독일 헤센주 서부와 라인란트팔츠주의 일부였던 신성로마제국의 연방국가. 1866년까지 공국이었음. 1100년 무렵 라우렌부르크 백작이 나사우성을 축조하여 1160년 이후 이 집안은 나사우 백작 집안으로 불림.
37   Regulus. 사자자리의 가장 밝은 별.
38   Breda. 네덜란드 남부의 도시.

이런 규정과 더불어 기초요소들의 견지에서 공간적인 것과 빛이 더 자세한 규정들로서 나타난다. 공간을 주시할 때 본질적인 것은 조각의 둥긂이 평면 위로 환원된다는 것이다. (둥긂은 그 삼차원 내 조각의 공간성, 조각상의 그런 비주관성이다. 회화와 달리 저런 주관성으로 소급되어 있지 않은 이 '자신으로 있음Selbstsein'은 바로 이로써 외면성 속에 침잠한 채 머문다. 추상적 외면성은 공간이다. 이런 이분二分은 부정이다. 내면성이 아직 그 자체로서 있지 않기 때문에, 이와 더불어 아직 추상적 외면성, 부정이 정립되어 있다.) 회화의 이런 내적인 것에는 [첫째] 외면성이, 말하자면 공간적인 것의 삼차원성이 제한적이라는 그런 추상성이 관계된다. 이것은 사실, 회화가 평면을 자신의 《73》 공간적인 것으로 갖는다는 것이다. 이것은 자의恣意가 아니다. 왜냐하면 본래 평면과 같은 것, 두 개의 차원들로 공간적인 것의 그런 후퇴는 이런 원리와 가장 밀접하게 관계되기 때문이다. 외면성의 두 번째는 가시성, 빛이다. 가시적이어야 하는 것은 빛 속에만 있다. 조각상들은 무릇 가시적일 뿐이며, 단색이고, 주로 대리석으로 되어 있다. 회화에서와 같이 특수성의 원리가 등장한다면 순전한 단색은 없으며, 순전히 흰색만 있지 않다. 그리고 그럴 때 빛은 그 특수성을 갖게 된다. 그리고 그런 자신의 특수성 속에 있는 빛이 색채들이다. 빛은 오로지 단순한 것이다. 빛은 자신의 어둠, 부정적인 것을 타자적인 것에서 가진다. 물리적인 것으로서의 빛은 그런 즉자적인 동일성일 뿐이다. 이에 덧붙여지는 것은, 빛의 어두워짐, 특수화, 흐려짐은 그것에 대립해 있는 것에서 생성된다는 것이다. 이런 것은 다양한 색채를 제공한다. 몇 겹으로 색채를 띤 것, 더 자세히는 밝음과 어둠이 회화에 속한다.[39] 완전히 어두운 것을 거쳐 어스레함

---

39 밝음과 어둠은 빛들의 겹침(가산혼합)과 색들의 겹침(감산혼합)에서 볼 수 있듯, 여러 겹의

으로 섬세하게 이행하는 것들도 이와 마찬가지이다. 색채들이 바로 이러함에 해당된다. 이런 것이 회화의 내적 성립근거이며, 그런 원리에 상응하는 표현방식이다.

회화에서는 소재, 내용이 무한히 다양하다. 자의, 광기 등을 허용할수록 더욱 그렇다. 그렇기 때문에 우리는 스스로 제한해야만 하며, 첫째로 회화의 내용 일반을 다룬다. 그 내용은 무한히 다양하다. 내용은 우리가 고찰했던 다른 예술들과 자신의 관계에서 다양성의 제한과 규정을 가진다. 그다음 외적인 관계는 이것이다. 즉, 우리가 신이 있는 사원을 가짐으로써 벽들을 장엄하게 덧씌우는 것, 환경을 공동체의 환경으로서 형태화하는 것이 공동체 측면의 욕구가 된다는 것이다. 이것이 회화의 가장 합당한 규정이다. 일부는 내벽들의, 일부는 외벽들의 형태화이다. 팔라스 신전 내 폴리그노토스[40]의 회화가 여기서 언급될 수 있다.[238]

괴테[237]는 이런 것을 다시 촉진시키고자 노력했으나, 그것은 우리에게 설 자리가 없다.

회화작품Gemälde에는 평면이 있으며, 그것은 어디론가 [거치되어야]만 한다. 그리고 무엇이 대상과 기법이어야 할지는 사람들이 회화작품을 갖기 원하는 장소에 달려 있다. 때로 사람들은 이런 회화작품들을 어디로 가져가야 할지, 언제나 당혹스러움이 있다. 왜냐하면 각 예술작품은 그 자리가 있을 것이 틀림없으며, 그 자리는 《73a》 어느 한 갤러리 내에 속하지 않을 것이기 때문이다. 무엇으로써 꾸며져야 할까, 거기에다 무엇을 그

색채를 내재하고 있음을 말함. 괴테도 『색채학』에서 색의 원현상(Urphänomen)을 밝음과 어둠으로 규정하며, 이로부터 모든 색이 파생되어 나온다고 봄.

40 Polygnotos, B.C. 500~B.C. 440?. 그리스 화가. 타소섬 출신으로 그리스 회화의 선구자.

려야 할까? 바로 이런 측면을 소홀히 하지 않아야만 한다. 결정적인 것은 그런 장소를 위한 그림의 합목적성이다. 그래서 성곽 내에는 미트리다테스[41] 역사에서 나오는 대상들이 있다. 중국풍의 대상들, 그런 것은 여기에 속하지 않는다. 사람들은 먼저 합목적적인 자리를 즉각 사원에서 선택했다. 그렇듯 내용과 그림의 취급은 장소에 좌우되며, 그림이 걸려 있는 여타의 환경에 좌우된다. 이것은 보통 매우 우연적이다. [위치 선택의] 능숙함은 그러니까 그와 같은 그림들이 속하는 환경에 달려 있다. 우리가 [회화에서] 다루는 첫 번째 것은 대상들의 종류이며, 두 번째는 그룹 짓기Gruppierung이고, 세 번째는 채색하기Kolorierung이다.

1. 대상들의 종류

첫 번째 것을 보자면, 비잔틴 교회 그림들이 첫 번째 그림들이다. 사람들은 이 그림들에서 미술의 예전 처리법을 들여다보게 되는데, 예전 처리법에서 미술은 그 형식들에서도 전적으로 수공업에 적합한 것으로 가치가 하락되어 있었다. 이런 가장 오래된 기법은 특정한 건축학술적 안배를 받아들이기도 했다. 그 이외의 것은 그런 [교회 관련] 대상들의 소생, 그리고 경건한 것의, 기도에 몰두하는 것의 표출이다. 예술의 부활은 생동적이자 참다운 것을 대상들 속에 끌어들이는 데 존립한다. 그와 같은 생동적인 그림들에는 역사적 구성들이 결부되었고, 상황들과 행위들 속에 스스로 외화되는 특수성에는 외적인 것에서의 장식, 현현 자체가 결부되었다. 위대한 그림들에서 화가는 이런 대상을 직관적으로, 근접할

---

41 Mithridates. 페르시아 제국의 황제.

수 있게 만드는 수단으로만 출현한다. — 라파엘로와 반다이크[42]의 그림들에서와 같이 말이다. 이탈리아 예술은 네덜란드 예술처럼 이런 일련의 과정을 두루 거치지 않았다. 이탈리아 예술의 쇠퇴는 화가의 기법들에 관계된다. 회화의 이런 여러 분야들에 대해서 우리는 여기서 상세하게 말할 수 없다. 우리는 최고의 규정, 회화에 가장 특유한 특성만 제시할 수 있다. 그런 근본특성, 즉 회화의 최고 대상은 주관적인 것 일반이다. 먼저, 이 주관성이 출현하게 된다는 것이며, 그런 다음 감각Empfindung의 내밀성으로서, 감각이 풍부하고 심오하여 자유롭고 해방된 것으로 나타나는 영혼으로서, 《74》 스스로를 내적으로 만드는, 자연적인 특수성을 극복했던 영혼으로서 출현한다는 것이다.

이러함에는 그런 '극복했음'의 고통과 그런 후 내적인, 바로 그런 승리에서 생기는 유쾌함이 들어 있다. — 이것은 회화의 대상성 속에 있는 이념상의 최고의 근본특성인데, 만족과 사랑에 이르러서 자기 내 화해된 영혼이며, 자신의 특유함, 즉 자연적 특수성을 극복한 것이다. 본질적으로 희생에서 생겼던 사랑이 그런 근본특징을 형성한다. 고대인들에게 조각의 이념상들의 자립성은 다른 종류의 것이다. 이것이 나타내는 것은 라오콘[43] 또는 니오베[44]의 고통 속 존엄성이다. 이것은 최후[죽음]이며, 그 속에 '유화상태'가 표

---

[42] Anthony van Dyck, 1599-1641. 플랑드르 화가로, 영국 왕 찰스 1세의 궁정화가로 활동.

[43] Laokoon. 그리스 신화 속 트로이의 왕자이며 아폴론 신전의 사제. 그리스군이 두고 간 목마가 간계라는 것을 알아내자 그리스를 두둔하는 신들의 노여움을 사서 아들과 함께 큰 뱀에 물려 죽게 됨.

[44] Niobe. 그리스 신화 속 테베 왕 암피온의 아내로 7명의 아들과 7명의 딸을 낳음. 두 남매만 낳은 레토보다 자신이 낫다는 니오베의 자랑을 질시한 레토 여신을 위해 아폴론과 아르테미스가 니오베의 자식 모두를 활로 쏘아 죽임. 그 슬픔으로 니오베는 몸이 굳어 돌이 됨.

출되어 있지 않다.[239] [회화의] 첫 번째 대상은 기독교 신이다. 하지만 아버지로서의 신은 예술의 유리한 대상이 아니다. 그는 제우스로 표현될 수 없다. 왜냐하면 최고의 위력과 존엄은 고대인들의 이념상들에서 소진되어 있기 때문이다. 위대한 장인들은 아버지를 창조자로서 표현했지만, 우리가 하느님 아버지라고 부르는 자는 표상을 위해서는 소용이 없다. 그것은 신을 표상하기 위한 임시변통일 뿐이라는 것이 분명해질 것이다. 이에 반해 아들은 인간적 특수성이다. 그는 기독교 회화의 최고 대상이다. 그에게서 여러 가지 상황들이 구분될 수 있다. 첫 번째는 자식으로서이며, 그다음 남자로서, 그리고 스승으로서이다. 사람들은 스승으로서의 그를 나타내는, 큰 관심을 불러일으키기에 부족하지 않은 많은 그리스도 두상들을 그렸다. 하지만 그리스도 두상들은 신의 인간성神人性을 표출해야 하는 바에 상응하지 않는 어떤 것이 자체 내 있다.

그리스적인 이념상 두상Idealkopf을 그리스도의 표현으로 선택하는 것은 부적합하다. 이런 것은 내면성과 사랑의 규정에 거슬린다. 위대함, 친절함 그리고 존엄함이 이 두상에서 표출될 수 있다. ― 반다이크는 매우 아름다운, 완성된 두상을 그렸다.[240] 이것을 고려하지 않고서는 실로 이 그림이 그리스도 두상의 만족스러운 표현이라고 말할 수 없다. 더 장점이 많은 것은 다음과 같은 표현이다. 즉, 아이로서의 표현에서 완성이 이뤄지지 않는 표현, 저런 최고자의 예감이 《74a》 표출되어야 하며, 그런 후 수난 속의 그리스도, 수난받는 신이 표출되어야 하는 표현이다. 이런 두 상황 모두 우리를 더욱 만족스럽게 할 것인데, 완성되지 않은 것과 수난받음이 여기서 목적 자체이기 때문이다. 수난받는 그리스도에게는 신적인 것이 들어 있

라파엘로에 의해 이미 뛰어나게 표현됨. 반다이크 그림들 속에는 아이 예수가 오히려 등한시되어 있다. 많은 이들이 이런 것을 상징적인 어떤 것으로 여겼지만, 이것은 그 경우가 아니다.

지만, 기력이 쇠한 신적인 것도 동시에 들어 있다. 이런 것에서 이탈리아인들의 위대함이 성취되어 있다. 온화함과 존엄함의 표출이 그들에게 매우 특별하게 달성되어 있다. 그와 같은 두상들에는 라오콘에서와 같은 소리침이 없다. 눈들과 이마에는 수난의 소용돌이들이 있는데, 이것들은 거기서 어쩔 줄 몰라 뒹굴며, 내부에서 집중한 채 자신 속에 스스로를 보존하고 있다. 이탈리아 화가들은 자기의 색채[241]를 가지고 있는데, 그것은 더구나 자연적이지 않으며, 또한 이마에 뇌우와 소용돌이들을 표출하는 회색이 아니다. 그 외의 대상은 마리아 표현들이다. 순수한 무관심적인 사랑, 그런 사랑에 의해서만 혼이 불어넣어져 있는, 자신의 아이와 함께 있는 어머니, 그리고 그녀 그대로가 자식에 대한 사랑이다. 수태고지 때의 처녀로서의 그런 마리아가 흥미로운 대상이며, 그런 후 자신의 아이와 함께 있는 어머니로서의 마리아, 그리고 그다음 십자가 곁에서의 고통, 그녀가 그의 존엄함을 느끼는 아들의 상실이 흥미로운 대상이다. 이런 어머니의 심장은 무너져 있지만, 그녀는 니오베와 같이 고통 속에서 화석화되어 있지는 않다. 오히려 그녀는 그런 무한한 고통, 그런 절대적인 영혼의 수난들 속에서 생동적으로 머문다. 표출의 외적인 경직과 동시에 소생은 정신이 다른 곳에서 지복하다는 것을 보여 준다. ― 하나의 죽음, 그것은 사실 멀어짐인 동시에 현재적이다. 천상의 여왕으로서 마리아의 본래적인 변용은 그녀가 신의 어머니라는 것이다. 그런 다음 이런 대상들에는 다른 여타의 개인들이 줄지어 있다. 성스러운 자, 순교자, 경건한 자. 이런 자들과 기도하는 자들, 즉 공동체 간의 구분은 더 자세하게 다음과 같이 제시될 수 있다. 즉, 외적인 형식이 그런 내적인 것에 완전히 적절하다는 것, [75] 영혼이 충만한 것은 형식들의 영혼 충만함으로서 출현한다는 것, 이런 형식들이 표출되는 내면과 전적으로 협정을 맺는다는 것이 바로 그들의 경건함, 내밀성, 사랑의 표출에서 보일 수 있게 된다는 것이다. 나는 여기에 있을 수 있는 구분을 예들을 통해 분명하게 하고자 한다. 웃고자 할 때 입을 비죽거리는 사람들이 있다. 그렇기 때문에 형식들이 웃음으로 인해 찌푸려질 때, 이로부터 모순된 어떤 것이 생겨날 수 있다. 또는 친절하지 않은 인상들이 있다. 형식들은 그런 표출에 그 자체로는 적절하지 않다. 만일 아이들이 운다면 찡그리게 되어 우리는 이에 대해 웃을 것이며, 아이들은 우는 가치가 없게 될 것이다. 표출된 것의 감각과 그것이 표출되는 형식들의 이런 부적절성이 생길 수 있다. 얼굴 모양들이 내면에 전적으로 적절한 것이 비결이다. 가장 유명한 그림의 하나는 코레조[45]의 〈참회하는 막달레나〉[242]이다. 사람들은 이것을 다른 그림들과 비교할 때, 쉽게 차이를 보게 된다. 다른 그림들에서 사람들은 세속성과 얕은 감각을 보며, 저런 참회는 낯선 것으로 나타난다. 하지만 코레조의 그림에서는 실수들이 일시적이다. 사람들은 막달레나가 참회를 하면서 자기 자신에게로 귀환하는 것을 본다. 그런 내면과 형식들의 합일성이 이탈리아 거장들의 우수함이다. 이런 합일성은 고통과 수난들 속에 표출되는 지복함을 근거로 한다. 감각은 순간적인 것이 아닌 어떤 것으로서, 오히려 원래의 천성으로서 드러난다.

　스케치들은 몇몇 줄그음으로 된 특성 있는 드로잉인데, 이는 단지 약간의 특징들을 통해서 대상을 완전하게 나타내는 것이다. 이것에 전혀 반대되는 것은 가장 미세한 것에 이르기까지 매우 상세하게 묘사하는 초상화들이다. 중요한 것은 각 세부가 아니라 전체성이다.

---

[45]　Correggio, 1490?-1534. 본명은 Antonio Allegri. 16세기 이탈리아 화가.

2. 그룹 짓기 또는 구성

그림 속에 표현되는 행위는 이해될 만해야 한다. [표현된 것이 다른 것을 가리키는] 알레고리적인 회화는 이해되지 않는다. 가장 잘 알려진 대상들은 종교에서 ⟪75a⟫ 유래되어 있던 것들이다. 이해도에는 환경, 즉 동기들 또는 외적인 환경이 또한 많이 기여한다. 이 동기들은 종종 알레고리적인 의미를 지닌다. 형체들은 너무 간결하게 압축되지 않아도 된다. 사람들은 라파엘로의 〈거룩한 변용들〉[243]이 본래 두 부분이지만, 양자의 훌륭한 관계가 아주 잘 인식될 수 있다는 것을 종종 얘기했다. 말하자면 그리스도의 추방이 다음과 같이, 즉 청년들이 그가 없이는 무력하며, 홀린 상태를 넘어 아무것도 할 능력이 없는 것으로 나타나 있다. 그와 같은 그룹들에서 사람들은 피라미드형식들을 애호한다. 그런 다음 거기서 주된 인물은 중심에, 그리고 두 번째가 아니라 첫 번째 설계화면에 속한다.

3. 채색

화가는 색을 칠할 수 있어야만 한다. 스케치와 드로잉들은 아직 화가를 만들어 내지 않는다. 위대한 채색가들은 네덜란드인들과 베네치아인들인데, 그들은 비록 흐린 지방들에서 살지만 가장 따뜻하게 그리는 자들이다. ⟪76⟫

8월 18일

어둠과 밝음의 관계들이 입체감, 융기 등을 규정한다. 더 나아가, 몇몇 대상들은 그 자체로 더 밝고 다른 것들은 더 어두운 그런 관계가 색채에서 나타난다. 밝음에서 기초는 오직 탁한 밝음이다. 어둠에서는 어두운 것이 기초가 되며, 밝은 것은 어슴푸레 밖으로 내비칠 뿐이다. 거리는 색채의 출현을 조절하며, 색조, 전체의 흐름Gang, 대상에 비치는 조명에 영향을 끼친다. 예를 들면, 달빛 또는 햇빛, 촛불 빛은 다른 분위기를 낳는다. 그렇기 때문에 색채의 취급은 가장 어려운 대상의 하나이다. 채색의 측면에서 거장들의 특유함이 드러난다. 그런 부분성Partialität에서 채색들이 본질적으로 구분된다. 각각의 고유한 시視 방식이 중요하다. 색들은 자체하에 하나의 체계를 형성하는데, 이 체계에서 어느 화가도 [순수색인] 빨강, 노랑, 파랑을 보라색과 갈색과 같은 색들로 여겨야 한다고 생각하지 않는다. 왜냐하면 보라와 갈색은 단지 혼합색이기 때문이다. 많은 옛 거장들은 색 체계의 견지에서 꽤 많은 만족스러움을 준다. 예를 들어 빨강과 파랑이 없다면, 무언가 좀 부족할 것이다. 그들은 형태들의 표현에서 색들의 상징적인 본성을 관찰하였다. 마리아는 보통 푸른 외투를, 요셉은 빨간 것을 지니고 있다. — 빨강, 즉 왕의 색은 남성적 형식이며, 파랑은 내적인, 감수성이 풍부한 색이다. 따라서 그들은 주된 인물들에게 이 색들을 할당했으며, 주변 인물들에게는 혼합색들을 할당했다. 그러함에서 중요한 것은 색들의 조화이다. 연보라, 보라, 짙은 초록과 같은 우중충하며 혼합된 색들을 만들어 내는 것은 순수한 색들보다 훨씬 더 쉽다. 우리는 순수 빨강, 즉 자색을 아름답다고 부르는데, 이것은 추상적 순수성과 단순성이다. 색들이 그 작용들의 강도에서 균형을 이루는 방식으로 관계하는 것, 그러니까 돋보여야 하는 인물들에 다른 색들이 관계할 때 하나의 색이 결정적으로 돌출하지 않는 것이 그런 조화에 속한다. ⟨77⟩ 사람들이 독일과 네덜란드 화가들을 망각에서 끄집어냈던 이후, 근대에서야 비로소 그들은 그와 같은 순수색들로 색칠할 용기를 내었다. 색의 견지에서 가장 어려운 대상은 인간 신체이다. 또한 그 외 다채로운 농담법이 있다. 금속들의 광택, 흙의 색들, 꽃들의 화려함과 동물의 색, 즉 깃털과 털들. 각 솜털들이 그 고유의 거리와 자리를 갖는 털의 표현은 아주 부드럽고 보다 양모 같으나, 그 자체에서는 더 윤기가 없다. 털은 둥글며, 그렇기 때문에 고유의 음영을 갖는다. 그래서 많은 털들이 유사한 음영들의 결과로 출현한다. 인간의 피부에서는 살색Inkarnat이 자체 내에 가장 다채로운 것이다. 가장 건강한 빨강, 즉 젊은 빨강은 자주색인데, 이는 물론 하나의 낌새일 뿐이다. 살색은 무릇 모든 색들의 혼합이다. 사람들은 동맥들에서 빨강을 보며, 정맥들에서 파랑을 보게 된다.[46] 피부 자체는 노란 것이다. 파랑과 결부된 노란 것은 녹색적인 것에 가깝다. 이런 혼합에는 색의 비침이 있다. 그러함에서 혼합은 완전히 무광이다. — 금속의, 파랑의 빛과 같은 것이 아니다. 디드로[47]는 그의 논문에서, "살의 느낌에 도달했을 자는 이미 멀리 나아갔다"라고[244] 말한다. 거기서 주된 어려움은 [색들의] 투광이 일어나도록 하는 것이다. 그러함에서 단순한 색들이 엉켜 있을 때, 사람들은 흙과 같은 것, 투광하지 않는 것을 쉽게 보게 된다. 색들의 비침은 광택을 지우며, 무광택, [빛이] 죽은 상태를 초래한다. 살과 함께 표피를 들여다보는 것은 [색을 파악하는 데] 아무런 저항을 하지 않는 무광택에 의해 이미 야기되어 있다(광택은 저항을 일으킨다). [살색의] 저런 섬세한 특유함은 래커 칠을 통해, 다른 색들로 기본색들을 덧씌워 생겨나는데, 이로 인해 또한 비침, 들여다보기가 유발된다. 이런 미술에서 가장

---

46 원문: "정맥들에서 빨강을 보며, 동맥들에서 파랑을 보게 된다." 이를 1826년 켈러(Kehler)의 강의필기록과 비교검토 후 정정함.

47 Denis Diderot, 1713-1784. 프랑스 문학자, 계몽주의 사상가. 최초의 백과전서를 편찬함. 종교적 내용에서 벗어난 근대 예술의 특성에 주목했으며, 1750년대 후반 살롱전 비평을 통해 평론가로 인정됨.

위대한 거장은 티치아노[48]였다. 다른 이들은 중간 색조로 좋은 효과를 가져왔고, 이를 통해 《77a》 어떤 다른 것 내로의 이행을 낳게 된다. 그러니까 바로 이를 통해 흐릿한 어떤 것의 외관, 내면성이 그런 외면성 자체에서 생성된다. 티치아노와 네덜란드 화가들은 어디에도 평면이 출현하지 않게 살을 그릴 줄 알았다. 그때 수단들은 [간략하에] 그러하기에 극히 약소한 것처럼 보인다. 알브레히트 뒤러[49]에게는 색을 적게 낭비하는 것에서 역시 매우 주목할 만한 남다름이 도처에 있다.

동판화 예술과 모자이크[245] 작업들은 건너뛰자.

IV. 음악

음악은 공동체의 두 번째 예술 또는 두 번째 측면이다. 음악은 바로 그 자체로서의 가장 순수한 추상적 내면성을 가장 내적이고 추상적인 규정으로 삼는다. 내면성이 그 자체로서 외화外化하는 동안, 그 외화는 어떤 공간적인 것일 수가 없다. 반대로 음악의 외화는 내면성의 외화여야 한다. 즉, 나오자마자 다시 사라지며, 다른 것을 위한 존재를 가지지만 대자적으로는 아무런 존립도 갖지 않는 외화, 대자적으로 무행위적이며 동시에 사라지는 외적인 것이어야 한다. 그렇기 때문에 그 자체로서의 음音이 이 예술의 기초요소이다. 음, 말함Rede은 내면성의 그런 외화이다. 이

---

48 Tiziano Vecellio, 1490-1576. 이탈리아 전성기 르네상스 4대 화가. 색을 유려하게 활용한 베네치아 화파의 거장.

49 Albrecht Dürer, 1471-1528. 독일 화가, 판화가, 조각가. 북유럽 르네상스의 대표 화가이자 판화의 선구자. 인체비례론, 원근법을 연구함.

음은 청취되는데, 이것이 음의 외면성이다. 그리고 동시에 음은 다시 내면적이 된다. 음은 말함이 될 수 있으며, 명확히 드러난다. 그런 후 음은 특정한 표상들에 대한 표출을 포함한다. 이런 것은 이미, 음악 그 자체 für sich의 영역보다 더 멀리 나아가는 하나의 외화이다. ─ 음, 즉 [음악에서의] 주체가 낱말, 객체가 되는 것은 말하자면 시문학이다. 음은 [의사전달 수단으로서] 표상들의 기호가 아니라, 단지 [내면성의] 추상적인 외화이다. 음악의 힘은 이 외화에 직접적으로 달려 있다. 고대인들은 음악의 권능을 얘기했다. 사람들은 그럴 때, 오르페우스[50]가 한갓 음악을 만들었다거나 한갓 리라를 연주했다는 것이 아니라, 그가 자신의 음악을 노래와 결부시켰다는 것과 그 노래가 표상들을 포함하고 있다는 것을 떠올려야만 한다.[246] 물론 음악은 또한 노래와 무관하게 특유한 위력을 주체에 행사하는데, 이런 위력은 음악의 원리 속에 들어 있다. 음은 추상적인 내면성의 《78》 외면적인 것이며, 자아 자체, 추상적 내면성은 스스로를 대자적으로 보존하지 않는다. 조각과 회화에서는 항상 직관, 즉 어떤 대상적인 것에 대한 의식이 주어져 있지만, 음악에서는 대상성의 관계가 없으며, 그러함에서 나를 위한 것이 아닌 것은 전혀 내게 남아 있지 않다. 가장 내적인 것이 함께 몰아넣어지는 것이다. 이것은 음악의 위력에 의해 발생한다. 다른 측면은 음악의 약점인데, 이것은 음악이 아무런 객관적 내용을 갖지 않으며, 제공하지도 않는다는 데 있다. 이런 관념적인 추상적 움직임은 인간과 동물뿐 아니라 비유기적인 사물들에도 속한다. 그런 소리

---

50 Orpheus. 그리스 신화 속의 음유시인이자 리라 연주자. 죽은 아내 에우리디케를 구하러 저승에 가서 아름다운 연주로 저승의 신들을 감동시키고 아내를 데리고 나오던 중, 뒤돌아보지 말라는 경고를 어김. 이에 아내를 데리고 나오지 못하고 슬픔에 빠져 있다가 광기에 빠진 여인들로부터 비참한 죽음을 당함.

냄, 울림은 외화에서도 주관적으로 남는다. 그리고 그것은 반복되면서 다양한, 또한 때때로 내용 없는 외화가 된다. 이 울림은 예술에 적합하게 되어야 한다. 이런 울림에서 다음 규정은 다양한 변전과 변화 일반이다. 울림이 이렇게 오락가락 헤매고 있는 것은 이제 우선 고정되어야만 하며, 객관성을 자체 내 보존해야만 한다. 그런 첫 번째 객관성은 동일한 것의 반복, 귀환, 되돌아옴 속의 등형식성 이외 다른 것이 아니다. 다량의 변화들 이후 하나의 단락이 나타나며, 이 단락이 동등한 시간과 관계하는 것이 박자의 기초이며 필연성이다. — 천체들 내에서 특정한 반복이 법칙들을 만들어 내듯 말이다. 법칙은 천체들 속의 실체적이자 주체적인 것이다. 이런 객관적인 것은 양적인 것에 관계되는 동등성일 뿐이다. 양적인 것은 —더 자세히 규정하면— 수數척도이다.

1. 박자

박자Takt는 최초의 객관성, 주관성, 지속이다. 박자가 바뀐다면, 그럴 때 박자는 같은 것의 반복으로 지속된다. 이런 것은 전적으로 추상적인 지속, 객관성이다. 박자의 한갓된 반복은 아직 음악을 만들어 내지 않는다. 오히려 그 속에 다양성, 즉 개념과 이념 일반 내에서의 차별성이 있어야만 한다. 차별성은 수가 규정적인 것이 되는 기초요소들에서 산정된다. 차별성은 1/2, 1/4, 3/4, 6/8박자 등, 박자들의 상이성이다. 이런 특수한 박자는 리듬의 방식을 만들어 내며, 더 높은 전진과 충돌하게 된다. 즉, 박자의 이런 특수성은 그 자체로 확정되어 있지만, 멜로디는 그 자체로 고유한 전진이다. — 멜로디는 한편으로 박자에 결부되어 있으며, 다른 한편으로는 어떤 상이성을 낳을 수도 있다. 가곡에서 운율의 상이성이 그런 것이다. 가사는 박자의 움직임과는 별개다. 특수한 박자에 의해 증가되는 운율의 역습, 그리고 멜로디적인 절을 만드는 것은 더 고차의 리듬이다. 더 고차적인, 더 심오한 음들은 양적인 관계들에 기인한다.

2. 음조

이런 음들은 본질적으로 그것들의 상이성 속에서도 자신과의 일치[고유한 속성]를 보유한다. [음들의] 그런 높이와 깊이는 한계가 있다. 그리고 이런 규정성은 크기의 비례들에, 이 비례들의 일치에 기초한다. 음의 화음은 조화로운 삼화음을 만들어 내는데, 이 삼화음은 자체 내 음의 상반 관계Disjunktion이다. 역학이 더 자세한 비례들을 제시한다. 현악기들에는 현이 있으며, 관악기들에는 그런 진동들을 만드는 공기관이 있다. 여러 가지 음조Tonart는 더 자세한 특수성이다. 음조들은 보편적인 것에 의거하므로, 각 음은 자신의 기본음과 옥타브 내에서 자신의 자세한 규정을 가진다. 하지만 이 음들 각각은 또한 다시금 기본음일 수 있으며, 자신만의 조화 체계를 자체적으로 가질 수 있다. 이 기본음은 각 다른 음과 같이 그것의 3도 음, 5도 음, 4도 음을 가진다. [그래서] 한 체계에서 5도 음이면서도 동일한 체계에서 3도 음이 되는 것은 다른 한 순간에 있을 수 있다. 그렇듯 이 음이 다른 음조에서 가져야 할 자신의 자리에 정확히 상응한다는 결과가 생길 수 없고, 오히려 빗나감─따라서 음조들의 상이성─이 발생한다. 고대인들은 배음倍音들, 즉 짧은 키들을 갖고 있지 않았다. e-f와 c-h 반음들의 여러 국면들에서 중요한 것은 그런 음들이 음의, 옥타브의 체계 속에서 어떤 자리를 받아들이는가이다. 하나의 음에서 출발하여 4도 음으로 나아가게 되었다면, f는 반음이다. 이런 것은 c 또는 d, g 또는 a에서 시작될 때와는 전혀 다른 특성을 제공한다. 옥타브 내의 각 개별 음은 다시금 기본음이 되며, 그럴 때 동일한 음은 당연히 한 옥타브 내에서는 저런 것이며, 다른 옥타브 내에서는 이런 것이 된다. 음은 완전하게 그런 것일 수 없고, 오히려 거기에는 변이들Modifikationen이 있다. 음이 각각의 음조에서 자신의 책무를 행할 정도로 각 음에는 날카로움이 감퇴되어 있다. 움직임에 관계하고 수들로 구성되기 때문에 움직임의, 전율의 수학적인 규정성에 《79》 의거하는 것이 그 전진에 따른 음들의 규정들이다.

3. 악기

악기의 본성은 소리 내는 것을 통해 규정된다. 인간의 살색이 모든 주요색들을 용해한 채 자체 속에 포함하고 있듯, 인간의 목소리도 가장 뛰어난 것이다. 목소리는 위로 밀쳐지는 공기 호흡이다. 움직여지는 단단한 섬유(목젖)가 다른 한편의 둘러싸는 것에 의해 덜덜 떨렸던 것이다. 다른 악기들은 단지 일면적이거나, 아니면 공기 관들이 떨기만 하는 마찰 음악기들이다. 공기 관들을 늘리거나 짧게 하여 여러 가지 음들을 만들어 낸다. 또 다른 악기는 장막현腸膜絃,[51] 섬유, 경질의 것이다. 인간의 목소리는 두 가지 모두를 포함하는데, 이것이 인간의 실존하는 완전성이다. 다른 악기들은 인간 목소리의 계기들을 분해한 것일 뿐이다. 악기들은 각기 상이한 특성을 가지고 있다. 그리고 거기서 중요한 것은 그런 특성이 풍부한 감성으로 형성되는가, 아니면 울림이 큰 소음으로만 사용되는

51 양 창자로 만든 현악기줄, 캣거트.

가이다. 모차르트[52]는 악기들을 적용함에 있어 위대한 거장이다. 즉, 모차르트[53]는 취주악기들과 현악기들을 하나의 대화처럼 울리게 했는데, 바로 악기들의 고유성이 대비 속에 서로 대응하도록 정립되었기 때문에 위대한 것이다. 하모니카는 깊은, 또한 가공할 만한 인상을 만들 수 있다. 사람들은 그것에 맞춰 노래를 할 수 없다. 그 울림이, 목소리의 반주에 사용되는 울림들의 체계 속에 들어갈 수 없는 것이다. 하모니카에서는 길이가 아닌, 면이 울린다.

4. 멜로디

이제 영혼, 생명 불어넣기, 음악의 시적인 것 또는 멜로디[Melodie]에 관하여. — 여기서는 최소한 보편적인 방식으로 규정될 수 있다. 음들의 흐름은 하모니 내에서 격렬한, 그리고 느린 전진과 결부되어 있어야만 한다. 이를 통해 표출되어야 하는 것은 감각하는 영혼이다. 이런 내면성은 사유하는 내면성, 순수한 사고이거나, 또는 만약 내면성이 주관적인 것이라면 그것은 감각[Empfindung]이다. 내가 감각한 것, 내가 특수한 개체로서 이것을 감각하는 것[은 주관성에 속한다]. 내용은 나의 것인 동안, [내가 느끼는] 그런 감각이다. 이런 내용은 내 속에 있다. 그리고 그렇듯 내용이 나의 관심, 기호들에 어떻게 응하는지는 내용[의 종류]에 달려 있다. ⟪79a⟫

감각과 이와 더불어 열정이, 이성적인 것 또는 객관적인 것이 아니라

---

52 Wolfgang Amadeus Mozart, 1756-1791. 오스트리아 출생의 고전파 시대 음악가. 천진난만한 인간성을 주제로 한 오페라 작품들을 통해 시대를 앞서갔음.

53 원문에 헤겔로 오기되어 있어 모차르트로 수정하여 옮김.

마음과 심정의 움직임들이 음악의 내용이다. 작곡가는 열정과 감각들을 가져야만 하며, 인간의 가슴은 그에게 소재를 제공해야만 한다. 이런 것이 그의 유일한 영역이다.

나는 세 가지 종류의 만족을 구분한다. 첫째 8월 22일는 음악이 가사에 결부되어 있다는 것, 반주적이라는 것, 표상들, 내용들에 의거한다는 것이다. 여기에는 또한 그것에 관해 어떤 규정적인 것도 전혀 언급될 수 없는 무한한 다양성이 있다. 나는 하모니 속에서 부유하는 멜로디가 있다는 것만 주목하였다. 하모니가 지배적인 이런 음악은 사람들이 오늘날 음악이라고 말하는, 즉 대가다움이 [독특하게] 하모니적인 것에서 나타날 그런 음악과는 좀 다르다. 그것과 달리 이 음악은 하모니이며, 삼화음이 우세한 것이 된다. 숭고한 음악, 교회양식이 이런 양식[의 하모니]로 작곡되어 있다. 하모니는 음들과 관련하여서는 음들의 기초이다. 박자가 이런 가변적인 것 속에서 반복하는 것으로서 기초를 형성하듯이 말이다. 이런 하모니를 통해 이제 곧바로 하나의 기초가 도출되며, 예전의 멋진 교회음악은 이런 의도에서 쓰여 있다. 그 속에는 결코 그런 극단적인 것, 불협화음으로 부서지지 않는 안정, 지복함이 들어 있으며, 오히려 거기에는 이런 기본 하모니가 있다. 교회음악은 고통과 탄식을 낳으며, 또한 그와 같은 정도로 기쁨을 가져다준다. 고통은 열정의 상심으로 넘어가지 않고 오히려 그 과정에서 응집하며, 그런 탄식들과 고통들은 언제나 비탄 너머의 어떤 초월존재를 포함하고 있어서, 영혼이 자신의 만족을 자기 자신의 그런 부정적인 것 속에서 표출한다. 이와 꼭 같이 기쁨은 연속적 울림 속에, 마찬가지로 이 울림의 순수하고 명쾌한 특성 속에 보유되는데, 모차르트와 글루크[54]의 음악에서 그러하다. 거기에서는 이런 자유, 심정의 깨어 있음이 발견된다. 그리고 이 심정은 그러함에 있어 고통 속에서도 스스로를 느낀다. 이와 같은 음악은 가사 없이도 뛰어나지만, 음악은 특정한 가사가 전제되어 있다는 것에서 그 뛰어남을 이뤄 냈다. 상이한 언어들은 음악에서 상이하게 운문화된다. 라틴어, 즉 교회음악의 언어는 매우 큰 장점이 있다. 그 반대는 우리 언어 속의 일상적인 운율이다. 즉, 단장격적 또는 강약격적(그리스인들은 운율을 다르게 다루었다), 동일한 리듬의 그런 한갓 튀어 오르기만 하는 평범한 되풀이이다. 헨델[55]의 작곡들은 구약과 신약성서의 구절들에서 발췌하여 조합한 것이지만, 사람들은 그럼에도 규칙에 엄격한 단장격적인 것을 듣는다. 프랑스적인 것에서는 더 적게, 이탈리아적인 것에서는 더욱더 적게 [그러한 것을 듣게 된다]. 가사의 리듬은 그때 작곡가를 자유롭게 놓아주며, 작곡가는 전체 의미를 다뤄야 한다. [가사를] 동반하는 이런 음악, 《80》 감각들을 표출하는 음악, 이런 것이 확실히 가장 뛰어날 수 있을 것이다.

음악의 두 번째 형식은 자유롭게 되는 그대로의 음악이다. 기초적인 음악, 이것은 기악이다. (노래 불리는 것과 같이 그렇게 사람들은 의미를 기대한다. 음악들은 당연히 가사여야 하며 표상들을 포함해야 한다.) 이런 것에 대해 나는 많은 얘기를 할 수 없다. 나는 음악이 그렇게 자립적으로 조직되는 것을 불행으로 간주할 수밖에 없다. 중요한 것은 멜로디적인 것과 하모니의 예술들이 거기에 등장하여서 모든 가능한 불협화음과, 그리고 기본음 속에 봉해져 있는 것이 그 자체로 자립적이 된다는 것이다. 그와 같은 예

54   Christoph Willibald Gluck, 1714-1787. 오스트리아 음악가. 음악과 극이 조화를 이루는 오페라의 이상을 추구했으며, 로코코와 고전주의 오페라의 아버지로 불림.

55   Georg Friedrich Händel, 1685-1759. 독일 바로크 음악의 거장. 음악의 기틀을 마련하여 음악의 어머니로 불림.

술, 즉 이분二分들이 그렇듯 널리 추동되며, 각 기초요소가 그 자체 그대로 전체로 만들어지고 각 하나의 요소가 조화로운 측면을 집중시키며, 각 개별 음표가 그 자체로 하나의 전체인 예술이 음악이다. 음악은 그런 완전성, 자립성에 도달하여 이론가를 움직이고야 만다. 그러함에서 관여할 수 없는 자는 자신의 표상들에다 그의 자유로운 활동 여지를 둔다. 관심이 가사로 일깨워지지 않는다면 이론적 지식으로 일깨워지거나, 또는 사람들이 지루함을 느낄 것이다. 여기는 더 이상 열정의 흐름으로 지배되어 있지 않으며, 감각은 공허하게 남는다. 그리고 여하간 이것이 원래 음의 본질적인 규정이다. 음악 대신 자기 자신을 보게 하는 많은 대가들이 있는데, 실로 그것은 무취미하다. 왜냐하면 심정이 적용되어 있지 않기 때문이다. 취미는 사실 태도인데, 이를 통해 감각 또는 열정이 매개된다.

세 번째 형식을 나는 다음과 같이 떠올린다. 즉, 또한 자유로운 발생이 본질적으로 노래함에서 일어날 수 있다는 것(소리 남 그 자체의 이런 자유로운 발생은 그 외 또한 기악에서도 있을 수 있다), 노래함이 그 자체 대자적으로 스스로 고양된다는 것이다. 이런 것에는 본래적으로 음악적인 영혼이 속한다. 노래할 때에는 주제, 기본흐름이 있다. 그리고 그런 주제를 노래하면서 또한 연주하는 예술가의 영혼이 고양될 수 있다. 그것은 사람들이 그때 앞에서 보게 되는 개인의 자유로운 영혼이다. 그와 같은 노래들에 대해서는 이탈리아인들 같은 음악적인 국민들만이 능력이 있다. 독일에서는 사람들이 그것을 단지 모방하고 끄집어낼 수만 있다. 왜냐하면 영혼이 전적으로 그런 분출 속에 스스로를 투척하고 그렇게 나아가는 것에는 한편으로 최대의 수련이, 다른 한편으로는 최대의 무반성성無反省性이 필요하기 때문이다.

V. 시문학

시문학^{Poesie}은 가장 완전한 예술, 대단히 뛰어난^{κατ' εξοχήν, kat exochin} 예술이다. 이것은 [낭만적 예술의] 세 번째 예술로, 한층 더 심정에, 공동체 일반에 귀속되어 있다. 공동체가 회화에서는 눈에 가시적이라면, 시문학에서는 표상하는 것이 외적으로 나타난 특성에서 가시적인데, 이 외면성은 바로 그렇기 때문에 내면성도 즉각 자신에게 《80a》 결합시키는 그런 것이다.

첫 번째, 시문학은 표상들의 왕국에 속한다. 시문학의 언어, 표상들의 수집은 스스로를 나타내기 위한 방식이다. 무엇이 시문학인가? 사람들은 하나의 규정을 기대한다. 하지만 슐레겔로 인해 정의를 제시하는 것이 아주 조심스러울 것이다.[247] 시문학의 최고 내용은 이념, 관념적인 것 일반이다. 그것이 모든 예술들의 내용이듯이 말이다. 시문학은 실로 표상들의 왕국 속에 있으며 공동체 그 자체에 속하는 한에서, 그와 더불어 모든 개체적으로 특수한 것 내에서 생겨나는 자유를 갖는다. 시문학의 내용은 자신의 규정성 속에 있는 정신적인 것, 인간적인 것 일반이어서, 이런 것이 자유로운 형태, 자유로운 전체를 형성한다. 회화작품은 그렇게 내적인 상황을 매개하지 않거나, 또는 표상들의 세계 내로 확산하는 것으로서 현상한다. 자유로운 형태가 그런 것에 속한다. 시적인 천분^{天分}을 주시한다면, 동양인들이 서양인들보다 훨씬 더 높이 위치한다. 동양에 매우 감동하였던 괴테는 그런 특수성들에서 벗어난 이후에, 그가 사랑했던 것에 대한 시에서 시적으로 최고의 것을 가진다.[248] [사람들은] 가슴이 뜨거운 청년은 차치하고, 노령이 오히려 시문학에 적합하다고 내세운다. 그때 괴테에게는 바로 동양적인 것, 그런 자유가 나타난다. 괴테는 그의 걸작들을 성인과 노인일 때 저술했으며, 노령일 때는 더욱 투영의 형식으로 저술했다. 열정에 찬 동양인들은 그를 열광시켰다. 하피스가 그러했는데, 그는 언제나 자신의 소녀들과 그들의 눈, 뺨, 선물용 포도주와 관계있고, 성직자들을 욕하며, 동시에 열정, 욕망들 속에서 가장 예속되지 않는 자로서, 감정들에서 가장 자유로운 자로서 나타난다. 이런 오리엔트적인 특성은 유럽의 청년보다는 유럽의 노령에 더 가깝다. 그러니까, 내용이 무한히 다양하다. 그래서 심정의 실체적인 어떤 것, 즉 열정은 그런 변화여야만 한다. 그리고 이러한 중심점으로부터 여타의 것이 규정되어 있다.

이에 반해 역사적인, 그리고 수사학적인 예술들은 그 내용에 의해 제약되어 있다. 시작품

8월 24일

Dichtwerk은 반대로 그 내용에 따라서 자유로우며, 스스로에 의해 의도되고, 그것의 주변들을 통해 표현된다. 동기부여는 우연적일 수 있으며, 일상적인 시들과 같은 즉흥시들은 최악의 시들인데, 이 시들은 기회에 얽매여 있기 때문이다. 더 지고한 방식은 역시 핀다로스의 송시들[249]이다.

두 번째, 내용은 낱말들에서 표출되어야만 한다. 낱말은 내적인 것과 음악적인 것 사이의 중간자이다. 표출은 먼저, 대자적으로 소리 내며 울리는 것인 아닌, 표상의 기호들로서의 낱말이다. 왜냐하면 그렇다면[전자의 경우라면] 그것은 운율학적인 것에 속하기 때문이다. 표출이 이루어지는 것을 주시할 때 여기에는 두 가지 관계가 있다. 말하자면, [한편으로] 낱말은 표현하기, 언어 일반이 그들에게는 아직 생소한 어떤 것인 한 민족 또는 한 공동체 내에서, 그리고 교양 있는 세계의 언어를 아직 갖지 않은 민족에게서 발생할 수 있다. 또는 [다른 한편으로] 낱말은 이미 말할 수 있는, 교양 있는 민족에게도 나타날 수 있다.

1. 원래 시적인 언어

시인은 말하는 자이며, 말할 수 있다는 것이 그의 특수성이 되는 한 민족에게 있어서는, 그런 전제에서는 언어가 그 자체로 가치를 갖는다. 시인은 [인류에게 발현되지 않은 채] 아직 감싸여 있는 표상하기가 의식되도록 돕는데, 그때 언어는 그 자체로 그런 가치를 가진다. 언어는 《81》 이를테면 인류의 경탄을 불러일으킨다. 그것은 인류에게 새로운 어떤 것이며, 인류는 표상들에 아직 능숙하지 않다. 여기서 언어는 필연적으로 아직 단순하며, 힘은 그때 이미 그런 말함 자체 속에 있고, 말함은 창조하기 자체이다. ― 사람들이 대립물[비시적인 것]과 함께 규정한 것[산문]은 아직 형성되어 있지 않다. 그렇듯 호메로스의 언어는 가장 단순한 언어이다. 그것은 진짜 본래적인 표출들이며, 은유적인 표출들이 아니라 오히려 표상과 이를 위한 특정한 낱말이다. 그렇기 때문에 사람들은 호메로스의 언어가 그런 점에서는 산문적이라고 말할 수 있을 것이다. 표현 일반에는 상세함이 필요하다. 표출Ausdruck 또는 어법Diktion은 표상Vorstellung, 표현Darstellung과 밀접한 연관이 있다. 표출이 아주 단순하다면, 표상도 단순할 수 있다. 하지만 표현은 매우 폭넓을 수도 있다. 거기에 바로 말함의 경이로움이 있으며, 말함은 그 자체로 충분하다. 민족의 언어가 아직 형성되어 있지 않았으나, 호메로스는 민족에게 입, 언어를 제공했다. 단테의 『신곡Commedia Divina』[56]은 희극적인 것이 아니다. 그는 그것을 희극이라고 칭했는데, 범속한 민중언어로 저술했기 때문이다.[250] 그는 이 언어를 만

---

56 1307-1321년에 이탈리아어로 쓰인 장편 서사시. 지옥편, 연옥편, 천국편으로 구성되어 있고, 각 편은 33가, 11음절, 3운구법을 갖춤. 전체 1만 4233행의 시.

들었다. 타소[57]는 교양 있는 언어로 저술했으며, 물론 그런 어조를 그의 민족에게도 제공했다.[251]

2. 숙고된 시적 언어

다른 하나는, 민족이 교양 있는 언어를 가지고, 그것이 발전된 성찰관계들의 넓은 범위를 가질 때이다. 만일 오성형식들이 나와 있으며 연관관계와 일치한다면, 교양 있는 산문적인 언어, 범속한 삶의 언어가 존재하게 된다. 이때 시인의 언어는 이전의 위치에서와는 다르게 형성되어야만 한다. 언어는 먼저 표상 일반의 표출이다. 이것이 시인의 언어에서는 물론 다르다. 왜냐하면 여기에서는 생산하는 정신, 의도성, 신중함이 작동하기 때문이다. 거기에는 당연히 순간적 감각과 열정의 작품이 아닌, 예술작품이 나타나게 될 것이다. 이런 신중함은 스스로 고지되어야만 하며, 언의의 방식으로 형성되면서 드러나야만 할 것이다. 그렇듯 이럴 때 실로 시인의 언어와 쉽게 구분되는 또 다른 언어가 필수적으로 나와야만 하며, 산문적인 언어에 적합하게 되어야만 한다. 거기에 은유적인 것이 들어온다. 언어는 부정성否定性, Negativität으로서 출현해야만 한다. 열광은 기초요소 속에서, 신중함의 분위기 속에서 다음과 같은 작품, 즉 내면성을 자기 내 지니고 있지만 마찬가지로 자신의 표현에서는 신중하며, 그런 내면성에 적절하게 나타나는 작품을 산출해야 한다. 베르길리우스에게는 어법과 표출이 주요 사안이다. 로마 언어는 보통 대단히 순박하게 발음된다. 키케로의 저술들에서, 시인들에게서 그런 의도적인 것, 형

---

57 Torquato Tasso, 1544-1595. 이탈리아 시인. 1578년에 『시학(Dell'arte poetica)』을 저술.

상화된 것이 나타난다. 많은 수사학적 어법들이 거기에 자리한다. 형상화된 시에서 표현이 심상들 속으로 점차 확대되는 것이 그런 것에 속한다. 이런 것이 고대인들에게서는 단호하게 이뤄지며, 남쪽 국민들은 폭넓게 사용하여서 이를테면 끓어오르는 심정도 표상하게 된다. 호메로스에게서 이런 것이 계속 진행된다. 근대인들에게서는 의도했던 것과 내용이 외화되려고 씨름하는 것이 나타나며, 그런 이론적인 불안정이 문학작품의 불안정으로서 나타난다. 시적인 불안정은 표출을 향한 격동을 나타낸다. 폭넓은 표출은 다시금 남쪽 국민에게 특유하다. 칼데론Calderón[252]에게서처럼 말이다. 그에게서는 이를테면 심정이 그 내용과 더불어 한편으로는 매우 지복하며, 다른 한편으로는 펼쳐지고 표명하려 애씀이 없다. 《81a》

3. 운율학적인 것

세 번째로 운율학적인 것das Metrische, 이것은 음(표상의 기호인 한에서의 음이 아닌 음)의 울림, 시간 속에서의 진행이다. 운문화 ― 이것은 시문학의 첫 번째 향기이다. 우리가 일상적인 의식의 산문적인 지반과는 다른 지반 위에 있음이 즉시 감성적으로 우리에게 알려지는 시적인 표출보다는 운문화가 더 필수적이다. 사람들은 산문적 시들을 자연적인 것이 아닌 어떤 것으로 만들고자 종종 시도했다. 예술은 곧 자연적이지 않아야 한다는 것은 사실 피상적인 범주이다. 괴테와 실러가 그렇게 시작하였고, 레싱도 그랬지만, 그들은 곧 그것에서 벗어났다. 레싱도 그의 『나탄』에서 다시 운문화로 되돌아갔다.[253] 이 책은 한편으로 시인에게는 힘든 책으로 보일 수 있지만, 다른 한편으로는 사람들이 스스로 운문화와 (각운들)에 관해 아주 거장이 될 수 있음을 알게 한다. 자신의 표상들 속에서 스스로를 그다음 최상의 것을 향해 가게 두지 않고 오히려 형성된 표출을 위해 애쓰는 것은 확실히 시인에게는 하나의 족쇄이지만, 자기 자신을 위해 필요한 강제이다. 각운은 표상을 가공하고 형성하도록 표상 속에서 이리저리 돌아다니게, 이리저리 찾아 헤매게 자극한다. 그리고 시인은 이것을 곧바로 행해야 한다. 그는 이를테면 이에 대한 보편적인 틀을 자신의 장단운율 속에, 리듬 속에 가지며, 그렇게 그의 시 전체의 어조, 그리고 더 자세히는 그의 표상 방식도 한정한다. 단장격 또는 장단격인 울림은 고유한 어조를 내기 시작하며, 시인은 이 어조를 기초로서 확고히 포착해야만 한다. 감성적인 것 또는 진지하게 형성된 채 출현해야만 하는 운율화가 주목된다.

상이한 운율화들, 고대인들의 운율화, 그리고 그런 다음 한층 더 근대적인 각운이 있다. 실러와 괴테는 그와 같은 고대의 운율들로 작시作詩를 하였는데, 괴테에게는 이 분야가 그리 편안하지 않았다. [254]

낱말에서의 외면성은 일종의 형성된, 특수성에 귀속된 외면성으로서 나타나야만 한다. 이런 형성이 오히려 음악적인 음 자체에 속하는지, 또는 그것이 질료적인 것, 동시에 표상에 결부되어 있는 소리 나는 낱말로서의 말에 속하는지에 따라 두 가지 방식이 있다. 예전의 운율화에서 주요 사안은 첫째로 박자이다. 그렇다면 그런 박자 내에서는 장단의 교대가 [주요 사안이다]. 시간 속에서 머묾이 중요한 관건이 되는 규정이다. 여기에는 낱말들이 있으며, 따라서 여기서 음절에서 머물게 되는지 아니면 빠르게 전진하였는지가 중요하다. 왜냐하면 리듬은 바로 장단운율의 늘임 또는 단축을 통해 형성되기 때문이다. 예전의 운율에서는 운율학적인 것이 이런 것에 한정된다. 박자운율Metrum을 갖춘 악센트의 반동은 본질적으로 박자운율의 아름다움에 함께 속한다. 말의 단편조각들로서의 낱말들은 다음과 같다. 즉, 이 낱말들은 관계 속에 대립으로서 들어오는데, 이런 것은 《82》 리드미컬한 것에 속한다. 이 대립은 주로 옛 운율들 속에 있으며, 장단의 교대를 통해 규정되는 리듬에 기인한다. 악센트는 리듬을 통해 세력을 행사한다. 그 외에도 악센트를 통해 강조되지도 않고 자연적인 길이도 아닌 음절들이, 우세한 것에 속하는 운율에 의해 길어지는 것도 발생한다. 이런 아름다움과 대립을 식별하며 듣는 것이 우리 귀에는 어렵다. 사람들은 단지 박자운율만이 아니라 악센트도 가까이 접해야 한다. 그리고 짧은 음절들은 악센트가 없다. 육각운^{Hexameter}(장단단 육보격)에는 단음절들이 길게 사용되어야만 한다. 육각운에는 자체로부터 몰려 나아오는 물결이 있다. 장단격^{Pentameter}(오보격)은 거기서 나타나는 그런 끊김이다. 단장격적인 것^{das Jambische}은 재빠른 전진이다. 장단격적인 것^{das Trochäische}은 무겁고, 강하게 시작하며 나중에는 느즈러지게 된다. 단단장격들^{Anapäste}과 장단단장격들^{Choriambe}은 용기 있는, 원기왕성한 전진들이다. 장장격^{Spondeus}은 머묾이다. ― 모든 이런 특성들은 운율들의 본성에서 쉽게 생겨 나온다. 박자에 관해서 사람들은 음악에 있는 그대로의 박자가 운문에서도 그렇게 필수적인지 논쟁적이었다. 사람들은 시에서도 (특히 포스[58]가) 음절들이 그런 박자를 가져야만 한다고 주장했다.[255] 일반적으로 박자는 잉여적인데, 표상에서는 그런 보다 확실한 멈춤, 실체적인 것이 그 자체 대자적이어서, 소리내기를 통해 멈춤의 그런 대체물을 갖다 넣는 것이 필요하지 않기 때문이다. 대가들에게서도 그러

---

58 Johann Heinrich Voß, 1751-1826. 독일 고전작가이자 시인. 『오디세이아』와 『일리아스』를 독일어로 번역했음.

하다. 대가들은 거기서 자신들의 자유에 따를 때, 더 이상 박자를 지키지 않는다. 그리고 이로 인해 종종 오케스트라가 당혹감에 빠진다.

그러니까, 박자는 그 자체로 잉여적이다. 그리고 옛 장단운율에는 우리가 음악에서 박자라고 부르는 고정된 동일형식의 단락들이 없다. 포스는 박자가 거기에 있어야만 한다고 생각하지만, 그것은 자의적이고 선험적으로 말해져 있다. 예를 들어, 그는 [호라티우스의 시 〈중용의 미덕^{Aurea} ^{Mediocritas}〉의 첫 음절인] rectius(올바른)가 다음과 같이 조합되어야 한다는 것을 인용한다. 즉, rectius가 한 박자를 형성하고, vives(삶)는 다른 박자를 형성하도록 말이다.

반대되는 것인 각운에 관해서 본다면, 이것은 근대 낭만적 시문학에 속한다. 그리고 이 관계는 일반적으로, 낭만적인 것에는 무거운 것, 의미라는 중요한 것이 주요 사안이라는 데 있다. 그리고 악센트는 본질적으로 뜻에 놓이며, 이를테면 질료적인 것이다. 그리고 이런 질료적인 것 또는 이 낱말들은 그것들의 뜻과 관계가 있다. 이제 거기에 외적인 것이 대자적으로 형성되어 있어야 한다면, 거기서 낱말악센트는 하위적인 것으로서 취급될 수 없다. 언어의 구조^{Bau}가 그런 것에 관계된다. 우리 언어와 고어^{古語}의 주된 구분은 고어에서는 어근이 있고, 그런 다음 변이들이 있다는 것, 그리고 그렇다면 그때 어근은 음절에 붙어 있다는 데 있다. amaverunt,[59] —어근은 am, averunt는 변이이다— 이런 규정들은 낱말 자체에 부가되어 있다. Τυπτόμενοισι τυφθησόμενοισι(Typtómenoisi tyfthisómenoisi)도 그러하다. 우리 언어와 근대 언어에서 어근, 기본음절은 대자적이다. 낱말은 그것의 소리가 있으며, 본질적으로 하나의 길이이

[59] 동사 amavere(사랑하다)의 3인칭 복수 완료형.

다. 장단은 악센트와 본질적으로 관계된다. 장단이 계속되는 것은 악센트를 빼 버리고서는 생길 수 없다. 각 낱말은 대자적으로 그리고 그것의 뜻으로 인해 중요하며, 그런 내면적인 것 속에서 휴지한다. 그 외면성 역시도 내적인 것의 중요성에 대응하여 타당하게 되어야 한다면, 외면성은 더 큰 강력함을 갖추고 등장해야만 하며, 가청적으로뿐만 아니라 감성적으로도 드러나야만 한다. 그런 더 큰 강력함이 각운이다. 그리고 이 각운은 장단의 리듬에 단순히 기초되어 있는 음들의 그런 교대보다는 훨씬 더 강하게 울려 나오는 것이다. 그러니까 이런 외적인 것이 타당하게 되고자 한다면, 그것은 더 거칠어야만 한다(메디나인[고대 이란인]들을 이해하는 것이 우리에게는 어려울 것이다). 그렇기 때문에 각운은 낭만적인 것과 관계된다. 기독교에서 이런 각운이 생성되었다. 그리스인과 로마인들에게서는 악센트가 더 우세하며, 로마 시인들 자체에서 우리는 종종 각운들을 발견한다. 그리고 이런 것은 그들이 각운을 꺼리지 않았다는 것을 보여 준다. 그래서 사람들은 질박한 운문들[256]은 로마인의 각운들이었다고 결론짓는다. 사람들은 아랍인들에게 각운의 근원을 귀속시킨다.

7세기에 마호메트를 통해 아랍적인 것이 다른 언어들과 접촉되었는데, 확실히 기독교적 서양에는 널리 영향을 끼치지 않았다. 우리는 서양

각운이 아랍에서가 아니라 기독교 신앙에서 유래했다는 역사적 증거

에서 아주 초기의 각운들을 발견한다. 사람들은 374년의 암브로시우스[60] 송시들[257]을 갖고 있다. 아우구스티누스[61]는 395년에 도나투스파

60　Ambrosius, 339-397. 독일 출생. 이탈리아 밀라노 성당의 주교가 됨. 찬미가집 〈암브로시우스 성가〉에서 선법(旋法) 4가지를 제정함.

61　Aurelius Augustinus, 354-430. 이탈리아 교부철학자로 기독교 신학을 확립한 성자.

들[62]에 반대하여 각운이 달린 노래를 제작했다. 7, 8세기에도 각운 달린 시들이 발견되며, 그리고 8세기에 우리는 무사이오스[63]의 각운 달린 운문 400편을 보게 된다.[258] 이런 운문은 단장격이거나 또는 장단격이다. 단장격은 일반적이며, 장단격은 더 울적하고, 보다 도취적이며, 더 안정적이다. 괴테는 이러함에서 매우 위대한 예술을 증명했다. 그 외에도 각운에는 장단단장격들과 단단장격들이 더 있다. 프랑스인들과 이탈리아인들에게서는 각운이 우세한 것이 된다. 그리고 운문은 정해진 음절수를 가진다는 조건이 있다. 이런 것은 우리의 나쁜 단장격적 기법에 반해 장점이다.

4. 시문학의 분류

여기에는 본질적인 구분을 이루는 세 가지 내용이 있다. 1) 서사시^{Epos}, 2) 서정시^{Lyrik}, 3) 극시$^{dramatische\ Poesie}$.

첫 번째는 내적인 것인 동시에 실로 그것의 상황들, 행위들, 사건들 속에 있는 정신적 세계이다. 내적인 것과 외적인 것은 바로 우연성, 외적인 필연성의 그런 기초요소들과 내적인 규정성들로 조합되어 있는 객관적 세계를 형성한다.

서정시의 대상은 자기 속에서 스스로를 재료로 사용하는, 행위들과 관계없이 묘사된 그 자체로서의 내면적인 것, 감각^{Empfindung}이다.

세 번째는 행위 그 자체이다. 이 행위 속에는 서정적인 것의 내면적인

---

62 311년 북아프리카에서 일어난 그리스도교 분파. 진정한 교회 정통성을 주장함.

63 Musaeus. 때로 오르페우스의 아들이라고 여겨지는 아티카의 예언자 시인.

것이 출현한다. 그래서 행위는 심정에 의해서만 규정되어 있으며, 때로는 심정에 의해 파악되고, 때로는 심정의 작용일 뿐인 것이 된다. 극시에는 그러니까 최고의 예술이, 단지 표상 속에서만 아니라 행위들에서도 외화되는 인간적 심정이 들어 있다. 우리는 시를 읽는데, 시들은 물론 규정되고, 언술될 수 있다. 서사시는 언젠가 낭송되어야 하며, 사태, 객관적인 것이 중요하다. 그리고 이런 것을 말로 표현하는 눈면[259] 음유시인 Rhapsode이 있다. — 호메로스가 그와 같은 자였다. 두 번째인 서정시는 활기찬 낭송가에게 낭독되어야만 《83》 한다. 세 번째는 행위, 진술함과 행위함이다. 거기에는 전체적인 개인이 요구된다. 음악, 노래, 몸짓, 표정 등이 그러함에 덧붙여진다.

a. 서사시

서사시는 종교, 신념, 사건 등, 전 영역을 아우르는 한 민족의 세계이다.

서사시는 민족의 책, 그의 언어, 그의 말, 한 민족의 성서이다. 옛 민족들은 그들의 정신이 자신들에게 진술된 그와 같은 옛 서적들을 가지고 있다. 사람들은 각 민족의식의 그런 기초보다 더 흥미로운 것을 다룰 수 없을 것이다. 그리고 이런 것은 그들의 고전 작품들과 동일한 것이 아니다. 예를 들면, 그리스 비극은 내용에 따르면 민족의 전체적인 최초 근원적 세계를 묘사하지 않는다. 민족들의 성서들이 모든 고대 서사시들Epopöen은 아니다. 오히려 우리의 성서는 기독교의 기초이고, 코란은 마호메트의 책이다. 이런 성서들은 단지 종교적 원리만 포함하고 있는데, 이 원리로써는 행위들과 현실이 더 이상 원래의 현존재에서와 같은 그런 밀접한 연관 속에 있지 않게 된다. 우리는 그리스인들이 그들의 호메로스로부터 가지는 것과 같은 그런 서사시를 하나도 갖고 있지 않다.

『니벨룽겐의 노래』는 우리 시대와 아무 관계가 없으며,[260] 매우 개체적으로 특수하다. 스페인 사람들의 『시드*Cid*』[261]와 같은 다른 책들은 한 민족 전체 역사의 특수한 측면만 포함하고 있다. 이런 것은 일면적일 뿐이며, 이런 특수한 측면에 따라 —마찬가지로 우리 시대와 무관하며— 그런 [특수한] 측면의 절대적인 책으로서 간주될 수 있다.

  서사시를 상세하게 말하고자 한다면, 국민들의 특별한 서적들에 관해 말해야만 한다. 인도인들은 『라마야나』[262]를 가지고 있으며, 아랍인들은 마호메트 이전에 생존했던 안타르Antar[263]를 가지고 있는데, 시인은 마호메트 이전 세기인 알 하디드Al Hadid 시대에 속한다. 안타르는 메카[64]에 걸려 있는 시 일곱 편의 저자이다. 이 서사시에는 아랍적인 용맹성이 기술되어 있다. 피르다우시는 『왕들의 책』이라는 페르시아 영웅시[264]의 작가이다. 그것은 12세기에, 카디시야[65]의 술탄(왕) 궁정에서 작시된 것이다. 이것은 고차의 시이지만, 고대 페르시아인들의 삶이 이미 완전히 지나갔던 때인 다른 시대에 속한다. 그것은 현실적인 국민에게 속한다기보다는 한층 판타지적인 작품이다. 타소[265]와 아리오스토[66][266]가 여기에 속한다. 그들은 한정된 측면만 포함한다. 시드와 반대인 세르반테스Cervantes[267]도 또한 그렇게 한 특정한 특수성만 포함한다. 단테의 『신곡』[268]은 기독교 신앙의, 《83a》 가톨릭교의 서사시인데, 영원한 정의 속에 경직되어 있다. 내몰리는 인간들은 실로, 전체가 때로는 저주 속에 있고 때로는 영원한 사랑으로 되돌아가 침잠하는 곳을 향해 있다. 영

---

64 Mekka. 마호메트 출생지로 이슬람의 성지.
65 Kadzea/Al-Qadisiyah. 이라크 중남부에 위치한 주.
66 Ludovico Ariosto, 1474-1533. 이탈리아 르네상스기 시인.

국 또는 스코틀랜드에서는 오시안이 그렇듯 특정한 특수성을 띤 민족서民族書의 저자인데, 그것은 과거 시대의 서사시이다.[269] 사람들이 서사시에 관해 규정적으로 말하고자 했다면, 특수한 형식들, 여러 국민들에 관해 말해야만 했을 것이다. 모든 고전적인 이야기 예술작품들이 여기에, 그런 본래적 성서들 아래에 속하지는 않으며, 또한 다른 한편 그런 성서들이 곧 하나의 서사시라는 것도 아니다. 그렇듯 우리의 성서는 보다 종교적인 것을, 다른 것들은 보다 법칙적인 것을 내용으로 갖는다. 우리가 서사시를 주목하고자 한다면, 단지 보편적인 것만 해당될 수 있다. 그리고 우리는 많은 특별한 서사시들 가운데서 고전적인 것을 끄집어낼 것이다. 여기서 또다시 호메로스의 서사시가 모든 서사시들의 정점에 위치한다. 예술에 관한 보편적인 규정들에 있어서 나는 그와 같은 서사시가 다음의 시대에 속한다는 것을 언급했다. 즉, 그 시대에 한 민족이 의식화되며, 정신이 자신의 세계를 생산할 수 있다고 느끼는, 그리고 그러함에서 자신을 토착적인 것으로서 알 수 있다고 느끼는 그런 시대이다. 그런 다음 나중에 역사적인 시대가 등장하는데, 이 시대에는 그러니까 외적인 필연성을 보유했던 개인의 심정은 없다. 그러함에 있어서 다른 한편, 어떻게 많은 것이 개인의 심정 속에 있는지, 어디에서 다량의 대상들이 수단으로 격하되어 있는지, 개인들이 그 대상들을 죽은 도구들로서 사용하는지가 드러난다. 서사시에는 총체성을 이루는 한 민족의 세계가 있다. 그래서 그런 세계 속의 정신은 여전히 의욕적이고, 성취적이며, 자립적이다. 이런 정신에는 아직 금언金言들이나 보편적인 근본원칙에 이르지 않은 신념이 속하는데, 이 정신에서는 신념들이 바로 의지와 수행함조차 없을 감각으로서 있다. 만약 감각이 격리된다면, 그때 감각, 심정은 추상적으로 대자적이 될 것이다. 그리고 그러함 속에 서정시가 머무른다. 만약 행위가 주요 사안이며 자립적이 되었고, 정황들과 사건들이 어떤 특유한 가치도 더 이상 갖지 않는다면, 이런 것은 극劇의 영역이다. 서사시 속에는 통일성이 있다. 우연성과 행위들이 똑같이 각각의 권리를 갖는다. 《84》 행위들과 사건들 간의 유희가 있다. 그런 세계를 표상하는 시도 마찬가지로 개인의 자유로운 제작이다. 객관적인 세계가 있으며, 이것이 말로 포착되어 있다. 즉, 시인의 작품이다. 시인의 주관성은 그럴 때 출현하지 않으며, 무기교의 기교이다. — 이것은 고차의 기교이다. 작품은 그렇게 그 자체대로 계속 노래한다. 음유시들은 이야기[270]를 위해서는 전적으로 죽은 악기들이며, 내용은 대자적이다. 시인이 동시에 출현하지 않으나 내용이 그의 산물이라는 점에서, 호메로스와 헤시오도스가 그리스인들에게 그들의 신들을 만들어 주었다는 것이 상기될 수 있다. 이런 위력[신]들이 자연적인 것의 여운이 포함되어 있는 정신의 실체적인 것이다. 그것은 [신화 속의 영웅인] 네스토르의 입을 통해 말해졌는데, 그런 다음 시인도 그것을 진술한다. 그러니까 우리는 그것이 시인에게서 나온 것임을 보게 된다. [트로이 전쟁 때] 팔라스가 아가멤논을 향한 아킬레우스의 검을 저지한 곳에서 시인이 파악했던 것이 시적으로 표현되어 있는데, 한 번은 보다 외적으로, 다른 한 번은 그것이 창조된 것으로서 나타나게 표현되어 있다. — 모임 속의 신들이 그러하다. 여기에 호메로스가 불카누스[67]를 통해 [신적 존재이지만 추하고 절름발이라는] 아이러니를 끌어넣는다.[271] 베르길리우스에게서 신들은 한갓된 오성의 기계류로 출현한다. 가장 큰 대립을 이루는 방식들 중 하나는 호메로스의 오디세우스[68]가 죽은 이들을 방문하는 방식과 베르길리우스가 아이네이아스[69]

---

[67] Vulkanus. 로마 신화의 불과 대장간의 신. 그리스 신화의 헤파이스토스와 동일 인물.

를 지하세계로 인도하는 방식이다.[272] 베르길리우스에게서는 희미한 동굴, 그 가운데 어두운 통로, 타르타로스[70]가 출현한다. 호메로스에게서는 오디세우스 스스로 구덩이를 파며, 망령들을 보고 전율한다. 그는 숫염소를 잡아 구덩이 속에 피를 붓는다.[273] 그래서 망령들을 소생시킨다. 망령들은 생명에 대한 갈증 때문에 그의 주위에 모이며, 얘기하러 오고, 피를 마신다. 오디세우스는 아이네이아스처럼 망령들을 마주하여 위축되지 않고, 오히려 그가 원하는 망령들[테이레시아스 일행들]은 [피를] 마시게 하고, 다른 망령들은 멀리 쫓아낸다. 거기에는 영웅들이 행하는 모든 것이 허용되어 있다. 우리는 그 모든 것의 발생을 보는데, 개인이 단지 피상적인 것으로서 행세하는 곳에서 끝나지 않는다. 근대적인 것에서 우리는 한편으로 역사를 알 수 있는데, 다른 한편은, 시인이 그리로 다가가서 역사에 고유한 형식을 부여한다는 것이다. 원래의 서사시는 이런 대립이 아니다. 내용은 오직 시인에게서 나오는 그대로 현상하며, 근대에서처럼 민족의식 속에나 《84a》 또는 역사 속에 아직 현존해 있지 않다. 클롭슈토크의 『구세주Der Messias』[71]에서는 그리스도의 역사가 우리에게 정해진 것으로서 알려져 있으며, 그가 덧붙인 것은 우리에게 내용의 어떤 외적인

---

68   Odysseus. 그리스 신화 속 이타카의 왕으로 그리스의 영웅이자 지략가. 호메로스의 『오디세이아』 XI장에 오디세우스가 키르케에게서 교시를 받아 명부에 도착하여 망령들을 만나는 이야기가 담겨 있음.

69   Aeneis. 고대 로마 시인 베르길리우스가 장편 서사시 『아이네이스』(12권)에서 로마의 이상적인 지도자로 형상화한 인물. 제6권에 아이네이아스가 예언녀 시빌레의 도움으로 저승으로 가서 아버지를 만나는 이야기가 다뤄짐.

70   Tartaros. 그리스 신화 속 지하세계의 심연, 명부 혹은 이를 상징하는 태초의 신.

71   1773년 작. 20장으로 된 종교서사시. 고대의 육각운(Hexameter) 시구를 사용한 새로운 서사시의 형식을 보여 줌.

형식으로 나타난다. 괴테는 클롭슈토크가 내용을 한갓되이 새로운 문구들 속에 밀어 넣었다고 말한다.[274] 인도의 서사시에서는 그런 것이 더욱 시도된다. 인도인들은 역사적인 것에 전혀 재능이 없다. 그들은 표상 속에 산문적인 방식으로 알려져 있을 [내용인 역사라는] 대립물을 갖지 않으며, 그럴 때 시인은 그가 제작하는 것과 달리 그다지 산문적이지 않은 내용을 갖는다. 단테에게도 호메로스와 비슷한 유의 현상이 있다. 물론 종교적 내용이 확고히 규정되어 있지만, 동시에 보다 내밀한 형식, 감각의 형식, 철학적 감각을 포함한다. 사실 단테는 영혼들을 지옥에 떨어뜨리는 자로 보인다. 시인은 여기서 주제넘게 위력을 행사하며, 교황조차도 지옥으로 떨어뜨린다. 이런 것이 호메로스가 신들을 형상화했던 방식과 마찬가지로 시인의 위대한 자유와 자립성이다. 서사시 속에 외적인 고려들이 보인다면, 그런 것은 예술작품의 자립성에 상반된다.

서사적인 시는 하나의 전체여야만 하며, 한 개인에게서만 나올 수 있다. 사람들은 호메로스의 서사시에서 그 민족이 시를 만들었을 것이라고 생각하면 안 된다. 그렇지 않고 한 민족에 속해야만 하는 한 개인에게서 그런 시가 나온다. 괴테와 실러의 시들은 그 속에 독일 언어와 민족의 인류가 만들어져 있는 시가들이다. 물론 그것을 노래로 포착하는 것은 그 민족에 속하는 한 개인에 의해서만 일어날 수 있다. 입이 시인이다. 만약 음이 제공되어 있다면, 이 음을 따라 노래 부를 수 있을 것이다. 민속가요들도 그 민족이 말하는 자의 입에서 만들어 낸다. 중요한 것은 호메로스의 서사시가 하나의 전체인가라는 물음이다. 호메로스 시 각각은 하나의 전체로서, 참다운 서사적인 전체로서 나타난다(그래서 그런 시는 끝이 없다). 개인 역시 선봉에 서서 대상을 만들어 내어야만 한다.

서사시에 적합한 것은 [첫 번째,] 개인의 행위뿐 아니라 그의 사건이 대상이라는 것이다. 행위의 전체 과정이 전체의 뜻에 상응하지 않을 것이다. 내용이 상이한 관심들을 가진 여러 행위들에서 성립하며 개인에 의해서만 짜 맞춰진다면, 주체에 의한 통일성만 있을 뿐, 내용의 통일성은 없을 것이다. 《85》 사건이 서사적이라면, 그것은 주체의 본래 행위가 아니라 주체의 목적, 감각 또는 열정인 어떤 것이다. 호메로스의 서사시에서는 아킬레우스의 분노가 대상이다.[275] 그것은 행위가 아니고 비활동성이다. 그리고 그가 그리스인들 가운데서 싸우기를 중단한 것에서부터 그가 행하지 않는 아주 많은 것들이 결과로 주어진다. 그리고 오직 자신의 비활동성의 결과에 의해 비로소 활동하게끔 자극을 받는다. 이것은 전적으로 서사적인 것의 의미에서이다. 중요한 것은 추상적 행위, 개인의 의지가 아니라, 사건과 열정, 또는 내면, 또는 외면이 함께 작용하는 상황, 그러니까 그 하나의 주요 계기가 규정자가 아닐 때의 상황이다. 이런 것은 『오디세이아』에서도 그러하다. 오디세우스의 목적은 조국으로의 귀환, 하나의 주관적 목적이다. 하지만 그의 귀환은 자신의 행위로 야기되지 않았고, 오히려 본질적으로 내부로 들어와 작용하는 외적인 우연들이 있다. 아킬레우스의 분노도, 오디세우스의 귀환도 극의 대상이 아니다. 개인의 여타 운명들은 외부 우연들에 의해 마찬가지로 본질적으로 규정되어 있다. 이런 개별성이 그 하나이며, 개인이 매우 일반적인 의미에서 행하는 것의 방식이 그것에 덧붙여진다.

두 번째는, 개인이 그가 의지하는, 그에게 영향을 끼치는 하나의 배경, 지반을 가져야만 한다는 것이다. 이 지반은 개인이 속하는 활기차고 자립적인 세계, 행위하고 있는 민족, 인륜적이고 생동적인 세계이다. 하나의 공동 목적을 갖는 민족, 그 민족 내부에서 선두에 선 개인. [이들이] 행위하는 지반은 개인들에 대해 공동체적인 목적이다. 또한, 개인이 그런 목적을 스스로 정립하지 않고, 오히려 그런 목적이 개인에 대해 발생해도 이렇게 국민적인 보편적 목적으로서 전제되어 있는 것이 서사적이다. 이런 것이 진정한 서사적인 관계이다. 그러므로 이런 활기찬 세계는 비극의 합창이 아니다. 비극의 합창은 스스로 행위하지 않고, 보편적인 것을 다루기만 한다. 마찬가지로 알렉산더[72]는 서사시의 대상이 아니다. 왜냐하면 한편으로, 교양화된 전체 시대가 더 이상 서사시의 어조를 위한 특성이 아니며, 다른 한편으로는 알렉산더가 속한 세계는 그에게 대립해 그런 자립성을 갖지 않았던 자신의 군대였기 때문이다. 그는 그리스 지도자들, 즉 공동으로 조언을 하지만 사실 물러섰던 아킬레우스처럼 자유롭게 결정하는 자들 같지 않다. 《85a》

카를 대제에게는 호메로스 서사시 속의 관계와 비슷한 관계가 있다. 그와 그의 가신들인데, 가신들은 자립적으로 조언하면서 그와 함께 있다. 이런 것이 서사적인 것에, 그런 객관적인 형식에 속한다. 공동체 목적과 관련해서는, 그 목적이 전쟁, 특히 그들과의 관계에서 야만족이 되는 이방 민족에 대항하는 전쟁을 기획하는 것일 때 가장 유리하다. 전체 인류들, 국민성, 민족들의 전체가 각기 상이하기 때문에 서로 싸우는 완전한 자립적인 대립, 종교, 인류, 언어가 그와 같은 관계 속에 있다. 그리스인들이 야만족이라고 불렀던 것, 민족의 내부와 외부 전체가 그 속에 등장한다. 그렇듯 다른 서사적 시들에도 이런 대립이 있다. 시드는 무어인들에 대항해 싸운다. 기독교인들은 마호메트교도들에 대항해 싸운다. 『루지아다스Das Lusiaden/Os Lusiadas』[276] 속에서는 포르투갈인들이 인도인들

---

72 Alexander, B.C. 356-B.C. 323. 그리스 마케도니아 출신의 왕. 그리스 내 각 국가들을 정복한 후, 페르시아, 이집트까지 정복하여 동서문명이 융합된 헬레니즘 시대를 열었음.

에 대항해 싸운다. 그와 같은 관계들 속의 열광과 용맹성은 억눌린 이들에게 아무것도 남지 않은, 그들이 자신들의 정신에 속하는 것에서는 아무것도 구하지 못하는 그런 고유한 방식에서 나온 것이다. 서사적인 것의 성격[인물]에 관해 나는 이미 도입부에서 말했다. 서사시의 성격은 서술 속에 그런 논쟁을 허용한다. 아킬레우스, 『일리아스』의 젊은이이자 영웅은 모든 관계들에 따라, 모든 객관적인 측면들에 따라 논평된다. 그것은 전적으로 모든 측면에 따라 발전된, 인간적으로 아름다운 성격이다. 극에서는 그렇지 않다. 거기에서는 행위가 주요 원리이며, 특정한 목적, 이 측면을 향하는 성격이 있다. 개인은 여기서 추상적인 성격으로서 출현한다. 행위함의, 존재의, 감각함의 동기들 일반 속에 있는 객관성이 그런 성격과 연관된다. 서사적 어조는 감각의 우연성, 특수성을 보다 배제한다. 그리고 움직이는 자로서의 개인에게서 흥미로우며 용기 있게 현상하는 것은 하나의 자체 내 타당한 존재를 갖는다. 특수한 감각들이 아니라, 보편적이고 타당한 것이 자체 내에 있는 것이 서사시의 대상이며, 아직 인간 사회 속에 확고하지 않고 단지 사람들의 가슴속에, 개인의 가슴속에 있는 한에서의 인륜적인 것이다. 이런 객관성은 호메로스에게서도, 그의 감동적인 상황들 속에서도 우세하게 나타난다. 예를 들면, 헥토르와 안드로마케[73] 간의 [대화]장면, 그 아름다운 이별장면에서 내용은 전적으로 객관적이다. "당신의 용기가 당신을 망칠 겁니다"라고 안드로마케가 말한다. "아카이아인들은 당신을 죽일 겁니다. 내가 죽는다면 그게 내게는 정말 더 나을 것입니다. 《86》 당신이 진다면, 나에게는 모든 것이 사라집니다." 이런 객관적인 이유들 전체가 본질적인 것들이다. — 그 내

---

73 Andromache. 그리스 신화 속 테베 왕 에에티온의 딸이자 트로이 왕자 헥토르의 아내.

용으로 인해 감동적이지만, 감각의 전개가 아니고 사태의 본질적인 내용의 서술이다. 헥토르는 [아내와] 같은 생각을 하며, 트로이 사람들이 겁난다고 대답한다. "전투에 가는 것은 용기, 의기, 내 안의 분노가 아니라, 전투에서 선두인 것이 내게 익숙하기 때문이오."[277] 이런 것은 또한 우리가 극劇적인 것 속에서 동일한 것을 마주칠 때 눈에 띌 것이다. 『오를레앙의 처녀 *Die Jungfrau von Orleans*』[74]에서 몽고메리 Montgomery가 있는 장면은 극적이기보다는 오히려 서사적이다("공허한 망상이 나를 현혹했다" 등. 이것은 희극적인 것에 속할 것이다. "내가 차라리 안전한 아버지 집에, 그리고 병약한 신부 옆에 남아 있었더라면"). 그는 [무기를 버리고] 당연히 그녀[요한나]를 죽이지 않을 거라는 자신의 무방비 상태를 언급하며, 그녀에게 [자신의] 인질 몸값을 제안한다. 요한나 Johanna는 아무런 동정심도 갖지 않는다. 이에 대해 그는 요한나가 부드러운 [여]성性의 온화한 상태에 있기를 간청한다. 요한나는 [그의] 생명을 지켜 줄 것이라고 답한다. 그러자 그는 애절히 사무치는 부모를 언급하며, 외지에서 울어 줄 사람 없이 죽는 것은 힘들 것이라고 말한다. 요한나는 "누가 너를 나라[프랑스]로 불렀냐?"라고 말한다. 한 인간의 관계들 일반을 포괄하는 모든 동기들, 그런 것들을 이렇듯 하나하나씩 개진하는 것은 완전히 서사적이다. 이런 전체적인 극적 구조劇的構造는 동기가 없다. 요한나는 전적으로, 그가 영국인이기 때문에 자신이 그를 죽여야만 한다는 의미에서 말한다.[278] 그가 모든 그런 동기들을 열거하지 않았는데도 요한나가 그의 말을 중단시키는 것은 [그가 적이기 때문

---

74 1801년 F. 실러의 5막 희곡. 백년전쟁 때의 잔다르크(또는 요한나 아르크) 이야기를 극화함. 잔다르크는 성모 마리아의 계시를 받아 출전하여 싸우던 중 적국인 영국의 장군 라이오넬을 사랑하게 되지만 번뇌를 극복하고 프랑스를 승리로 이끌었음.

이므로] 사려가 전혀 깊지 않은 것이 아니다. 비록 이런 것이 외적인 동기일 뿐이었다고 할지라도 역시 그런 객관성은 서사시에 속하며, 관계들의 본질이 진술되어야만 한다. 심정의 객관성과 전개의 이런 범위에는 또한 다음의, 즉 개인들 내에 심정이 아직 외적으로 되어 있지 않을 그런, 그리고 세계 일반과 더불어 있는 대상들이 심정에 한갓된 도구로 타락되어 있지 않을 그런 세계의 범위가 속한다. 서사적인 것 속에서 심정은 한갓된 수단으로만 있는 것이 아니라 개인에 대한 가치도 가진다.

　이런 상태에서 우리는 개인들이 필요한 모든 것들, 군비, 왕홀, 의상, 집 등을 중요한 것으로 보며, 개인에 의해 발명된 인간적인 것으로서 존중하며 본다. 《86a》 개인은 그러니까 아직 외적인 것에 익숙하게 나타난다. 이 외적인 것은 주체가 그 속에서 익숙한 객관적인 것이며, 때로는 인간 가슴의 인륜적인 것 속에, 때로는 외적인 세계에 관계되는 것 속에도 있는 객관적인 것이다.

　운명은 본질적으로 서사시에서 다음과 같이 주재主宰한다. 즉, 개인들이 그 운명 속에 있거나 지나가는 식으로, 그리고 가장 훌륭한 것도 일찍 지나가 버리는 운수를 갖는 식으로 말이다. 인간은 한갓된 기계가 아니라, 신들이 [인간에게서] 주재함으로써 그와 똑같이 자립적이다. 그리고 인간 속 이 신들의 주관성은 그런 인륜적인 것, 객관적인 것에 대한 언급에서 드러난다. 자유와 필연의 그런 결합, 그리고 자신에게 발생한 것 내로의 개인의 몰입das Sich-Ergehen은 서사시에 본질적이다. 오디세우스는 칼립소[75]에게서 9년이나 머무는데, 그러면서 집에 대한 크나큰 향수를 가진다. 그리고 그에 관해 전해지는 말은, 그는 달콤한 삶을 울면서 보낸다고

75　Kalypso. 호메로스의 『오디세이아』 제5권에 나오는 님프, 바다요정.

한다. 밤에는 포식하면서 보내지만 낮에는 —바위 위에 앉아서— 울면서 바다 쪽을 바라본다는 것이다. 칼립소는 그를 떠나보내는 것이 자신에게 매우 힘들다는 것을 실토하며, 그럼에도 그에게 배를 만들도록 한다. 내용이 열정에서 솟아 나온 것이 아니라, 오히려 그녀는 스스로에게 속하는 어떤 것, 운명인 어떤 것을 행한다. 어떠한 인륜적인 것도 기초가 되어 있지 않다. 그리고 정의는 아직 현존하지 않고, 오히려 여기에는 납득할 수 없는 것이 있다. 거기에는 전체적으로 서사시의 기초를 자체 속에 갖는 그 외의 특유한 형식들이 있다. 이런 것에는 아랍 동화들, 아랍인들의 유명한 책 『천일야화』[76]가 속한다. 이것은 가장 다양한 상황들 속에 빠져 우연성들에 내맡기는 것과 꼭 같이 행위하고 있는 사람들[의 이야기]이다. 발생하는 것은 여기서 판타지적이며, 시인의 고안 속에 그 근원이 있는 우연의 놀라울 만한 결합이다. 이에 반해 우리는 오성적인 연관을 요구한다. 이런 연관 속에는 자신의 감각들과 의지를 가진 인간이 있는데, 이것이 주요 사안이 된다. 이 동화 속에서는 그런 외부 연관이 전적으로 일체의 오성 없이 있으며, 인간적인 것에서 나올 수 있는 모든 것이 그런 상황들 속에서 나타날 수 있다. 판타지의 특유한 자극과 그것의 연관, 이런 것이 뼈대이다. 다른 것은 인간적인 것이다. 이런 것이 독자와 청취자에게 본질적인 인상을 만든다.《87》

하머[279] 씨는 프랑스 파견단과 함께 이집트로 갔다. 그는 이 관계를 이렇게 기술한다. 마술적 힘을 이해하기 위해서는 모여 있는 밀집된 무리

---

76 『아라비안 나이트』. 페르시아 설화문학작품. 왕비 셰에라자드가 1001일 동안 샤리아 왕과 자신의 여동생에게 이야기를 해 주는 방식으로 구성됨. 180편의 긴 이야기와 108편의 짧은 이야기가 포함됨.

들, 즉 이야기꾼 주위에 모여 있는 베두인족[77] 무리들을 보았어야만 한다. 태양이 졌을 때 그들은 이미 100번이나 들었을지라도 허구 이야기들을 흡입한다. 사람들은 그들이 어떻게 웃고 한탄하며, 이야기꾼과 함께 광란을 나누는지를 보아야만 한다. 주인공이 다급한 위험 속에 있다면 그들은 "아니야, 아니야, 그건 있을 수 없어"라고 외친다. 주인공이 배신자에 의해 추락하면, 그들은 이마를 찌푸린다. 주인공이 압도적으로 승리하여 돌아오면, 그들은 "신이여 칭송하라, 만군의 주를"이라고 외친다. 이야기꾼이 여성적 아름다움을 기술하면 어떤 것도 그 향유에 필적하지 못한다. 얘기를 마치면 이야기꾼은 "아름다운 여인들을 창조하신 신은 찬양받으리라"라고 말한다. 그들은 합창단으로서 이 낱말들을, 동일한 낱말들을 반복한다. 이야기꾼은 흥미로운 지점에서 마치며, 다음 날 거기서 계속 이어 간다.

인간적인 것은 그런 깊은 인상들을 만드는 어떤 것이다. 이런 것이 참다운 인상이다. 하나의 다른 형식이 서사시에 이어진다. 즉 소설, 우리의 소위 근대 서사시이다. 소설의 주인공은 서사적인 시작품의 주인공일 수가 없다. 왜냐하면 [근대에서] 인륜적인 것과 법적인 것은 확고한 관계들이 되어 버렸기 때문이다. 이런 세계에서는 개인이 세계에 맞춰 행위한다. 그에게 할 거리로 남아 있는 것은 그의 고유한 주관성이다.

b. 서정시

8월 31일

서정시die lyrische Poesie는 가장 풍요롭고 가장 다양한 시이며, 그 대상은 주로 내적 감각의 특수

---

77 Beduinen/Bedouin. 중동의 사막에서 유목생활을 하는 아랍인.

한 대상, 내용으로서의 특수한 것 일반이다. 먼저 특수한 것이 서정적인 것의 보편적이며 추상적인 규정인 한에서, 더 자세한 동인動因, 즉 기회가 주제이며, 그리고 그 전체 범위 내의 그런 특수한 것이 주체의 전체적인 개별성이 된다. 그러니까 [첫 번째로] 우리가 서정시에서 발견하는 것은, 그 자체로서의 개인이 등장한다는 것이다. 스스로를 표현적으로 만드는 노래하는 자[시인]가 중요한 중심점이다. 그렇게 어떤 것에 관한 시들이 만들어질 수 있다. 그렇듯 시인은 그 자체 그런 개인으로서 출현하는데, 외적인 사건 속에서 서사적으로가 아니라 우연적인 정황들과 단절된 채 출현한다. 그가 시 속에서 나타내는 자는 그 자신이다. 또한 그는 극劇적이지 않으며, 행위로 계속 나아가지 않는다. 《87a》 그의 이야기의 범위는 그의 삶의 범위를 떠올리게 하는데, 그러한 한에서 일례로 올림픽 경기 때 우승자를 찬미하기 위해 초대되었던 핀다로스와 같이 고유한 방식으로 시 짓는 자로 처신하는 개인의, 노래하는 자의 존엄을 떠올리게 한다. 더구나 핀다로스는 노래하는 자의 생활태도를 가졌다. 그가 그렇듯 우승자를 찬미했다면, 그는 이 우승자 역시도 대자적으로 찬미했을 것이며, 자기 자신을 나타내되 한층 객관적으로 나타냈을 것이다. 그는 지혜의 금언들, 자신의 명상의 결과들을 진술한다. 짧게 말하면, 그는 자신을 주요 인물로 만든다. 그렇듯 우리는 하피스에게서 그런 것을 보는데, 그의 태도가 시로 창작되며, 그런 삶의 순환 속에 그는 시를 지으며 처신한다. 아나크레온[78]에게서도 그러하다. 또한 클롭슈토크도 개인으로서 노래하는 자의 특유한 지위를 스스로에게 부여하고자 했다. 그

---

78 Anakreon, B.C. 570?-B.C. 485?. 그리스 서정시인. 그의 운율을 기초로 한 '아나크레온테아(Anacreontea)' 시작법이 있음.

가 자신의 시들 속에 더 많이 나타내는 것은 뽐내며 늘어놓은 존엄이다. 그의 송시들에서 우리는 그 자신의 관심들로 마지막까지 계속 나아가는 개인을 본다. 자신의 연인에게는 청춘인 그의 노년에 그는 국민과의 관계, 그리고 실로 아무런 작용도 낳지 않았던 시적 신화를 그 자신에게 부여하려는 소망, 그런 것에 몰입한다. 그는 독일 언어의 존엄을 옹호하며, 나중에는 프랑스 혁명과 연관하여 자신의 분노를 진술하는 데 관심을 가졌다. 자신의 다양한 삶 속에서 언제나 시를 지으며 처신했던 괴테도 그렇게 한 사람의 노래하는 자로 고찰될 수 있다. 그의 삶은 무한히 다양한 관심들 속에서 외부로, 즉 인간 및 학문으로 뻗으며, 그는 모든 측면으로 방향을 바꾼다. 그는 그런 다양한 관심을 가지면서 동시에 자신 속에서 산다. 그리고 감탄을 자아내는 것, 그가 시적으로 직관하게 하는 것은 그의 본래적인 시인의 삶인데, 이것은 자기 스스로 자신의 관심을 해석하며 마찬가지로 줄곧 외부로 향한 관계들을 시적으로 파악하는 시인의 삶이다. 즉, 그의 내면의 거울과 외부세계의 거울[의 상호작용이다]. (호메로스는 개인적으로서는 희생되어 있다. 사람들은 그에게 전혀 어떤 실존도 귀속시키지 않는다.) 호라티우스[79]에게도 비슷한 관계가 있다. 그 역시 외부에 존재하는 것을 자기 속에 수용했다. 외적인 것에 대한 그의 관계는 그런 대상에 관해 시작詩作하기이다. 아우구스투스[80]에 대한 그의 관계—이 사람은 자신에 관해 노래 불러지기를 원한다—는 전적으로 외적이다. 그는 그렇듯 관계들을 통해 자신을 관철했다. 이런 것이 서정적인 것의 태도이다. 두

---

79 Quintus Horatius Flaccus, B.C. 65-B.C. 8. 로마 풍자시, 서정시 시인. 세 편의 서간시로 이뤄진 그의 『시학(Ars Poetica)』(B.C. 14세기경)은 작시법에 중요한 문헌임.
80 Augustus, B.C. 63-14. 본명 Gaius Octavianus. 로마제국 제1대 황제.

번째로 주시되는 것은 노래 일반이 서정적인 것에 가장 본질적이라는 것이다. 대상이 한층 내적이기 때문에, 서정적인 것은 시인의 더 단호한 내면성 [및] 외면성을 필요로 한다. 내용은 서사시에서처럼 그런 자립성에서 나온 그 자체가 아니다. 이 소견진술[내용]은 운율들과도 연관되는데, 운율들은 더 활기차며, 더 활동적이며 더 다양해야만 한다. 《88》

사람들은 디오니소스 송가들Dithyramben과 찬가들Hymnen을 칭송한다. [이러한 것들은] 심정의 그런 환성 울리기, 기도 또는 희열[을 유발한다]. 호메로스의 찬가들은 매우 서사적인 특성을 보유한다. 그렇다면 송시頌詩, Ode들은 우리에게 다소간 낯선 종류이다. 이 송시들은 보다 역사적으로 또는 보편적인 금언들로 계속 나아가면서, 가치를 인정하도록 하는 특정한 동인을 가진다. 이런 종류는 핀다로스와 호라티우스의 송시들이다. 후자는 매우 교양이 있으나, 아주 많이 차갑고, 매우 의도적으로 만들어져 있다. 나는 이 송시들이 노래로 불릴 수 있다는 것을 상상할 수 없다. 아마도 〈백년제 찬가Das carmen saeculare〉[280][81]를 제외한다면, 송시들은 전체적으로 읽기를 위해 만들어져 있다. 핀다로스의 송시들[281]은 본질적으로 노래로 낭송하게끔 규정되어 있었다. 이 송시들은 축제적인 합의, 경건한 노래, 음악과 댄스축제 속에서 낭송된다. 클롭슈토크는 우리들에게 송시들을 도입했다. 그의 송시들 가운데 우리에게 말 걸 수[환심을 살 수] 있는 것은 적다. 예를 들면 독일어[282]에 부쳐진 송시가 그러하다. 반면, 고전형식의 송시는 사람들이 그러함에 있어 느끼는 것 없이도 제 것으로 할 수 있다.

---

81   B.C. 17년 아우구스투스의 통치 시대에 호라티우스가 로마 창건을 찬양하며 제작한 시. 800년, 900년을 기념하여 공연됨.

세 번째는 전체적인 서정적 다양성을 자체 내 담고 있는 가요das Lied다. 이것은 우리에 대해 서정적인 것의 본래적인 규정이며, 무한하게 다양하다. 가요에서는 그런 다양성에서 더더욱 국민의 특수성이 나타난다. 그 특수성을 가요에 이르는 것 넘어 더 널리 촉진하지 않았던 많은 민족들이 있다. 헤르더[82]와 괴테는 민중가요들에 관심이 있었다. 괴테는 동시에 특유한 특성을 가장 감성이 풍부한 방식으로 표현했다.[283] 흑인과 백인 혼혈인들과 근대 그리스인들은 그와 같은 가요들이 풍족하다. 가요를 촉진하지 않는 것은 야만의 상태이다. 가요는 주관적 감각을 표출할 수 있는데, 그런 감각을 받을 때만 이를 진술하려는 시도를 한층 더 할 수 있다. [그런 시도의] 하나는 밖으로 드러내어 진술하기이며, 다른 하나는 오직 침묵을 통해 말하는 것이다. ― 심정의 이런 투쟁은 미개한 상태이다. 괴테의 가장 아름다운 시들은 이런 종류의 것[가요]들인데, 〈총각과 개울 der Junggeselle und der Mühlbach〉(1797)이 그러하다.[284] 그런 다음 로망스[83]로 넘어간다. 전원시Idylle 또한 개별적 특징들—예를 들면 용맹성의 특징—을 자체 내에 담고 있을 수 있다. 가요 속에는 민족의 가장 특유한 것이 표출된다. 실러와 괴테는 가요에서 가장 우수하다. 극적인 형식들은 다소간 특정한 의도들을 포함한다. 가요에서는 그 반대로 시인이 《88a》 가장 자기다운 특유함과 자립성 속에서 자신을 유지한다. 이런 유형과 다른 가요들은 사교적 즐김들 또는 주관적 상황들[의 표현]이다. 우리는 실러에게서도 광대한 범위의 가요들을 가진다. 여기서 그는 대중 앞에서 낭송

---

82 Johann Gottfried Herder, 1744-1803. 독일 철학자이자 문학자. 역사주의적 입장을 가지며, 대표 저서인 『언어의 기원에 대하여』(1770)에서 인간의 언어적 본성을 주장함.
83 Romanze. 민요체의 설화시. 주로 기사의 영웅담과 사랑의 모험을 다룸.

하는 가인歌人으로서 출현한다. 괴테는 보다 자기 자신 속에서, 보다 사적인 것을 노래하며, 실러는 보다 자기 자신에 대해 가치 있는 내용을 표현한다. 주관적인 기회들이 동인이라기보다는, 오히려 실러는 그 자체로 흥미를 포함하고 있는 소재들을 찾으며, 이 소재들이 관람자들을 위해 발전되게 하려고 노력한다.

c. 극

극劇, Drama의 대상은 행위이다. 서사시는 인류적인 동시에 외적인 객관성 속에 있는 개인이

8월 31일

며, 서정시에서는 그 활동적 객관성 속에 있는 대자적인 주관성이 본질적인 것이다. 극에서는 개별성이 행위하는 것으로서 있다. 이 개별성은 자기 자신을 외화하는 것이어서, 외적인 것은 이 개별성에 의해 의도된 것과 산출된 것이 된다. 공동체는 신적인 것으로서 있고, 신적인 것은 자신의 인간적인 특유한 실존, 총체성 속에 작용하는 것으로서 있다. 그런 까닭에 극 속에는 [고전 그리스의] 입체적인 조각작품이 활기 있게 작용하는 개별성으로서 재건되어 있다. 따라서 현실적인 활동성 속으로, 인간 속으로 흘러든 보편적인 위력이다. 즉, 본래적인 행위함 그 자체와 그리고 보편적 위력이 이런 자가당착적인 장소[인간 내]로 들어온 것이다. 신적인 것 속의 대립들은 혼탁하지 않은 것에서 대두되었던 가벼운 물결들로서 녹아 없어진다. 거기에 등장하는 영웅은 주된 관심을 유지하는 개인이지만, 하나의 주체에 속하는 개별성이 아니다. 오히려 주된 관심은 하나의 행위, 목적이거나, 또는 관심을 만들어 내는 사태Sache이다. 이런 사태는 개인보다 더 높이 위치하는데, 개인은 저런 특수한 것이기 때문이다. 개인이 그런 사태를 북돋우는 자이기는 하나, 사태가 주요 사안이

다. 개인의 계속된 확산은 그리 필요치 않다. 개인은 여기서 서사시에서와 같이 다양성 속에서 출현할 수 없고, 오히려 더 추상적으로 유지되어야만 한다. 행위는 무엇보다 하나의 행위여야만 한다. 무엇이 하나의 행위이며, 어디서 행위가 시작하고 종료되는지는 특정한 것에서 다시금 비규정적이다. 그런 하나의 행위는 전제들을 가지는데, 그 전제들은 바로 행위들을 통해 제시될 수 있다. 종결로 이어지는 것은 주요 관심과 보편적인 관심이어야만 한다. 더 높거나 또는 더 하위적인 관심들은 대체로 해결된 채로 지속된다. 아킬레우스에게 관심은 트로이 정복이다. 이것은 호메로스의 『일리아스』에서 달성되지 않는다. 그런 관심의 종료에 의해 새로운 충돌들이 발생한다. 그런 목적이 성취되어 있으므로, 극에서 새로운 행위의 시작이 될 수 있는 침해들이 발생하는 것이다. 《89》 행위를 규정하는 것을 말하자면, 비극과 희극 양자의 주된 형식들이 고찰될 수 있다. 이 행위를 표현하는 예술작품은 단락들로 나눠져야만 할 것이다. 사람들은 예전에 막^幕들을 말했다. 그리고 이것이 그런 것이기도 하다. 왜냐하면 행위들, 더구나 특히 특수한 행위들이 있기 때문이다. 그리고 많은 특수한 행위들의 총합이 결과이다. 막들로의 그런 도입을 피하기 위해 실러는 휴지^{休止} 부분으로 이뤄진 절^節들을 『메시나의 신부』[285] 속에 부여했다. 고대인들은 전체적으로 5막과 3막을 가졌었다. 극 속에는 서로 대립한 두 개의 관심이 있다. 첫 번째 관심이 등장하면서 제1막이 진행된다. 두 번째 관심—자신의 권리 속에서 자립적인데—은 제2막을 제공한다. 제3막에는 그런 대립의 전개와 해소가 있다. 또는 5막으로 된 경우에는 앞의 1, 2막에 양자의 관심들이 서로 대립적으로 정립되어 있으며, 제3막에는 한 측면의 우세함이, 제4막에는 다른 측면의 우세함이, 제5막에는 해소가 있다.

행위의 내용이 외적으로 직관되는 재료가 고찰될 수 있다. 이 재료는 목재와 석재가 아니라 인간 자체이다. 서정적인 것에서는 이미 재료가 노래하는 자이다. 여기서 재료는 내면적인 것을 표출하는 인간 목소리이기도 하다. 하지만 극에서는 더 이상 감각들이 표출되지 않고, 행위들, 즉 다른 자들과 연관된, 다른 자들을 행위하게 규정하는, 다른 생각들에 반하여 자신을 주장하는 행위들이 표출된다. 이런 것을 위해 중요한 것은 대화이다. 극적인 인물은 움직임과 행위 속에 정립되어 있는 구체적인, 서정적인 가인이다. 얘기되는 것은 음조와 관심이 아니라, 더 많은 것들이다(낭독하기는 표출과 자신을 위한 읽기 사이의 중간물이다). 틀림없이 여러 인물들이 등장할 것이다. 감각들, 가장 강한 의욕을 만드는 감각들이 표현되기 때문에, 거기에는 동시에 몸짓이 덧붙여지며, 가시적인 것이 표출에 부가된다. 몸짓과 더불어 동시에 주위환경, 즉 장면과 장식이 들어온다. 그리고 예술적인 조치의 각 측면이 가능함으로써, 그리고 마땅히 조치의 모든 예술적 측면들에 따라 상연되어 있어야 한다면 음악이 등장하며, 몸짓과 결부되어 춤이 등장한다. 모든 예술들은 거기에 통합되어 있다. 인간의 본성이 주제이며, 회화에 의해 표상된 건축, 또는 지역 자체가 덧붙여진다. 춤, 무언극 및 음악은 따로 떼어질 수도 있다.

이렇게 극이 모든 측면들에 따라 완전한 예술작품이 된다면, 그것은 오페라이다. 오페라는 완성된, 예술적으로 형성된 극이다. 《89a》 우리는 오페라를 하나의 사치물로 간주한다. 즉, 주요 사안이 진지하지 않은, 호화와 특수한 측면의 형성이 우세한 그런 부속적인 것으로서 말이다. 이 예술은 그런 호화 자체와 놀랄 만한 내용을 촉구한다. 우리는 말해야 하는 인물이 거기서 노래를 부르는 것을 자연스럽지 않게 생각한다. 그렇기 때문에 오페라는 기꺼이 동화적인 것, 신화적인 것 속으로 이탈한다.

진지함은 그렇듯 모든 측면들이 형성되는 가운데서 억눌린다. 특별한 무대는 아니라 하더라도 한 곳의 무대에서도 보지 못하게 될 수많은 극들이 쓰인다. 극의 상연은 우리에게 일종의 호사로 보인다. 하지만 공연되는 것이 극의 본질이다. 물론, 내면적 가치가 우리를 충족시키는 것이 아니라고 이로써 말하는 것은 아니다(그리스적인 것에서 우리는 읽는 것에 만족하며, 충족된 것으로 생각한다). 예술작품으로서 극의 가치는 행위로 획득된다. 그리스 극들이 우리 무대들에서 상연되지 않는 것은 행위에 그 이유가 있다. 거기에는 우리가 허용할 수 없는 전제들이 있다. ― 예를 들면, 아가멤논이 그의 딸들을 살해하는 것, 그것을 우리는 허용할 수 없다. 아리스토텔레스는 비극이 우리에게 슬픔과 공포를 불러일으켜야 한다고 요구한다. 이것은 물론 인간 가슴의 사안이며, 우리를 위한 태도이다. 공감하기는 유감스러워하기와 다른 어떤 것이다.[286] 그래서 알케스티스가 그의 남편을 위해 죽기를 원하는 것은 오페라[287]는 물론 우리의 극을 위한 소재가 아니다. 이피게네이아가 그녀의 남동생을 살해해야 하는 것은 우리에게 맞지 않다. 그리스 비극들이 우리의 무대에서 입증될 수 없다는 것이 그 높은 가치를 감소시키는 것은 아니다. 그러한 외형이 바로 극劇적인 것 자체이다. [극의 특성 중 하나는,] 관심이 클 수 있으며, 하나의 성격이 손쉽게 연출을 위해 발견될 수 있다[는 것이다]. 다른 하나는 실로, 그가 스스로 움직이며 그런 본래적인 움직임에서 표현된다는 것, 인간이 다른 자들을 움직이며 그리고 그들에 의해 움직여진다는 것이다. 그러함에서 결정적인 것은 감성적인 어떤 것이다. 우리는 그것을 허용하는데, 우리가 그것을 보기 때문이다. 하나의 극이 무대를 위해 유용하게 짜여 있는지는 결정하기 어렵다. 괴테 자신은 이에 대해 전적으로 불확실하며, 그는 새로운 표현방식들을 시험했다.

그것은 특히 우리에게 《90》 해당되는 경우이

다. 취미는 곧 그렇듯 전혀 비규정적인 어떤 것
이며, 우리는 가장 이질적인 것을 마음에 들도록 놔둔다. 취미는 예술판
단의 그와 같은 일반적인 방식이 확정되어 있다는 것을 말한다. 우리에
게서는 가장 이질적인 것이 가장 강력한 월권을 행한다. 작용, 외화, 표
출의 그런 방식에서 다른 이들에게 반反하는 처신이 작용하는 측면에서
볼 때 어떤 하나의 극이 다른 자들에 대해 옳은지, 그런 가치를 우리는
무대에서 비로소 인식한다. 그런 것이 실제로 납득할 만하며 참다운 것
이라는 것은 바로 우리의 감성적인 직관이다. 우리는 단지 말해진다는
것에 만족하며, 또한 소묘들과 동판화들에도 만족한다. 전적으로 완전
한 총체성이 있다면, 그것은 오페라이다. 고대인들에게 극은 오페라였는
데, 그것은 작가의 의도이다. 그들에게 내용들은 완성된 비극들이며, 표
현은 오페라였다. ― 음악과 합창, 노래뿐 아니라 악기들[도 있으며], 또한
합창단이 춤도 추었다. 말과 말의 의미가 그들에게는 압도적이다. 당연
히 말은 소품들에 억눌려 있지 않다. 이에 반해 우리는 합창단들을 공연
에 내세우기 위해 이리저리 애써야만 한다. [그래서] 우리에게서는 오페라
의 의미가 매우 험악해진다. 표현의 이런 측면을 고려한다면 고유한 하
나의 예술, 즉 연극예술이 나온다. 그리고 시인에 대한 연극인의 고유한
관계[가 나타난다]. 화가가 색채들을 자신의 기초요소로 가지는 반면, 시
인은 자신의 권리를 가지고자 하는 자립적인 인물들을 가진다. 그 하나
는 시인에 의한 말이며, 다른 하나는 연극인에게 속하는 표현이다. 거기
서 중요한 것은 무엇이 우세한 것이어야 하는가이다. 그 자체로서의 말
의 위력은 존중되어야만 하며, 높이 치켜세워져야만 한다. 그리스인들
에게 동작은 매우 간단했다. 시인들 자신이 그들의 작품들을 맡아 역할

을 했다. 소포클레스가 그러하나, 그는 자신의 목소리 때문에 곧 중단했다. 뛰어난 배우들에 대해서는 그리스인들이 잘 얘기하지 않는데, 우리는 배우들이 아주 탁월하지 않았음을 알게 된다. 로마인들에게는 거기서 자립적으로 분리되었던 무언극들이 있다. 우리는 말의 낭송이 아주 안정적이었다는 것을 확실히 그리스 비극의 언어에 덧붙여 말할 수 있다. 배우들은 손이 감싸이는 그런 외투들을 입었다. 그리고 이런 것은 우리에게 완전히 안정적인 위치의 고요한 조형적 인물들이 표상되게 한다. 이에 반해 실러에게서 우리는 많은 비극들에 동작이 제시되어 있음을 본다. 그리고 고대인들에게서 《90a》 동작은 전적으로 말의 표출로 넘어갔으며, 아무런 손짓도 남아 있지 않다. 우리에게 매우 본질적인 표정연기가 고대인들에게서는 전적으로 누락되는데, 그들은 가면들을 썼기 때문이다. 얼굴은 움직임이 없고 몸이 많이 움직여야 했을 것이라면, 우리에게는 그것이 우습게 보였을 것이다. 그렇다면 [가면 쓴] 꼭두각시는 고상한 언어를 통해서만 최대의 영향을 낳을 수 있는데, 특히 민중들에게 그러하다. 이해는 가장 중요한 것에 속한다. 또 다른 하나는 소위 자연스러운 연기이다. 이런 자연성은 근대에 특히 확장되었으며, 특히 이플란트[84]에 의해서였다.[288] 연출되는 여러 인물들이 중요하다. 만약 시민적인 인물들이 있다면, 화통한 사람이 그런 자에 속한다. 그것은 어떤 본래적 예술도 아니며, 전적으로 일상적인 삶이다. 괴테는 자신의 무대를 일상적인 삶의 어조보다 더 높은 어조로 고양하기 위해 엄연히 볼테르의 『마호메트*Mahomet*』[85]와 『탕크레드*Tancrède*』[86]를 번역했다.[289] 언어와 연관하

---

84 August Wilhelm Iffland, 1759-1814. 독일 극작가, 배우.
85 1742년 작. 이슬람교의 창시자 마호메트를 사기꾼으로 묘사한 희곡.

여 볼 때 자연스러운 것을 위해서는 작품에서 인물들이 서로 말한다는 이런 차이가 중요하다. 또 다른 것은, 그들이 관객에게도 말한다는 것이다. ― 그 중간을 맞추는 것이 시인과 서술자의 일이다. 프랑스 연극들에서는 말이 관객을 향해 있다. 주요 사안은 인물들이 서로를 향해 낭송하는 것이 관객을 위한 것이라는 점이다.[290] 그 외의 것은, 배우는 전적으로 역할에 빠져들어 생각해야 하며, 도구로서 처신해야 한다고 시인이 배우들에게 요구하는 것이다. 다른 한편으로 배우는 실로 인품 자체이며 특정한 천성이다. 사람들은 거꾸로, 배우는 그런 역할을 연출해야 한다고 말할 수 있을 것이다. 그리고 배우가 연출하는 것은 자신의 특유성이고, 그가 표현하는 인물은 틀이자 그런 천성을 실존하게 하는 동인이다. 배우는 재능을 가져야만 하며, 그의 천성에 적합한 역할만 잘 수행할 수 있다. 극시劇詩, dramatische Posie의 특수한 것은 비극과 희극이다. 그리고 그 중간물을 사람들은 극이라고 부른다.

비극

비극에는 스스로 나타나며 이분되지만 승리를 획득하는 실체적인 것이 있다. 인륜적인 것은 실체적인 것으로 절대적인 위력이다. 그렇기 때문에 결말에 화해가 있다. 희극에는 예술의 와해가 있다. 고전 비극에서는 실체적인 것이 주제, 기초, 감동시키는 것이다. 그런 실체적인 것은 종교적인 것이 아니다. 왜냐하면 실체적

> 희극에서는 관심이 단지 의도된 것인데, 이것은 활동을 통해 현실이 되고자 하지만 그 활동으로 파괴되는 관심이다.

---

86 1760년 작. 11세기 시칠리아섬 사라쿠사 선왕의 아들 탕크레드와 새로운 왕 아르지오의 딸 아메나이데 간의 비극적인 사랑을 다룬 희곡.

인 것은 자신의 행위 속에서 출현해야 하기 때문이다. 종교적인 것이 화해의 형식으로서 나타날 수 있다. 하지만 그것은 기초가 아니다. 왜냐하면 종교적인 것은 세속적인 관심을 넘어 고양되어 있기 때문이다. 경건성에는 행위 자체에 대한 단념, 추상하기가 속한다. 현실성 내로 들어오는 종교적이자 신적인 것이 인륜적인 것이다. 정신적 현실성의 그런 종교적인 것 또는 인륜적인 것도 종교적일 수 있다. 하지만 인간이 행위하는 한, 그의 경건성이 인륜적인 것의 형태와 방식을 받아들인다. 《91》 인륜적인 것은 세속적으로 실체적인 것이다. 고전 비극에서는 인륜적인 것이 기초이다. 왜냐하면 인륜적인 것은 그것이 추구되며 인간적 행위의 근거인 한, 신적인 것의 형식이기 때문이다. 이로써 우리는 매우 규정적인 내용을 가진다. 여기에는 보통 판정의 두 가지 방식이 관례적으로 있다. 한 방식은 감각Empfindung이 쾌적하게 유발되는지 아니면 불쾌하게 유발되는지, 감각들에 제한된다. 이런 것은 사실 니콜라이[87]와 에버하르트[88] 시대의 전적으로 피상적인 이념이다.[291] 아리스토텔레스는 비극은 공포Furcht와 연민Mitleid을 일깨워야 한다고 말한다.[292] 감각의 규정성이 비극의 내용이다. 인간이 그 앞에서 참된 공포를 가지는 것은 인륜적인 위력, 인간 자신의 가슴의 위력이다. 이런 인륜적인 위력은 영원하고 불가변적이며, 즉자대자적으로 참다운 것인데, 이것은 개인 위에 위치하며, 이것에 반해 개인은 소멸자이다. 개인이 자신의 표상을 덧없음과 관련짓는 한에서, 그 작용은 공포이다. 연민 또는 공감은 두 가지를 대상으

---

87 Christoph Friedrich Nicolai, 1733-1811. 독일 작가, 서적 판매인. 레싱, 멘델스존과 함께 독일 계몽주의 운동을 이끌었음.

88 Johann Augustus Eberhard, 1739-1809. 독일 신학자, 철학자. 라이프니츠-볼프 철학을 기초로 독단적 신학을 비판함.

로 가질 수 있다. 다른 자의 불행에 대한 연민, 이런 것은 순전히 인간의 부정적인 것과 관계하는 감동적인 공감이다. 다른 공감은 주체 내의 긍정적인 것에 대한 공감이다. 이런 긍정적인 것은 개인들 속의 유능한 것, 인륜적인 것, 참다운 것이다. 이런 공감은 또한 현존해야만 하며, 공포는 이런 인륜적 위력에 대한 것이다. 고대 비극들 속에는 또한 참다운 인륜성을 지닌 성격들이 존재하며, 사기꾼 또는 폭군은 없다. 이런 것은 쉽게 나타난다. 왜냐하면 찌푸린 상을 짓는 것보다 더 쉬운 것은 아무것도 없기 때문이다. 이에 반해 천재적인 것과 이상적인 것은 어렵다. 다른 방식은, 하나의 실체적인, 인륜적이고 즉자대자적으로 참된 것이 기초여야만 한다는 것이다. 순전히 형식적인 고찰은 이후 매우 만연했다. 특히 아이러니가 그러했다. 아이러니에서는 실체적인 것이 중요하지 않으며, 오히려 익살스러운 그리고 재기 발랄한 착상들이 적용된다. 이런 것은 비록 관찰될 수도 있으나, 최고봉에 놓일 수는 없다. 실체적인 것이 상실되면서 확고한 방향도 사라졌다. 아이러니는 바로 다음의 것들, 즉 어떤 것과 더불어서도 진지함이 없어야 한다는 것, 건달인 성격들이 훌륭하게 나타나지만 전도된다는 것을 따른다. 인륜적인 기초, 그런 파토스는 관객에게 그것의 진정한 영향을 작용하는, 자체 내 참다운 것이다. 실러의 비극들 속에는 그런 인륜적인 기초들이 들어 있는데 때로 찬란하게, 그리고 힘차게 진술되어 있다. 이런 진정하게 파토스적인 것은 실러의 작품들에서 《91ㄱ》 큰 영향력을 불러일으켰던 것이다. 괴테는 이러함에서 실러에게 뒤지며, 그렇기 때문에 그의 비극들로써는 또한 무대에서 큰 영향을 미치지 못했다.

그러니까 파토스는 그 자체로 정당한 것이며, 인륜적인 것의 행위, 조화이다. 인륜적인 것은 자기 자신과의 방해받지 않은 조화 속에 머무는 비행위자인 합창단 속에 표출되어 있다. 이런 까닭에 실로 합창단은 일반적으로 통치자에 대한 봉사자일 뿐이기도 하다. 인륜적인 것은 가족과 국가로 나뉜다. 다른 하나의 대립은 무의식적인 것과 의식적인 것인데, 예를 들면 오이디푸스에게서와 같다. 그는 지자知者이면서 그의 아버지를 알지 못한 채 살해한다. 하지만 그는 그것을 전적으로 자신의 행위라고 여긴다. 그리고 그런 이유로 스스로 눈을 찌른다. 개인은 필히 죄가 있을 것이며, 의식이 있을 수밖에 없다. 무죄는 지고한 예술의 대상이 아니다. 근대에는 화해가 주체 자체의 수중에 들어간다. 그래서 화해는 내적인 것에서 일어난다. 그렇기 때문에 근대에는 사랑과 그와 같은 것들보다 더욱더 주관적인 열정들이 현존한다. 프랑스인들에게서는 사랑, 명예, 명성, 지배욕 같은 추상적인 파토스가 관심을 형성한다. 셰익스피어에게서는 주관적인 열정이 온갖 과도함과 팽팽함에서 표현된다. 셰익스피어 [작품] 속에는 인륜적인 것이 아무것도 없지만, 또한 전혀 인륜적이 아닌 것은 아니다.

희극

의무, 권리는 승리를 쟁취하고, 악습들은 반박된다. 프랑스인들은 극에 대항하여, 그들이 실로 고상한 희극이라고 말하는 것이 전체적으로 그와 같은 것임을 천명한다. 희극의 대상은 바보스러움이 그 자체로 무화되는 것, 위대한 목적이 전제되지만 수행함에서 《92》 수단이 전적으로 빗나가게 되는 것이다. 아리스토파네스[89]는 아테네 민중을 그렇게 표현

---

89 Aristophanes, B.C. 445?-B.C. 385?. 고대 그리스 희극작가. 당시 시사 문제들을 풍자적으로 표현함.

한다. 이들은 이런저런 목적을 가동하지만, 그러함에 있어 어처구니없이 군다. 아리스토파네스를 여태 읽지 않은 자는 아직 진정한 웃음을 모른다.

직필본Mitschrift 텍스트 속의 저작들과 인물들에 대한 참조지시들은 (자연히) 일반
적으로 부정확하며, 때때로 청취실수로 잘못 이해되었거나 틀리기 때문에, 주석들
이 그런 참조지시들을 보완한다. 주석들은 일반적으로 텍스트에 나오는 인용들의
입증, 그리고 다른 저서들 및 텍스트 내의 지시사항들과의 연관을 입증하는 데 한정
된다. 강의직필본 속에 명확한 거명이나 상응하는 저서에 대한 뚜렷한 언급이 없더
라도 헤겔이 공공연하게 연관 짓는 인물들 또는 저서들에 대한 입증도 때때로 제시
된다. 부정확하거나 잘못 이해된 채 기재되는 원래의 인용들은 주석에서 수정되거
나 보완된다. 인용문헌은 헤겔이 사용했던 것으로 알려진 출간본들이다. 그 외에는
각각의 첫 출간본들 내지 이것이 불가능한 경우에는 동시대 출간본들이 인용된다.
기초가 되는 출간본들의 철자법과 부호표기는 유지된다. 가능한 경우에는, 해당되
는 위치들이 오늘날 사용되는 전집 출간본의 권수와 쪽수에 따라 추가로 입증되어
있다.

인용된 저작들은 각각 처음 언급될 때 완전한 문헌서지로, 그 후에는 제목, 권수
그리고 쪽수로 인용된다.

자주 언급되는 저서들은 주석들에서 제목의 약칭하에 다음과 같이 인용된다.

Aristoteles, *Poetik*

Aristoteles, *Poetik*, griechisch/deutsch, übers. und hrsg. von Manfred Fuhrmann,
Stuttgart 1982.

Äsop, *Fabeln*

Samuel Richardson …, *Sittenlehre für die Jugend in den auserlesenen Aesopischen Fabeln
mit moralischen Lehren und Betrachtungen*, aus dem Englischen übertragen und mit
einer Vorrede von Gotthold Ephraim Lessing sowie den vierzig Kupfertafeln der

Erstausgabe von 1757, Berlin 1987.

Aischylos, *Tragödien und Fragmente*

Aischylos, *Tragödien und Fragmente*, Griechisch–Deutsch, hrsg. und übers. von Oskar Werner, München 1989 ([1]1959).

Apollodor, *Bibl.*

Apollodor, *Bibliothek*; (인용본) Apollodorus, *The Library*, 2 Bde., hrsg. von Sir James George Frazer, London/Cambridge, Mass. 1970.

Creuzer, *Symbolik und Mythologie*

Georg Friedrich Creuzer, *Symbolik und Mythologie der alten Völker, besonders der Griechen*, 6 Bde., Leipzig/Darmstadt [2]1819–1822 (4 Bde., Leipzig/Darmstadt [1]1810–1812).

Euripides, *Sämtliche Tragödien*

Euripides, *Sämtliche Tragödien und Fragmente*, griechisch–deutsch, 6 Bde., übers. von Ernst Buschor, hrsg. von Gustav Adolf Seeck, München 1972–1981.

Goethe, *Sämtliche Werke*

Johann Wolfgang von Goethe, *Sämtliche Werke*, unveränderter Nachdruck der Bände 1–17 der Artemis–Gedenkausgabe zu Goethes 200. Geburtstag am 28. August 1949, hrsg. v. Ernst Beutler, 18 Bde., Zürich [3]1979 ([1]1950).

Goethe, *Werke*

Johann Wolfgang von Goethe, *Werke*, Hamburger Ausgabe in 14 Bänden, hrsg. von Erich Trunz, Hamburg 1948ff; München [12]1981ff.

Hafis, *Der Diwan*

Der Diwan Mohammed Schemsed–din Hafis', aus dem Persischen zum erstenmal ganz übersetzt von Joseph von Hammer–Purgstall, 2 Bde., Stuttgart/Tübingen 1812 (Reprint Hildesheim/New York 1973).

Hegel, *Werke*

Georg Wilhelm Friedrich Hegel's Werke, vollständige Ausgabe durch einen Verein von

Freunden des Verewigten, 18 Bde., Berlin 1832–1845.

Hegel, *Gesammelte Werke*

Georg Wilhelm Friedrich Hegel, *Gesammelte Werke*, in Verbindung mit der Deutschen Forschungsgemeinschaft herausgegeben von der Rheinisch–Westfälischen Akademie der Wissenschaften, Hamburg 1968ff.

Hegel, *Bhagavad–Gita*

G. W. F. Hegel, *Über die unter dem Namen Bhagavad–Gita bekannte Episode des Mahabharata von Wilhelm von Humboldt*, in: G. W. F. Hegel, *Berliner Schriften 1818–1831*, hrsg. von Johannes Hoffmeister, Hamburg 1956, S. 85–154.

Hegel, *Briefe*

Briefe von und an Hegel, hrsg. von Johannes Hoffmeister und Friedhelm Nicolin, 4 Bde., Hamburg 1969–1981.

Hotho 1823

Vorlesungen über die Philosophie der Kunst. Berlin 1823. Nachgeschrieben von Heinrich Gustav Hotho, hrsg. von Annemarie Gethmann–Siefert. G. W. F. Hegel, *Vorlesungen. Ausgewählte Nachschriften und Manuskripte*, Bd. 2, Hamburg 1998.

Achen 1826

Ästhetik nach Prof. Hegel. 1826. Anon. (Ms. Stadtbibliothek Aachen).

Griesheim 1826

Philosophie der Kunst. Von Prof. Hegel. Sommer 1826. Nachgeschrien durch Griesheim. (Ms. Staatsbibliothek Preußischer Kulturbesitz, Berlin).

Kehler 1826

Philosophie der Kunst oder Ästhetik. Nach Hegel. Im Sommer 1826 (Mitschrift Friedrich Carl Hermann Victor von Kehler), hrsg. von Annemarie Gethmann–Siefert und Bernadette Collenberg–Plotnikov unter Mitarbeit von Francesca Iannelli und Karsten Berr, München 2004.

Libelt 1828/29

Ästhetik nach Prof. Hegel im Winter Semester 1828/29 (Mitschrift Karol Libelt; Ms. Jagiellonische Bibliothek, Krakau).

Herder, *Sämmtliche Werke*

Johann Gottfried Herder, *Sämmtliche Werke*, hrsg. von Bernhard Suphan, 33 Bde., Berlin 1877–1913 (Repr. Hildesheim/New York 1967–1968).

Herodot, *Historien*

Herodot, *Historien*, griechisch–deutsch, hrsg. von Josef Feix, 2 Bde., München [3]1980 ([1]1963).

Hesiod, *Theogonie*

Hesiod, *Theogonie. Werke und Tage*, griechisch und deutsch, hrsg. und übers. von Albert von Schirnding, München/Zürich 1991.

Homer, *Ilias*

Homer, *Ilias*, 2 Tom, stertot, Lipsiae 1819; (인용본) Homer, *Ilias*, Griechisch und deusch, übers. von Hans Rupé, München/Zürich [10]1994.

Homer, *Odyssee*

Homer, *Odyssee*, griechisch und deutsch, übers. von Anton Weiler, München/Zürich [10]1994.

Horaz, *Sämtliche Werke*

Horaz, *Sämtliche Werke*, lateinisch und deutsch, hrsg. von Hans Färber und Wilhelm Schöne, München/Zürich 1993.

Kant, *Gesammelte Schriften*

Immanuel Kant, *Gesammelte Schriften*, hrsg. von der Königlich Preußischen Akademie der Wissenschaften, 23 Bde., Berlin 1910–1955.

Kant, *Kritik der Urteilskraft*

Immanuel Kant, *Kritik der Urteilskraft*, hrsg. von Karl Vorländer, mit einer Bibliographie von Heiner Klemme, Hamburg [7]1990 ([1]1924).

Lessing, *Werke*

Gotthold Ephraim Lessing, *Werke*, hrsg. von Herbert G. Göpfert in Zusammenarbeit mit Karl Eibl, Helmut Göbel, Karl S. Guthke, Gerd Hillen, Albert von Schirnding und Jörg Schönert, 8 Bde., München 1970–1979.

Lessing, *Ges. Werke*

Gotthold Ephraim Lessing, *Gesammelte Werke*, Bd. I–X, hrsg. von Paul Rilla, Berlin/Weimar ²1968 (¹1954–1958).

Mendelssohn, *Gesammelte Schriften*

Moses Mendelssohn, *Gesammelte Schriften*, Jubiläumsausgabe, I–XX (in 23 Bdn.), in Gemeinschaft mit F. Bamberger, H. Borodianski (Bar–Dayan), S. Rawidowicz, B. Strauss, L. Strauss begonnen von I. Ellbogen, J. Guttmann, E. Mittwoch, fortgesetzt von A. Altmann u. a. Berlin 1929–1932, Breslau 1938, Stuttgart–Bad Cannstatt 1971ff (Repr. der bis 1938 erschienenen Bände und Weiterführung), Bd. I: *Schriften zur Philosophie und Ästhetik*, I, bearbeitet von F. Bamberger, Stuttgart–Bad Cannstatt 1971.

Ovid, *Metamorphosen*

Publius Ovidius Naso, *Metamorphosen*, latanisch und deutsch, übers. von Erich Rösch, hrsg. von Niklas Holzberg, Zürich/München ¹⁴1996 (¹1952).

Pindar, *Siegeslieder*

Pindar, *Siegeslieder*, griechisch–deutsch, hrsg. und übers. von Dieter Bremer, München 1992.

Platon, *Werke*

Platon, *Werke in acht Bänden*, griechisch und deutsch, hrsg. von Gunther Eigler, Darmstadt 1977.

Plinius, *Naturalis historia*

Plinius Secundus, *Naturalis historiae libri*, Post Ludovici Iani obietem recognovit et scripturae discrepantiae adiecta editit Carolus Mayhoff, 6 Bde., Leipzig 1865–1909 (Neudruck Stuttgart 1967–1970).

Schelling, *Sämmtliche Werke*

Friedrich Wilhelm Joseph von Schellings sämmtliche Werke, hrsg. von K. F. A. Schelling, 14 Bde., Stuttgart/Augsburg 1856-1861.

Schlegel, *Kritische Ausgabe*

Kritische Friedrich-Schlegel-Ausgabe, hrsg. von Ernst Behler unter Mitwirkung von Jean-Jacques Anstett und Hans Eichner, Bd. 8, Paderborn/München/Wien 1975.

Schlegel, *Kunstlehre*

August Wilhelm Schlegel, *Die Kunstlehre. Kritische Schriften und Briefe*, Bd. 2, hrsg. von Edgar Lohner, Stuttgart 1963.

Schiller, *Werke*

Friedrich Schiller, *Werke. Nationalausgabe*, hrsg. im Auftrag der Nationalen Forschungs- und Gedenkstätten der klassischen deutschen Literatur in Weimar und des Schiller-Nationalmuseums in Marbach von Lieselotte Blumenthal und Benno von Wiese, Weimar 1943ff.

Shakespeare

The Riverside Shakespeare, hrsg. von G. Blakemore Evans, Boston 1974.

Shakespeare, *Sämtliche Dramen*

William Shakespeare, *Sämtliche Dramen nach der 3. Schlegel-Tieck-Gesamtausgabe von 1843-1844*, 3 Bde., Bd. I: *Komödien*, Müchen ⁸1996; Bd. 2: *Historien*, München ⁶1993; Bd. 3: *Tragödien*, München ⁸1996 (München ¹1967).

Sophokles, *Tragödien*

Sophokles, *Tragödien*, hrsg. und mit einem Nachwort versehen von Wolfgang Schadewaldt, Zürich/Stuttgart 1968.

Vitruv, *De Architectura*

Vitruvii de architectura libri decem / Vitruv Zehn Bücher über die Architektur, lateinisch und deutsch, übers. und mit Anm. vers. von Curt Fensterbusch, Darmstadt ⁵1991 (¹1964).

Winckelmann, *Geschichte der Kunst des Alterthums (1764)/Gesch. d. Kunst d. A.*

Johann Joachim Winckelmann, *Geschichte der Kunst des Alterthums*, Dresden
1764 (*Geschichte der Kunst des Alterthums* 1764); (문헌전거본) Johann Joachim
Winkelmann, *Kunst des Altertums*, hrsg. von Ludwig Goldscheider, Wien 1934
(Reprograph. Nachdruck Darmstadt 1982) (*Gesch. d. Kunst d. A.*).

[1] 헤겔은 1817년 하이델베르크에서 처음으로 출판했던『철학적 학문의 백과사전(*Enzyklopädie
der philosophischen Wissenschaft im Grundriß)*』(이하『엔치클로페디』로 표기)에서 미학의 체계적인
기초를 발전시켰다. 그는 미학강의와 번갈아 진행한, 체계적인 해설을 포함한『엔치클
로페디』에 관한 베를린 강의들을 참조하기를 지시한다. 이 강의가『엔치클로페디』의 상
당히 수정된 두 번째 출간본의 준비와 동시에 진행되었기 때문에 처음의 두 판 모두 중
요하다. *Enzyklopädie der philosophischen Wissenschaften im Grundrisse. Zum Gebrauch seiner
Vorlesungen von D. Georg Wilhelm Friedrich Hegel, Professor der Philosophie an der Universität zu
Heidelberg*, Heidelberg 1817, §§ 456-464; *Enzyklopädie der philosophischen Wissenschaften im
Grundrisse* (1827), hrsg. von Wolfgang Bonsiepen und Hans-Christian Lucas. G. W. F. Hegel,
Gesammelte Werke, Bd. 19, Hamburg 1989, §§ 556-563 참조.

[2] 예술작품이 산출의 규칙에 따라야 한다는 견해는 바로크와 계몽 시학들에서 발견되지만,
헤겔의 직접적인 관계지점은 명백히 기원전 약 18년에 나온, 『시학(*Ars poetica*)』이라는 제
목으로 전래된 호라티우스(Quintus Horatius Flaccus, B.C. 65-B.C. 8)의『피소 삼부자에게 보내
는 편지(*Epistola ad Pisones*)』이다.

[3] 또한 I. 칸트(Immanuel Kant, 1724-1804)도 이러한 의미에서 "감각(Empfindung)을 통해 그와
같은 대상들에 대한 욕망을 활발하게 만드는" 쾌적한 것에서의 만족과 미에서의 만족을
구분한다(Kant, *Kritik der Urteilskraft*, § 3 [B 7-10]).

[4] Ch. F. 볼프(Christian Freiherr von Wolff, 1679-1754)는 ―데카르트(Descartes), 후기 스콜라 학
자[F. 수아레스(Suarez)]와 특히 라이프니츠(Leibniz)에 의해 각인된 채― 그의 철학의 본질적
인 주제들을 교학적으로 조직된, 자체 내 폐쇄된 철학적 체계 속에 편입시켰다. 볼프가
("세계", "영혼", "신" 같은 주제들을 가진) 일반 및 특수 형이상학 내에서 철학을 근본적이고
체계적으로 조직화한 것 외에도 무엇보다 윤리학, 정치학 그리고 법을 다루었음에도 불
구하고, 철학적 예술론의 옹호자들 가운데에서 브라이팅어(J. J. Breitinger), 고트셰트(J. C.

Gottsched), 마이어(G. F. Meier) 그리고 특히 바움가르텐(A. G. Baumgarten)이 그의 추종자들에 속한다.

[5] 감각(Empfindung), 즉 미의 감성적인 인식에 관한 학문을 위한 『미학』이라는 명칭은 1750년에 출판된 A. G. 바움가르텐(Alexander Gottlieb Baumgarten, 1714-1762)의 미완성 라틴어 저서 『미학(*Aesthetica*)』이래 통용되고 있다. 바움가르텐의 『시의 몇몇 조건들에 관한 철학적 고찰(*Meditationes philosophicae de nonnullis ad poema pertinentibus*)』(Halle 1735, übers. und mit einer Einleitung hrsg. von Heinz Paetzold, Hamburg 1983)에서 학문으로서의 미학이 처음으로 발전되었다(§ 4 참조; 또한 § 115를 보라).

[6] Ch. 바퇴(Charles Batteux, 1712-1780)의 『문학수업 또는 문학의 원리(*Cours de belles-lettres, ou principe de la littérature*)』(5 Bde., 1747-1750)와 『하나의 원리로 환원되는 아름다운 예술(*Les beaux-arts réduits à un même principe*)』(1746) 참조.

[7] 헤겔은 1825/26년 그의 『플라톤 강의』에서 나온 숙고들을 이 강의에 통합했다(G. W. F. Hegel, *Vorlesungen über Platon [1825/26]*, hrsg. und eingel. von Jean-Louis Vieillard-Baron, Frankfurt a. M./Berlin/Wien 1979 참조).

[8] 예를 들어 J. G. 헤르더(Johann Gottfried Herder)는 상응하며 작용하는 예술작품들을 형태화하는 수련의 기초를 마련하는 학문, "미의 감정의 학문, 또는 감성적 인식의 볼프적 언어에 따른 학문"으로 미학을 규정한다(*Kritische Wälder [1769]*, in: Herder, *Sämmtliche Werke*, Bd. IV, S. 22). ― 헤겔은 멘델스존(M. Mendelssohn, 1729-1786)의 『감각들에 관한 서간(*Brief über die Empfindungen*)』 내 아름다움의 감정으로서 취미라는 통상적 규정도 여기에서 시사하며(M. Mendelssohn, *Gesammelte Schriften*, Bd. I, S. 50f), 미를 위한 감각(Sinn)이라는 칸트의 취미 규정도 가리킨다(Kant, *Kritik der Urteilskraft*, § 41).

[9] 헤겔은 예술이란 최고의 철학적 대상인 절대자의 지적 직관("철학의 기관")이라는 셸링(Friedrich Wilhelm Joseph Schelling, 1775-1854)의 가정을 비판한다. 그는 "그 내용에 따른" 예술의 한정성을 시사하면서, 이미 그의 예나 저서들과 성찰들에서와 동일한 방식으로 셸링과 멀어진다(예를 들면 *Differenz des Fichte'schen und Schelling'schen Systems der Philosophie*, in: Hegel, *Gesammelte Werke*, Bd. 4, S. 75-77이 그러하다). 「철학적 연관에서 단테에 관해(Ueber Dante in philosophischer Beziehung)」라는 논문에서 셸링은 "삼라만상의 고찰 유형" 일반으로서(G. W. F. Hegel, *Gesammelte Werke*, Bd. 4: *Jenaer Kritische Schriften*, hrsg. von Hartmut Buchner und Otto Pöggeler, Hamburg 1968, S. 486-493, 497f, 여기서는 S. 490) 표시되는 예술작품에서 이뤄지는 절대자 직관의 "역사적 구성"을 발전시킨다. 상응하는 절대자 직관의 "사변적 구성"은 셸링의 『선험적 관념론의 체계(*System des transzendentalen Idealismus*)』 내 "철학의 보편적 기관의 연역"과 연관된 예술규정에서 보인다(Schelling, *Sämmtliche Werke*, 1. Abt., Bd. 3, S. 612). 셸링은 필기록 한 편이 보유되어 있는 그의 1802/03년 예나 미학강의에서도 이 "사변적 구성"

을 개진한다(*Schellings Ästhetik in der Überlieferung von Henry Crabb Robinson [1802/03]*, hrsg. von Ernst Behler, in: *Philosophisches Jahrbuch*, 83 [1076], S. 133-183). 마찬가지로 절대자의 직관으로서 예술의 이러한 규정은 『아카데미 연구의 방법론에 관한 강의(*Vorlesungen über die Methode des akademischen Studiums*)』의 14번째 강의에서 발전된다(Schelling, *Sämmtliche Werke*, 1. Abt., Bd. 5, S. 344-352).

[10] 헤겔은 칸트의 쾌적한 것과 미에서의 관심 간의 구분에 의거하며(Kant, *Kritik der Urteilskraft*, §§ 3-5 [B 7-16] 참조), 이러한 개념구상을 『정신현상학(*Phänomenologie des Geistes*)』 내의 욕구 규정에 상응하여 발전시킨다(Hegel, *Gesammelte Werke*, Bd. 9, S. 107, 114f, 199 참조). 그는 자신의 이론적 도야에서, 관심으로부터 자유로움[무관심성]이라는 칸트의 이론을 결부시킨다. 칸트는 예술작품을 판정할 때 이러한, 즉 대상의 실존(Existenz)에 대해 현존하지 않는 관심을 가정한다. 헤겔은 대상에 대한 실천적 관심과 구분하기를 요구하면서, 칸트가 그의 개념구상과 더불어 겪는 어려움들을 욕구에 관한 『정신현상학』의 숙고들을 통해 해결하고자 시도한다. 이에 대해서는 또한 G. W. F. Hegel, *Vorlesungen über Naturrecht und Staatswissenschaft. Heidelberg 1817/18 mit Nachträgen aus der Vorlesung 1818/19. Nachgeschrieben von Peter Wannenmann*, hrsg. von Claudia Becker et al., Hamburg 1983, S. 116; G. W. F. Hegel, *Nürnberger Schriften. Texte, Reden, Berichte und Gutachten zum Nürnberger Gymnasialunterricht 1808-1816*, hrsg. von Johannes Hoffmeister, Leipzig 1938, S. 183f 참조. "나아가 이론적 도야에는 내가 … 즉자대자적으로 있는 그대로의 대상들을 그것들의 자유로운 고유성들에서 고찰하는 것, 내가 특별한 용도 없이 그것에 관해 흥미로워하는 것이 속한다. … 아름다운 예술에 대한 관심도 비사욕적인 관심이다."

[11] F. 실러(Friedrich Schiller, 1759-1805)의 〈다양성(Die Mannichfaltigkeit)〉: "많은 사람들은 선하고 사리분별이 있으나, 그럼에도 모두가 한 사람으로만 헤아려진다. / 왜냐하면 그들을 다스리는 것은 개념이지, 역시나! 사랑하는 마음이 아니기 때문이다. / 슬프게도 개념이 지배하고, 수천 번씩 바뀌는 형식들에서 개념은 궁색하고 공허하게 언제나 단 하나(의 형식)를 산출한다. / 하지만 사랑스럽게 아름다움이 지배하는 삶에 대해 그것[개념]과 쾌가 술렁거린다. 영원한 일자는 그것[형식]을 수천 번씩 새로이 바꾼다"(초판 [1797]. Schiller, *Werke*, Bd. 1, S. 299; 또한 제2판: *Werke*, Bd. 21, S. 318 참조).

[12] 자연의 모방은 아리스토텔레스(Aristoteles, B.C. 384-B.C. 322)의 『시학(*Poetik*)』 이래 예술의 원리로 간주된다. 헤겔은 직접적인 자연모방을 이후의 창조적인, 관념적인 모방 규정과 구분한다. 후자는 이름을 들자면 『동일원리로 환원되는 아름다운 예술들, 성직자 바퇴에 의해(*Les beaux-arts reduits à un même principe, par Mr. l'Abbé Batteux*)』(Paris 1743. Nach dem Französischen mit Zusätzen vermehrt von Karl Wilhelm Ramler, 4 Bde., Wien 1770)를 쓴 Ch. 바퇴와 K. Ph. 모리츠(Karl Philipp Moritz, 1756-1793), 혹은 또한 M. 멘델스존 내지

G. E. 레싱(Gotthold Ephraim Lessing, 1729-1781)에 의해 대표된다. 다음의 숙고들은 괴테(Johann Wolfgang Goethe, 1749-1832)가 『자연의 단순한 모방, 기교, 양식(*Einfache Nachahmung der Natur, Manier, Stil*)』(1789)에 관한 그의 논저에서 발전시킨 사유들을 암시한다(Goethe, *Sämtliche Werke*, Bd. 12, S. 66-71).

[13] 자칭 그토록 자연에 충실하게 그려져 있어 참새가 속아 쪼았던 제욱시스(Zeuxis, B.C. 435-B.C. 390)의 포도의 예는 모방에 관한 논쟁에서 결정적인 역할을 한다. 아리스토텔레스는 (폴리그노토스[Polignotos, B.C. 450년경 그리스 화가]와의 비판적인 비교에서) 소재를 개별화하는 표현에 관해 언급하며(Aristoteles, *Poetik*, 1450a, S. 25), 쿠인틸리아누스(Marcus Fabius Quintilianus, 30?-96?)는 빛과 그림자의 발견에 관해 언급한다(*M. Fabii Quintiliani institutionis oratorial libri*, Lib. XII. 10, 4 [lat. und dt. hrsg. und übers. von Helmut Rahn, 2 Bde., Darmstadt 1972-1975, Bd. 2, S. 754-757]). 헤겔에 의해 언급된 일화는 『논쟁들(*Controversiae*)』 속 플리니우스(Plinius, 23/24-79, *Naturalis historia*, Liber XXXV, S. 65 참조)에게서와 세네카 마이오(B.C. 55-40)에게서 서로 다른 해석으로 보고된다(Liber V. *Contr*, XXV [*M. Annaei Senecae Rhetoris. Suasoriae, Controversiae, cum Declamationum Excerptis*, Ex ultima Andreae Schotti recensione, Tomus Tertius, Lugduni Batavorum 1649, S. 310 참조]).

[14] 헤겔은 여기서 이마누엘 칸트의 비판을 암시한다. Kant, *Kritik der Urteilskraft*, § 22 (B 73), § 42 (B 173) 참조.

[15] J. 브루스(James Bruce, 1730-1794. 영국 여행가), 『1768, 1769, 1770, 1771, 1772, 1773년 동안 나일의 근원 탐사 여행』(Edinburgh 연도미상. 독일어본: *Zu den Quellen des blauen Nils. Die Erforschung Aethiopiens 1768-1773*, hrsg. von Herbert Gussenbauer, Stuttgart/Wien u. a. 1987)의 저자. 첫 독일어 번역은 *James Bruce Esq. Reisen nach Abyssinien die Quellen des Nils zu entdecken*, aus dem Englischen in einem zweckmäßigen Auszug aus dem Originalwerk von Samuel Shah, Esq, Erlangen 1792로 출간되었다.

[16] 또한 이 구절의 변형으로서 다음을 참조하라. "우리는 보통 정신 속에 경외할 만한 것, 고상한 것 그리고 참된 것으로 들어 있는 것을 예술이 심정에 가까이 가져다주는 그런 경험을 한다. 우리는 예술에 의해 인간 가슴의 모든 감각이 다양하게 움직여지는 것을 본다. '인간적인 것은 그 무엇이든 내게 낯설지 않다(nihil humani a me alienum puto, 로마 희극 작가 테렌티우스의 『자기를 괴롭히는 자』에서 인용)'는 것을 예술은 우리 내에 산출하며, 우리의 현실적 삶의 경험들을 우리 내에 만들어 낸다. 또한 모든 시의 방식들, 분위기들 속으로 우리를 옮겨 놓는다. 그리고 그러한 것을 알게 됨으로써 우리는 우리들의 관계들 내 특수한 상황들에서 정황들을 더 근본적으로, 더 깊이 감각하는 능력이 생기거나, 혹은 외적 정황들이 그런 감각들을 유발하는 것에[, 그리고] 예술직관들에서 가졌던 예행연습을 통해 우리에게 가능하게 된 것에 능하게 된다"(*Kehler 1826*, Ms. 18).

[17] 아름다운 죄인 마리아 막달레나의 주제에 관해서는 *Hotho 1823*, S. 364 (Anm. 189, S. 21) 와 S. 373 (Anm. 256, S. 30-32) 참조. 헤겔이 여기서 언급한, 기독교 도상학에서 확산된 속 죄하는 마리아 막달레나 주제는 성경상의 전래가 아니라 10세기 이래 이집트의 마리아 (Maria Aegyptiaca, 그리스도교의 전설적 은둔성녀) 전설에 의거하여 이탈리아에서 확산된 전 설로 소급된다. 헤겔이 다르게 파악한 무명의 아름다운 죄인이라는 성경의 주제(*Lukas* 7, S. 37-50)는 교부신학적 해석 속의 마리아 막달레나라는 인물과 연관된다. 헤겔은 미 학강의들에서 대체로, 특히 회화를 다룰 때 이 주제를 암시한다. 이에 따라 그는 그 당 시 코레조(Correggio, 1494?-1534?)에게 속하는 그림 〈독서하며 속죄하는 막달레나(Büßende Magdalena bei der Lektüre)〉(29×39.5cm, Dresden, Gemäldegalerie, 전쟁으로 분실)를 인용한다. 예 를 들면 다음에서 모사품을 볼 수 있다. Cecil Gould, *The Paintings of Correggio*, London 1976, 표 97c.

[18] 헤겔은 여기서 전통적인 "이야기가 가르친다(fabula docet, 오비디우스의 『변신 이야기』가 라틴 어를 가르친다는 뜻에서 유래)"를 비판한다. 그와 같은 비판적 견해는 레싱도 특히 그의 논 저 「우화의 본질에 관하여(Vom Wesen der Fabel)」(Lessing, *Werke*, Bd. 5, S. 355-385)에서 대변 하는데, 그는 이 논저에서 무엇보다 동화를 단지 진리의 비유적 표현으로 이해한 J. J. 브 라이팅어(Johann Jakob Breitinger, 1701-1778)의 우화이론과 비판적으로 거리를 둔다. 레싱 은 여기서, 우화는 "도덕적 교훈을 행위 속에 숨겨 넣는 것도, 변장하는 것도 아니라 그것 에 의해 직관적인 인식을 할 수 있는 능력이 있게 된다"라고 설명한다(Lessing, *Werke*, Bd. 5, S. 351 [강조 처리는 인용된 텍스트의 표기]).

[19] 헤겔은 여기서 칸트의 『도덕 형이상학을 위한 기초 놓기(*Grundlegungen zur Metaphysik der Sitten*)』를, 특히 의지의 자유에 의해 기초된 정언명법이 "실천적 법칙 … 으로 불릴 수" 있 다는(Kant, *Gesammelte Schriften*, Bd. 4, Berlin 1903/11, S. 420 외) 기본 논제를 암시한다.

[20] 『판단력 비판(*Kritik der Urteilskraft*)』, §75의 첫 단락 내 칸트의 상론을 참조.

[21] 여기서 의미하는 바는 취미판단을 함에 있어 "인식능력들의 자유로운 유희 상태", 즉 "구 상력과 오성의 자유로운 유희"이다. 이 인식능력들은 "그러함에 있어 자유로운 유희 속 에 있는데, 어떠한 규정적 개념도 그것[인식능력]들을 특수한 인식규칙에 제한하지 않기 때문이다"(Kant, *Kritik der Urteilskraft*, §9).

[22] 실러의 논저 『인간의 미적 교육에 관한 서간(*Über die ästhetische Erziehung des Menschen in einer Reihe von Briefen*)』은 먼저 실러가 편찬한 월간지 『호렌(*Die Horen*)』 속 다음의 지면들에 실 렸다. Brief 1-9, in: *Erster Band*, Tübingen 1795, erster Jahrgang, erstes Stück, S. 7-48; Brief 10-16, in: dass, *Zweytes Stück*, S. 51-94; Brief 17-27, in: *Zweiter Band*, Tübingen 1795, erster Jahrgang, sechstes Stück, S. 45-124.

[23] 헤겔은 아마도 괴테의 논문 「식물 형태변화 설명을 위한 시고(Versuch die Metamorphose der

Pflanzen zu erklären)」(1790) 및 그의 논저 「색채론에 관하여(Zur Farbenlehre)」(1810)에 의거할
것이다.

[24] Schiller, *Über die ästhetische Erziehung des Menschen in einer Reihe von Briefen*, 4. Brief (Schiller, *Werke*, Bd. 201, S. 309-412, 여기서는 S. 316).

[25] 여기서 의미하는 바는 J. J. 빙켈만(Johann Joachim Winckelmann, 1717-1768)이 고대 조각들의 미를 경험하는 데 중요한 것으로 간주하였던 촉각이다.

[26] 노르웨이-덴마크 시인이며 역사저술가인 L. 홀베르크(Ludvig Holberg, 1684-1754)에 관해서는 F. 슐레겔(Friedrich Schlegel, 1771-1829), *Erzählungen von Schauspielen* (1803); Schlegel, *Kritische Ausgabe*, Bd. 3 (1. Abt.): *Charakteristisches und Kritiken II*, S. 41-45, 여기서는 S. 53 참조. 『니벨룽겐의 노래』와 중세의 이탈리아어 문학에 관해서는 특히 Schlegel, *Kritische Ausgabe*, Bd. 6 (1. Abt.): *Geschichte der Alten und Neuen Literatur* 참조.

[27] 『비판적 단편들(*Kritische Fragmente*)』(1797)에서 F. 슐레겔은 아이러니를 다음과 같이 규정한다. "아이러니는 역설의 형식이다. 역설은 좋은 것이자 동시에 위대한 모든 것이다"(Schlegel, *Kritische Ausgabe*, Bd. 2 [1. Abt.], S. 153). 『이념들(*Ideen*)』(1798)에서는 다음과 같이 언급된다. "아이러니는 영원한 민첩함의, 무한히 가득한 혼돈의 명료한 의식이다"(Schlegel, *Kritische Ausgabe*, Bd. 2 [1. Abt.], S. 262). 또한 Ernst Behler, "Friedrich Schlegels Theorie der Ironie", in: ders, *Ironie und literarische Moderne*, Paderborn 1997, S. 92-114 참조.

[28] 『우미와 존엄에 관하여(*Ueber Anmuth und Würde*)』(1793)에서 실러는 아름다운 영혼을 다음과 같이 규정한다. "인간의 모든 감각들의 인륜적 감정이 마침내, 두려움 없이 의지의 수행을 격정에 양도해도 되고 그것의 결정들에서 모순에 봉착하는 위험 없이 진행할 정도로 확신할 때, 그것[그 인륜적 감정]을 사람들은 아름다운 영혼이라고 부른다. 그렇기 때문에 아름다운 영혼에서는 개별적인 행위들이 본래 인륜적이지 않고, 전체 성격이 그러하다. … 하나의 아름다운 영혼 속에는 그러니까, 감성과 이성, 의무와 경향이 조화를 이루는 것이 있으며, 그리고 우아함이 현상 속에서의 아름다운 영혼의 표출이다"(Schiller, *Werke*, Bd. 20, S. 287-288). 『정신현상학』 내 헤겔의 규정에 대해서는 Hegel, *Werke*, Bd. 9, S. 355와 이에 속하는 주석들을 참조하라.

[29] 헤겔이 언급한 티크의 비판적 저서들은 네 권짜리로 통용된다. Ludwig Tieck, *Kritische Schriften*, zum ersten Male gesammelt und mit einer Vorrede herausgegeben von Ludwig Tieck, 4 Bde., Leipzig 1852, photomechanischer Nachdruck Berlin/New York 1974. 『로미오와 줄리엣』에 관한 평가는 제3권, S. 171-201에서 보인다.

[30] 헤겔은 분명히 몰리에르의 『수전노(*L'Avare*)』를 암시한다. Molière, *L'Avare*, hrsg. von J. Simon, Leipzig 1927 참조. 졸거에 관해서는 Karl Wilhelm Ferdinand Solger, *Erwin. Vier Gespräche über das Schöne und die Kunst*, 2 Teile, Berlin 1815 참조.

[31] "아닌(nicht)"을 삽입한 정당성에 관해서는 켈러(Kehler)의 필기록 속 병행지점을 비교하라. "여기서 그 이외에 곧바로 주목될 수 있는 것은, 진리를 대상으로 삼을 때 예술은 그런 직관을 어떤 하나의 자연물, 즉 태양, 대지 등을 통해 달성할 수 없다는 것이다. 이러한 것들은 감각적인 현상들이며, 대자적인 정신의 직관을 보증하지 못하는 특수화된 것들이다"(Kehler 1826, Ms. 55f).

[32] 여기에 대해 그 변형으로서 다음을 참조하라. "실로 그 외에도 내면적인 것이 현상(Erscheinung) 내로 발을 내딛는 것은 필연적이다. 왜냐하면 이념에는 실재성이 속하기 때문이다. 그리고 현상하지 않는 정신은 참다운 정신이 아니다. 본질은 현상해야만 한다(이것이 바로 정신의 주관성을 형성한다). 그리고 이에 따라 현상은 비본질적이지 않고 오히려 참으로 필연적이다"(Kehler 1826, Ms. 62).

[33] 살아 있는 형상들(tableaux vivants), 즉 흥분 없이 머무는 인물들로써 이뤄진 회화와 조형물의 표현들은 에마 해밀턴 여사(Lady Emma Hamilton, 1765-1815)의 소위 의식적으로 취한 자세들, 즉 고대 조각상들의 무언극적 몸짓 표현들에 의해 급격히 고무되어 18세기 말 무렵에 유행했다. 괴테는 그녀의 예술을 경탄하는 자들에 속하는데,『친화력(Wahlverwandtschaften)』(1809)에서 이를 기술함으로써, 생생한 형상들이 궁중적 및 시민적인 사교게임의 한 형식으로 자리 잡게 되었던 것에 기여하였다. Birgit Jooss, *Lebende Bilder. Zur körperlichen Nachahmung von Kunstwerken in der Goethezeit*, Berlin 1999; Sabine Folie/Michael Glasmeier, *Tableaux Vivants. Lebende Bilder und Attitüden in Fotografie, Film und Video*, Wien 2002 참조.

[34] 헤겔은 여기서, 아이 및 성 식스투스(Sixtus, 교황 식스투스 4세), 성 바바라와 함께 있는 마돈나를 표현한 라파엘로(Raffaelo Santi, 1483-1520)의 〈시스티나 마돈나(Sixtinische Madonna)〉 내지 〈성 시스토의 마돈나(Madonna di San Sisto)〉와 연관하여 말한다. 그림은 1513년경에 그려졌다. 헤겔은 이 그림을 드레스덴 회화갤러리에서 보았는데, 이 그림은 19세기에 이 갤러리의 핵심으로 간주되었다.

[35] 헤겔은 여기서 영국의 화가, 동판화가, 미술이론가인 W. 호가스(William Hogarth, 1697-1764)를 암시한다. 호가스는 그의 미술이론서 『미의 분석(Analysis of Beauty)』(London 1753 [Repr. Hildesheim/New York 1974])에서 미의 선(line of beauty) 이론을 발전시켰다.

[36] *Goethe's Farbenlehre*, 2. Thle, mit einem Hefte von 16 Tafeln, Tübingen 1810 참조; Goethe, *Sämtliche Werke*, Bd. 16, S. 7-837 참조.

[37] 헤겔은 호메로스(Homer, B.C. 770?-B.C. 700?)의 『일리아스(Ilias)』속 "남자들의 지배자, 민중의 목자"로서 아가멤논의 특성묘사를 암시한다. Homer, *Ilias*, IX, 96 외 S. 282f 내지 Homer, *Ilias*, X, 3, S. 316f 참조.

[38] 호메로스는 『일리아스』의 시작에서 영웅들(Heroen)의 지위를 명확하게 하는 그리스인들

의 회합을 묘사한다. Homer, *Ilias*, I, 54-305, S. 8-23 참조.

[39] 헤겔은 헤라클레스의 이러한 특성묘사와 더불어 K. W. 람러(Karl Wilhelm Ramler, 1725-1798)의 『간추린 신화 또는 고대 우화적 신들, 반신들 그리고 영웅들의 이론(*Kurzgefaßte Mythologie oder Lehre von den fabelhaften Göttern, Halbgöttern und Helden des Alterthums*)』(3차 개정본, Berlin 1816, S. 277-318)과 연관하여 말한다. 하나의 가능한 원전은 또한 D. 시쿨루스(Diodorus Siculus, B.C. 1세기)의 헤라클레스를 둘러싼 신화들의 전래(IV, 8-39 [*Diodorus*, Bd. 2, S. 364-469]) 또는 아폴로도로스의 [신화집] 『총서(*Bibliothek*)』(B.C. 2세기 후반. II, IV, 8-VII, 7 [Apollodor, *Bibl.*, Bd. 1, S. 174-273])이다.

[40] 헤겔은 여기서 피르다우시(Firdausi)의 서사시 『왕의 책(*Schah-Name*)』을 염두에 둔다. 피르다우시(Abu'l Kasem Mansur, 932-1020)는 『왕의 책』을 1010년경에 완성했다. 헤겔은 이러한 특성묘사에 있어서 (그가 소장하고 있던) J. 괴레스(Joseph Görres, 1776-1848)의 텍스트에 의존한다. *Das Heldenbuch des Iran aus dem Schah Namh des Firdusi* (Berlin 1820); *Gesammelte Schriften*, hrsg. im Auftrage der Görres-Gesellschaft von Adolf Dyroff u. a. Bd. 12, hrsg. von Willibald Kirfel, Köln 1942.

[41] 헤겔은 여기서 성직자 콘라트(Konrad)의 『롤랑의 노래(*Rolandslied*)』(1170년경)의 자세히 상론될 수 없는 판본이나 또는 투롤두스(Turoldus/Théroulde)에게 속하는 『롤랑의 노래(*La Chanson de Roland*)』와 연관하여 말한다. 더구나 소재는 K. L. 이머만(Karl Leberecht Immermann)의 개작인 『론체발 골짜기(*Das Tal von Ronceval*)』(1819)와 F. H. K. 바론(Friedrich Heinrich Karl Baron)의 『론체발 골짜기의 로망스(*Romanzen vom Thale Ronceval*)』(1805)에 의해 알려져 있었다.

[42] 『라이네케 여우』의 소재는 중세 초 이래 수많은 개작들 속에, 특히 중세라틴어로 된 『이센그리머스(*Ysengrimus*)』(1150년경), 프랑스어로 된 『레나르 로망(*Roman de Renart*)』(13세기), 중고지독일어 『라인하르트 여우(*Reinhart Fuchs*)』(12세기 말), 그리고 네덜란드어로 된 민중시 『여우 라인케(*Reynke de Vos*)』(1498) 속에 들어 있다. 간교한 여우의 방자한 술수들 이야기는 흔히 풍자적인 의도들을 위해 이용된다. 괴테의 동물서사시 『라이네케 여우(*Reineke Fuchs*)』(1794)는 고트셰트(Gottsched)가 1752년 출판했던 네덜란드어 민중도서의 산문번역에 기초한다.

[43] 아마도 헤겔은 여기서, 그가 이미 자신의 논저 「발렌슈타인에 관해(Über Wallenstein)」에서 발전시켰던 근대적, 곡해된 개인주의에 대한 그의 비판을 암시할 것이다. 개인이 근대세계를 영웅적 상태라는 의미로 곡해한다는 비판은 헤겔의 논저 「발렌슈타인에 관해」(1800)에서 보인다(Hegel, *Werke*, Bd. 17: *Vermischte Schriften*, 2. Bd., hrsg. von Friedrich Förster und Ludwig Boumann, Berlin 1834, S. 411-413).

[44] Sophokles, *König Ödipus*, II, V. 798-812 (Sophokles, *Tragödien*, S. 198-199).

[45] "아닌(nicht)"을 삽입한 정당성에 대해서는 켈러의 필기록 속 병행지점을 참조하라. "여기에 속하며 그 외에는 다른 표상들로써 파악되는 두 번째 규정은, 영웅적인 개인은 그의 가족의 아들이며 자신의 개인적 인격성을 그의 가족의 삶에 대립시키지 않는다는 것이다"(*Kehler 1826*, Ms. 82).

[46] 『메시나의 신부(*Die Braut von Messina*)』(Tübingen 1803, in: Schiller, *Werke*, Bd. 10, S. 5-123). 헤겔은 돈 체잘이 형의 죽음 후에 살해를 속죄하기 위해 스스로 자결하려 결단하는 마지막 장면을 암시한다. "나를 심판하며 처벌할 수 있는 자는 세상에 살고 있지 않다. / 그렇기 때문에 나 스스로 나 자신에게 그것을 수행해야만 한다"(위의 책, S. 118).

[47] 이에 대해서는 헤르더(Johann Gottfried Herder, 1744-1803)의 「셰익스피어」(1773. Herder, *Sämmtliche Werke*, Bd. 5, S. 208-257, 특히 S. 222f, 226, 251)를 참조하라. "셰익스피어는 그러니까 사건들에도 그의 새로운 세계에 따라 새로운 시대를 창출했다. 그리고 내가 이렇게 말해도 된다면, 새로운 셰익스피어 시대의 느낌이 얼마나 중요한가"(위의 책, S. 251).

[48] 헤겔은 여기서 실러의 『군도(*Räuber*)』(1781)를 시사한다. 흥미로운 것은 범죄자이지만 근대의 위대한 개인이라는 헤겔의 해석을 확증하는 카를 무어(Karl Moor)의 자기해석이다. "그리고 이 아름다운 세계에서 이토록 추한 나 ― 그리고 이 훌륭한 지구에서 괴물인 나"(*Die Räuber*, III, 2 [Schiller, *Werke*, Bd. 3, S. 188]).

[49] 헤겔의 『발렌슈타인』 해석에 대해서는 또한 그의 『실러의 발렌슈타인에 관한 기록(*Niederschrift über Schillers Wallenstein*)』(1800년 9월)을 참조하라. Hegel, *Werke*, Bd. 17, S. 411-413.

[50] 『의수를 가진 괴츠 폰 베를리힝겐(*Götz von Berlichingen mit der eisernen Hand*)』(1773). 괴테는 『나의 생애에서. 시와 진실(*Aus meinem Leben. Dichtung und Wahrheit*)』 제13권에서, 그가 원래의 가공작업에서 자신의 작품에 "역사적이며 국가적인 가치내용"을 충분히 부여했는지, 그리고 "독일 고대와 괴츠의 생애 기술"에 너무 좁게 한정하지 않았는지 의구심을 가진다(Goethe, *Sämtliche Werke*, Bd. 10, S. 625). 괴테는 그의 극작품들에 대한 J. J. A. 앙페르(Jean Jacques Antoine Ampère, 1800-1864)의 서평을 독일어로 번역하여 1826년 『예술과 고대』라는 잡지에 싣는데, 헤겔의 해석이 이 서평에 부분적으로 상응한다. "중세는 전적으로 의수를 가진 그런 괴츠 속에서 숨 쉰다. 여기에는 그 시기의 힘, 합법성, 독자성이 있다. 이 시기는 그러한 개인의 입을 통해 말하고, … 그와 더불어 패하며 사멸한다"(*Œuvres Dramatiques de Goethe*. [Goethe, *Sämtliche Werke*, Bd. 14, S. 869-884, 여기서는 S. 875]). 나중에 괴테는 『나의 생애에서. 시와 진실』(1831) 제17권에서 이 해석을 의미에 적합하게 되풀이한다(Goethe, *Sämtliche Werke*, Bd. 10, S. 774).

[51] Miguel de Cervantes Saavedra (1547-1616), *El ingenioso Hidalgo Don Quixote de la Mancha* (Teil 1, 1605. Teil 2, 1615) 참조. 이에 대해서는 또한 J. L. 티크(Johann Ludwig Tieck, 1773-1853)의

번역 『명민한 귀족 돈키호테 폰 라만차의 생애와 행위들(*Leben und Taten des scharfsinnigen Edlen Don Quixote von la Mancha*)』(Berlin 1799-1801 [Neudruck nach der Ausgabe 1852/53 in 2 Bdn., Berlin 1982]) 참조.

[52] B. 토르발센(Bertel Thorwaldsen, 1770-1844)의 〈아르고스를 퇴치한 머큐리(Merkur als Argustöter)〉. 1818년 봄에 모형을 뜨고, 1819년 아우크스부르크의 공작이 대리석으로 주문하였다. 제작된 견본은 영국으로 판매되었다(현재 코펜하겐, 토르발센 미술관 소장). 〈아르고스를 퇴치한 머큐리〉의 두 번째 대리석 본은 토르발센에게 남아 있다가, 1849년에 마드리드로 판매된다(현재 마드리드, 프라도 미술관 소장). 세 번째 본은 1829년에 폴란드 백작 레온 포토츠키(Leon Potocki)에게로 가게 된다(현재 크라카우, 국립미술관 소장).

[53] 여기에 언급된 〈벨베데레의 아폴로〉에서 중요시되는 것은 레오카레스(Leochares, 그리스 조각가)에게 속하는 청동입상의 카이저시대 대리석 복제품(B.C. 4세기, 로마 바티칸)이다. 그것이 있던 위치인 바티칸의 벨베데레 궁전에 따라 [이름이] 알려졌다. J. J. 빙켈만은 이 입상을 "파손을 피한 모든 고대 작품들 가운데 최고의 이상(Ideal)"으로 여긴다. 입상의 묘사에 대해서는 J. J. Winckelmann, *Geschichte der Kunst des Alterthums* (1764), S. 392-394, 그리고 *Gesch. d. Kunst d. A.*, S. 364-366, 여기서는 S. 364 참조.

[54] 헤겔은 레싱의 『라오콘(*Laokoon*)』과 연관하여 말하며, 추에 대한 레싱의 규정, 더 자세하게는 시문학 속의 추에 대한 그의 옹호를 공격한다. Lessing, *Laokoon, oder über die Grenzen der Malerei und Poesie* (1766), in: Lessing, *Ges. Werke*, Bd. 5, S. 7-215. 이에 대해서는 A. Gethmann-Siefert, "Hegel über das Häßliche in der Kunst", in: *Hegels Ästhetik. Die Kunst der Politik — Die Politik der Kunst*, zweiter Teil, hrsg. von A. Arndt, K. Bal, H. Ottmann in Verbindung mit W. van Reijen (*Hegel-Jahrbuch* 2000), Berlin 2000, S. 21-41, "헤겔의 회화 규정의 역사적 배경은 예로 레싱이 『라오콘』에서 이를 앞서 제시하듯, 예술 속의 추의 (재)활성화에 관한 논쟁이 제공한다. 그 외에도 헤겔은 레싱과 더불어 추로 계속 나아가는 가능성을 시문학에서 본다"(위의 논문, S. 30).

[55] 헤겔은 에우리피데스가 가장 일찍 쓴 극 『알케스티스(*Alkestis*)』(V, S. 1-76)의 머리말 및 해설과 연관하여 말한다. Euripides, *Sämtliche Tragödien*, Bd. 1, S. 6-11.

[56] 소포클레스(Sophokles, B.C. 497?-B.C. 406?)의 『필록테테스(*Philoktetes*)』(409)를 참조. 로젠크란츠는 헤겔이 소포클레스와 —그가 가진 적이 있었지만— 실종된 독일어 번역문에 집중적으로 몰두했던 것을 알려 준다(Karl Rosenkranz, *G. W. F. Hegel's Leben*, Berlin 1844, S. II).

[57] William Shakespeare, *The Tragedy of Macbeth*, II, S. 4, 29-32 (*Shakespeare*, S. 1322-1323); Shakespeare, *Sämtliche Dramen*, Bd. 3, S. 545. 그의 주요 문헌인 R. 홀린셰드(Raphael Holinshed, 16세기 영국의 연대기 작가)의 『스코틀랜드 연대기(*Chronicles of Scotland*)』와 셰익스피어의 상위함에 대해서는 또한 *Shakespeare*, S. 1308 참조.

[58] 헤겔은 여기서 '비극은 연민과 공포를 불러일으켜야 한다'는 아리스토텔레스의 요구를 암시한다. Aristoteles, *Poetik*, 예로 1449b, S. 25 참조. — 여기서 아리스토텔레스는 독일에서 레싱 이래 "연민과 공포"라는 표현으로 옮겨진 ἐλέου καὶ φόβου(eleos kai phobos)에 관해 말한다. 더 적합한 것은 물론 "비탄" 내지 "측은함과 전율"이다.

[59] 헤겔은 소포클레스의 온전히 보존된 비극들 가운데 가장 오래된 비극인 『아이아스(*Aias*)』(B.C. 456?)의 한 장면을 참조하도록 지시한다. Sophokles, *Aias*, in: Sophokles, *Tragödien*, S. 7-64, 특히 S. 19ff.

[60] 이것은 서로 불화에 처해 있던 부모 가문인 몬터규(로미오)와 캐풀릿(줄리엣)에 대한 암시이다. William Shakespeare, *The Tragedy of Romeo and Juliet*, 머리말(*Shakespeare*, S. 1058; Shakespeare, *Sämtliche Dramen*, Bd. 3, S. 283) 참조.

[61] 여기서 의미하는 것은 덴마크 왕의 동생이자 햄릿의 삼촌인 클라우디우스(Claudius)인데, 그는 자신의 형을 살해한 후 형의 후계자로 덴마크 왕좌에 오른 자이다.

[62] 『마하바라타(*Mahabharata*)』는 80,000개 이상의 구절을 포함하는 인도의 국민서사시이다. 행위는 종종 에피소드들에 의해 중단되는데, 그 가운데 특히 종교적 교훈시인 『바가바드-기타(*Bhagavad-Gita*)』가 있다. 『마하바라타』가 언급되는 것은 이미 기원전 4세기이며, 이 시는 늦어도 기원전 4세기에 그 최종적 형식을 갖추었다. 인도에서는 이 시가 영웅가로서뿐 아니라 종교서로서 간주된다. — 헤겔은 『마하바라타』를 아마도 여러 문헌들에서 알았을 것이다. 추측하건데 특히 초기 원전은 A. W. 슐레겔(August Wilhelm Schlegel, 1767-1845)이 발간한 『인도 총서(*Indische Bibliothek*)』(1820, 1. Bd., 1. Heft, S. 97-128)에 실린 "인도 도서 출간본들(Ausgaben Indischer Bücher)"이라는 기사이다. — 그다음 해석을 위해 풍부한 해명을 제공하는 것은 W. v. 훔볼트(Wilhelm von Humboldt, 1767-1835)의 책에 대한 헤겔의 서평이다. *Ueber die unter dem Nahmen Bhagavad-Gita bekannte Episode des Maha-Bharata*, Berlin 1825-1826 (Hegel, *Bhagavad-Gita* 참조). 그 외 가능한 원전은 Georg Friedrich Creuzer (1771-1858), *Symbolik und Mythologie*, Bd. 1, S. 634이다. 헤겔은 여기 및 다음에 언급되는 크로이처의 저서 제2판과 라틴어로 번역된 서사시를 소장하고 있었다. *Nalus, Carmen Sanscritum e Mahàbhàrato*, edidit, latine vertit, et adnotationibus illustravit Franciscus Bopp, London/Paris/Straßburg 1819.

[63] 켈러는 동일한 강의의 필기록에서 『이피게니(*Iphigenie*)』에 대한 헤겔의 언급을 기록한다 (*Kehler 1826*, Ms. 101). Euripides, *Iphigenie in Aulis* (B.C. 405) 참조.

[64] "볼테르와 셰익스피어 / 비교: 한 사람은 다른 자가 나타내 보이는 그대로이다 / 거장 아루에(Arouet de Voltaire, 1694-1778. 프랑스 철학자)가 '나는 운다'고 말하면, / 셰익스피어는 운다"(Mathias Claudius, *Asmus omnia sua secum portans, oder Sämtliche Werke des Wandsbecker Boten* [1775], *Sämtliche Werke*, München 1968, S. 69).

[65] 브리세이스에 대해서는 Homer, *Ilias*, I, 184, S. 14f; XIX, 246, S. 668f 참조, 아버지에 대해서는 Homer, *Ilias*, IX, 252, S. 624f 참조, 프리아모스에 대해서는 Homer, *Ilias*, XXIV, 468-571, 특히 507, S. 842-845 참조, 안틸로코스에 대해서는 Homer, *Ilias*, XVIII, 1-34, S. 622-625 참조, 네스토르에 대해서는 Homer, *Ilias*, XXIII, 618f, S. 802f 참조. 아킬레우스의 투쟁심은 『일리아스』의 첫 번째 노래 전체가 기술한다. 그의 잔혹성은 수많은 예들에서 묘사된다. 특히 그가 헥토르의 시신을 다루는 것을 참조하라(Homer, *Ilias*, XXIV, 1-21, S. 818f 참조).

[66] 셰익스피어의 『헨리 4세(*King Henry IV*)』(in: Shakespeare, *Sämtliche Dramen*, Bd. II) 속의 존 팔스타프(John Falstaff) 경.

[67] *Phädra(Phèdre). Tragödie in fünf Akten (in Versen) von Jean Racine (1639-1699)*, Erstausgabe Paris 1677. 1805년 F. v. 실러(Friedrich von Schiller)의 각색본이 1877년 1월 1일 파리, 부르고뉴 호텔 극장(Théâtre de l'Hôtel de Bourgogne)에서 최초로 공연되었다.

[68] Johann Wolfgang von Goethe, "Die Leiden des jungen Werther"(Leipzig 1774), in: Goethe, *Werke*, Bd. VI, S. 7-124 참조.

[69] "영혼의 아름다움" 내지 "아름다운 영혼"의 규정에 대해서는 앞의 주 29 참조.

[70] E. Th. A. 호프만(Ernst Theodor Amadeus Hoffmann, 1776-1822)은 오랫동안, 특히 외국에서 가장 위대한 독일 만담가로 간주되었다. 괴테가 그를 격렬하게 비판하는 데 반해, 장 파울(Johann Paul Friedrich Richter, 1783-1825)은 그를 정신의 친족으로 여겼다. 헤겔은 여기서 호프만의 광범위한 만담작품(Erzählwerk)의 뚜렷한, 무시무시하고 괴기한 특징들과 연관하여 말한다.

[71] Schiller, *Wilhelm Tell*, IV, 2와 V, 2386-2451; *Werke*, Bd. 10, S. 236-239.

[72] 『니벨룽겐의 노래』는 대략 1200년대에 나온 절(節)로 이뤄진 서사시이다. *Der Nibelungen Lied in der Ursprache mit den Lesarten der verschiedenen Handschriften*, hrsg. durch Friedrich Heinrich von der Hagen, Berlin 1810 참조. J. J. 보드머(Johann Jacob Bodmer, 1698-1783)는 이미 1757년에 니벨룽겐 노래의 한 부분을 제공해 주었다. *Chrimhildens Rache und die Klage: Zwey Heldengedichte aus dem Schwäbischen Zeitpuncte. Samt Fragmenten aus dem Gedichte von den Nibelungen und aus dem Josaphat. Darzu koemmt ein Glossarium*, hrsg. von Johann Jakob Bodmer, Zürich 1757. 완전한 출간본은 1782년에 Ch. H. 밀러(Christoph Heinrich Myller/ Müller, 1740-1807)가 다음의 제목으로 출판했다. *Der Nibelungen Liet. Ein Rittergedicht aus dem 13. oder 14. Jahrhundert*, hrsg. von Christoph Heinrich Myller, zum ersten Male aus der Handschrift ganz abgedruckt, Speyer 1782. 영웅서사집(Heldenbuch)에 대한 주석은 크로이처의 『상징론과 신화론(*Symbolik und Mythologie*)』 제2판, 제4권, S. 294-314에서 보인다. 최신판으로는 *Das Libelungenlied*, Mittelhochdeutscher Text und neuhochdeutsche

Übersetzung, hrsg., übers. und mit einem Anhang versehen von Helmut Brachert, 2 Bde.,
Frankfurt a. M. 1970/71.

[73] 이에 대해서는 J. G. 헤르더의 『호머와 오시안(Homer und Ossian)』(1795); Herder, *Sämmtliche*
Werke, Bd. 18, S. 446-462 참조. 영웅들의 특성묘사는 헤겔에 의해 의미에 맞게 인용된
다. "오시안에게서는 모든 것이 감각의 하프로부터, 노래하는 자의 심정에서 나온다. …
그의 형태들은 몽롱한 모습이다. 감각의 고즈넉한 숨결에서 그 형태들이 창조되며, 공기
처럼 스쳐 빠져나간다"(Herder, *Homer und Ossian*, S. 96f [Herder, *Sämtliche Werke*, Bd. 18, S. 453-
455]).

[74] Euripides, *Iphigenie in Aulis* (Euripides, *Sämtliche Tragödien und Fragmente*, griechisch-deutsch, 6
Bde., übers. von Ernst Buschor, hrsg. von Gustav Adolf Seeck, München 1972-1981, Bd. V, S. 131-
253).

[75] 헤겔은 H. 작스(Hans Sachs, 1494-1576)의 『희극(Comedia)』과 연관하여 말한다. Hans Sachs,
Comedia. Die ungeleichen kinder Eve, wie sie Gott, der Herr, anredt; hat XIX person und fünff
actus des Hans Sachs. Sehr herrliche schöne und wahrhaffte gedicht, geistlich und weltlich, allerley
art, als ernstliche tragedien, liebliche comedien ··· durch den sinreichen und weyt berümbten Hans
Sachsen, ein liebhaber teudscher poeterey, Nürnberg MDLVIII; *Hans Sachs*, hrsg. von Adelbert
von Keller, Bd. 1, Stuttgart 1870 ([Bibliothek des Literarischen Vereins Stuttgart, Bd. 102; Repr.
Hildesheim 1964], S. 78). 또한 제IV막: 카인의 시험과 주기도문 개악(改惡), 제III막: 아담의
다른 아들에게의 교리문답시험(같은 책, S. 68-76) 참조.

[76] 국민서사시로서의 니벨룽겐 노래에 대한 헤겔의 거부는 논란의 여지가 있다(무엇보다
Creuzer, *Symbolik und Mythologie*, Bd. 6, S. 294-314, 특히 S. 301f, 313f 참조). 헤겔은 또한 K. K. F.
W. 라크만(Karl Konrad Friedrich Wilhelm Lachmann, 1793-1851)의 『니벨룽겐 노래 시의 원래
형태에 관하여(Über die ursprüngliche gestalt des gedichts von der Nibelungen noth)』(Berlin 1816) 및 F.
H. 폰 데어 하겐(Friedrich Heinrich von der Hagen, 1780-1856)에 암묵적으로 반대한다. 폰 데
어 하겐은 니벨룽겐 노래를 1807년에는 신(新)표준 독일어판으로, 1810년에는 중(中)표
준 독일어판으로 편찬했다. 이에 대해서는 또한 동일 저자의 『니벨룽겐 노래에 관한 주
석들(Anmerkungen zu der Nibelungen Noth)』(Frankfurt a. M. 1824) 및 『니벨룽겐: 그 현재적 및 영
원한 의미(Die Nibelungen: ihre Bedeutung für die Gegenwart und für immer)』(Breslau 1819) 참조.

[77] 여기에 대해서는 *Francesco Petrarca's sämmtliche Gedichte*, 6. Bde., neu übersetzt von
Friedrich Wilhelm Bruckbräu, mit erläuternden Anmerkungen, München 1829 참조.

[78] A. v. 코체부(August von Kotzebue, 1761-1819)는 1795년에서 1825년 사이에 독일 무대들의
공연목록 약 1/4을 차지하는 수많은 극작품들을 저술했다.

[79] F. 슐레겔은 티크와 마찬가지로 비현실적인 연상에 근거하는 세부들로써 '충실하고' 역

사적인, 특히 옛 독일적 분위기를 확장한 것을 높이 평가했고 유포했다. ─ 괴츠의 평가에 대해서는 예로, 티크와 공동으로 편찬한 잡지 『아테네움(*Athenaeum*)』에 실린 그의 「괴테의 초기 및 후기 저서들 속의 상이한 양식에 관한 탐색(*Versuch über den verschiedenen Styl in Goethe's früheren und späteren Werken*)」(1800, 3. Bd., 2 Stk., S. 170-187, 여기서는 S. 173)을 참조.

[80] *Götz von Berlichingen mit der eisernen Hand* (Zweite Fassung), I, 1 (Schwarzenberg in Franken. Herberge): "헨젤, 브란트바인 한 잔 더, 그리고 기독교 신자답게"(Goethe, *Sämtliche Werke*, Bd. 4, S. 643).

[81] "저 산 위 그곳 / 거기에 나는 수천 번 선다. …" 헤겔은 여기서 괴테의 시 〈목동의 비가(Schäfers Klagelied)〉(1802)를 인용한다(Goethe, *Sämtliche Werke*, Bd. 1, S. 61f, 여기서는 S. 61). 헤겔이 필사한 시가 뉘른베르크 시립도서관에 소장되어 있다(Autogr. 1500). "Hegels Abschrift von Goethes Gedicht 'Schäfer's Klagelied'", mitgeteilt von Helmut Schneider, in: *Hegel-Studien*, 13 (1978), S. 77-84 참조.

[82] 헤겔은 여기서 괴테의 시 〈꽃의 인사(Blumengruß)〉(1810)를 인용한다. "내가 엮은 꽃다발이 / 너에게 몇천 번 인사를 한다! / 나는 수시로 굽실거렸다. / 아, 아마도 천 번이나, / 그리고 그것을 십만 번이나 가슴에 갖다 댄다"(Goethe, *Sämtliche Werke*, Bd. 1, S. 58).

[83] Schlegel, *Kritische Ausgabe*, Bd. 5 (1. Abt.): *Dichtungen* 참조.

[84] J. B. 바제도(Johann Basedow, 1723-1790)는 1771년 데사우에서 박애학교(Philanthropinum)를 열었다. 같은 해에 또한 그의 교육학 주요 저서가 출간되었다. *Des Elementarwerkes 1.-4. Band. Ein geordneter Vorrath aller nöthigen Erkenntniß zum Unterrichte der Jugend vom Anfang bis in's Academische Alter, zur Belehrung der Eltern, Schullehrer und Hofmeister, zum Nutzen eines jeden Lesers, die Erkenntniß zu vervollkommen* (Dessau 1774). 헤겔의 논평은 괴츠의 아들 카를의 궁중식 교육과 마구간지기 게오르크의 경험정향적인 교육 간의 대립과 연관된다. 이러한 대립에 대해서는 또한 F. I. 니트하머(Friedrich Immanuel Niethhammer, 1766-1848)의 저서 『우리 시대 교육-수업 이론에서 박애주의와 인문주의 논쟁(*Der Streit des Philanthropinismus und Humanismus in der Theorie des Erziehungs-Unterrichts unserer Zeit*)』(Jena 1808)을 참조.

[85] 비어 있는 쪽 이후에 텍스트가 계속 이어진다는 폰 데어 포르텐[필기한 자]의 참고 표시.

[86] 이 서술은 A. H. A. 뒤페롱(Abraham Hyacinthe Anquetil du Peron, 1731-1805)의 『젠트-아베스타: 조로아스터의 신학적, 신체적, 도덕적 사상과 그가 설립한 종교적 숭배 의식 및 교부들의 고대 역사와 관련한 중요 글들을 포함한 경전(*Zend-Awesta, Ouvrage de Zoroastre, contenant les Idées théologiques, physiques et morales de ce législateur, les cérémonies du culte religieux qu'il a établi et plusieurs traits importants relatifs à l'ancienne histoire des Pères*)』(Paris 1777)을 재론하는데, 헤겔은 이 책을 그나마 J. F. 클로이커(Johann Friedrich Kleuker)를 통해 독일어 번역으로 알

았다(*Zend-Avesta. Zoroasters Lebendiges Wort.* ··· *Nach dem Französischen des Herrn Anquetil du Perron*, hrsg. von Johann Friedrich Kleuker, 5 Bde., Riga 1776-1783 [1789년에 확장된 증보판이 나옴]).

[87] 오르무츠드에 대한 헤겔의 특성묘사는 직접적으로 A. 뒤페롱 내지 클로이커 번역에 연관되지만, 클로이커에 기반을 둔 『메디아-페르시아 종교(*Medisch-Persischen Religion*)』에 대한 크로이처의 서술을 언급하는 것일 수도 있다.

[88] 또한 이 구절의 변형으로서 다음을 참조하라. 빛은 "또한 특수한 구분들에서 작용하지만 언제나 아주 실체적이다. 그리고 구분들은 내면적인 것과 외적인 것의 구분에는 관계하지 않는다"(*Aachen 1826*, Ms. 92).

[89] [경작의 상징적인 것에 관해 서술한] 행들에 대해서는 헤겔이 아마도 관련하여 말하고 있는 크로이처의 서술을 참조하라(Creuzer, *Symbolik und Mythologie*, Bd. 2, S. 714).

[90] 신화적 시인인 발미키(Valmiki)에게 속하는 24,000개의 이중시행으로 된 7권의 가장 오래된 인도 서사시로, 기원전 2세기에 완성되었다. 『라마야나(*Ramayana*)』는 힌두교의 '복음서'이며, 인간이 된 신 비슈누(Vishnu)의 역사를 이야기한다. 이 서사시는 시인 비야사(Vyasa)의 『마하바라타(*Mahabharata*)』와 나란히 위대한 인도 국민서사시들 가운데 두 번째 서사시이다. 이 두 서사시는 윤리학의 교재로 이해된다. ─『라마야나』는 독일어로 한 번도 완전하게 번역되지 않았다. 『라마야나』의 도입부 구절들의 번역은 예를 들면 F. 슐레겔의 논저 『인도의 언어와 지혜에 관하여(*Über die Sprache und Weisheit der Indier*)』(Schlegel, *Kritische Ausgabe*, Bd. 8, S. 327-279)에서 보인다. 그 외 구절들은 대략 A. W. 슐레겔이 『여신 강가의 유래(*Die Herabkunft der Göttin Ganga*)』(in: *Indische Bibliothek*, 1. Bd., 1. Heft, Bonn 1820, S. 50-96)라는 제목으로 번역한다. 슐레겔은 이 잡지에서 "인도 도서들의 영어 번역"(같은 책, S. 16) 공로들을 강조하며, 『라마야나』의 (완결되지 않은) 번역과 주석을 참조하도록 지시한다(같은 책, S. 20f). *The Ramayuna of Valmeeki, in the original Sungskrit*, with prose translation and explanatory notes, by William Carey and Joshua Marshman, 3. Bde., Serampore 1806-1810. 몇몇 진술에 따르면 헤겔도 이 출간본에 의거한다. Hegel, *Bhagavad-Gita*, S. 122, Anm. 참조.

[91] 이 구절의 변형들로서 다음을 참조하라. "또한 인간들이 ─대개의 경우 티베트인들에게 해당되는데─ 신들로 숭배된다. 인도 자체에도, 즉 불교적 인도가 아니라 본래의 인도에도 그 수장이 숭배되는 신이며 그의 신성이 세습되는 신의 가문이 있다. 사람들은 그에게 숭배와 선물들을 가져다 바친다. 그는 무딘, 정신 빠진 하나의 인간이다"(*Aachen 1826*, Ms. 95). "그렇게 티베트인들에게서도 인간이 신격화된다. 개별 인간에게 그러한 엄청난 의미가 부여되어 있는 곳, 그런 것은 본래의 인도에도 해당되는데, 인도에는 신-가문들이 있다. 가문의 수장은 신이다. 그리고 그러한 신성은 세습되고, 그렇게 근근이 연명하는 신은 주는 음식을 받아먹고, 숭배되며, 제한되는 등, 전적으로 무딘, 단순한 인간이 된

다. 거기에서는 그러니까 개별적인, 살아 있는, 현재의 개인이 숭배된다"(*Griesheim 1826*, Ms. 151). "티베트인들에게서는 인간들이 신으로서 숭배되며, 그들에게 엄청난 의미가 부여된다. 본래의, 불교적이 아닌 인도에는 신의 가문들이 있다. 가문의 수장은 그의 존엄이 세습되는 신으로서 숭배된다. 40년 된 한 사람은 한 영국인이 보았던 신으로 숭배된 인간이었다. 그는 친족들에 의해 모셔진, 무디고 단순한 인간이었다"(*Kehler 1826*, Ms. 147).

[92] Hegel, *Bhagavad-Gita*, S. 119f.

[93] 발루킬리아(Balukhilya)들: 인도 신화 속의 태양과 관계있는 엄지 크기만 한 성스러운 자들.

[94] 샤카(Shakah), 사켄(Saken), 사커(Saker), 그리스어 사카이(Sakai), 라틴어 사캐(Sacae): 고대의 인도게르만 유목민족.

[95] 이오니아인: 그리스의 세 주요 종족 가운데 하나.

[96] 폰투스[Pontus, 또한 폰토스(Pontos)]는 고대 소아시아의 북구 연해국이다. 폰투스, 또는 대지가 그 품속에 머금고 있는 바다는 그리스 신화에서 자신의 어머니 대지와 결혼하며, 그녀와 함께 네레우스(Nereus), 타우마스(Thaumas), 에우리비아(Eurybia), 포르키스(Phorkys) 그리고 케토(Ceto)를 낳는다. 폰투스의 의인화에 대해서는 또한 다음을 참조하라. Ovid, *Metamorphosen*, XV, 756, S. 592f.

[97] 드리아덴(Dryaden): 나무의 여신들, 예로 드리오페(Dryope, 포플러로 모습이 바뀐 요정) 이야기(Ovid, *Metamorphosen*, IX, S. 347ff, 357)를 참조하라.

[98] 헤겔이 여기서 연관하여 말하는 이야기는 『라마야나』 제1권(*Bala Kanda*, 36번째 노래)에서 다시 보인다. 또한 Hegel, *Bhagavad-Gita*, S. 118f 참조.

[99] 즉, 여기서는 겸손과 참회의 고행.

[100] 루드라(Rudra): 인도 신화론의 폭풍의 신. 이 신에게서 시바(Shiva)가 발전되어 나왔다.

[101] 추상체로서의 브라마 규정은 W. v. 훔볼트의 『바가바드-기타』 서평에서 보인다(Hegel, *Bhagavad-Gita*, III). 그 외 규정들은 "순수한 존재"(S. 138), "추상적 자기의식"이다(S. 144, 비슈누 또는 크리슈나와의 관계에서 브라마의 설명에 대해서는 S. 149 참조). 또한 Creuzer, *Symbolik und Mythologie*, Bd. 1, S. 626, 634 참조.

[102] 그리스 신화에서 아프로디테의 연인 아도니스는 수퇘지 사냥을 하다가 치명상을 입는다. 그를 발견한 아프로디테는 화내며 운명을 탓한다. 비탄이 한층 부드러운 슬픔으로 바뀌었을 때 그녀는 애인의 유골에서 아네모네가 솟아나게 하고, 이것을 통해 그에게 불멸성을 부여한다(Ovid, *Metamorphosen*, IX, 722-739, S. 395). 그리스에서는 아도니스에게 축제를 바쳤는데, 이 축제에서 여자들은 꽃이 든 바구니를 물에 빠뜨리고 짧은 삶을 애통해하면서 그의 죽음을 한탄했다. 확실히, 오리엔트에서 일반적으로 확산되어 있었던 아도니스를 위한 비탄은 더 오래된 시로 소급되는 것으로 보인다.

[103] 동지(冬至, Wintersolstitium: Wintersonnenwende).

[104] 헤로도토스(Herodot, B.C. 490 이후-B.C. 430 이후) 참조. "이집트인들은 또한, 인간의 영혼은 불멸적일 것이며, 신체가 사망하면 영혼이 새로 태어난 다른 생명체 속으로 들어간다는 생각을 가장 먼저 진술했다. 그래서 영혼은 모든 육지동물과 수중동물을 거쳐, 모든 조류들을 거쳐 방랑했다면, 막 태어나는 인간의 신체 속으로 다시 되돌아온다는 것이다. 이러한 순환은 3,000년이 걸린다"(Herodot, *Historien*, II, 123, 2 [Bd. 1, S. 306-309]).

[105] "오시리스(Osiris)는 나일강이며, 이시스(Isis)는 이집트의 비옥한 땅이다"(Creuzer, *Symbolik und Mythologie*, Bd. 1, S. 334). "머무는, 애태우는, 거의 메마른" 나일강으로서의 오시리스와 "슬퍼하는 여신으로서"의 이시스의 규정에 대해서는 Creuzer, *Symbolik und Mythologie*, Bd. 1, S. 269 참조. "이시스는 … 남편이자 오빠인 나일에 결부된, 이제 죽음의 약점에서 결과들을 감지하는 여동생 땅이다." 또한 이시스를 "이집트 땅"이라고 부르는 것에 대해서는 Creuzer, *Symbolik und Mythologie*, Bd. 1, S. 268 참조. 그 외 이시스와 오시리스의 특성묘사에 대해서는 Plutarchus (Plutarch von Chaironeia, 45?/50?-125?), *Über Isis und Osiris*, griechisch-deutsch, 2 Bde., Text, übers. und komm. von Theodor Hopfner, Prag 1940-1941 (Repr. Darmstadt 1967) 참조. 오시리스와 나일강, 이시스와 땅의 동일화에 대해서는 설화 32장에 대한 플루타르크의 주석을 참조하라(위의 책, Bd. 2, S. 2, 17).

[106] 또한 이 구절의 변형으로서 다음을 참조하라. "상징은 스핑크스를 통해, 즉 풀려야 하는 수수께끼를 통해 표시된다. 스핑크스 수수께끼의 의미를 밝혀내는 것이 숙제이다. 하지만 내적인 것이 아직 스핑크스 자체에 나와 있지 않아서, 외적인 것은 그 자체 대자적으로, 어떤 것으로 유효하지 않다"(Kehler 1826, Ms. 161). ─ 텍스트 전거에 대해서는 주 107 참조.

[107] 헤겔은 오이디푸스 왕(Ödipus Tyrannos)에 대한 고대 후기 가설을 인용한다(Sophokles, *Tragödien und Fragmente*, griechisch-deutsch, hrsg. und übers. von Wilhelm Willige, München 1966, S. 900-903). 이에 대해서는 극(劇) 속의 관련 지점을 보라. Prolog, V. 35f (Sophokles, *Tragödien*, S. 171). ─ 또한 이 구절의 변형으로서 다음을 참조하라. "스핑크스는 그, 즉 오이디푸스에게 수수께끼 하나를 낸다. 처음에는 네 발로, 그다음에는 두 발로, 그 후에는 세 발로 가는 것이 무엇인가? 오이디푸스는 '인간'이라고 말하고 스핑크스를 바위에서 떨어뜨린다. 칼로 그것의 머리를 쪼갠다"(Aachen 1826, Ms. 101).

[108] 이시스 대신 네이트(Neith)에 대한 언급은 자이스(Säis, 나일강 삼각주에 있던 옛 이집트 도시)의 이시스 제의를 참조하게 하는데, 더불어 원전으로서는 헤로도토스(*Historian*, II, 172 [Bd. 1, S. 350-353])보다는 오히려 크로이처(*Symbolik und Mythologie*, Bd. 1, S. 530, 특히 각주 325. 이 각주에서 크로이처는 "자이스의 알려진 비문"을 인용한다)를 참조하도록 지시한다. 추측컨대 헤겔은 실로 동시에 실러의 시 〈자이스의 베일에 싸인 형상(Das verschleierte Bild zu Sais)〉도

연관하여 말하고 있을 것이다. "어떤 필멸하는 자도 … / 내가 그것을 들어 올릴 때까지 이 베일을 밀쳐 내지 못한다"(Schiller, *Werke*, Bd. 1, S. 254-256).

[109] Creuzer, *Symbolik und Mythologie*, Bd. 1, S. 458.

[110] 「시편(Psalmen)」의 이러한 특성묘사와 더불어 헤겔은 J. G. 헤르더의 『히브리 시의 정신에 관하여(*Vom Geist der Ebräischen Poesie*)』(2. Teil, 1783)와 연관하여 말한다. 헤르더는 「시편」을 "가장 내적인, 가장 개별적인 마음 언어의 표출들"이라고 기술한다(Herder, *Sämtliche Werke*, Bd. 12, S. 232).

[111] 「창세기」 1장, 3절.

[112] 팔미라(Palmyra, B.C. 240 이후-B.C. 272 이후)의 여성지배자 제노비아(Zenobia). 이 여인은 팔미라에서 무엇보다 빛나는 헬레니즘적인 궁정생활의 건립을 위해 힘썼고, 이를 위해 그리스 지성인들—그 가운데에는 롱기누스와, 페트라 출신의 아테네 수사가 칼리니코스도 있음—을 그녀의 궁정에 끌어들였다.

[113] 롱기누스(Longin, 210?-273?)는 이것을 숭고의 예로서 인용한다(Pseudo-Longino, *Vom Erhabenen*, S. 9 [Griechisch und deutsch, von Reinhardt Brandt, Darmstadt 1966, S. 45]).

[114] 비슈누에 의해 창조된, 기만 세계에서 나온 신들의 위력.

[115] Fath-Ali Han Saba Kasani, *Das Schehinschahname oder das Buch des Königs der Könige*, übers. und hrsg. von Joseph von Hammer-Purgstall, Wien 1819. — 이 구절의 변형으로서 다음을 참조하라. "폰 하머 씨가 알려 준다. 1818년에 한 페르시아 외교관이 빈에 있었다. 이 사람은 화려한 갑옷을 입은 말 위의 상자 속 선물들 가운데 시 한 편도 가져왔다. 그 시는 왕(Schah) 자신을 칭한 이름인 파스-알리(Fath-Ali)를 그에게 부여했던 페르시아 궁정시인이 제작한 것이다. (또한 이것은 범신론이다.) 그것은 하나의 연대기, 즉 이 왕의 통치에 관한 서사시이다. 피르다우시의 오래된 『왕의 책』은 60,000개의 2행시를 가지며, 새것은 33,000개의 2행시를 갖고 있다"(*Kehler 1826*, Ms. 169f).

[116] 헤겔은 페르시아 서정시인 모하메드 쉠세드-딘 하피스(Mohammed Schemsed-din gen. Hafis, 1300-1389)의 시를 암시한다. *Der Buchstabe Sa*, II, in: Hafis, *Der Diwan*, Bd. 2, S. 30f, 여기서는 S. 31. 켈러에게서의 병행지점을 참조하라. "하피스에게서는 참담함이 충분히 나타난다. 그러나 그는 언제나 동일하게 걱정 없는 사람으로 머문다. 그는 심상이 필요했다. '친구의 현재가 너를 밝게 비춰 주어 감사하므로, 초와 똑같이 아픔 속에서 타올라라. 그리고 향유하라.' 초는 이를테면 청량한 눈물로 녹아내린다. 하지만 자신의 아픔 속에서 초는 불꽃의 광휘를 발산한다"(*Kehler 1826*, Ms. 171f).

[117] 페르시아 꾀꼬리: 나이팅게일.

[118] 헤겔은 『서동시집(*Divan*)』 속 괴테의 시 〈줄라이카에게(An Suleika)〉를 암시한다. "너에게 좋은 냄새로 구애하기 위해, / 너의 친구들을 높여 주기 위해, / 천만 송이 장미들은 싹 트

면서 작열 속에서 시들어 간다. / … 생의 본능의 세계에 / 그들, 그것의 충만 속의 충동, / 이미 예감했다. 페르시아 꾀꼬리의 사랑을, / 영혼을 일깨우는 노래를"(Goethe, *Sämtliche Werke*, Bd. 3, S. 343).

[119] *Der Buchstabe Ra*, XI, in: Hafis, *Werke*, Bd. 2, S. 19.

[120] 이 구절의 변형으로서 다음을 참조하라. "그렇게 시인 자신은 자기 내의 자유롭고 자립적인 정신이다. 그는 그 자체 불행 속에서 여전히 근심 없음을 유지하며, 그의 정신은 그가 심상들로서 사용하는 대상들 속에 그렇게 긍정적으로 현재해 있다"(*Kehler 1826*, Ms. 173).

[121] 우화의 가장 오래된 흔적은 로트링겐에서 940년경에 나온 라틴어 『포로의 탈출(*Ekbasis captivi*)』(원제목: *Ecbasis cuiusdam captivi per tropologiam*)이다. 이후 형식을 갖추지 않은 다양한 것들이 이어졌다. 그런 후 1250년경에 오스트플란데른(Ostflandern)에서 나중의, 1498년에 저지(低地) 독일어로 옮겨 적은 『라이네케 여우(*Reyneke de Vos*)』의 기초가 생겨났다. 1752년 J. Ch. 고트셰트(Johann Christoph Gottsched, 1700-1766)의 표준 독일어로 된 산문 번역, 이것은 저지 독일어 텍스트를 부록으로서 제공하며 또한 16세기에 나온 개신교적인 시사 촌평(텍스트의 인류론 해설)을 함께 전수한다. *Heinrichs von Alkmar Reineke der Fuchs, mit schönen Kupfern*, nach der Ausgabe von 1498 ins Hochdeutsche übersetzt und mit einer Abhandlung von dem Urheber, dem Alter und großen Werth dieses Gedichtes versehen von Johann Christoph Gottscheden (Leipzig und Amsterdam 1752). 고트셰트의 출간본은 1794년 괴테의 6운각 시구의 기초가 되었다(Goethe, *Sämtliche Werke*, Bd. 3, S. 7-162). 라이네케를 사기꾼이 아니라 개구쟁이로 나타내는 헤겔의 특성묘사는 헤르더의 관심사와 일치하며(*Reineke, der Funchs* [1793]. [*Sämmtliche Werke*, Bd. 16, S. 218-222] 참조), 또한 괴테의 관심사와도 일치한다(Goethe, *Sämtliche Werke*, Bd. 3, S. 7).

[122] Gotthold Ephraim Lessing, *Fabeln. Drei Bücher. Nebst Abhandlungen mit dieser Dichtungsart verwandten Inhalts* (1759); *Werke*, Bd. 1, S. 217-271 참조.

[123] 이솝(Äsop, B.C. 6세기 중반으로 추정)에 관해서는 M. 플라누데스(Maximus Planudes)가 13세기에 편찬한 『이솝 우화 전집(*Corpus Fabularum Aesopiarum*)』; *Aesopische Fabeln*, griechisch und deutsch, bearbeitet von August Hausrath, München 1940 내지는 다음에 인용되는 레싱이 번역한 전집 *Äsop Fabeln* 참조. 헤겔이 제공하는 이솝 우화의 해석은 동물형태들의 활용에 대한 레싱의 해석을 반영한다. 레싱에 따르면 동물형태들은 "사람들이 그것에 대해, 가장 무지한 자들에게서도 다른 이념이 아닌, 이 이념이 그 명칭들에 상응한다는 것을 확신하며 알고 있는 그런 존재들의 작은 영역"을 포괄한다(*Von dem Gebrauche der Tiere in der Fabel* [Lessing, *Werke*, Bd. 5, S. 385-393, 여기서는 S. 390]). 도덕과 동물형태들의 결합은 우화가 "보편적이고 도덕적인 명제"를 "특수한 경우"에서 직관하며 인식하도록 하는 것이라는 레싱의 우화 정의에 상응한다(*Vom Wesen der Fabel* [Lessing, *Werke*, Bd. 5, S. 384]).

[124] 이솝에 대해 추측되는 바는 그가 나중에 크로이소스(Kroisos)왕의 사신으로서 큰 명망을 얻었던, 사모스 출신의 해방된 노예였다는 것이다. 노예는 사실 50년경에 사망한 로마 우화시인 페드루스(Phädrus)였다. 페드루스는 마케도니아 출신으로 로마에 노예로 왔다가 거기서 아우구스투스에 의해 해방되었고, 그의 (단장격적인 6각 약강격 시구들로 된 그리스 3보 시행에 상응하는) 우화 다섯 권을 처음에는 이솝에 의존하여서, 그다음에는 자립적으로 저술했던 자이다. 헤겔이 다음에 언급하는 "교훈" 편은 2세기에 비잔티움 주민들에 의해 처음 편찬되었던 이솝 우화에다 나중에 추가한 것이다.

[125] T. 오일렌슈피겔(Till Eulenspiegel)은 1555년의 동일한 이름의 네덜란드 민중서사집 (Volksbuch) 속의 악당 모습이다. *Ulenspiegel*, kritische Textausgabe von Willy Krogmann, Neumünster in Holstein 1952; *Ein kurtzweilig Lesen von Dil Ulenspiegel*, nach dem Druck von 1515, hrsg. von W. Lindow, Stuttgart 1966.

[126] 우화 「떡갈나무와 갈대(Die Eiche und die Weide)」(Äsop, *Fabeln*, S. 239-242) 참조.

[127] 우화 「제비와 다른 새들(Die Schwalbe und andere Vögel)」(Äsop, *Fabeln*, S. 34-36) 참조.

[128] 56번째 우화 「새잡이와 비둘기(Der Vogelsteller und die Taube)」(Äsop, *Fabeln*, S. 90) 참조. 직필본은 우화의 내용을 여기서 아주 정확하게 그대로 제시하지는 않는다. 우화에는 다음처럼 쓰여 있다. "비둘기를 향해 쏘고자 했을 때 새잡이는 그의 다리를 무는 뱀을 만났다. 그는 놀랐고, 비둘기는 없어졌다."

[129] Herodot, *Historien*, I, 125, 2-126, 6 (Bd. 1, S. 122-125) 참조.

[130] 헤겔은 여기서 「누가복음」 속의 〈성대한 향응(Das große Gastmahl)〉(*Lukas* 14, 16-24)을 시사한다.

[131] 「고양이 파이(Katzenpastete)」(1810), Goethe, *Sämtliche Werke*, Bd. 1, S. 399f 참조.

[132] Lessing, *Nathan der Weise*, ein dramatisches Gedicht in fünf Aufzügen, III, 7 (Lessing, *Werke*, Bd. 2, S. 275-282) 참조.

[133] 또한 이 구절의 변형으로서 다음을 참조하라. "여기에는 또한 세 가지 종교, 즉 유대교, 마호메트교, 기독교의 상이성에 관련되는 옛 이야기인 유명한 반지 비유담이 속한다. 아버지가 죽으면서 그의 아들 각자에게 반지를 한 개씩 주며 이것에서 종교의 힘을 경험할 것이라고 첨언했다. 각 아들은 아버지에게 기만되지 않을 것임을 지금도 믿고 있다. 아버지의 행위는 여기서 그 자체로는 하찮은 대상인, 상이한 종교들의 견지에서는 지고한 관심이 덧붙여진 반지와 관계있다"(*Griesheim 1826*, Ms. 178).

[134] 『신과 무희. 인도 전설(*Der Gott und die Bajadere. Indische Legende*)』(1797), Goethe, *Sämtliche Werke*, Bd. 1, S. 158-160 참조.

[135] Goethe, *Der Schatzgräber* (1797); Goethe, *Sämtliche Werke*, Bd. 1, S. 125f, 여기서는 S. 126.

[136] 헤겔은 아마도 괴테가 1815-1819년 전집 제2권에서 수용했던 표제인 『속담으로 본 신,

심정과 세계(*Gott, Gemüth und Welt; Sprichwörtlich*)』를 암시할 것이다(Goethe, *Sämtliche Werke*, Bd. 1, S. 407-442 참조). 이에 대해서는 괴테 자신이 1827년에 발간한 그의 전집본 제3권 내 『신과 세계(*Gott und Welt*)』라는 제목으로 종합한 세계관적 시들(die Weltanschaulichen Gedichte)을 참조하라(Goethe, *Sämtliche Werke*, Bd. 1, S. 507-533) 참조.

[137] 빙켈만의 『특히 예술에 있어서의 알레고리 시고(*Versuch einer Allegorie, besonders für die Kunst*)』 (Dresden 1766) 참조.

[138] 시의 시에 관한 말에 대해서는 소위 『아테네움 단편들(*Athenaeumsfragmente*)』(*Athenaeum*, 1798, 1. Bd., 2. Stk., S. 3-146, 여기서는 S. 65, 68 등) 참조. A. W. 슐레겔은 그의 『예술론 (*Kunstlehre*)』에서 이를 다룬다(Schlegel, *Kunstlehre*, S. 226). 알레고리는 F. 슐레겔에게 [모든 예술적인 표출형식들에서는 제유법(pars pro toto)으로서] 예술이 수행하는 표현할 수 없는 것, 무한한 것의 표명이다. 예로 다음을 참조하라. "모든 아름다움은 알레고리이다. 최상의 것은 표출될 수 없기 때문에 사람들은 그것을 오직 알레고리적으로만 말할 수 있다"(Schlegel, *Kritische Ausgabe*, Bd. 2, S. 324).

[139] 헤겔이 여기서 연관하여 말하는 단테(Dante Alighieri, 1265-1321)의 『신곡(*Divina Commedia*)』은 1307년에서 1321년 사이에 나왔다(1472년에 초판인쇄). 헤겔 시대에는 K. L. 카넨기서(Karl Ludwig Kannengießer)의 3권짜리 번역이 유통되고 있었다. *Die göttliche Komödie*, Leipzig 1814-1821. 제1권 『지옥』은 1809년에 이미 암스테르담에서 낱권으로 출간되어 있었다. *Die Göttliche Komödie*, italienisch und deutsch, übers. von Hermann Gmelin, 3 Bde., Stuttgart 1949-1951 참조.

[140] Aristoteles, *Poetik*, 1457a; 1459a, 특히 1457b, S. 15-25 참조.

[141] 헤겔은 여기서 베르길리우스(Publius Vergilius Maro, B.C. 70-B.C. 91)를 암시한다. "그는 그 단어의 두 감각을 통합하면서 그녀의 남편이 되고, 결혼을 뭐라고 생각하는지 질문받았다(cum graviter tunsis gemit area frugibus / et cum surgentem ad zephyrum paleae iactantur inanes)"(Vergil, *Georgicon*, III, V, S. 133f [P. Vergili Maronis, *Opera*, Apparatu critico in artius contracto iterum recensuit Otto Ribeck, 4 Bde., Leipzig 1894-1895 (Reprographischer Nachdruck Hildesheim 1966), S. 143]).

[142] 헤겔은 여기서 J. J. 빙켈만에 의해 각인된 고대의 이미지와 연관하여 말한다. 특히 Johann Joachim Winckelmann, *Geschichte der Kunst des Alterthums*, Dresden 1764 참조. 원전 참조지시는 그때그때 부가적으로 다음의 것에 따른다. Johann Joachim Winckelmann, *Kunst des Altertums*, hrsg. von Ludwig Goldscheider, Wien 1934 (Reprograph. Nachdruck Darmstadt 1982).

[143] 타소의 『아민타(*Aminta*)』(1573, 목가극)에 대한 경쟁으로 만들어진, 저자 스스로 비극적 희극(tragicommedia)으로 칭한 G. B. 과리니(Giovanni Battista Guarini, 1538-1612)의 양치기극

『충직한 양치기(*Il pastor fido*)』(*Der treue Hirte*, 1580)를 참조. 이 작품과 더불어 그는 목가극(Schäferspiel) 장르를 창조하였다.

[144] 헤겔이 연관하여 말하는 것은 『시가(*Gesang*)』라는 제목으로 괴팅겐 『문학연감(*Musen-almanach*)』에 실렸던 1772/73년 초판이 아니라, 스탱(Stein)의 부인을 위해 필기체로 수정된 후(1777) 유지된 『마호메트의 노래(*Mahomets Gesang*)』(Goethe, *Werke*, Bd. 1, S. 42-44) 판본이다.

[145] 헤겔은 여기서 실러의 단시(Epigramm) 〈기대와 성취(Erwartung und Erfüllung)〉(1797)와 연관하여 말한다(Schiller, *Werke*, Bd. 1, S. 288). "청년은 대양 속으로 천 개의 돛대로써 항해하며, / 늙은이는 구조된 보트에서 조용히 항구로 밀려간다."

[146] *Romeo and Juliet*, III, 2 및 V, 10-13 (Shakespeare, S. 1077; Shakespeare, *Sämtliche Dramen*, Bd. 3, S. 328).

[147] 이 자리에 "보존하다(erhalten)"가, 아니면 "쾌활하게 하다(erheitern)"가 의미되어 있는지 불명확하게 남아 있다. 동일한 강의의 다른 두 편의 직필본과 비교해 볼 때 아마도 "쾌활하게 하다"가 한층 더 적합한 것으로 보인다. 이 구절의 변형들로서 다음을 참조하라. "그들은 호메로스에게서 주로 다음과 같은 것, 즉 상황에 주목하고, 중요성을 부각시키는 동시에, 사건의 심각함과 그 속에서의 침잠을 중지시키고 쾌활하게 만드는 것에 대해 관심을 가진다"(Kehler 1826, Ms. 198). "호메로스에게서 그들은 상황의 중요성과 심각함을 부각시키는 동시에 소여사건들의 심각함을 중단시키는 목적을 보게 된다"(Griesheim 1826, Ms. 190).

[148] 또한 이 구절의 변형들로서 다음을 참조하라. "특히 셰익스피어에게 있어서 극에 나타나는 비유의 한 측면은 아직도 인용될 수 있다"(Aachen 1826, Ms. 119). "나아가 비유의 한 측면은 우리가 셰익스피어 극들에서 그것을 보는 방식과 연관된다"(Griesheim 1826, Ms. 190).

[149] 헤겔은 여기서 예술취향이 '자연성'으로 전환된 것을 암시한다. 여기에 대해서는 또한 이 구절의 변형으로서 다음을 참조하라. "그런 그림들을 비난할 수 있었던 것은 자연성에 관한 악평(Gerede)이다. '오!'와 '악!'에서 아픔의 표출을 발견하는 영국과 독일 비평가는, 아픔은 협의되어 있지 않으며 그와 같은 방식으로는 일어나지 않는다고 생각한다"(Griesheim 1826, Ms. 191).

[150] 헤겔은 여기서 『회화작품들(*Die Gemälde*)』(1822)을 암시한다. Ludwig Tieck, *Werke in vier Bänden*, nach dem Text der *Schriften* von 1828-1854, unter Berücksichtigung der Erstdrucke, hrsg. sowie mit Nachwort und Anmerkungen versehen von Marianne Thalmann, Bd. 3, München 1965, S. 5-74.

[151] 음악은 L. 티크(Ludwig Tieck, 1773-1853)의 단편소설(Novelle)들뿐 아니라 그의 소설, 설화, 동화 그리고 극들에서도 중심적인 역할을 한다. 여기에 대해서는 『판타소스(*Phantasos*)』

(꿈이 의인화된 고대 그리스의 꿈의 신. 3 Bde., Berlin 1812-16) 참조. 이 책에서는 낭만주의 음악으로서의 동시대 음악이 비평적으로 매우 뛰어나게 고찰된다.

[152] 또한 이 구절의 변형들로서 다음을 참조하라. "이러함에 있어서 우리는 그렇게 멀리 나아갈 필요가 없다. 선행(先行)하는 것은 이런 다양한 규정들을 가지고 있다. 이에 반해 고전 예술은 우리가 예술의 개념을 고찰하면서 본래 이미 파악했었다"(Griesheim 1826, Ms. 196). "고전 예술의 개념은 우리가 예술 개념을 파악했을 때 제시했다. 그것은 예술의 개념이 수행되어 있고 현존하는 예술이다"(Kehler 1826, Ms. 210).

[153] 테세우스와 나란히 거대한 수의 영웅들이 참가했던 고대의 가장 유명한 사냥 가운데 하나는 칼레도니아 수퇘지 사냥이다. 호메로스는 『일리아스(Ilias)』(IX, 529-599, S. 306-309)에서 무엇보다 수퇘지의 가죽 때문에 점화된 전쟁을 다룬다. 사냥과 그 참가자들에 관해서는 아폴로도로스(Bibliothek, I, VIII, 2f [Apllodor, Bibl., Bd. 1, S. 64-69]) 및 오비디우스(Metamorphosen, VIII, 260-444, S. 288-297)가 더욱 상세하게 알려 주었다. 이에 대해서는 또한 디오도로스(IV, 34 [Diodorus, Bd. 2, S. 452-455])를 참조하라. 유명한 사냥들에는 무엇보다 또한 헤라클레스의 열두 개의 과업 중 첫 번째인 네메시스의 사자 퇴치가 속한다. 이에 대해서는 Hesiod, Theogonie, V, 326-332, S. 30f; Apollodor, Bibliothek, II, V, 1 (Apollodor, Bibl., Bd. 1, S. 184-187); Diodorus (IV, II, S. 3-4 [Diodorus, Bd. 2, S. 376-379])를 참조하라. 헤시오도스에게서는 또한 레르나의 독사와의 싸움이 언급된다(Hesiod, Theogonie, V, 316, S. 28f 참조).

[154] 오비디우스(Ovid)의 『변신 이야기(Metamorphosen)』를 참조하라. 인간의 오만에 대한 신들의 벌로서 동물로 변신한 예들은 팔라스 아테네(Pallas Athene)에 의해 직조하는 여인 아라크네(Arachne)가 거미로 변한 것(같은 책, VI, 1-145)과 라토나(Latona, 밤의 여신)에 의해 리키아의 농부가 개구리로 변한 것이다(같은 책, VI, 312-380). 인간의 미숙함에 대한 처벌의 예는 디아나(Diana)에 의해 [사냥꾼] 악타이온(Aktaeon)이 사슴으로 변한 것이다(같은 책, III, 155-252).

[155] 황소로 변한 주피터에 대해서는 Apollodor, Bibliothek, III, 1, S. 1 (Apollodor, Bibl., Bd. 1, S. 298-299); Ovid, Metamorphosen, II, 846-875, S. 86-89 참조. 백조로 변한 것에 대해서는 아폴로도로스(Apollodor, Bibliothek, III, 10, 7 [Apollodor, Bibl., Bd. 2, S. 22f])와 락탄티우스(Laktantius, De falsa religione, I, 21 [Migne, Pl Tomus, VI (Lucii Caecilii Firmiani Lactantii opera omnia, Tomus primus), Paris 1844, S. 230-242])가 전해 주었다. 또한 Euripides, Helena, Vorszene, V, 17-22 (Euripides, Sämtliche Trgödien, Bd. 4, S. 122f) 참조.

[156] 또한 이 구절의 변형들로서 다음을 참조하라. "우리는 이것을 명확하게 제시했으며 설명했다. 하지만 우리는 그것을 그것들 자체로부터, 예로 헤시오도스에게서와 같은 우주진화론적인 상념들에서 본다"(Aachen 1826, Ms. 125). "이러한 연계는 명확하게 헤시오도스에

게서의 우주진화론적이며 신발생론적인 상념 속에 언급되어 있다"(Kehler 1826, Ms. 220).

[157] 헤겔은 헤시오도스의 크로노스 역사와 연관하여 말한다(Hesiod, Theogonie, V, 453-467, S. 38-41).

[158] Aischylos, Eumeniden, V, 1-20 (Aischylos, Tragödien und Fragmente, S. 186f) 참조.

[159] Scholia vetera in Pindari carmina, griechisch-lateinisch, hrsg. von Anders Björn Drachmann, 3 Bde., Leipzig 1903-1927 (Reprint Amsterdam 1966-1969), Bd. 2: Scholia in Pythionicas, Amsterdam 1967, Scholion 297. — 맥락에 대해서는 Paulys Realencyclopädie der classischen Altertumswissenschaft, Halbband 34, Sp. 1670 참조.

[160] 거인족(Titan)으로서 다시 해방된 프로메테우스 숭배에 대한 헤겔의 원전은 소포클레스의 『콜로누스의 오이디푸스(Ödipus auf Kolonos)』에 대한 아폴로도로스 평주(評柱)이다. 헤겔의 직접적인 관계지점은 물론 또다시 쉬츠(Schütz)의 아이스킬로스-주석(Aischylos-Kommentar)이다[In Prometheum Vinctum et Septem adversus Thebas, a. a. O., Exkurs I, 171, Anm. m. 이 주석에는 헤겔이 크라쿠프(Krakaw)의 야기엘론스키 도서관에 보관된 장지들 위에 베껴 썼던 아폴로도로스 평주가 보임]. "Neue Quellen zu Hegels Ästhetik. Mitgeteilt und erläutert von Helmut Schneider", a. a. O., 특히 S. 22와 24 참조. 여기에는 평주를 베껴 쓴 헤겔의 필사본이 인쇄되어 있다.

[161] 헤겔은 프로메테우스 전설을 헤시오도스에게서 발견한다(Hesiod, Theogonie, V, 507-616, S. 42-51).

[162] 디아나(Diana) 내지 에페수스의 아르테미스(Diana von Ephesus)는 헤시오도스가 기술하고 있다(Theogonie, V, 14, S. 6f; V, 918, S. 74f). 헤겔은 아프로디테에 대해서도 마찬가지로 헤시오도스에게서 자신의 특성묘사를 찾으며(Theogonie, V, 187-206, S. 20f), 주피터와 천둥인(신)에 관해서도 마찬가지이다(Theogonie, V, 839, S. 68f).

[163] Aischylos, Eumeniden, V, 84ff (Aischylos, Tragödien und Fragmente, S. 190ff) 참조. 비극『오레스테스(Orestie)』의 제3부는 복수의 여신들(Erinnyen)이 자비의 여신(Eumeniden), 즉 고결한 신이 될 때까지 이 복수의 여신에게 쫓겼던 모친살해자 오레스테스의 속죄를 묘사한다. 아테네 여신과 복수의 여신들 사이에는 아버지 법과 어머니 법 내지는 인륜적 국가의 법과 자연위력 간에 결정되어야 하는 더 높은 법정의 심판이 전개된다. 왜냐하면 오레스테스가 아폴로의 아버지 법은 따랐으나, 이에 반해 어머니 법은 훼손했기 때문이다. 아테네는 아레오파고스 법정(최고 법정)을 소집한다. 아폴로 자신은 오레스테스를 면책하기 위해 증인으로 등장한다. 아레오파고스는 어떠한 결정에도 이르지 못하기 때문에 제우스의 딸 아테네가 최종적으로 판결을 내리며, 아버지 법을 따르는 것으로 결정한다. 아테네는 대지의 제식에 복수의 여신들을 받아들이도록 함으로써 그녀들을 만족시킨다. 복수의 여신들인 그녀들은 법을 결정할 때 결국 협력적이었다.

[164] 헤겔은 『정신현상학(*Phänomenologie des Geistes*)』 종교의 장에서 이러한 관계를 상징적 종교에서 그리스 예술종교로의 이행으로서 서술한다(Hegel, *Gesammelte Werke*, Bd. 9, S. 375ff). 다음의 병행지점을 참조하라. "신들은 예술가들의 산물이며 그리고 그것이어야만 한다. 전통과 이것의 개조는 그리스인들의 정신적 신들을 산출하였다. 전래된 것과 만들어진 것이 그들이다. 사람들은 마치 이것이 서로 투쟁했던 것처럼 생각하지만 그렇지 않다. 오히려 정신적인 것의 산출은 필수적으로 하나의 전제를 가지는데, 그 전제는 자연적인 것이다"(*Kehler 1826*, Ms. 226f).

[165] Herodot, *Historien*, II, S. 53 (Bd. 1, S. 246-249) 참조.

[166] 또한 이 구절의 변형들로서 다음을 참조하라. "신들은 그러니까 최고의 미이다. 그리고 그 속에서 본질적인 것은 정신적인 것이다"(*Griesheim 1826*, Ms. 208). "그리스 신들은 미이며 근본이다. 그와 같은 것들의 본질적인 것은 정신적인 것이다"(*Kehler 1826*, Ms. 228).

[167] 헤겔은 피디아스(Phidias, B.C. 460?-B.C. 430?)의 〈올림포스 제우스(Der Olympische Zeus)〉를 암시한다. 이 작품에 대해서는 스트라보(Strabo, B.C. 63?-20)가 그의 『지리학(*Geographika*)』에서 기술하고 있으며, 동전에 복제로 인쇄되어 보존되어 있다. 〈올림포스 제우스〉는 〈아테나 파르테노스(Athena Parthenos)〉와 나란히 피디아스의 두 번째 주요 작품이다. 양자의 거대한 입상형상들은 금과 상아로 제작되어 있었다. 제우스 조각상은 세계 불가사의들에 속한다. 두 작품의 원작들은 고대 후기의 전설적인(놀라운) 전승 이후에 콘스탄티노플로 운송되었어야 했으나 분실되었다. 올림피아에 있는 제우스 거상에 대해서는 또한 플리니우스(Plinius, *Naturalis historia*, Liber XXXV, 55; Liber XXXVI, 18)와 파우사니아스(Pausanias, 110?-180?. *Beschreirung Griechenlands*, 5, II; 헤겔의 소장품에는 *Pausaniae Graeciae descriptio*, 3 Bde., Leipzig 1818이 있었다. 이에 대해서는 *Il periegeta Pausanias. Descriptio Graeciae*, Rec. Johann Heinrich Christian Schubert, 2 Bde., Leipzig 1870 참조)가 알려 준다.

[168] 『일리아스』의 테오마키(Theomachy)에 관해서는 예로 XXI, 331-382, S. 724-729 참조.

[169] 여기에 대한 헤겔의 원전은 그의 소장품에서 발견된 저서 『파우사니아스의 그리스 이야기(*Pausaniae Graeciae descriptio*)』이다. 크로이처도 그의 『호머와 헤시오도스에 관한 서간(*Briefe über Homer und Hesiodus*)』(Heidelberg 1818, S. 150f)에서 이 저서와 연관하여 말한다.

[170] Chr. G. 하이네(Christian Gottlob Heyne, 1729-1812). 서지학자, 괴팅겐대학의 웅변술 교수, 도서관 사서. Chr. G. Heyne, *Akademische Vorlesungen über die Archäologie der Kunst des Alterthums, insbes. der Griechen und Römer*, Braunschweig 1822 참조.

[171] 특히 베르길리우스(Publius Vergilius Maro, B.C. 70-B.C. 19)의 기원전 29년에 시작된 『아이네이스(*Aeneis*)』를 참조하라.

[172] 헤겔은 여기서 호메로스에 대한 베르길리우스의 높은 평가에 직접적으로 반대한다. 이 평가는 예를 들면 J. 시저(Julius Caesar Scaliger, 아마도 Giulio Bordoni, 1484-1558)에게서 보

인다. 헤겔이 『호렌(Horen)』 내 헤르더의 논문을 통해 알게 되었던 F. A. 볼프(Friedrich August Wolf, 1759-1824)의 논서 *Prolegomena ad Homerum sive De operum Homericum prisca et genuina forma variisque mutationibus et probabili ratione emendandi*, Bd. 1, Halle 1795 (*Homeri opera omnia*, Bd. 1) 이래 호메로스와 베르길리우스 간의 비교가 거부된다. Johann Gottfried Herder, *Homer, ein Günstling der Zeit* (Herder, *Sämmtliche Werke*, Bd. 18, S. 420-446) 참조.

[173] Sophokles, *Ödipus auf Kolonos*, V, V, 1434 (Sophokles, *Tragödien*, S. 398) 참조.

[174] *Macbeth*, I, 3; IV, 1에 관하여서는 *Shakespeare*, S. 1313-1315, 1329-1330; Shakespeare, *Sämtliche Dramen*, Bd. III, S. 521-523, 560-564 참조.

[175] 헤겔은 여기서 호메로스의 『일리아스』를 암시한다. 정확히 말하면 병을 아폴로의 침해에 대한 벌로 해석하는 칼카스(Kalchas)의 말(Homer, *Ilias*, I, 93-100, S. 10f)과 아폴로가 보낸 9일 동안의 흑사병(Homer, *Ilias*, I, 43-53, S. 8f)을 암시한다.

[176] 헤겔은 추측컨대, 게르만인들의 이상화된 미덕(virtus)을 카이저 시대의 쇠퇴과정에 대립시키는 로마 역사가 P. C. 타키투스(Publius Cornelius Tacitus, 55-115?)의 『게르만 민족의 기원과 현황(De origine et situ Germanorum)』을 암시한다.

[177] 리비우스(Titus Livius, B.C. 59?-17), 로마 역사저술가. Titus Livius, *Ab urbe condita* (lat. und dt.), übers. und hrsg. von Ludwig Fladerer, Stuttgart 1993 참조.

[178] 철학자의 아버지 세네카 올드(Seneca d. Ä., B.C. 55?-40?)는 시민전쟁 시작 이래의 시대사가 서술되어 있었던 (보존되지 않은) 역사 저서를 집필했다.

[179] 이 구절의 변형들로서 다음을 참조하라. "이 과정 속의 본성, 과정의 그러한 개념은 정신 자체이다. 이것은 예술의 직접적인 대상이 아니다. 정신은 이런 활동범위에서 최고의 개념, 절대자이다. 정신은 그러한 한 예술보다 더 높이 위치한다. 그리고 예술은 자신의 완성 속에 있다. 그 자체로서의 완성된 미[고전적 미]는 이로써 하락되어 있다"(*Aachen 1826*, Ms. 137). "이것은 그러한 과정 속에서 진술되는 정신의 본성이다. 이 과정은 그 자체 정신의 개념이다. 여기서 최고의 개념, 절대자인 정신이 예술보다 더 높이 위치하는 한, 정신은 예술의 그와 같은 직접적인 대상으로서 있지 않다. 정신의 의식은 예술보다 더 높이 위치하며, 예술의 완성된 미는 따라서 저하되어 있다"(*Kehler 1826*, Ms. 251).

[180] 비록 그에게서의 원문(原文)이 증명될 수 없지만, 추정하건대 이 말은 아우구스티누스에게로 소급된다.

[181] 『안티고네(Antigone)』(Sophokles, *Tragödien*, S. 65-117) 참조.

[182] 물론, 호메로스의 『일리아스』가 다루는 트로이전쟁은 헬레나를 유괴하도록 파리스를 움직인 사랑의 열정에 그 시작이 있다(Homer, *Ilias*, III, 174, S. 96-97).

[183] 헤겔은 여기서 실러의 『그리스의 신들(Die Götter Griechenlands)』(초판)과 연관하여 말한다. "여전히 신들이 더 인간적이었으므로, / 인간들은 더 신적이었다"(Schiller, *Werke*, Bd. 1, S. 190-

195, 여기서는 S. 195).

[184] 『코린트의 신부(*Die Braut von Korinth*)』(Goethe, *Werke*, Bd. 1, S. 268-273) 참조.

[185] 예전의 소장자에 의해 이름이 붙여진 〈메디치의 비너스〉는 기원전 1세기에 나온 그리스 조각입상에 대한 카이저 시대의 대리석 모상이다(Florenz, Uffizien; 이전에는 Villa Medici 소장). 조각입상은 무엇보다 클레오메네스(Kleomenes)라는 그리스 미술가의 비문 때문에 19세기 말까지 원작으로 간주되었으며, 고전 예술가들과 이론가들에 의해 높이 평가되었다. 하지만 클레오메네스는 어느 모작자 학교에 소속되어 있었다. 조각입상은 프락시텔레스(Praxiteles, B.C. 4세기)의 후계자에게서 나온 그리스 원작으로 소급된다.

[186] Hartmann von Aue, *Der arme Heinrich* (1190?-1220?), neu ediert durch Jacob und Wilhelm Grimm, Berlin 1815 참조.

[187] 〈파르치발(*Parzival*)〉은 W. v. 에센바흐(Wolfgang von Eschenbach, 약 1220년경 사망)의 주요 작품이다. 그것은 옛 성배전설 일부를 포함하고 있다. 발전서사시의 의미에서 그것은 기사적인 이상들 내지 미덕들에 적합하게 살리려고 시도하는 세속적인 아서왕 기사로서 파르치발의 내적 발전을 얘기한다. 유해한 잘못된 길들에 따라 파르치발은 일시적으로 그의 기사존엄을 상실하지만, 이를 수년 동안의 비틀거림과 싸움 이후에 다시 획득한다. 마침내 그는 성배(聖杯)의 성으로의 접근로를 얻고, 성배의 왕이 된다. Wolfram von Eschenbach, *Parzival*, mittelhochdeutscher Text nach der sechsten Ausgabe von Karl Lachmann, Übersetzung von Peter Knecht, Einführung zum Text von Bernd Schirok, Berlin/New York 1998 참조.

[188] 『맥베스(*Macbeth*)』, I, 5 및 V, 16 (*Shakespeare*, S. 1316; Shakespeare, *Sämtliche Dramen*, Bd. 3, S. 528).

[189] Kleist, *Prinz Friedrich von Homburg* (1810) 참조.

[190] 『오셀로(*Othello*)』(*Othello, The Moore of Venice*) 참조. W. 셰익스피어(William Shakespeare, 1564-1616)의 (운문과 산문) 5막으로 된 비극. 1603년경에 나왔다. 4절판 초판 출간 London 1622, 2절판 London 1623; 1604년 2월 1일 화이트홀에서 최초의 입증된 상연 개최.

[191] 특히 『로미오와 줄리엣(*Romeo and Juliet*)』, I, 3 및 V, 16-62. 줄리엣의 유년시절 등에 관한 묘사(*Shakespeare*, S. 1063; Shakespeare, *Sämtliche Dramen*, Bd. 3, S. 293-295) 참조.

[192] 헤겔은 셰익스피어의 『폭풍(*Tempest*)』(1661년 시연, 1623년 초판)에 나오는 프로스페로(Prospero)의 딸 미란다(Miranda)와 연관하여 말한다. 제1막(I. 2, V, 18)에서 프로스페로는 그의 딸을 "자신이 어떤 자인지 아무것도 모르는(ignorant of what thou art)" 인물로 특성 짓는다(*Shakespeare*, S. 1612; Shakespeare, *Sämtliche Dramen*, Bd. 1, S. 33). 이런 평가는 미란다의 행위와 자기이해에 적중한다. 이에 대해서는 특히 제3막의 첫 장면을 참조하라. *Shakespeare*, S. 1624f; Shakespeare, *Sämtliche Dramen*, Bd. 1, S. 63-66.

[193] 1823년 호토의 직필본(*Hotho 1823*, Ms. 196)에서는 헤겔이 이곳에서 괴테의 시 〈양치기의 탄식노래(Schäfers Klagelied)〉(1802)와 〈툴레의 왕(Der König von Thule)〉(1774/1800)을 참조하도록 지시한다(Goethe, *Sämtliche Werke*, Bd. 1, S. 61f, 117f).

[194] J. P. F. 리히터(Johann Paul Friedrich Richter, 1763-1825), 필명: 장 파울(Jean Paul). 헤겔은 무엇보다 L. 스턴(Lawrence Sterne, 영국 소설가)과 H. 필딩(Henry Fielding, 1707-1754. 영국 풍자희곡작가)의 작품에 뒤이어 쓰인 유머러스한 얘기들과 연관하여 말하며, 장 파울을 주관적 유머의 대표자로 특성 짓는다.

[195] T. G. v. 히펠(Theodor Gottlieb von Hippel, 1741-1796)의 『기사의 십자군행렬과 횡단행렬 A 에서 Z까지(*Kreuz- und Querzüge des Ritters A bis Z*)』(2 Bde., Berlin 1793-1794)와 『상승하는 선에 따른 인생행로(*Lebensläufe nach Aufsteigender Linie*)』(4 Bde., Berlin 1778-1781) 참조.

[196] 여기서 헤겔은 햄릿을 "부당하게 연약한 심의"라고 비난한 괴테에 반대한다. 『셰익스피어는 끝이 없다!(*Shakespear und kein Ende!*)』(Goethe, *Werke*, Bd. 18, S. 147-160, 여기서는 S. 154)와 『빌헬름 마이스터의 수업시대(*Wilhelm Meisters Lehrjahre*)』 제5권, 6장(Goethe, *Werke*, Bd. 7, S. 329) 참조. 또한 이 구절의 변형으로 다음을 참조하라. "햄릿은 또한 의례적인 성격의 범주에 든다. 연약하지 않은 무한히 고귀한 심의. 괴테는 그를 부당하게 연약한 심의라고 칭한다"(*Kehler 1826*, Ms. 275f).

[197] 여기서 중요한 것은 『돈키호테(*Don Quixote*)』 속의 7장임이 틀림없다. 이 장에서는 주인공이 갤리선[노예가 노 젓는 군함]의 노예 12명을 감시자들의 손아귀에서 풀어 준다. 감시자들은 이들을 처벌하기 위해 데리고 가던 중이었다.

[198] 『빌헬름 마이스터의 수업시대』(Goethe, *Werke*, Bd. 7) 참조.

[199] Plinius, *Naturalis historia*, Liber XXXV, S. 15.

[200] 비트루비우스(Vitruv, B.C. 1세기)에게 있어서 목조에서 건축이 시작되었다는 서술에 대해서는 저서 『비트루비우스 건축 10서(*Vitruvii de architectura libri decem*)』(1487년 최초 인쇄, 1514년 독일어로 번역됨), 특히 비트루비우스의 『건축서(*De Architectura*)』, 2장(Liber secundus), I 참조. 비트루비우스는 여기서 태고시대의 축조 형식들을 다룬다. — 켈러는 헤겔이 히르트도 목조에서 출발하는 작가로 언급한다고 노트에 적는다. A. L. 히르트(Aloys Ludwig Hirt, 1759-1839)의 저서 『고대인들의 원칙에 따른 건축술(*Die Baukunst nach den Grundsätzen der Alten*)』(Berlin 1809) 및 『고대인들에게 있어서 건축술의 역사(*Die Geschichte der Baukunst bei den Alten*)』(4 Bde., Berlin 1821-1827) 참조. 마찬가지로 히르트처럼 형식의 순수성을 추구하면서, 목조건축술이 석재로 전환되었다는 주장을 엄격히 거부하는 작가들에는 A. W. 슐레겔도 속한다(특히 Schlegel, *Kunstlehre*, 특히 S. 148f 참조). — 또한 이 구절의 변형을 참조하라. "비트루비우스에게서는 오두막, 작은 집이 그가 기초로 두는 것이다. 동료인 히르트, 이 학식 있는 예술전문가도 동일한 관점에서 출발한다"(*Kehler 1826*, Ms. 295).

[201] 바벨탑에 대해서는 「창세기」 II장, 1-9절 참조. 벨(Bel)탑의 기술에 대해서는 Herodot, *Historien*, I, 181, 5, 183, 1, 184, 1; III, 158 (Bd. 1, S. 164-169, 500f) 참조.

[202] 헤겔은 크로이처의 『상징론과 신화론』(Bd. 1, S. 686f)과 연관하여 말한다. 크로이처는 이 저서에서 헤로도토스의 『역사(*Historien*)』(Herodot, *Historien*, I, 98 [Bd. 1, S. 96-99])를 언급할 때 그가 페르시아와 메디나 건축기념물들을 다룬 것과 관련하여 엑바타나(Ekbatana, 고대 메디아 수도)를 기술한다. "엑바타나는 … 데조세(Dejoces, B.C. 710-B.C. 657)에 의해 건립된 것으로 언덕 위에 지어진 테라스형식의 왕궁이었다. 일곱 개의 장벽이 있는데 그중의 하나는 언제나 다른 것들보다 높았고, 이 장벽들은 여기서 태고의 순박한 상징들의 범위에 포함되는 일곱 행성들과 관계있으며 상이한 외관색칠을 통해 서로 논란의 여지 없이 구분되어 있다."

[203] 헤겔은 세소스트리스의 군대행렬에 관한 보고를 하면서 헤로도토스의 『역사』, II, 102, 3-5 및 106, 1 (Bd. 1, S. 232f, 284f)과 연관하여 말한다.

[204] 링감(Lingam)/링가(Linga)는 남근상(Phallus)의 표현인데, 인도 전체에서 숭배된 시바(Shiva)의 상징이다. 요니(Joni)는 힌두교인들에게 여성적인 대립물, 탄생하는 자연력의, 그리고 이를 구현하는 여신의 상징으로서 어머니 품의 표현이다.

[205] Herodot, *Historien*, II, 102, 3-5 (Bd. 1, S. 282f) 참조.

[206] 헤겔이 여기서 의거하는 보고는 플리니우스의 『자연사(*Naturalis Historia*)』(Libri XXXI-XXXVII)에서 발견된다. 헤겔의 연관장소는 아마도 플리니우스 자체가 아니고, 플리니우스의 『자연사』(Liber XXXVI, 14)를 참조하도록 지시한 크로이처일 것이다. "그렇게 또한 아우로렌(Auroren)의 에티오피아 아들은 메디아인들에게 행성 같은 도시들을 지어 준다. 메디아인 또는 페르시아인 미트라스(Mithras)는 이집트의 태양도시(On-Heliopolis)에서 통치하며, 소위 돌로 된 태양광선, 오벨리스크(Obelisk)들을 짓고 그 위에다 사람들이 이집트적인 것이라고 부르는 문자를 새기는 것을 거기서 꿈을 통해 상기하게 된다"(Creuzer, *Symbolik und Mythologie*, Bd. 1, S. 469). ─ 또한 이 구절의 변형으로 다음을 참조하라. "그와 같은 구축들에는 다수의 이집트적인 것이 속한다. 예로 오벨리스크들. 여기에는 마찬가지로 태양광선이 돌로 조각되어 있으며, 플리니우스가 말하기를 문자들, 상형문자들이 그 위에 쓰여 있다고 한다"(*Kehler 1826*, Ms. 300f).

[207] 헤겔은 여기서 아마도 오지만디아스(Osymandyas, 이집트 신왕국의 람세스 II세)를 의미하며, 그러함에 있어 크로이처의 『상징론과 신화론』(Bd. 1, S. 452)에 의거한다.

[208] 그리스 지리학자 스트라보(Strabo, B.C. 63?-20)의 17권으로 집필된 『지리학(*Geographika*)』을 참조하라. 이 책은 스트라보가 기원전 25년에 여행했던 이집트의 기술(記述)도 포함하고 있다.

[209] 세소스트리스는 정복한 나라들에서 데려온 노예들에게 "사람들이 지금 이집트에서 보게

되는 모든 운하들을 부역으로 파도록 했다. 그렇게 그들은 자신들의 의지에 반하여, 이전에 그 전역(全域)을 말타기와 마차로 접근할 수 있었던 이집트를 말타기와 차 타는 것이 불필요하게 만들었다"(Herodot, *Historien*, II, 108, 2-3 [Bd. I, S. 287]).

[210] 다리우스(Darius)에게 말하기를 종용받은 스키타이(Scythian) 왕 이단튀르수스(Idanthyrsos)는 왜 그가 정복자들과의 싸움을 회피하는지를 설명한다. "우리 스키타이인들은 그것이 정복되거나 황폐화될 수 있다고 걱정해서 너희들과의 싸움으로 치달을 어떤 도시도 농경지도 가지고 있지 않다. 그러나 너희들이 싸우고자 성화를 부린다면, 그래, 우리는 아직 우리 조상들의 묘지들을 가지고 있다. 자 그림! 그 묘지들을 찾아보라. 그리고 그것을 파괴하려 시도해 보라! 그러면 너희들은 우리가 묘지들을 위해 너희들과 싸우게 될지 아닐지를 곧 알게 될 것이다. 물론, 그것이 우리의 확신에 상응하지 않는다면 우리는 미리 너희들과의 싸움을 피할 것이다"(Herodot, *Historien*, II, 127, 2-4 [Bd. 1, S. 595]).

[211] 헤겔이 여기서 의거하는 책은 Baron Dominique Vivant Denons (1747-1825), *Voyage dans la basse et la haute Égypte pendant les campagnes du général Bonaparte*, Paris 1802 (dt.: *Reise in Nieder- und Ober-Aegypten, während der Feldzüge des Generals Bonaparte*, aus dem Französischen übersetzt und mit einigen Anmerkungen begleitet von Dieterich Tiedemann, Berlin 1803; *Mit Napoleon in Ägypten. 1798-1799*, hrsg. von Helmut Arndt, Tübingen 1978)이다. 여기서는 특히 S. 216 참조. "도시들은 각기 상이한 종류일지라도 아름답게 보인다. 이집트인들이 다른 나라들에서 차용한 것이 아무것도 없다는 증거는 다음의 것이다. 즉, 그들은 자신들의 도시를 구성하는 연꽃, 종려, 포도나무 가지, 등심초 같은 모든 장식들을 자신들 땅의 생산물들에서 취한다는 것이다."

[212] 이러한 입장을 헤겔은 괴테(*Von Arebesken* [1789]. [Goethe, *Sämtliche Werke*, Bd. 13, S. 62-66] 참조)와 K. Ph. 모리츠(Karl Philipp Moritz, 1757-1793. *Vorbegriffe zu einer Theorie der Ornamente*, Berlin 1793 참조)와 함께 공유한다. F. 보우터베크(Friedrich Bouterwek, *Ästhetik*, Leipzig 1806, 특히 S. 216f 참조)와 F. W. B. v. 람도어(Friedrich Wilhelm Basilius von Ramdohr, 1757-1822. *Caspar David Friedrich: Bekenntnisse*, ausgewählt und hrsg. von Kurt Karl Eberlein, Leipzig 1924, S. 354)의 아라베스크는 격렬하게 거부된다.

[213] 수의 비례에 의한 음악적 간격(음정)들이 표출될 수 있다는 것은 남부 이탈리아에서 설립된 피타고라스(B.C. 575/570-B.C. 500)학파가 발견했다. 피타고라스학파 철학자들은 우주를 수학적인 질서로 해석한다. 수들은 모든 사물들이 소급될 수 있는 기본적인 요소들이다. 네 개의 기본수들, 소위 "삼각수(Tetraktys, Vierheit, 점을 삼각형 모양으로 배열한 삼각수. 1, 1+2[3], 1+2+3[6], 1+2+3+4[10]이 처음 4개의 삼각수가 됨)"로써 그리스 음악의 세 가지 기본음정이 표현될 수 있다. 8도음정(Oktave, 1:2), 5도음정(Quinte, 3:2), 4도음정(Quarte, 4:3). 음악의 하모니 내지 수들은 코스모스, 즉 조화로운 질서의 의미에서 전체로서의 세계로 이월

된다.

[214] 이에 대해서는 비트루비우스의 저서 『비트루비우스 건축 10서(*Vitruvii de architectura libri decem*)』(1487년에 초판 인쇄, 1514년에 독일어로 번역됨), 특히 제2권, 1장을 참조하라. 비트루비우스는 여기서 태고시대의 축조 형식들을 다룬다(*Zehn Bücher über die Architektur*, lateinisch und deutsch, mit Anmerkungen von C. Fensterbusch, Darmstadt 1976, S. 78-87). 헤겔은 사실 비트루비우스를 일반적으로 간접 인용하며, A. L. 히르트에 직접적으로 의거한다. 히르트는 그의 저서 『고대인들의 원칙에 따른 건축술(*Die Baukunst nach den Grundsätzen der Alten*)』(2 Bde., Berlin 1809)에서 집짓기의 시작을 기술하기 위해 건축에 관한 비트루비우스의 책들을 기초로 삼는다.

[215] 하나의 서술이 비트루비우스에게서 발견된다. 특히 Vitruv, *De Architectura*, 제4권(Liber quartus)을 참조하라.

[216] 아마 여기에 오류가 있을지도 모른다. 에페소스(Ephesos)의 아르테미스 신전(Artemision)의 권위 있는 공동설립자 가운데 한 사람으로서 간주되는 자는 키루스(Cyrus/Kyros)가 아니라 크로이소스(Kroisos)이다.

[217] 고딕(Gotik)이라는 이름은 바사리(Vasari, 1522-1574)에 의해 각인되었다. 그는 고트인들을 (르네상스 취향에 대해) 야만적인 중세 예술의 원조로 여겼다. 이러한 역사적 오류가 보고된 이후에도 명칭이 유지된 채 남았다. 헤겔은 아마도 『독일 건축예술에 대하여(*Von deutscher Baukunst*)』 속의 슈트라스부르크 대성당(Münster)에 관한 괴테의 찬사와 연관하여 말할 것이다. "이것은 독일 건축예술이다. 이탈리아인은 어떠한 자기소유의 건축예술도 뽐내서는 안 되며, 프랑스인은 더욱 뽐낼 것이 없기 때문이다"(Goethe, *Sämtliche Werke*, Bd. 13, S. 16-26, 여기서는 S. 23). 1810년에 프로이센 건축기사 K. F. 싱켈(Karl Friedrich Schinkel, 1781-1841)은 고딕의 규정을 기독교와 결합된 독일 건축으로 확장시켰다. "새로운 것을 창조하는, 그리고 전체 인류를 전혀 다른 단계에 정립하는 기독교 이념은 마침내 참된 원(原)민족, 즉 독일인을 사로잡았다. 독일인은 (그리스) 고대의 영향에 무조건 몸 바치는 것과 멀며, 자기의 자유사상에서부터 나와, 이전의 형식들의 수용하에서, 정신과 삶에 고유한 기질의 세계가 생성되도록 했던 민족이다"(Dieter Kimpel und Robert Suckale, "Die gotische Kathedrale. Gestalt und Funktion", in: *Funkkolleg Kunst*, hrsg. von Werner Busch, Bd. 1, München 1987, S. 29-54, 여기서는 S. 34).

[218] 후기 고딕적인 안트베르펜 대성당 온체 리베 브로우(Onze Lieve Vrouw, 성모마리아 성당)는 네덜란드에서 가장 큰 성당이다(길이 117m, 폭 56m). 이 성당은 1352년부터 건설이 시작되었다. 성장하는 상공업 및 이와 결부된 인구의 증가는 건축주로 하여금 본당 넓이를 5에서 7로 확대하도록 만들었다. 16세기에는 더구나 9개의 본당으로 확장하는 계획이 수립되었지만 실현되지 않았다.

[219]   18세기 동안, 특히 프랑스에서는 계몽의 취향에 부응하여 수많은 고딕 성당들 내에서 채색 창문이 대체되었다. 가끔은 또한 부가적으로 내부가 하얗게 칠해졌는데, 약 1752년경의 파리 노트르담 성당 속이 그러하다. 예전 색유리창들은 벌써 여러 차례 종교개혁의 추세 속에서 그림들 공략의 희생물이 되었다.

[220]   다른 강의증거물들은 이곳에 카트르메르 드 퀸시(Quatremère de Quincy, 1755-1849. 프랑스 건축이론가)에 대한 참조지시를 고수한다. 이 구절의 변형으로서 다음을 참조하라. "카트르메르 드 퀸시는 올림피아 주피터에 관한 그의 저서에서 그림을 설명했다"(*Aachen 1826*, Ms. 170).

[221]   이에 반해 이어지는 이 구절의 변형들을 참조하라. "나머지 것들은 정신을 그것들의 자리를 통해서만 표출한다"(*Aachen 1826*, Ms. 173). "다른 지체들은 정신적인 것을 그것들의 자리와 서로의 관계를 통해서만 표출한다"(*Kehler 1826*, Ms. 327).

[222]   헤겔은 여기서 D. 라우흐(Daniel Rauch, 1777-1857)의 프로이센 장군 G. J. D. 폰 샤른호르스트(Gerhard Johann David von Scharnhorst, 1755-1813)의 입상(Standbild)과 연관하여 말한다. 이 입상은 1822년 6월 18일 벨-알리앙스(Belle-Alliance, 워털루) 전투의 날, F. W. F. v. 뷜로(Friedrich Wilhelm Freiherr von Bülow) 장군의 입상조각(Statue)과 함께 베를린의 노이에 바헤(Neue Wache)에 세워졌던 것이다. 헤겔은 여기 초상인물들의 의복 종류를 둘러싼 동시대 논쟁들에서 사실주의적인 측면을 펴는데, 사실주의는 독일에서 결정적으로 베를린 고전주의에 의해 대표되었다.

[223]   헤겔은 1821년 드레스덴 여행에서 ―동시대의 감상풍조에 따라― 고고학자 K. A. 뵈티거(Karl August Böttiger)의 안내하에 횃불 빛으로 입상조각을 직접 관람했다(Hegel, *Briefe*, Bd. 2, Nr. 402, S. 293 참조).

[224]   그리스 조각에 대해서는 Winckelmann, *Geschichte der Kunst des Alterthums* (1764), S. 156-164; *Gesch. d. Kunst d. A.*, S. 156-162 참조. 이집트 예술에 대해서는 Winckelmann, *Geschichte der Kunst des Alterthums* (1764), S. 40; *Gesch. d. Kunst d. A.*, S. 52 참조.

[225]   그리스 예술에서 여성적 신격들의 유형에 관한 빙켈만의 규정에 대해서는 특히 Winckelmann, *Geschichte der Kunst des Alterthums* (1764), S. 164-166; *Gesch. d. Kunst d. A.*, S. 162-164 참조. 조각에서 남성적 신격들의 유형들에 대해서는 Winckelmann, *Geschichte der Kunst des Alterthums* (1764), S. 157-164; *Gesch. d. Kunst d. A.*, S. 157-162 참조.

[226]   헤겔은 P. 캄퍼(Petrus Camper, 1722-1789)의 논서 *Ueber den natürlichen Unterschied der Gesichtszüge in Menschen verschiedener Gegenden und verschiedenen Alters, über das Schöne antiker Bildsäulen und geschnittener Steine, nebst Darstellung einer neuen Art, allerlei Menschköpfe mit Sicherheit zu zeichnen*, hrsg. von Adrian Gilles Camper, übersetzt von S. Th. Soemmering, Berlin 1792와 연관하여 말한다.

[227] 그리스 예술에서 황소의 형태화에 대해서는 Winckelmann, *Geschichte der Kunst des Alterthums* (1794), S. 180, 177 참조. 그리스인들에게서 눈의 형태화에 대해서는 같은 책, S. 165f, 179f; *Gesch. d. Kunst d. A.*, S. 163f, 175-177 참조. 이집트인들에게서 눈의 형태화에 대해서는 Winckelmann, *Geschichte der Kunst des Alterthums* (1764), S. 41f; *Gesch. d. Kunst d. A.*, S. 53 참조.

[228] Winckelmann, *Geschichte der Kunst des Alterthums* (1794), S. 179 참조. "눈의 아름다움 가운데 하나는 크기인데, 작은 것보다 큰 빛이 더 아름다운 것과 같다." 또한 *Geschichte der Kunst des Alterthums* (1794), S. 166; Winckelmann, *Gesch. d. Kunst d. A.*, S. 163 참조. "비너스는 실로 두 여신들[주노와 팔라스]과는 상이한 시선을 가지고 있다. 이 시선은 특별히 아래의 약간 안으로 들어 올려진 눈꺼풀이 만든 것이다. 이 눈꺼풀로 인해 그리스인들이 촉촉함(τὸ ὑγρόν, to ugron)이라고 부르는, 추파 던지는 것과 애끓는 것이 부드럽게 열린 눈 속에 형성된다. 이 촉촉함은 근대인들의 음란한 몸짓들과는 거리가 먼데, 사랑은 고대의 예술가들에 의해서도 지혜의 배석자로서 간주되었기 때문이다."

[229] 헤겔은 아마도 실러의 시 〈그리스의 신들(Die Götter Griechenlands)〉과 연관하여 말할 것이다. 이 시는 그러나 일반적으로만 그리스 신들의 미를 칭송하며, 초판 말미에 신 표현의 신인동형설을 암시한다. 실제로는 오히려 여성적 신 형태들에 대한 빙켈만의 묘사에서 정확한 관계가 보일 수 있다. 앞의 주 225와 아래의 주 230을 보라.

[230] Winckelmann, *Geschichte der Kunst des Alterthums* (1764), S. 42, 54, 177, 181 참조.

[231] 이 입상조각에는 턱이 아니라 오른쪽 팔과 오른손의 손가락이 복원되어 있다. 메디치 비너스의 턱 보조개에 관해서는 빙켈만도 보고하고 있다(무엇보다 Winckelmann, *Geschichte der Kunst des Alterthums* [1764], S. 181; *Gesch. d. Kunst d. A.*, S. 177 참조). 이 조각의 복원된 손들에 대해서는 Winckelmann, *Geschichte der Kunst des Alterthums* (1764), S. 182; *Gesch. d. Kunst d. A.*, S. 178 참조.

[232] 그리스 예술에서 가슴과 발의 표현에 대해서는 Winckelmann, *Geschichte der Kunst des Alterthums* (1764), S. 181-183; *Gesch. d. Kunst d. A.*, S. 177-179 참조. 이집트 입상조각에 대해서는 같은 책, S. 39f와 51f 참조.

[233] 그 외에도 같은 책, S. 11-18과 30-34 참조.

[234] J. H. 마이어(Johann Heinrich Meyer, 1759-1832). 취리히 호숫가 슈테파(Stäfa am Zürichsee) 출신의 화가이자 미술사적 저술가로, 조형예술의 문제에서 괴테와 가까운 동료. 여기서는 특히 그의 저서 『그 근원에서 최고의 융성기까지 그리스인들에게 있어 조형예술의 역사(*Geschichte der bildenden Künste bei den Griechen von ihrem Ursprunge bis zu ihrem höchsten Flor*)』(3권, Dresden 1824)를 참조하라.

[235] 우리 생각으로는 'Kermide'를 'Hamilton'으로 읽는 것이 의미가 있다. — 여기서 문제가

되는 것은 틀림없이 포르텐(von der Pfordten)의 듣기오류일 것이다. 1772년, 네팔의 영국 사신인 W. 해밀턴(William Hamilton, 1803년 사망) 경은 고대의 화병들, 조각한 보석들 등의 첫 번째 방대한 수집을 영국 박물관에 판매했다. 수년 전에 그는 자신의 고대 예술작품들을 4권의 화려한 장정의 책으로 출판하게 했다. Pierre François d'Hancarville, *Antiquités étrusques, grecques et romaines du cabinet de Mr. Hamilton*, 4 Bde., Neapel 1766-1767. 몇 년 안 되어 1,000개 넘는 고대 화병들에 대한 두 번째 수집이 이뤄졌다. 그중 절반은 형체들 (텍스트에서 언급한 500이라는 숫자가 이와 연관된다)이 있는데, 이 화병들은 해밀턴이 프로이센 왕 프리드리히 2세에게 판매할 수 있기를 희망했던 것들이다. 하지만 거래는 성사되지 않았다. 해밀턴은 또한 이번에는 1790년부터 그의 두 번째 화병수집의 출판을 준비했고, 이를 네팔의 당시 학술원장 J. H. W. 티슈바인(Johann Heinrich Wilhelm Tischbein, 1751-1829)에게 위임했다. 티슈바인은 화병들에서 소실된 그리스 회화의 반영을 인식했던 자이다. 수집은 네 권의 윤곽스케치로 출판되었다. *Collection of engravings from ancient vases mostly of pure Greek workmanship discovered in sepulchres in the Kingdom of the two Siciles but chiefly in the neighbourhood of Naples during the course of the years MDCCLXXXIX and MDCCLXXXX: now in the possession of Sir W. Hamilton with remarks on each vase by the collector; Recueil de gravures d'après des vases antiques la plus part d'un ouvrage grec trouvés dans des tombeaux dans le Royaume des deux Siciles mais principalement dans les environs de Naples l'années 1789 et 1790*, hrsg. von Johann Heinrich Wilhelm Tischbein, 2 Bde., Neapel 1791-1795 (영어와 프랑스어 텍스트). 독일어본: *Umrisse Griechischer Gemälde auf Antiken in den Jahren 1789 und 1790 in Campanien und Sicilien ausgegrabenen Vasen, jetzt im Besitz des Ritters William Hamilton*, hrsg. von Johann Heinrich Wilhelm Tischbein, Weimar 1796. — 이 유명한 화병작품들은 동시대 예술생산에 엄청난 영향을 미쳤다.

[236] 〈브레다 바덴의 나사우 백작과 그의 아내 마리아의 묘비(Grabmal des Grafen von Nassau und seiner Gemahlin Maria von Baden in Breda)〉는 헤겔 시대에 가정되었듯, 미켈란젤로 (Michelangelo, 1475-1564)가 아니라 무명의 작가에게서 유래한다. 헤겔은 1822년 10월 9일 자신의 아내에게 보낸 서신에서 이 작품에 관하여 쓰고 있다(Brief Nr. 438, in: Hegel, *Brief*, Bd. 2, S. 358f 참조). 이 작품은 마찬가지로 1828/29년 리벨트(Libelt)의 직필본에서 언급된다. "네덜란드에 있는 대리석 마리아, 자애로운 어머니로서가 아니라 오히려 천상의 왕비로서의 [마리아]. 알브레히트 뒤러는 이것을 그의 여행기에서 언급한다. 큰 검은 대리석판 위에 놓인 설화석고(Alabaster)로 된, 그의 아내와 함께 있는 나사우 백작 입상조각은 4피트 폭, 5피트 길이이다. 가장자리 위에 경탄할 만한 표현을 갖춘 부드러운 설화석고의 형체 네 개가 서 있는데, 이 형체들은 백작의 군장비가 있는 4피트 두께의 대리석판을 지탱하고 있다. 시저, 한니발, 레굴루스는 안젤로(Angelo)에 의해 만들어져 있다. 네 번째

형체는 그의 것이 아니며, 로마인을 표현한다. 낭만적 또는 근대적인 감각(Sinn)의 전체 방향은 조각의 최근 규정인 높은 관념성을 향해 있지 않다"(*Liebelt 1828/29*, Ms. 127).

[237] 1803년 바이마르 미술전시에 대해 프리드리히(Friedrich, 1786-1836)와 크리스티안 리펜하우젠(Christian Riepenhausen, 1788-1860) 형제가 스케치 12개를 보내 주었다. 파우사니아스(Pausanias, 115년경 출생. 그리스 여행가, 지리학자)의 기술을 근거로 하면 그들은 델피의 폴리그노토스(Polygnot, B.C. 5세기 전반. 그리스 도화가)의 회화들을 복구하려고 시도했었다. 형제는 물론 곧 낭만주의자들과 연대했으며, '가톨릭교적인' 주제들에 전념했다. 괴테는 신념을 바꾼 것에 대해 대단히 화나 있었으며, 1805년에 출간된 이러한 기획안들의 간헐적 연속물(Stichfolge)에 대한 논의 속에 '신가톨릭교적 감성주의'를 반박하는 논평들을 넣었다.

[238] 이것과 다음의 주석은 동일한 저서에 연관된다. 그의 논서 「1803년 바이마르 미술전시와 1804년도 공모과제(Weimarische Kunstausstellung vom Jahre 1803 und Preisaufgabe für das Jahr 1804)」(in: Johann Wolfgang von Goethe, *Sämtliche Werke*, Bd. 13, S. 363-396)의 범위 내에 속하는 〈델피 광장(Lesche)에 있는 폴리그노토스의 회화들(Ploygnots Gemälden in der Lesche zu Delphi)〉에 관한 괴테의 기술을 참조하라.

[239] 헤겔에게 있어서 고통과 그 미학적 의미의 기술에 대해 규범적인 것은 레싱의 『라오콘 또는 회화와 시의 한계에 관하여(*Laokoon, oder über die Grenzen der Malerei und Poesie*)』(1766) 외에도 『조소(*Plastik*)』(1768-1770 작성)에 관한 헤르더의 논문과 괴테의 1798년 서두 기고인 『라오콘에 관하여(*Über Laokoon*)』이다. 또한 A. W. 슐레겔의 『예술론(*Kunstlehre*)』(1801/02)과 헤겔이 그것에 대해 쟁론을 벌인 셸링의 『예나 미학강의(*Jenaer Ästhetikvorlesung*)』(1802/03)에서는 언급된 고전적 작품들이 낭만적 예술의 전형적인 표현형식인 특성적인 것으로의 이행을 형성한다.

[240] 헤겔은 여기서 1430/40년경에 나온 얀 반에이크(Jan van Eyck, 1386-1440)의 회화작품과 연관하여 말한다. 이 회화작품은 졸리(Solly)의 수집에서 나중에 베를린 미술관으로 옮겨졌다. 이것은 현재까지 베를린 미술관의 소유물이다(프로이센 문화재 재단).

[241] 여기에서 보이는 "색채의 고유한 방식"이라는 헤겔의 발언은 한편으로 히르트가 『호렌(*Horen*)』에 실은 그의 논문 「예술미에 관한 시고(Versuch über das Kunstschöne)」(*Die Horen*, 3, Jg. [1797], 7. Stk., S. 1-37 참조)에서 다룬 살색의 특성묘사에 연관된다. 히르트는 특성적인 것을 표출과의 관계에서 규정한다. 다른 한편으로 헤겔은 J. G. 줄처(Johann Georg Sulzer, 1720-1779)의 예술이론을 수용하는데, 이 이론은 고유한 색을 사물 자체에서의 색(Ding-an-sich-Farbe)의 방식으로 이해한다(Art, *Eigenthümliche Farbe. [Mahlerey]*, J. G. Sulzer, *Allgemeine Theorie der Schönen Kunste in einzeln, nach alphabetischer Ordnung der Kunstwörter auf einander folgenden Artikeln abgehandelt*, 4 Bde., in 2 Teilen, 여기서는 Teil 1, Bd. 2, S. 387-389 참조).

[242] [여기서] 의미하는 바는 그 당시 코레조의 것으로 여겨졌던 그림 〈독서하며 속죄하는 막 달레나(Büßende Magdalena bei der Lektüre)〉(29×39.5cm, 예전에 드레스덴 회화미술관 소장, 전쟁 때 소실)이다. 도판 하나가 예로 다음의 책에서 발견된다. Cecil Gould, *The Paintings of Correggio*, London 1976, 표 97c.

[243] 1517년경에 추기경 G. 드 메디치(Giulio de' Medici)가 주문한 기념그림인 〈그리스도의 변용(Verklärung Christi)〉은 라파엘로의 마지막 작품이었다. 그림의 완성에 여전히 거장 자신이 적잖이 관여했었다. 풍경을 포함한 전체 변용장면이 그의 작품이며, 사도그룹 내 왼쪽의 가장 큰 부분이 그의 손에서 나온 것이다. 이에 반해 나머지 부분들은 그의 두 수제자 G. 펜니(Giovanni Penni, 1488-1528)와 G. 로마노(Giulio Romano, 1499-1546)의 합작으로 인식된다.

[244] 헤겔은 D. 디드로(Denis Diderot, 1713-1784)에 의거하여 채색효과(Kolorit)를 상론한다. 헤겔은 디드로의 구상을 괴테의 번역과 주석에서 알게 되었다(*Diderots Versuch über die Malerei. Übersetzt und mit Anmerkungen begleitet* [1799]; Goethe, *Sämtliche Werke*, Bd. 13, S. 201-253). 디드로의 텍스트[『회화에 관한 에세이(*Essais sur la peinture*)』는 1765년에 저술되었고, 1795년에 인쇄되었다. 헤겔에게 그 외 중심적인 관계지점은 괴테의 『색채론(*Farbenlehre*)』이다. — 명암에 대해서는 *Farbenlehre*, Didakt, Teil, § 851 참조. 색채(노랑 vs. 파랑)의 공간적 작용에 대해서는 § 780 참조. 색채의 상징가치에 대해서는 § 915 참조. 색채의 조화, 단계별 차등을 통해 조화롭게 만들기에 대해서, 그리고 맑은 색의 판정에 대해서는 *Farbenlehre*, Didakt, Teil, §§ 891-895와 또한 디드로의 『시고(*Versuch*)』(Goethe, *Sämtliche Werke*, Bd. 13, S. 240) 참조. 공기원근법에 대해서는 *Farbenlehre*, Didakt, Teil, §§ 867-870 참조. 채색효과의 고유성과 개별성에 대해서는 디드로의 『시고』(같은 책, S. 246-249) 및 주 241에 언급된 내용을 참조. 채색효과에서 최고점과 가장 엄중한 것으로서의 살색에 대해서, 내지 기초색채들의 조화로운 결합으로서의 살색에 대해서는 디드로의 『시고』(같은 책, S. 234-238; 또한 *Farbenlehre*, Didakt, Teil, §§ 666-672, 876-878) 참조. 여기에는 또한 헤겔이 괴테의 번역에서 인용한 디드로의 문장이 발견된다. "살의 느낌에 도달한 자는 이미 멀리 나아갔다. 그 나머지 것은 이에 비하면 아무것도 아니다. 수천 명의 화가들이 살을 느끼지 못한 채 죽었으며, 수천 명의 다른 자들은 그것을 느끼지 못하고 죽을 것이다"(같은 책, S. 234).

[245] 동판화는 (여전히 좀 뒤러에게서와는 다르게) 오로지 회화작품을 위한 복제수단으로서 역할을 했으며, 헤겔 시대에는 더구나 음영 표현에 더 적합한 매체인 석판화에 의해 교체되었다. 모자이크 작업들은 벽이나 양탄자처럼 예외적인 경우에만 예술적 작품으로 승인되었다.

[246] 헤겔은 아마도 Karl Wilhelm Ramler, *Kurzgefaßte Mythologie oder Lehre von den fabelhaften Göttern, Halbgöttern und Helden des Alterthums*, Berlin ³1816 내지는 G. 헤르만(Gottfried

Hermann)이 편찬하고 서문을 곁들인 *Orphica*, Leipzig 1805와 연관하여 말하고 있을 것이다. 원래의 출처들은 예로 아이스킬로스(*Agamemnon*, V, 1629f [Aischylos, *Tragödien und Fragmente*, S. 106f]), 에우리피데스(Euripides, *Sämtliche Tragödien*, Bd. 5, S. 292f), 오비디우스(Ovid, *Metamorphosen*, X, I-XI, 66, S. 358-399) 및 핀다로스(Pindar, *Siegeslieder. Vierte Pythische Ode*, V, 176, S. 154f)이다.

[247] A. W. Schlegel, *Kunstlehre*, S. 225 참조.

[248] 병행지점들에서는 이 논평이 괴테의『서동시집(*West-Östlichen Divan*)』에 연관된다는 것이 명확하다. 헤겔은 (하인리히 하이네와 나란히) 자신의 동시대인들과 제자들 가운데 유일하게 이 시집을 매우 가치 있게 평가했다. A. Gethmann-Siefert/B. Stemmrich-Köhler, "Faust: Die 'absolute philosophische Tragödie' und die 'gesellschaftliche Artigkeit' des West-Östlichen Divan", in: *Hegel-Studien*, 18 (1983), S. 23-64 참조.

[249] 헤겔은 헤르더가 송시(Ode)를 (기회 덕분에 만들어진, 원래는 또한 즉흥적인) 노래로 규정한 것과 연관하여 말한다. 핀다로스의『에피니키온(*Epinikien*)』(승리의 노래들)에는 이러한 해석이 알맞다(Pindar, *Siegeslieder*, S. 6-349). 호라티우스의 [송시]『카르미나(*Carmina*)』는 칭송가, 음주가, 사랑가 외에도 무엇보다 정치적인 내용을 가진 시들을 포함하고 있다(Horaz, *Sämtliche Werke*, S. 6-209 [*Carmina*]; S. 210-215 [*Carmen Saeculare*]).

[250] 단테는 C. d. 스칼라(Cangrande della Scala)에게 보내는 서신에서 자신의 서사시를 희극(Commedia)으로 특성 지었다(Dante Alighieri, *Das Schreiben an Cangrande della Scala*, übers. von Thomas Ricklin, lateinisch und deutsch, Hamburg 1933, S. 12f 참조). "빛나는 민족어(volgare illustre)"(숭고한 민족어로서의 이탈리아어)의 선택에 대해서는 예를 들어『속어론(*De vulgari eloquentia*)』(1303/04년에 나옴. *De vulgari eloquentia libri duo*, EA Vienza 1529 [트리시노(Trissino)의 이탈리아어 번역만 포함됨]; 텍스트의 첫 편집본은 1577년 파리에서 출간됨)을 참조. 이 저서에서 단테는 베르길리우스, 호라티우스, 오비디우스의 라틴어에 당연히 필적할 수 있을 예술언어와 시언어로서의 이탈리아어, [라틴어만큼] 빛나는 민족어(volgare illustre)의 이상을 발전시킨다.

[251] 헤겔은 타소가『시 예술론(*Discorsi dell'arte poetica*)』(Venedig 1587. 1594년에 *Discorsi del poema eroico*라는 제목으로 증보판이 나옴[Luigi Poma 편집, Bari 1964]) 논서에서 발전시킨 서사시 이론과 연관하여 말한다.

[252] 헤겔은 P. 칼데론(Pedro Calderón de la Barca, 1600-1681)의 연극들을 언급하는데, 특히『십자가에 대한 기도(*Die Andacht zum Kreuze*)』(1634; 독일본 1803)를 말한다. Calderón de la Barca, *Schauspiele*, übers. von August Wilhelm Schlegel, 2. Bde., Berlin 1803-1809. — 헤겔은 1823년 강의에서 칼데론을 비판한다. "사람들은 이러한 견지에서 스페인인들과 이탈리아인들을 한갓된 예술가로, 즉 격렬한 열정이 지배하는 인물들과 상황들이 자신들

의 주관적 구상력과 재치들을 말하게 하는 예술가들로 간주했다. 이러한 측면을 사람들은 또한 셰익스피어에게서도 비난했는데, 그가 최고의 욕동 속에서 인물들에게 비유들을 말하게 한다는 것이다"(*Hotho 1823*, S. 149). — P. 칼데론과 W. 셰익스피어의 비교에 대해서는 A. W. Schlegel, *Vorlesungen über dramatische Kunst und Literatur* (1809, 2. Aufl. 1817); *Kritische Ausgabe*, eingeleitet und mit Anmerkungen versehen von Giovanni Battista Amoretti, Bd. 2, Bonn/Leipzig 1923, S. 109-114 참조.

[253] 헤겔은 여기서 레싱이 반대하며 싸웠던 알렉산드리아 율격과 연관하여 말한다. 알렉산드리아 율격은 독일과 네덜란드 바로크 시의, 그리고 18세기 초의 지배적인 운율이었다. 고트셰트가 이 율격을 유포하였고, 보드머(Bodmer)와 브라이팅어(Breitinger)는 이에 반대하여 투쟁하였다. 클롭슈토크가 그의 『구세주(*Messia*)』(1748)로써, 레싱이 그의 『나탄(*Nathan*)』(1783)으로써 택일적 대안을 제시한 이후, 이 율격은 서사시와 극에서 6운각의 시구(Hexameter) 내지 5각 약강격의 무운시(Blankvers)에 의해 밀려났다. — 또한 이 구절의 변형으로서 다음을 참조하라. "괴테와 실러는 그렇게 시작하였으나, 곧바로 포기했다. 레싱은 알렉산드리아 율격에 반대해 싸웠고, 그의 『나탄』에서 운문화를 하게 되었다"(*Kehler 1826*, Ms. 385).

[254] 고대 형식에 근접하고 있음(Goethe, *Sämtliche Werke*, Bd. 1, S. 347).

[255] 헤겔은 포스(J. H. Voß)의 『독일어 운율학(*Zeitmessung der deutschen Sprache*)』(Königsberg 1802)을 둘러싼 논란들을 시사한다. 포스는 독일어에서는 그리스어에 유비적인 운율체계를, 시의 구조에서는 그리스적 도식의 재생산을 요구했다.

[256] 사투니어[Saturnier, 초기 라틴 시체(詩體) 내지 새턴 운문(Versus saturnicus)은 라틴어와 고대 이탈리아 시의 가장 오래된 운문이다(칭호는 경멸적인 것, 더욱이 사투르누스(Saturn)의 황금기에서 유래하는 것을 의미한다]. L. 안드로니쿠스(Livius Andronicus, B.C. 207년에서 200년 사이 출생)가 『오디세이아』를 번역한 것은 운문이며, 네비우스(Naevius, B.C. 280/270-B.C. 201 이후)는 『카르타고 전쟁(*Punischen Krieg*)』을 사투니어로 저술했다.

[257] Ambroise de Milan, *Hymnes*, Texte établi, traduit et annoté sous la direction de Jacques Fontaine, Paris 1992; *Hymni latini antiquissimi*, hrsg. von W. Bulst, Heidelberg 1956; A. S. Walpole, *Early Latin Hymns*, Hildesheim 1966 (Repr. der Ausg. Cambridge 1922).

[258] 그리스 시인 무사이오스(Musaeus/Musaios)는 8세기가 아니라 5/6세기에 생존했다. 6운각의 시구로 헤로(Hero)와 레안드로스(Leander, 헤로의 연인)에 관한 전설을 형상화한 짧은 서사시(Epyllion)가 그의 이름으로 전해져 있다.

[259] 맹인 시인으로서의 "호메로스(Homer)"라는 일반적 문구는 헤르더에게서 유래한 것으로 여기에서 축약되어 보고되는데, 시인이 알려 주는 사건들에 대한 그의 시대적 거리에 관해서도 헤겔이 언급했기 때문임이 분명하다. 다음을 참조하라. "예를 들면 호메로스는

그가 다루는 사건들로부터 100년가량 떨어져 있다"(*Hotho 1823*, S. 112). 헤겔이 플라톤과 연관하여 말하는 "죽은 음유시인"이라는 명칭은 정확할 것이다. 주 270을 보라. 또한 다음을 참조하라. "호메로스에 대해 사람들이 새로이 말하기를, 그는 전혀 실존하지 않았으며, 개별 음유시인들이 그것을 작시(作詩)했고, 그래서 시가 중단되지 않는다는 것이다. 이것은 최고의 칭찬이다. 시인은 사라진다. … 민족의 사안, 한 민족의 직관의 객관적 방식이 표현되는 것이다"(*Hotho 1823*, S. 295f).

[260] 『니벨룽겐의 노래(*Nibelungenlied*)』에 대해서는 *Der Nibelungen Lied in der Ursprache mit den Lesarten der verschiedenen Handschriften*, hrsg. durch Friedrich Heinrich von der Hagen, Berlin 1810을 참조. J. J. 보드머는 이미 1757년에 니벨룽겐의 노래의 일부를 발행했다. *Chrimhildens Rache und die Klage: Zwey Heldengedichte aus dem Schwäbischen Zeitpuncte, samt Fragmenten aus dem Gedichte von den Nibelungen und aus dem Josaphat, darzu koemmt ein Glossarium*, hrsg. von Johann Jakob Bodmer, Zyrich 1757. 완전한 출간본은 1782년에 H. C. 밀러(Christoph Heinrich Myller, 1740-1807)가 다음의 제목으로 출판했다. *Der Nibelungen Liet: ein Rittergedicht aus dem 13. oder 14. Jahrhundert*, hrsg. von Christoph Heinrich Myller, zum ersten Male aus der Handschrift ganz abgedruckt, Speyer 1782. 영웅서사집에 대한 주석은 크로이처의 『상징론과 신화론』 2판, 제4권, S. 294-314(S. 296, 16-17행 참조)에서 볼 수 있다. ― 헤겔은 이러한 사정을 호메로스의 서사시들과의 대조에서 참조하도록 지시한다. 이 서사시들은 그 속에 묘사된 사건들과 대략 같은 시대격차 속에 있지만, 바로 자신의 고유한 시대에 대해 고유한 근원들의 전통이라는 의미를 전수받은 시들이다. 트로이 전쟁(B.C. 1200년경) 시대에 대한 역사적 트로이와 호메로스 서사시의 시대격차는 『니벨룽겐의 노래』(1200년경)의 39개 모험담들이 그 소재(약 5세기)와 갖는 격차에 상응하며, 또한 헤겔의 당대와의 격차에도 상응한다. "시대의 교양"이라는 고유한 특성에 대한 시사는 호엔슈타우펜 시대의 사유물과 소재의 혼합을 가리킨다. ― 헤겔이 국민서사시로서의 니벨룽겐 노래를 거부하는 것은 게르만 신화론을 부활시키려는 시도와 결부된 문화정치적 관심들에 대한 날카로운 비판을 포함하고 있으며, 논란의 여지가 있다. 무엇보다 Creuzer, *Symbolik und Mythologie*, Bd. VI, S. 294-314, 특히 S. 301f, 313f 참조. 헤겔은 또한 F. W. 라흐만(Konrad Friedrich Wilhelm Lachmann, 1793-1851)의 논저 「니벨룽겐 노래의 원래 형태와 시에 관하여(Über die ursprüngliche gestalt des gedichts von der Nibelungen noth)」(Berlin 1816) 및 F. H. 폰 데어 하겐(Friedrich Heinrich von der Hagen, 1780-1856)에게 함축적으로 반대한다. 폰 데어 하겐은 1807년에 니벨룽겐 노래를 신(新)고지대 독일어로, 1810년에는 중고지대 독일어로 발행했다. 이에 대해서 또한 동일저자의 *Anmerkungen zu der Nibelungen Noth*, Frankfurt a. M. 1824; *Die Nibelungen: ihre Bedeutung für die Gegenwart und für immer*, Breslau 1819 참조.

[261] 추측컨대 헤겔은 헤르더가 번역한, 14세기에 나온 운문서사시 『로드리고, 영웅 엘 시드의 청춘에 대한 노래(*Cantar de Rodrigo o mocedades del Cid*)』의 후기 판과 연관하여 말하고 있을 것이다. *Der Cid. Geschichte des Don Ruy Diaz, Grafen von Bivar*, nach spanischen Romanzen (1803/04년에 헤르더의 잡지 『아드라스테아』[Adrastea, 크레타의 왕 멜리세우스의 딸 이름]에 실렸고, 그다음 『아름다운 문학과 예술에 관하여』를 담고 있는 그의 전집 제3권[Tübingen 1805]에 실렸다). 헤르더의 텍스트기초는 『매우 용감한 기사 돈 로드리고 디 비바르, 용감한 영웅 시드의 역사(*Historia del muy valoroso Cavallero Don Rodrigo di Bivar, el bravo Cid Campeador*)』(Lissabon 1605)가 아니라 『일반 총서(*Bibliothèque Universelle*)』(1783)에서 나온 무명의 조합들인데, 전자의 역사서에는 J. 에스코바르(Juan Escobar)가 시드에 대한 전설군의 여러 원자료들을 수집하여 정리하고, 가공한 것이 들어 있다. 『새로운 독일적 머큐리(*Der Neue teutsche Merkur*)』(hrsg. von Christoph Martin Wieland, Jg. 1792, 1. Stk., S. 199-215)에는 제켄도르프(Karl Sigmund Freiherr von Seckendorff, 1744-1785)로 표시된 번역시고 『시드의 낭만적 역사(*Romantische Geschichte des Cid*)』가 실렸다. 여기서는 헤겔에서와 같이 원래 중세후기 영웅노래들이 낭만적 세계에 속하는 특성이 강조된다(주 260을 보라).

[262] 또한 이 구절의 변형으로서 다음을 참조하라. "이제 이러한 견지에서 서사시에 관해 말해야 한다면, 그것은 일반적 방식으로 행해질 수 없고, 가장 고유하게 한 민족의 정신을 표현하는 특별한 책들에 관해 말해야만 할 것이다. 예를 들면 새로이 발굴한 인도인들의 『라마야나(*Ramajana*)』는 일반적인 인도적 특성과 달리 환상으로부터 한층 더 자유로운 특성을 가지는 것으로 보인다. 그것의 더욱 특정한 형식을 만드는 것은 아마도, 그것이 북부 인도에서 유래했다는 사실일 것이다. 그것은 최고의 시적인 힘을 가진 작품으로서, 여타의 인도적 표현들에는 전적으로 결여된 현실성의 정신을 갖춘 모습을 보인다"(*Griesheim 1826*, Ms. 306). 헤겔은 강의들에서 『라마야나』의 시작(始作)구절을 다루는데, 자신의 『바가바드-기타 서평(*Bhagavad-Gita-Rezension*)』에서도 이를 인용한다(Hegel, *Bhagavad-Gita*, S. 133). 『라마야나』 도입구절의 번역은 F. 슐레겔의 다음 논서 부록에서도 보인다. *Über die Sprache und Weisheit der Indier, Ein Beitrag zur Begründung der Alterthumskunde*, Heidelberg 1808, in: Schlegel, *Kritische Ausgabe*, Bd. VIII, S. 327-331.

[263] 안타라 I. 샤다드(Antara Ibn Schaddad)는 『소설 안타르(*Antar-Roman*)』(무명으로 출간된 기사소설) 속에서 대중적인 영웅으로 찬미되는, 6세기 이슬람교 이전의 시인이다. 그의 이야기들은 단편적으로만 보존되어 있다.

[264] 헤겔의 소장품에는 J. Görres, *Das Heldenbuch des Iran aus dem Schah Nameh des Firdusi*, 2 Thle. in 1 Bd., Berlin 1820 (*Gesammelte Schriften*, hrsg. im Auftrage der Görres-Gesellschaft von Adolf Dyroff u. a. Bd. 12, hrsg. von Willibald Kirfel, Köln 1942)이 있었다.

[265] 타소와 연관하여 헤겔이 말하는 것은 그의 서사시 이론이다(주 251 참조).

[266] L. 아리오스토(Ludovico Ariosto, 1474-1533)의 운문서사시 〈광란의 오를란도(Orlando furioso)〉(1516년에 첫 인쇄, 1521년에 티치아노의 초상화를 넣고 6편의 노래로 확장한 개정본으로 출간, 1532년에 최종판으로 출간). 헤겔의 소장품에 있었던 것은 Aristo, *Orlando furioso*, Venezia 1570이다.

[267] 헤겔은 분명히 낭만주의에서 높이 평가된 M. d. 세르반테스(Miguel de Cervantes Saavedra, 1547-1616)의 작품인 『재기 넘치는 기사, 라만차의 돈키호테(*El ingenioso Hidalgo Don Quixote de la Mancha*)』(주 51을 보라)와 연관하여 말하고 있다. 『시드(*Cid*)』에 관해서는 주 261 참조.

[268] 헤겔 시대에는 K. L. 카넨기서의 3권으로 된 번역이 유통되고 있었다. *Die göttliche Komödie*, Leipzig 1814-1821 (제1권 『지옥』은 이미 1809년에 암스테르담에서 별권으로 출간되었다). *Die Göttliche Komödie*, italienisch und deutsch, übers. Hermann Gmelin, 3 Bde., Stuttgart 1949-1951 참조.

[269] 헤겔은 오시안을 "더 약한 후세대에 대한 영웅시대의 마지막 목소리 … 이전 시대의 목소리, 하지만 슬픈 목소리"로 특성 짓는 헤르더를 따른다. "Homer und Ossian"(Herder, *Sämmtliche Werke*, Bd. XVIII, S. 100).

[270] 헤겔은 플라톤의 『국가(*Politeia*)』(598c) 및 『이온(*Ion*)』(532c) 내의 비판과 연관하여 말한다. 또한 주 259 참조.

[271] Homer, *Ilias*, II, 336-368, S. 58f; *Ilias*, IX, 52-78, S. 280-283; *Ilias*, X, 203-217, S. 326f (네스토르); *Ilias*, I, 193-222, S. 16f (팔라스 아테네 − 아킬레우스의 검); *Ilias*, I, 599f, S. 36f (신들의 폭소) 참조.

[272] Homer, *Odyssee*, XI, 288-321; Vergil, *Aneis*, 6. Buch (Vergil, *Aeneis*, lateinisch und deutsch, hrsg. und übers. von Johannes Götte in Zusammenarbeit mit Maria Götte, München ²1965, S. 222-273) 참조.

[273] Homer, *Odyssee*, XI, 24-36, S. 288-291 참조.

[274] "클롭슈토크, 그는 지옥 같은 웅덩이 속에서 높고 위대한 것이라고 소문으로 들었던 것을 새로운 문구 속에 밀어 넣었던 나의 사람이다"(*Schiller und Goethe, Xenion 131: Aus einer der neuesten Episteln*. [Goethe, *Sämtliche Werke*, Bd. 2, S. 460]).

[275] 헤겔은 『일리아스(*Ilias*)』(I, 1-12, S. 6f)를 암시한다.

[276] 『루지아다스(*Die Lusiaden*)』[루이스 드 카몽이스가 쓴 포르투갈 서사시 〈우스 루지아다스(Os Lusiadas)〉, 1572년 출간, 독일본 1806년]는 베르길리우스의 『아이네이스(*Aeneis*)』에 의거한 10편의 노래로 포르투갈인들의 역사적 행위들을 표현한다. L. d. 카몽이스(Luiz de Camoëns, 1524-1580)는 이로써 포르투갈인들, 즉 대양들을 정복하는 한 민족의 국민서사시를 창작했다. [내용에서] 중심이 되는 것은 바스쿠 다가마스(Vasco da Gama)라는 인물과 함께 인도 캘커타로 가는 그의 여정이다. *Os Lusiadas — Die Lusiaden*, aus dem Portugiesischen von Hans Joachim Schaeffer, bearb. und mit einem Nachwort versehen von

Rafael Arnold, Heidelberg 2000 (1. Aufl. 1999) 참조.

[277] Homer, *Ilias*, VI, 371-499, S. 212-221 참조.

[278] Schiller, *Die Jungfrau von Orleans*, II, 7, V 참조.

[279] J. F. v. 하머-푸르그슈탈(Joseph Freiherr von Hammer-Purgstall, 1774-1856)은 빈의 동양학자이자 궁중통역가였다. 괴테는 그의 하피스(Hafis) 『시집(*Divan*)』 번역을 『서동시집(*West-östlichen Divan*)』을 저술할 때 이용했다. Hammer Purgstall, *Rosenoel*, 1. und 2. Flaeschchen oder Sagen und Kunden des Morgenlandes aus arabischen, persischen und tuerkischen Quellen, 2 Bde., Stuttgart u. a. 1813 (Repr. Hildesheim/New York 1971); *Der Tausend und Einen Nacht nach nicht übersetzte Mährchen, Erzählungen und Anekdoten*, Stuttgart u. a. 1823 참조.

[280] 헤겔은 찬가, 음주가, 사랑가 외에 일부 정치적 내용의 시들을 포함하고 있는 호라티우스의 『카르미나(*Carmina*)』(송시)와 연관하여 말하고 있다(Horaz, *Sämtliche Werke*, S. 6-209 [*Carmina*]; S. 210-215 [*Carmen Saeculare*]).

[281] 헤겔은 자신이 핀다로스(Pindaros, B.C. 522 내지 518-B.C. 446)와 연관하여 말하는 (주어진 계기에 기인하는, 원래는 즉흥적이기도 한) 가요로서의 송시(Ode)의 특성묘사를 헤르더에게서 전수받는다. Pindar, *Epinikien* (Pindar, *Siegeslieder*, griechisch-deutsch, hrsg. und übers. von Dieter Bremer, München 1992).

[282] 클롭슈토크의 두 개의 판본(1767, 1775)에 제시된 송가 〈우리의 언어(Unsre Sprache)〉 (Friedrich Gottlieb Klopstock, *Ausgewählte Werke*, München 1962, S. 113-117) 참조.

[283] 손수 민요를 수집했던 헤르더는 또한 슈트라스부르크의 괴테를 그렇게 하도록 독려했고, 1778/79년에 첫 번째 민요집[『민요(*Volkslieder*)』]을 출판했다. 이 민요집은 두 번째 출간본(1807)부터 『민중의 목소리(*Stimme der Völker*)』라는 제목으로 출간되었다. 그는 괴테의 『들장미(*Heideröslein*)』(1771)와 『어부(*Der Fischer*)』(1778)도 수집에 넣는데, 그에게는 (후일 낭만주의자들에 대해서처럼) 민중에서의 유래와 민중의 입에서 무명으로 확산됨이 본질적인 것이 아니라 오히려 감각의 직접적인 표출이 본질적이기 때문이다(Goethe, *Sämtliche Werke*, Bd. 1, S. 18과 116f 참조).

[284] 〈총각과 개울(Der Junggesell und der Mühlbach)〉(1797). Goethe, *Sämtliche Werke*, Bd. 1, S. 130-132. 시가 나온 후 바로 J. R. 줌스테크(Johann Rudolf Zumsteeg, 1760-1802)에 의해 곡이 만들어졌다(*Tag- und Jahreshefte* [1797; Goethe, *Sämtliche Werke*, Bd. II, S. 615-991, 여기서는 S. 666] 참조).

[285] F. 실러의 『메시나의 신부 또는 적대적 형제. 합창이 있는 비극(*Die Braut von Messina oder Die feindlichen Brüder. Ein Trauerspiel mit Chören*)』의 첫 시연은 1803년 3월 19일에 바이마르 궁정극장에서 거행되었다. 같은 해 튀빙겐의 코타 출판사에서 출간된 초판이 막(幕)들로 나뉘어 있지 않은 반면, 실러가 인쇄 이전에 보낸 소위 함부르크 수고(手稿)는 4막으로 나뉜

것을 보여 준다.

[286] 헤겔은 "슬픔과 공포"로써 비극에 대한 아리스토텔레스 정의의 두 가지 중심적인, 하지만 정확하게 번역되지 않은 개념을 암시한다(주 292를 보라).

[287] Ch. W. 글룩(Christoph Willibald Gluck, 1714-1787)의 〈알케스테(Alceste)〉(1767) 참조.

[288] 헤겔은 최종적으로 『사생아(Fils naturel)』(1757)에 대한 D. 디드로의 대화식 부록, 즉 "도르발과 나(Dorval et moi)" 및 1758년 『가정의 가장(Père de famille)』에 철해져 있었던 "드라마 시학에 관한 담론(Discours sur la poésie dramatique)"과 연관하여 말하고 있다. 『디드로의 연극(Théâtre de Diderot)』(Amsterdam [Paris] 1759)이라는 이 텍스트들은 레싱의 번역 『디드로 씨의 연극(Theater des Herrn Diderot)』(Berlin 1760)을 통해 알려져 있었다. — A. W. 이플란트(August Wilhelm Iffland, 1759-1814)는 1795년에서 1825년 사이에 독일 무대의 공연목록 약 1/4을 차지한 수많은 연극작품들을 썼던 A. v. 코체부의 가장 비중 있는 경쟁자 가운데 한 사람이었다. 작품에 대해서는 *A. W. Ifflands dramatische Werke*, 16 Bde., Lepzig 1798-1802 및 *August Wilhelm Iffland. Theater*, erste vollständige Ausgabe, 24 Bde., Wien 1843 참조.

[289] *Mahomet. Trauspiel in fünf Audzügen nach Voltaire* (Goethe, *Sämtliche Werke*, Bd. 15, S. 166-221)와 *Trancred. Trauspiel in fünf Aufzügen nach Voltaire* (Goethe, *Sämtliche Werke*, Bd. 15, S. 222-283) 참조.

[290] 개릭(Garrick)의 "자연적인" 양식의 영향력 있는 추종자인 디드로는 이미 전통적인, 미사여구의 낭독적인 프랑스 무대양식에 반대하여, 마치 무대와 관중 사이에 네 번째 벽이 높이 세워져 있는 것처럼 그렇게 연기할 것을 촉구했다(Diderot, *De la poésie dramatique [1758]. Œuvres esthétiques*, S. 231 참조).

[291] 해석에 대해서는 G. E. 레싱, M. 멘델스존, F. 니콜라이가 1756-1757년에 비애극(Trauerspiel)에 관해 행했던 서신교류를 참조하라(Gotthold Ephraim Lessing/Moses Mendelssohn/Friedrich Nicolai, *Briefwechsel über das Trauerspiel*, hrsg. und komm. von Jochen Schulte-Sasse, München 1972).

[292] 아리스토텔레스의 비극 정의는 『시학(Poetik)』, 제6장(1449b) 속에 보인다. 레싱 이래 독일어로 "연민"과 "공포"로 번역된 ἔλεος(eleos, Jammer: 비탄)와 φόβος(phobos, Schaudern: 경악) 두 개념은 비록 이미 매우 큰 영향을 미치고 있지만, 잘못된 것이다. 이에 대해서는 Aristoteles, *Poetik*, S. 18-19와 161-166 참조.

1. 새로운 헤겔 원전으로서 강의필기록

G. W. F. 헤겔Georg Wilhelm Friedrich Hegel, 1770-1831의 철학은 정신현상학, 자연철학, 논리학, 철학백과, 법철학, 역사철학, 종교철학, 철학사, 예술철학을 아우르는 것으로 그 범위와 깊이에서 비교 불가할 탁월함을 보이며, 당대를 넘어 오늘에 이르기까지 폭넓은 영향력을 미치고 있다. 헤겔은 이러한 여러 철학에 대한 강의들을 베를린대학 재직 시기(1818-1831)에 갱신하거나 새로이 다루었다. 특히 논리학강의[(베를린 시기 이전: 1801/02, 1817), 1823, 1824, 1825, 1826], 법철학강의(1818/19, 1819/20, 1821/22, 1822/23, 1824/25), 예술철학강의(1820/21, 1823, 1826, 1828/29), 종교철학강의(1821, 1824, 1827, 1829, 1831), 역사철학강의(1822/23, 1824/25, 1826/27, 1828/29, 1830/31)는 여러 차례 병행하며 다루었는데, 이를 통해 우리는 헤겔 사유의 변화와 발전의 궤적을 연도별 및 각 강의들 간 비교하며 추적할 수 있다.

하지만 그동안 통용되었던 이른바 헤겔의 법철학, 역사철학, 종교철학, 예술철학 강의 문헌들에서는 이러한 추적이 가능하지 않다. 왜냐하면 헤겔이 이 강의들을 생전에 출간하려고 계획했지만 1831년 갑작스러운 죽음으로 인해 뜻을 이루지 못하여 그의 사후에 지인과 제자들이 강의들을 깔끔히 손질하여 출간했기 때문이다. 이들은 당시 헤겔의 원고Manuskript

와 수강생들의 강의필기록Nachschrift들을 소유하고 있었지만 이들이 편찬한 헤겔의 법철학, 역사철학, 종교철학, 예술철학 발간본들[1]에는 헤겔이 각 강의에서 강조한 바나 의도한 핵심이 충분히 반영되어 있지 않으며, 무엇보다 매 강의에서 발전된 헤겔 사유의 흔적을 찾을 수 없다는 문제점이 있다. 그럼에도 이 발간본들은 헤겔 강의들의 원서standard text로 후대에 전수되었으며, 범세계적으로 확산되고 수용되어 왔다.

헤겔 사후에 출간된 베를린 강의들의 이러한 결점들은 제2차 세계대전 이후 발굴되기 시작한 헤겔의 원고와 메모, 수강생 강의필기록들의 수집과 분석을 통해 밝혀지게 되었다. 이에 따라 독일 연구재단은 1957년부터 헤겔 강의들의 원상태 복원을 위해 노르트라인-베스트팔렌주에 연구과제를 부여하여 지원하기 시작했고, 보훔Bochum대학 산하의 헤겔 아카이브Hegel-Archiv에서 문헌연구가 수행되었다. 베를린 강의들에 대한 새로운 자료 발굴과 구축에 참여한 주된 연구자들은 논리학에서는 젤Annette Sell, 법철학에서는 브레머Karl Brehmer, 일팅Kalr-Henz Ilting, 젤만Hoo Nam Seelmann, 바이서-로만Elisabeth Weisser-Lohmann, 펠겐하우저Dirk Felgenhauser, 그로취Klaus Grotsch, 역사철학에서는 파이만Rebecca Paimann, 예쉬케Walter Jaeschke, 종교철학에서는 예쉬케, 예술철학에서는 게트만-지페르트Annemarie Gethmann-Siefert, 콜렌베르크-플로트니코프Bernadette Collenberg-Plotnikov, 권정임Jeong-Im Kwon, 올리비에Alain Patrick Olivier, 이아넬리Francesca Iannelli, 베르Karsten Berr, 헤빙Niklas Hebing, 예쉬케 등이 있다.

---

1   G. W. F. Hegel, *Georg Wilhelm Friedrich Hegel' Werke. Vollständige Ausgabe durch einen Verein von Freunden des Verewigten: Ph. Marheineke, J. Schulze*, Ed. Gans, Lp. v. Henning, H. Hotho, K. Michelet, F. Förter, 18 Bde., Berlin: Dunckcker und Humbolt 1832ff.

헤겔 아카이브를 중심으로 한 문헌서지 연구결과들은 헤겔 철학의 초기에서 후기 베를린 시기 강의들까지 포괄하는 것으로 마이너 출판사의 『헤겔 전집』[2] 시리즈에 꾸준히 출간되고 있다. 특히 헤겔의 강의원고와 메모들은 『헤겔 전집』(GW)의 17권, 18권, 22권에 수록되어 있는데,[3] 예술철학강의 원고들은 소실되어 이 전집에 실려 있지 않다. 헤겔의 원고와 메모, 수강생 강의필기록들을 편찬한 개별 문헌들은 또한 펠릭스 마이너 출판사의 『헤겔 강의. 선별된 필기록과 수고들』[4] 시리즈와 그 외 독일의 대표적인 철학서 출판사인 핀크사Wilhelm Fink Verlag에서 지속적으로 출간되고 있다. 새로 편찬된 이러한 문헌들은 1980년대 이후 헤겔 철학 연구에 불가결한 원자료 내지 원전으로 참조되고 있다.

2. H. G. 호토의 헤겔 미학강의 편찬본

예술철학강의의 경우는 헤겔의 제자이자 1823년 강의에 대한 온전한 필기록을 남겼던 호토Heinrich Gustav Hotho와 지인들 연맹이 1832년부터 발간하기 시작한 『헤겔 저작집Hegels Werke』 시리즈 중 『미학강의』의 제목으로 편집하여 발간한 것이[5] 최초의 원전이었다. 이후 여러 권의 발간본들이

---

[2] G. W. F. Hegel, *G. W. F. Hegels Gesammelte Werke. Akademieausgabe*, herausgegeben im Auftrag der Deutschen Forschungsgemeinschaft, Nordrhein-Westfälische Akademie der Wissenschaften und der Künste, Hegel-Kommission, Hamburg: Felix Meiner Verlag 1968ff (이하 GW로 표시).

[3] G. W. F. Hegel, *GW*, Bd. 17: Vorlesungsmanuskripte I (1817-1831), hrsg. von W. Jaeschke, 1987; *GW*, Bd. 18: Vorlesungsmanuskripte II (1816-1831), hrsg. von W. Jaeschke, 1995; *GW*, Bd. 22: Exzerpte und Notizen (1809-1831), hrsg. von Klaus Grotsch, 2013.

[4] G. W. F. Hegel, *Vorlesungen. Ausgewählte Nachschriften u. Manuskripte*, Hamburg: Felix Meiner 1983ff.

[5] G. W. F. Hegel, *Vorlesungen über die Ästhetik. Hegels Werke*, Bd. 10, 3 Abt., hrsg. von G. H.

나왔으나 예외 없이 모두 호토의 판본을 바탕으로 제작되었다. 현재 연구자들이 가장 간편하게 활용하는 주어캄프 출판사의 세 권으로 구성된 『헤겔 미학강의』[6] 문고판도 호토의 판본에 기초한다. 이 문고판 『헤겔 미학강의』는 국내에서 1996년에 최초로 번역되었고,[7] 2021-2022년에 새로이 번역되었다.[8]

호토의 인쇄본은 매우 체계적인 구조로 짜여 있기 때문에 헤겔 미학 전체의 개요를 이해하는 데 분명히 도움이 되는 자료이다. 하지만 헤겔 예술철학 혹은 미학에 관한 심도 있는 이해와 연구, 특히 헤겔 미학의 발전사와 주요 개념들에 대한 정확한 해석, 예술에 대한 헤겔의 관점, 규정 등에 대한 엄밀한 연구를 하는 데에는 제한적인 측면이 있다. 헤겔 아카이브와 하겐대학에서 활동했던 A. 게트만-지페르트의 연구그룹과 헤겔 미학의 새로운 원전 연구에 몰두해 온 국내 연구자들(권정임, 서정혁, 조창오 등)이 그간 사례연구들과[9] 번역 후기 혹은 해제에서 여러 차례 언급하였듯, 호토의 인쇄본은 주요 개념이나 강의의 전체적 흐름이 헤겔이 강의에서 강조했던 바와 미묘하게 다르다는 문제점이 있다. 이는 먼저 호

Hotho, Berlin: Dunkcker und Humbolt ¹1835-38; ²1842 (이하 호토의 인쇄본으로 인용).

6   G. W. F. Hegel, *Vorlesungen über die Ästhetik. Auf der Grundlage der Werke von 1832-1845 neu edierte Ausgabe*, Redution Eva Modelhauer und Karl Markus Michel, Frankfurt am Maim: Suhrkamp 1986, Bd. 13, 14, 15.

7   G. W. F. 헤겔, 『헤겔 미학』 1-3권, 두행숙 옮김, 나남출판사 1996; 재판 『헤겔의 미학강의』 1-3권, 은행나무 2010.

8   G. W. F. 헤겔, 『미학 강의』 1-3권, 이창환 옮김, 세창출판사 2021-2022(세창클래식 01-03). 2014년에 발간된 G. W. F. 헤겔, 『헤겔 미학 개요』(박배형 옮김, 서울대학교 출판부 2014)에는 『미학강의』 서론의 국역과 해설만 포함되어 있다.

9   사례연구들은 *Hegel-Studien* [Bonn: Bouvier. 34권(1999)부터 Hamburg: Felix Meiner에서 출간], 『헤겔연구』(한국헤겔학회), 『미학예술학연구』(한국미학예술학회) 등에 다수 수록되어 있다.

토가 인쇄본 서언Vorrede에서 밝히고 있는 바와 같이 미학강의를 '스승의 변증법 논리에 맞춰 체계화하는 것'을 자신의 최대 과제로 삼아 편찬한 데 기인한다.

헤겔이 베를린 미학강의에서 보여 주고자 한 것은 예술발전의 변증법적 체계나 구조가 아니었다. 그는 미학의 체계를 구축하고자 시도했지만 논리학에서 도출된 변증법을 전제로 하여 이에 서술 내용을 끼워 맞추기보다는 역사 내 예술의 발전 현상을 고찰하면서 미학의 고유한 체계를 찾아내고자 했다.[10] 그럼에도 호토는 미학강의에 변증법의 정반합적 구조를 갖추기 위해 강의 앞부분에 서술된 내용들을 뒷부분에도 다량 중복하였다. 이로 인해 텍스트의 분량이 과도하게 많아졌고, 헤겔 미학의 독해와 접근이 어렵게 되었다. 또한 호토는 고전 그리스 예술 이후 전개되는 기독교적 낭만주의 예술의 우위를 강조하면서도 고전 그리스 예술의 탁월함이 예술규정과 판단의 유일한 관건인 듯 논의를 전개함으로 인해 자신이 추구한 미학의 변증법적 정반합의 구조가 모순적으로 보이게 했고, 헤겔이 강의에서 천명한 '예술의 과거성Vergangenheitscharakter der Kunst' 논제가 명시적으로 드러나지 않는 결과를 초래하였다. 헤겔은 보편적 진리 매개와 최고의 조화미가 고전 그리스 예술에서 이뤄졌고 이후 예술에서는 그와 동일한 예술의 기능과 형태는 불가능하다고 보며 '예술의 과거성'을 말했다. 더불어 헤겔에게 있어 고전 그리스 예술의 최고의 미는 정신성(이념)을 표현하는 다양한 예술미 가운데 하나가 된다. 이와 달리 호

---

10   A. Gethmann-Siefert, *Phänomen versus System. Zum Verhältnis von phikosophischer Systematik und Kunsturteil in Hegels Berliner Vorlesungen über Ästhetik oder Philosophie der Kunst*, Bonn/Berlin: Bouvier 1992 (*Hegel-Studien*, Beiheft 34), S. 9-40.

토는 고전적 미를 최고의 미이자 유일한 예술미로 이해함으로써 고전 예술은 오히려 그가 시도했던 미학의 변증법적 체계구축에 걸림돌로 작용한다.

그뿐만 아니라 헤겔 미학에서 가장 핵심이 되는 예술의 세 가지 형식과 이에 기초가 되는 'das Ideal' 개념도 호토의 인쇄본에서는 헤겔이 강의에서 뜻하는 바와 다르게 다뤄진다. 'das Ideal'은 일반적으로 이상理想으로 통용된다. 하지만 헤겔 미학에서는 맥락에 따라 '이상'으로 이해되는 부분도 있지만, 개념이 자신의 실재성을 갖춘 것인 '이념Idee'의 '구체적인 상', '현존재', '실존'이라는 의미에서 '이념상理念像'으로 보는 것이 적절하다. 중요한 것은 절대적 이념으로서의 미적 이념ästhetische Idee은 개념이 실재성을 갖춘 것으로 현실 속에서 구체화되어야 할 때 역사와 민족들 내에서 끊임없이 변화하는 것이며, 이에 따라 이념의 구체적 상인 이념상도 역사의 전개 내에서 다양한 형태로 구현된다는 것이다. 이러한 관점에서 헤겔은 이념상이 역사 내 다양하게 구현되는 것이 곧 예술미이며, 이를 내용과 형식의 결합방식에 따라 세 가지 형태로 구분한 것이 상징적, 고전적, 낭만적 예술형식이라고 한다.

이와 달리 호토의 인쇄본에서 'das Ideal'은 이념의 현존재로 규정되면서도 동시에 '이상적인 미'를 의미하며 고대 그리스 예술의 미와 동일시된다. 이로 인해 미학강의 전체 흐름이 예술미의 역사성을 중시한 헤겔의 뜻과 다르게 전개된다. 즉, 고전 그리스 미술이 예술의 가장 완성된 형태이고, 미의 이상이며, 유일한 '이념상'으로서의 예술미로 이해되는 것이다. 이로 인해 역사 내에서 전개되는 이념의 궤적이자 구체적인 현존재로서의 이념상의 의미가 희석되며, 이와 더불어 이념 및 이념상의 역사성이 간과된다. 호토 인쇄본 내의 고전 그리스 예술에 대한 이러한 서술들로 인해 헤겔 미학은 그간 고전주의라는 비난을 받기도 했고, 과거지향적 미학이라는 오인을 받기도 했다.

이러한 비판과 오인들은 호토의 부적절한 편찬 작업에서 비롯된 것이다. 헤겔이 미학 내지 예술철학 강의에서 중요시하는 것은 고전 그리스 예술의 완전성과 이상미에 대한 찬탄이 아니라 역사 속에 발전하는 정신, 스스로를 알아 가는 절대지가 예술이라는 직관적 영역에서 어떻게 현상하고 구체화되는지를 고찰하는 것이다. 그는 예술철학강의의 서두에서 예술은 종교와 철학과 함께 절대정신의 영역에 속하며, 다른 분야와 동일하게 절대정신을 그 내용으로 다룬다고 명시한다. 이러한 예술에 대한 고찰, 특히 역사의 세 시기에 다양하게 전개된 예술에 대한 헤겔의 고찰은 정신의 발전에 대한 이해의 맥락에서 이뤄지므로 정신철학적이라고 할 수 있다.

헤겔은 이러한 관점에서 역사 내 각 시대의, 각 문화권의 예술은 그 시대의 정신, 이념의 발전태를 보여 주는 것으로 저마다 중요성을 가지며 고유한 기능을 수행한다고 본다. 헤겔은 비록 내용과 형식의 조화와 예술이 행했던 보편적 진리의 최고의 매개가 고전 그리스 예술에서 이루어졌고 이후에는 이와 동일한 것이 가능하지 않다는 의미에서 '예술의 과거성'을 표명했지만, 그리스 이후 발전된 정신의 주관화로 인해 내용과 형식이 조화로울 수 없는, "더 이상 아름답지 않은nicht-mehr-schön" ―이것이 당연한, 그럴 수밖에 없는― 근대 예술의 의미와 기능도 계속 숙고하며 '역사철학적 및 문화철학적' 의미를 고찰했다. 또한 법철학강의와 역사철학강의에서는 주어지는 지식과 사유들에 대한 비판적 의식을 촉구하고, 편파적인 자기이해를 넘어 보편적인(포괄적인) 것에 대한 교육을 지향하는 '형식적 도야formelle Bildung'의 일환으로 예술의 역할을 논하기도

했다.[11]

역사 내 예술들에 대한 헤겔의 이러한 사유는 그가 행한 예술철학강의
들에 기초되어 있으나 호토의 인쇄본에는 명료히 전달되어 있지 않다.
그러므로 예술, 예술미, 예술의 세 가지 형식의 규정과 의미에 대한 헤겔
의 사유와 관점들을 보다 정확하게 분석하고 이해하기 위해서는 그의 언
술들을 직접적으로 담고 있는 강의필기록들을 되돌아볼 필요가 있다.

3. 헤겔 예술철학의 성립과 미학강의 필기록

미와 예술에 대한 헤겔의 관심과 사유의 발전은 이미 튀빙겐, 베른, 프
랑크푸르트 시대 단편들과 예나 시대의 『체계단편*Systemfragment*』(1800), 『정
신현상학*Phänomenologie des Geistes*』(1807)에서 보인다. 헤겔은 1780년대 후반
튀빙겐대학 신학부에서 횔덜린, 셸링과 함께 공부하면서 미와 예술에 대
한 사유를 갖는다. 당시 독일은 18세기에 일어났던 계몽주의가 확산되
고 있었다. 계몽주의는 미신과 몽매를 타파하기 위해 오성적 인식과 합
리성의 중요성을 내세웠다. 또한 이 무렵 프랑스에서는 자유, 평등, 박애
를 추구했던 프랑스 대혁명(1789)이 발발하기도 했다. 이 두 사건은 인류
역사에서 매우 가치가 있지만 결과적으로 한계에 부딪혔다. 오성과 합리
성 중심의 계몽주의는 결국 지식인들을 위한 계몽에 그쳤고, 프랑스 대
혁명 또한 구정권이 복귀함에 따라 유혈로만 끝나게 되었던 것이다. 이
러한 상황에서 헤겔은 횔덜린, 셸링과 함께 '감성'을 통해 일반인 모두에
게 영향을 줄 수 있는 계몽을 추구하며 후기계몽주의를 전개했다. 실러

---

11 권정임, 「현대미술의 해석 틀을 위한 연구 — 문화철학적 관점에서의 시도」, 『미학예술학
연구』 20집(2004), 173-198쪽 참조.

또한 이에 부응하여 미 속에서 이성과 감성이 조화를 이룬 '아름다운 영혼'을 통해 역사 내 자유를 실현할 수 있다고 보며 미적 교육의 필요성을 제창했다.[12]

　이러한 헤겔의 초기 후기계몽주의 사유는 청년기 종교비판과 당시 봉건제의 이분적二分的 상황에 대한 비판과 연관하여 전개된다. 헤겔은 당시 교리 중심의 독단적 기독교를 객관적, 실정적positiv이라고 비판하면서 인간의 마음을 어루만지고 감동을 주는 주관적이고 감성적인 종교를 요구했다. 이 요구는 1790년 후반의 단편 「독일 관념론에 대한 최초의 체계 계획Das älteste Systemprogramm des deutschen Idealismus」(1796 혹은 1797)에 명시되는데, 여기서 헤겔은 신화가 이성적이 되어야 하며, 철학 역시 신화적이고 감성적으로 되어야 함을 강력히 주장한다.[13] 1797년부터 1800년까지의 프랑크푸르트 시대에는 타자 속에 합일되며 그런 이타적인 합일에서 충만을 느끼는 '사랑'에서 주관과 객관 분리의 해결 가능성을 찾기도 했다. 그뿐만 아니라 「기독교의 실정성」(1795/96)에서는 헤르더의 관점에 기초하여, 종교나 신화를 실정적으로만 이해하고자 한 당시의 역사주의자들

---

[12]　A. Gethmann-Siefert, "Schiller und Lessing: Aus der Geschichte(n) lernen", in: *Idealismus und Aufklärung, Kontinutät und Kritik der Aufklärung in Philosophie und Poesie um 1800*, hrsg. von Christoph Jamme und Gerhard Kurz, Suttgart 1988, S. 238-258 참조.

[13]　G. W. F. 헤겔, 「독일 관념론에 대한 최초의 체계 계획」, 『청년 헤겔의 신학론집. 베른/프랑크푸르트 시기』, 정대성 옮김, 그린비 2018, 429-434쪽. 또한 A. Gethmann-Siefert, "Die geschichtliche Funktion der 'Mythologie der Vernunf' und die Bestimmung des Kunstwerks in der 'Ästhetik'", in: *Mythologie der Vernunft. Hegels 'ältestes Systemprogramm des deitschen Idealismus'*, hrsg. von Ch. Jamme und Helmut Schneider, Frankfurt a. M. 1984, S. 226-260과 Jeong-Im Kwon, "Hegels unaufgegebene Forderung zur 'Mythologie der Vernunft'", in: *Journal of the Faculty of Letters. The University of Tokyo. Aesthetics*, vol. 29/30 (2004/2005), University of Tokyo, S. 49-59 참조.

과 달리 아름다운 '환상'의 중요성을 제시했다. 초기의 이러한 사유는 베를린 미학 혹은 예술철학 강의들에 보존되며, 헤겔이 미와 예술을 어떠한 관점에서 이해하고 논하는지에 대한 핵심적 단서가 된다. 또한 『정신현상학』의 Ⅶ. 종교의 장 내, B. '예술종교' 항의 추상적, 생동적, 정신적 예술작품에 대한 규정들은 이후 베를린 미학강의에서 구분되는 세 가지 예술형식의 기본 틀이 된다.[14]

초기 사유의 전반적 맥락에서 단편적으로 언급되었던 미와 예술에 대한 규정들은 하이델베르크대학의 1818년 여름학기에 처음 단독강좌로 개설된 미학강의에서 체계적으로 다뤄졌다. 최초의 미학강의인 하이델베르크대학 강의의 원고와 필기록은 그동안 소실 상태였으나 2022년에 필기록 한 편(Friedrich Wilhelm Carové)이 발견되어 편찬 준비 중에 있는데, 헤겔은 이 강의에서 셸링, 괴테를 비롯한 당대 학자들과 마찬가지로 고전 그리스 예술을 상징적 예술로 보며 예술형식을 고전적 예술과 기독교적 예술, 두 가지로 파악하고 있었던 것으로 전해진다. 널리 알려진 헤겔의 세 가지 예술형식인 상징적, 고전적, 낭만적 예술형식의 구분은 베를린 미학강의에서 비로소 나타난다.[15] 헤겔은 베를린대학에서 1820/21, 1823, 1826, 1828/29년에 예술철학 내지 미학 강의를 했다. 호토가 헤겔 사후에 미학강의를 편집할 당시에는 헤겔의 원고들을 보유하고 있었으

---

14 정대훈, 「정신을 현시하는 근대적 방식으로서의 시예술: 『정신현상학』의 '예술종교' 절에 대한 하나의 고찰」, 『철학연구회』 127집(2019), 97-125쪽 참조.

15 헤겔이 베를린 미학강의에서 오리엔트 예술을 포괄하는 상징적 예술형식을 기존의 고전적, 낭만적 예술형식의 구조에 추가하게 된 것은 크로이처의 저서[Friedrich Creuzer, *Symbolik und Mythologie der alten Völker, besonders der Griechen*, 6 Bde., Leipzig/Darmstadt ²1819ff (¹1810-12, ³1837ff)]의 영향으로 분석된다.

나 이후 소실되었고, 강의필기록들만 일부 전해져 있다.

전해진 강의필기록들은 먼저, 1820/21년 겨울학기의 것으로 아셰베르크^{Wilhelm Ascheberg}의 정서본^{Ausschrift16}이 있다. 1823년 여름학기 필기록으로는 호토의 직필본^{Mitschrift17}이 유일한 것으로 알려졌으나 그동안 크로마이어^{Carl Kromayr}의 필기록도 수집되었다. 이에 반해 1826년 여름학기 강의필기록은 여러 편이 남아 있다. 그리스하임^{Kral Gustav Julius von Griesheim}, 뢰베^{Johann Conrad Carl Löwe}, 켈러^{Friedrich Carl Hermann Victor von Kehler}, 폰 데어 포르텐^{P. von der Pfodten}, 가르진스키^{Stefan Garczynski}와 저자미상의 필기록이 있다.[18] 1828/29년 겨울학기 마지막 강의의 필기록은 하이만^{Adolf Heimann}, 리벨트^{Karl Libelt}, 롤랑^{Hippolyte Rolin}과 저자미상의 필기록이 전해져 있다.[19]

이 가운데 1820/21년 아셰베르크의 정서본이 1995년에,[20] 1823년 호토

---

16 *Vorlesungen über Ästhetik. Berlin 1820/21. Wilhelm von Ascheberg* (Ms. Hegel-Archiv, Bochum).

17 *Die Philosophie der Kunst. Nach dem Vortrage des H. Prof. Hegel. Im Sommer 1823. Berlin. H. Hotho* (Ms. Hegel-Archiv, Bochum).

18 *Philosophie der Kunst. Von Prof. Hegel. Sommer 1826. Nachgeschrieben durch Griesheim* (Ms. Staatsbibliothek zu Preußischer Kulturbesitz, Berlin); *Aestethik nach Hegel. 1826. Löwe* (Ms. Staatsbibliothek zu Preußischer Kulturbesitz, Berlin); *Philosophie der Kunst oder Aesthetik. Nach Hegel im Sommer 1826. Kehler* (Ms. Universitätsbibliothek, Jena); *Philosophie der Kunst. 1826. Von der Pfordten* (Ms. Staatsbibliothek zu Preußischer Kulturbesitz, Berlin); *Philosophie der Kunst oder Aesthetik, vorgetragen von dem K. Pr. Ord. Prof. der Phil. zu Berlin Georg Wilh. Frid. Hegel im Sommersemaster 1826. Stefan v. Garczynski* (Ms. Staatsbibliothek zu Preußischer Kulturbesitz, Berlin); *Ästhetik nach Prof. Hegel. 1826. Anonym* (Ms. Stadtbibliothek, Aachen).

19 *Die Ästhetik nach Hegels Vortrag, geschrieben von Heimann. Im Wintersemester 1828/29* (Ms. Staatsbibliothek zu Preußischer Kulturbesitz, Berlin); *Aestehtik nach Prof. Hegel im Winter Semester 1828/29. Libelt* (Ms. Bibliotheka Jagiellonska, Krakau); *Philosophie der Kunst. Prof. Hegel (1828/29). Hippolyte Rolin* (Ms. Staatsbibliothek zu Preußischer Kulturbesitz, Berlin).

20 G. W. F. Hegel, *Vorlesung über Ästhetik. Berlin 1820/21. Eine Nachschrift. I. Textband*, hrsg. von Helmut Schneider, Frankfurt a. M.: Peter Lang 1995.

의 필기록이 1998년에[21] 출간되었으며, 1826년 필기록은 켈러의 것과 폰 데어 포르텐의 것이 각각 2004년과 2005년에 출간되었고,[22] 1828/29년 하이만의 필기록이 2017년에 출간되었다.[23] 이 가운데 그간 국내에서는 1820/21년 아셰베르크 정서본과[24] 1823년 호토의 필기록이[25] 번역되었으며, 이제 본서에서 1826년 폰 데어 포르텐의 필기록이 번역되었다.

또한 이와 병행하여 『헤겔 전집』(GW) 시리즈의 28-1권, 28-2권, 28-3권에도 여러 편의 미학강의 필기록들이 수록되어 있다. 28-1권에는 1820/21년 아셰베르크의 정서록과 1823년 호토, 크로마이어의 각 강의 필기록이 수록되어 있고,[26] 28-2권에는 1826년 그리스하임의 강의필기록과 더불어, 무기명 수고와 가르진스키, 켈러, 뢰베, 폰 데어 포르텐의 필기록에서 발췌된 부분들이 수록되어 있다.[27] 28-3권은 1828/29년 하이만의 필기록을 주된 텍스트로 하되, 리벨트와 롤랑의 필기록 및 무기명

---

21 G. W. F. Hegel, *Vorlesungen über die Philosophie der Kunst. Berlin 1823. Nachgeschrieben von H. G. Hotho*, hrsg. von Annemarie Gethmann-Siefert, Hamburg: Felix Meiner 1998 (Vorlesungen. Ausgewählte Nachschriften und Manuskripte 02).

22 G. W. F. Hegel, *Philosophie der Kunst oder Ästhetik*, hrsg. von A. Gethmann-Siefert, B. Kollemberg-Plotnikov, München: Wilhem Fink 2004; *Philosophie der Kunst. Vorlesung von 1826*, hrsg. von A. Gethmann-Siefert, Jeong-Im Kwon, Karsten Berr, Frankfurt a. M.: Suhrkamp 2005.

23 G. W. F. Hegel, *Vorlesungen zur Ästhetik. Vorlesungsmitschrift Adolf Heimann (1828/29)*, hrsg. von Alain Patrick Olivier und Annemarie Gethmann-Siefert, Paderborn: Wilhelm Fink 2017.

24 G. W. F. 헤겔, 『미학강의: 베를린 1820/21년』, 서정혁 옮김, 지식을 만드는 지식 2013.

25 G. W. F. 헤겔, 『헤겔 예술철학. 베를린 1823년 강의. H. G. 호토의 필기록』, 한동원·권정임 옮김, 미술문화 초판 1쇄 2008, 2쇄 2009, 3쇄 2018.

26 G. W. F. Hegel, *Vorlesungen über die Philosophie der Kunst I. Nachschriften zu den Kollegien der Jahre 1820/21 und 1823*, hrsg. von Niklas Hebing, *GW*, Bd. 28-1, 2015.

27 G. W. F. Hegel, *Vorlesungen über die Philosophie der Kunst I. Nachschriften zum Kolleg des Jahres 1826*, hrsg. von Niklas Hebing und Walter Jaeschke, *GW*, Bd. 28-2, 2018.

의 단편에서 취한 보완들이 함께 수록되어 있다.[28] 28-4권은 부록(편집자 해제와 주석들)으로 2022년 출간되었다.[29]

이처럼 최근까지 발간이 이뤄지고 있는 미학강의 필기록들에는 헤겔이 강의에서 설명하고 강조한 바들이 생생하게 담겨 있다. 필기록들은 예술에 관한 헤겔 사유를 직접적으로 전달해 주기 때문에 헤겔 미학강의의 본래 모습을 담고 있는 새로운 원전으로서의 가치가 있다. 또한 다양한 연도의 강의필기록은 헤겔 사유의 발전과 변화를 추적할 수 있게 하며, 헤겔이 마지막 강의 때까지 고민하고 숙고한 바가 무엇인지를 시사함으로써 오늘날 예술의 의미와 역할에 대한 논의의 실마리를 제공해 준다. 그런 만큼 강의필기록들은 오늘날 헤겔 미학 연구에서 반드시 참조되어야 할 원자료Quellen이다.

헤겔 미학강의 필기록의 중요성은 이제 널리 확산되어 세계 각국에서 필기록들이 번역되고 연구에 참조되고 있다. 이탈리아 로마 트레대학과 프랑스 낭트대학에 기점을 둔 연구단체('Hegel Art Net'. Francesca Iannelli, Valerio Rocco Lozano, Alain Patrick Olivier, Erzsèbet Rózsa, Klaus Vieweg 등 소속)는 '헤겔 예술철학 오늘과 내일Hegel's Philosophy of Art Yesterday and Today'을 어젠다로 하여 각 국가에서 이루어지는 헤겔 미학강의 필기록들의 번역 현황을 소개하고 번역서들을 수집하여 자료를 축적하고 있다.[30] 이러한 자료축적과 강의필기록을 기초로 한 새로운 헤겔 미학 연구에 본 역서도 뜻깊

28 G. W. F. Hegel, *Vorlesungen über die Philosophie der Kunst III. Nachschriften zum Kolleg des Wintersemesters 1828/29*, hrsg. von Walter Jaeschke und Niklas Hebing, *GW*, Bd. 28-3, 2020.

29 G. W. F. Hegel, *Vorlesungen über die Philosophie der Kunst IV. Anhang. Editorischer Bericht und Anmerkungen*, hrsg. von Bernadette Collenberg-Plotnikov, *GW*, Bd. 28-4, 2022.

30 https://bacheca.uniroma3.it/hpat/hegel-now/about-us/

은 공헌을 할 것이다.

4. 1826년 미학강의 필기록의 주요 내용

1826년 미학강의는 앞선 두 차례의 강의와 이후의 마지막 강의를 연결하는 중요한 의미를 지닌다. 먼저 본서에서 번역된 1826년 폰 데어 포르텐이 직접 받아쓴 필기록 원고를 살펴보면,[31] 이 원고는 베를린 국립도서관에 프로이센 문화재로 소장되어 있다.[32] 폰 데어 포르텐의 직필본을 기초로 할 때, 헤겔은 1826년 여름학기에 '미학 또는 예술철학Aestheticen sive philosophiam artis'이란 제목으로 4시간짜리 강의를 공지하였고, 강의는 1826년 6월 8일에 시작하여 9월 1일에 끝났다. 직필본은 7권의 노트로 되어 있다. 총 92장, 즉 183쪽으로 이뤄져 있으며, 드문드문 강의 날짜가 기재되어 있다.

강의는 시작 부분의 '도입부', '분류'와 함께, 뒷부분의 본내용으로 구성되어 있다. 제1부는 '일반부분'이며, 제2부는 '특수부분'이다. 제1부의 1장에는 A) '이념 일반과 이념상', B) '예술미의 더 자세한 규정'이 포함되어 있다. 2장은 '미 일반이 현상하는 보편적 방식들 또는 미의 특수한 형식'에 관한 것인데, 1. 상징적 형식, 2. 고전적 형식, 3. 낭만적인 것으로 구분되어 있다. 제2부는 '특수부분'으로, 1. 건축, 2. 조각, 3. 회화, 4. 음악, 5. 시문학을 포함하고 있다.

---

[31] 원고에 대한 설명은 원텍스트 발행인의 주해를 참조함(A. Gethmann-Siefert, "Editorische Notiz", G. W. F. Hegel, *Philosophie der Kunst. Vorlesung von 1826*, hrsg. von J.-I. Kwon und K. Berr, Frankfurt a. M.: Suhrkamp 2004, S. 41-44).

[32] Quelle: Staatsbibliothek zu Berlin — Preußischer Kulturbesitz, Ms. Germ Qu. 2006. Titel: Philosophie der Kunst.

도입부는 미학강의의 대상, 예술의 궁극적인 목적에 대한 통념들과 헤겔의 사유를 보여 준다. 헤겔은 자신이 다루는 미학강의의 대상은 자연미가 아니라 예술미임을 서두에서 명확히 밝힌다. 1823년 강의에서도 생동적 이념의 직접태로서 자연미에 대한 언급과 더불어 예술미가 고찰의 대상임을 밝히지만, 1826년 강의에서는 정신성이 결여된 자연미에 대한 예술미의 우위성을 보다 확실히 한다. 또한 예술의 목적을 자연의 모방이나 열정을 환기하는 열광이 아니라 '이념을 표현하는 것'으로 명시한다. 이념은 ―논리학의 마지막 부분에서 구체적으로 규정되듯― 존재와 본질이 부정적 계기들, 즉 반성을 통해 통합된 추상적 개념이 실재성을 갖춘 것이며, 역사 속에서 발전하는 것이다. 예술은 이러한 이념을 표현하는 것이기 때문에 헤겔은 칸트의 미 개념을 우연적인 것으로 비판하며, 슐레겔 등 낭만주의자들의 아이러니로서의 미도 '참된 것의 무화'일 뿐이라고 비판한다.

1826년 미학강의의 본내용은 제1부 '일반부분'과 제2부 '특수부분'으로 나뉜다. 우리에게 알려진 세 부분으로의 분류는 1828/29년 강의에서 비로소 나타난다. 하지만 1826년 강의 내 각 이념상 규정과 각 예술형식들에 대한 풍부한 예술작품 예시들이 이후 마지막 강의의 '개별부분' 구성에 기초가 되었다고 볼 수 있다.

제1부 '일반부분', 1장에서는 이념 및 이념상과 예술미의 규정이 다뤄진다. 헤겔은 논리학에서 규정된 '이념(덕/선의 이념과 지/진의 이념의 합인 절대적 이념)'이 곧 미라고 서술하며, 이러한 역사적 이념이 예술에 표현된 것이 '예술미'라고 규정한다. 예술미는 또한 이념상das Ideal과 동일시되는데, 헤겔은 이념상을 이념이 구체적 형태로 드러난 것, 이념의 '현존재', '실존'으로 보기 때문이다. 물론 'das Ideal'은 고전 그리스 예술에서는 내

용과 형식, 영혼과 신체가 가장 조화로운 합일을 이룬 '이상理想'으로, 완전한 이념상, 이상적인 이념상, 최고의 예술미라는 의미도 있다. 하지만 헤겔은 고전 그리스 예술의 이상적 이념상, 이상만으로 이념상 개념을 규정하지 않았다. 그리스 예술의 이상적 이념상도 이념상의 하나일 뿐이며, 헤겔 규정에서 중요한 것은 역사적 이념의 다양한 예술미로서 이념상 개념이다. 이러한 이념상의 의미는 제1부, 1장, B) '예술미의 더 자세한 규정'에서 확인된다. 이 장에서는 '예술미가 정신의 객관화로서 어떻게 역사 속에서 다양한 형태를 보이는지'가 설명된다. 이념이 역사적 시공간 속에서 이뤄지는 인간 행위Handlung들에 의해 현실성을 획득하며 구체화되는데, 헤겔은 역사적으로 행위의 여러 조건들을 분석하며 이념의 구체적인 상 내지 현존재로서 이념상, 곧 예술미의 다양한 형태들이 성립하는 것을 서술한다.

개인의 의지가 보편성을 띠는 영웅시대에는 이념(예술의 정신적 내용)이 외적 조건에 영향받지 않아 행위가 단순하며 그 자체적이다. 하지만 물리적, 자연적, 혹은 모순으로 인한 충돌이 발생하는 상황들에서는 행위가 반작용을 일으키며 복잡해지고 다양한 양태를 띤다. 이와 더불어 이념의 구체화인 이념상, 예술미도 다양해진다. 또한 '성격' 혹은 '인간'의 주관화와, 개인의 의지가 더 이상 보편성을 띠지 못하는 근대적 시대 상황으로서의 '외적 상황'도 이전과 다른 이념상 혹은 예술미가 이뤄지는 요인이 된다. 헤겔은 이처럼 행위와 성격, 외적 상황에 의해 다양한 형태로 이뤄지는 이념상 혹은 예술미를 역사적으로 세 가지 예술형식으로 분류한다. 이는 상징적 예술형식, 고전적 예술형식, 낭만적 예술형식이며, 각각 고대 오리엔트(페르시아, 인도, 이집트, 이슬람), 고대 그리스, 중세 이후 기독교 및 게르만 민족의 예술에 해당한다. 이에 따라 제1부, 2장 예술미의 특수한 형식들에서는 이 세 가지 예술형식에 관한 서술이 전개된다.

세 가지 역사적 예술형식들은 다른 한편, 역사적 이념인 내용과 그 표현형태의 결합방식에 따라서도 설명된다. 상징적 예술형식은 참된 것, 절대적인 것, 신적인 것에 대한 사유인 역사적 이념이 아직 자연적 위력 등과 같이 추상적으로 머문 상태이며 이에 적합한 표현형태를 찾고자 노력하고 있는 예술을 가리킨다. 헤겔은 추상적인 정신성을 나타내기 위해 고대 오리엔트인들은 수나 양적으로 무한하고 거대한 조형물이나 구조물을 축적하였다고 본다. 따라서 이 예술형식은 추상적인 정신적 내용과 형태의 불일치를 특성으로 한다. 헤겔은 이 불일치성의 특성을 '숭고'로 규정하는데, 이는 오늘날 포스트모던에서 거론하는 기의와 기표의 불일치, 표현불가능성으로서의 숭고 규정에 선행하는 것이라고 할 수 있다.[33] 무한하고 거대한 상징적 예술형식의 조형물들은 때로 괴기한 형태를 취하기도 하지만, 헤겔에게서 중요한 것은 아름다운가 아름답지 않은가에 대한 미적 평가가 아니라 그 작품이 속한 시대와 역사에서 작품의 의미와 역할이다. 즉, 한 시대에 도달된 인류의 정신, 절대적 이념의 발전태가 예술에 어떻게 드러나는지에 대한 고찰이다.

1826년 미학강의에서는 상징적 예술형식이 4단계, 즉 '배화교적 직관', '인도적 직관', '이집트적 직관', '정신적인 것과 감각적인 것의 구분(유대적 직관, 오리엔트 범신론, 의미와 형태의 자유화)'으로 다뤄진다. 이는 이전 강의들에서의 3단계 구분과 이후 1828/29년 강의에서의 5단계 구분과 대조적이며, 상징적 예술형식에 대한 헤겔 사유의 변화와 발전과정을 가장

---

33 권정임, 「현대 숭고 개념의 헤겔적 기원 연구」, 『미학예술학연구』 35집(2012), 192-235쪽.

잘 보여 주는 지점이다.[34] 그뿐만 아니라 번역 원문의 쪽수 기준으로 고전적 예술형식이 12쪽, 낭만적 예술형식은 17쪽 정도의 분량으로 다뤄진 것에 비해 상징적 예술형식은 35쪽 분량에 이르는 것을 볼 때, 상징적 예술형식은 헤겔이 미학강의에서 마지막까지 그 의미를 새로이 숙고하였으며, 중요시하여 다루었음을 알 수 있다.

이와 달리 고전적 예술형식은 세부 내용의 구분 없이 일괄 서술되어 있다. 고전 그리스에서는 '이념'이 그리스인들의 신화 속에 구체화되어 예술의 내용을 이룬다. 이를 통해 헤겔이 보여 주고자 하는 것은 이집트의 동물숭배 사상에서 벗어나 인간중심적 신에 대한 이해로 역사적 이념이 발전했다는 것이다. 이러한 그리스 예술은 정신적인 것이 자연적인 것에서 지배적이고, 신체에서 스스로를 표명하는 예술로 규정되며, 예술의 최대의 완전성을 보여 주는 것이 된다. 그리스 정신은 그리스 신의 특성에 상응하며, 신들의 자유로운 정신성, 개별성은 곧 그리스인들의 인륜성이 되는데 이것에는 보편성과 개인의 자유가 통일되어 있다. 이 때문에 헤겔은 고전 형식을 '의식의 최고의 방식'이라 칭하지만, 여전히 '자연적 개별성'에 묶인 결합이 있음을 지적한다.

헤겔은 이와 같은 고전적 예술형식의 4가지 특성을 말한다. 첫째는 동물적인 것이 가치 하락된다는 것이다. 이는 정신적인 것을 동물적인 것보다 더 고차적인 것으로 인식하게 된 의식의 발전을 보여 주는 것이다. 두 번째는 옛 티탄족 신들의 퇴진과 새로운 올림포스 신들의 등장이다. 이 역시 자연적인 것에 대한 인간적인 것, 정신적인 것의 승리를 보여 준

---

34 이에 대한 자세한 서술은 권정임, 「베를린 미학 강의에서 '상징적 예술 형식'의 체계」, 『헤겔연구』 10집(『헤겔과 근대예술』, 철학과현실사 2002), 103-131쪽 참조.

다. 세 번째는 신과 실존하는 인간에게 외적 특수성이 들어온다는 것이다. 이는 우연성의 등장을 말하는 것으로, 인간이 역사의 흐름 속에서 점차 '개별적으로 특수화'되는 과정을 보여 주는 것이다. 네 번째는 신적인 것이 인간적인 것과의 관계 속으로 발을 들인다는 것이다. 이는 신들이 자체로 존재하지만, 다른 한편 인간에게 속하는 정신적 위력으로 출현하여 인간의 삶에 영향을 미치는 측면, 인간적인 신의 특성을 보여 주는 것이다.

헤겔은 보다 고차적 의미의 인간중심적 예술은 낭만적 예술형식에서 이루어진다고 본다. 낭만적 예술형식에서는 정신적인 것이 자신 내에서 실존을 스스로 부여하게 된다. 이에 따라 감각적인 것, 외적인 것이 하위적인 것으로 출현하며, 이로써 정신적인 것과 외적인 것, 내용과 형식의 통일이 와해된다. 헤겔은 이것은 '최고의 아름다움의 와해'이지만, 이로써 '더 고차적 아름다움, 정신적 아름다움의 영역'이 나타난다고 한다. 이와 같이 정신적인 아름다움의 표명에 더 이상 적합하지 않은 외적인 것의 능가와 침해가 낭만적 예술 일반의 원리가 된다.

헤겔은 낭만적 예술형식의 내용을 세 가지로 나누어 설명한다. 첫째, '자기 자신에 대해 있는 정신성'이다. 이는 현존재를 갖지만 자기 자신에 대해 있는 내면성이 주요 사항인 정신성이다. 이런 정신성에는 종교적 영역에서 죽음을 통해 지복에 이르며 부정을 매체로 죽음을 극복하는 신적인 것(그리스도의 역사)과 고통을 통한 화해(마리아), 그리고 순교자, 성인, 기적들로 이뤄진 공동체 설립이 속한다. 두 번째는 '개인들 속에 정신성이 긍정적으로 현재함'이다. 이 내용에는 신적인 것의 세속화, 사랑과 충성, 명예, 용맹성이 속한다. 세 번째는 '추상적 형식주의 일반'이다. 이것은 주체든 외적인 것이든 개념에 종속되어 있지 않은 채 자신의 자유에 이르는 상태를 말한다(햄릿의 예). 이러한 추상적 형식주의에는 확고하게 자신의 본성에만 의존하는 '형식적 성격'과 '아름답고 종교적이며 고상하지만 자기 자신의 유지와 확립에는 이르지 못하는' 그런 형식이 속하며(줄리엣의 예), '인륜적이거나 특별한 목적을 위한 행위와 사건이 수반하는 모험', 그리고 주관적인 것과 객관적인 것의 최종적 붕괴에서 외적 대상들 내로 와해되는 것인 '산문적인 것과 유머스러운 것'이 속한다(돈키호테, 『군도』의 주인공 카를 무어, 셰익스피어 희극 속 주인공들의 예).

제2부 '특수부분'은 위의 세 가지 예술형식에 속하는 구체적인 예술 장르들인 건축, 조각, 회화, 음악, 시문학의 규정과 특성을 담고 있다. 헤겔은 이러한 예술 장르들을 "이념상, 미가 자체 내에서 붕괴되며 그 [특수한] 계기들로 와해되는 것"이라고 규정한다. 다시 말해, 다양한 예술 장르들과 이에 속하는 예술작품들은 이념상의 계기들이며, 각기 '하나의 이념상'을 형성하는 것들이다. 그러므로 각 '특수한 예술들 각각은 하나의 예술, 하나의 미'로 간주된다. 이런 예술 장르와 작품들의 분류는 일차적으로 역사 내에서 발전하는 이념 자체에 근거하며, 다른 한편으로는 이념이 질료적 자연과 결합하는 방식에 의해 이뤄진다. 이념 및 이념상 자체는 정신적인 것이지만 현실 속에서의 구체적인 형상화를 위해서는 질료적('비유기적') 자연과 마주해야 하며, 감각적인 방식을 취할 수밖에 없기 때문이다.

먼저 건축은 참된 것, 신적인 것, 절대적인 것 등으로 인식되는 예술의 내용인 이념을 '외적으로 둘러싸는' 예술로 규정된다. 건축은 역사적으로 상징적, 고전적, 낭만적 건축으로 세분화되어 고찰된다. 상징적 건축물은 이념 자체도 추상적이며, 이를 표현하는 감각적 기초요소의 형식도 규정되지 않은 상태를 말한다. 이 건축물에서 질료적 형상은 신적인 것,

이념을 직접적으로 표현하지 않고 감각적으로 거친 재료를 통해 시사하며, 이를 둘러싸고자 하는 욕구만 드러나는 특성을 보인다. 그런 이유로 헤겔은 상징적 건축물을 (거주의 목적과 분리된) '자립적 건축물'이라고 칭하고, 고대 오리엔트 건축물들에서 예시를 든다(오벨리스크, 멤논, 피라미드, 바벨탑, 인도의 탑파들 등). 이런 상징적 건축물은 위압적이고 질료성이 강하며 신적인 것이 직접적으로 표현되어 있지만, 헤겔이 주안점을 두는 것은 그런 건축물들이 우리에게 어떠한 사유를 촉발하는가, 무엇을 생각하게 하는가이다. 즉, 건축물의 역사적, 정신철학적 의미인 것이다.

고전적 건축물은 외적으로 보면 수와 크기에 따른 기계적 배열, 외적인 합규칙성을 띠고 있으며, 거주를 목적으로 하는 집이라는 규정성이 본질적이다. 신이 거주하는 신전과 일반인들의 거주 가옥들이 이에 속한다. 고전적 건축술은 초기 목조 건축물에서 후기의 석재 건축물로 발전하며 벽과 지붕, 기둥이 주된 요소인데, 그중 기둥이 가장 중요한 역할을 한다. 기둥의 형태에 따라 도리아식, 이오니아식, 코린트식으로 구분된다. 도리아 양식은 굵고 짧으며 단순한 주초와 주두, 트리글리프를 갖추고 있다. 이오니아 양식은 도리아식보다 높고 달팽이 모양의 주두를 취하고 있으며 트리글리프가 없다. 코린트 양식은 가장 가늘고 높으며, 이오니아식의 달팽이 문양에 아칸서스 나뭇잎이 덧붙은 화려한 주두 형태가 특징이다.

고딕 건축술은 기독교적, 게르만적 건축술로도 불린다. 로마식 건축물은 고전 건축물과 달리 궁륭형이 많다. 비잔틴 시기까지 궁륭형 건축물이 지속되다가 외부에서 벽을 지탱하는 부연부벽flying buttress의 새로운 건축공법이 나오면서 벽과 기둥이 얇은 첨탑지붕의 고딕 건축물이 탄생한다. 고딕 건축물은 신적인 것(이념)이 공동체 내로 들어온 공간으로 규정된다. 신적인 것은 공동체에 속하는 사람들의 회합과 기도 등 다양한 활동들에 내재하며, 기둥과 벽면의 비중이 최소화되어 한층 넓어진 장중하고 숭고한 공간은 '인간에 의해, 인간을 위해 만들어진 공간'으로, 이 속에서 공동체는 외적 자연을 망각하고 오롯이 자신의 내면에서 신적인 것을 만나게 된다. 이같이 헤겔은 공동체, 인간 속으로 들어가 개별적으로 특수화되는 주관적 정신성을 위한 장소로서의 고딕 건축물의 의미를 고찰한다.

다음으로 조각은 고전적 예술형식의 대표적 장르가 된다. 헤겔은 조각을 '신 그 자체가 자신의 추상적 자립성에서 등장하는 것'이라고 규정한다. 고대 그리스에도 조각 외 시문학, 웅변술 등 다른 예술들이 있었으나 헤겔은 고대 그리스 시대에 전개된 역사적 이념, 신적인 것을 가장 잘 보여 주는 예술이 조각이며, 조각을 통해 그리스의 예술 일반이 이해될 수 있다고 한다. 고전 조각에서는 정신이 비유기적인 것, 즉 물질적인 것과 분리된 채 대자적으로 있게 된다. 하지만 그러면서 정신적인 것은 자연적 형태로 드러나야 하는데, 헤겔은 자연성과 정신성이 통합된 '인간의 형태'가 이에 가장 적합하다고 본다. 그러므로 자연과 분리된 신적인 것이 인간의 형태로 구현된 그리스 고전 조각이 내용과 형식의 조화라는 측면에서 가장 아름답고, 그런 의미에서 '이상적인 이념상'이며 '미의 이상'이라고 명명한다. 하지만 고전 예술의 '이상적인 이념상'은 다양한 이념상의 일종이지 유일한 이념상은 아니다. 상징적 예술이나 낭만적 예술의 미도 마찬가지로 '이념상'으로서 여러 양태의 이념, 정신성을 반영하는 것이다. 조각 부분에서 헤겔은 그리스 고전 조각만 언급하며, 주름진 의복 표현의 탁월함, 관념성과 개별성의 조화, 그리고 측면상의 뛰어난 아름다움을 논한다.

건축술과 조각이 각기 상징적, 고전적 예술형식의 대표적 장르라고 한다면, 회화, 음악, 시문학은 낭만적 예술형식의 대표적 장르가 된다. 먼저, 낭만적 예술형식은 신적인 것이 "공동체" 내로, "자기-내로 들어가는 것", "개별적으로 특수화되는 것"이 보다 물질성이 덜한 질료, 즉 색채, 소리, 언어를 통해 감각적으로 표현되는 예술이다. 이에 속하는 첫 번째 예술인 회화는 내면성이 지배적이고 주관적인 것을 외적으로 표현하는 것인데, 특히 '평면 위에 공간성'을 표현한 것이 된다. 그런 만큼 회화는 '가상의 예술품'이 된다. 회화는 공동체 내로 특수화되어 개별자를 통해 드러나는 정신성을 표현하며, 주관적인 것 혹은 다양한 인간적 상황과 행동이 개별적으로 특수화된 것을 대상으로 삼는다. 그런 만큼 '특수성'이 회화의 주된 원리가 된다.[35] 회화에 대한 규정과 고찰에서도 헤겔은 '주관적인 것', 자연성을 극복한 '주관성'이 직관되게 하는 것이 중요하며, 화가는 이를 위한 수단일 뿐이라고 한다. 위대한 작품은 이러한 직관을 가능하게 하는 것인데, 헤겔은 라파엘로와 반다이크의 작품을 그 예시로 든다.

초기 회화의 주된 소재와 내용은 기독교적 정신성이 된다. 헤겔은 기독교 정신성은 그리스 조각에 표현된 정신성과 다르기 때문에 '그리스적

---

35 중세에는 주로 종교 영역에서 신적인 것(예수의 영광과 수난, 성모자, 성인들 등)을 표현하기도 하였지만, 르네상스 후기부터는 주관화된 정신이 지배하는 근대 인간과 다양한 인간 삶의 표현을 보여 주는 것이 된다. 헤겔은 1823년 강의에 이어 1826년 강의에서도 더 이상 종교적 주제를 다루지 않는 근대 (네덜란드) 장르화에서 그러한 특징을 명시한다. 이런 근대회화를 보며 우리는 예술이 종교로부터 해방되었다고 할 수 있으나 헤겔의 관점에서는 종교의 신적인 것이 세속적 세계로 들어와 특수화되며 확산된 것으로 이해된다. 이에 대해서는 권정임, 「헤겔의 네덜란드 장르화 해석」, 『미술사학보』 13집(1999), 37-58쪽 참조.

인 이념상 두상' 형태는 그리스도 두상을 표현하는 데 부적합하다고 강조한다. 기독교 회화에서 내면과 형식의 합일성은 오히려 고통과 수난 속에 표출되는 지복함에 기초하는데, 헤겔은 이를 잘 묘사한 것이 이탈리아 거장들의 우수성이라고 칭송한다. 이는 고전 예술이 최상의 아름다움과 완전성을 보유하지만 이후 더욱 주관화되고 발전된 정신성을 표현하기에 부적합하며, 오히려 중세 이후 근대 정신성은 '더 이상 아름답게' 표현될 수 없음을 명확히 보여 주는 것이다.[36]

또한 헤겔은 회화의 중요한 요소로 '그룹 짓기' 혹은 '구성'과 '색채'를 든다. 색채 가운데 특히 인간의 피부색이 모든 색을 총합하고 있기 때문에 채색을 할 때 피부색을 잘 표현하는 것이 매우 중요하다고 본다. 그는 디드로의 말을 인용하며 살색을 잘 표현하는 자가 우수한 화가라고 한다. 그러한 화가로 티치아노와 네덜란드 화가가 지칭되며, 뒤러 역시 색을 적게 사용하여 좋은 작품을 제작한 작가로 서술된다.

공동체의 두 번째 예술은 음악이다. 음악은 대상적인 것과는 무관한 주관성, 즉 '가장 순수한 추상적 내면성'의 예술로 규정된다. 음악의 기초요소는 '음'인데, 음은 그러한 내면성, 주관성의 외화이다. 음은 자신의 외면성(소리)에서 주관적으로 머물지만 곧 사라져 버리는 것이 특징이다. 음악은 아무런 대상성을 갖지 않고 가장 내적인 것에 몰입된다는 장점이 있지만, 동시에 아무런 객관적 내용을 갖지 않고 제공하지도 않는다는 것이 단점으로 서술된다.

음의 울림은 '내용이 없는 외화'인데, 이 울림이 예술적이 되기 위해서

---

36 이를 통해 우리는 헤겔이 '예술의 과거성'을 주장하지만 동시에 근대의 아름답지 않은 예술의 당위성과 이전 시대와 다른 예술의 의미를 인식하고 있었음을 알 수 있다.

는 고정되어야 하며 자체 내 객관성을 보존해야 한다. 객관성은 동일한 것의 반복, 귀환에 의해 이뤄지며 양적이고 수적인 척도에 기초한다. 헤겔은 이러한 객관성으로 박자와 음조, 악기들의 울림, 멜로디의 특성을 언급한다. 멜로디는 음들의 흐름인데, 이를 통해서 표출되는 것은 '감각하는 영혼', '사유하는 내면성', '순수한 주관', 즉 '감각Empfindung'이다. 이렇듯 음악의 내용은 외적 대상에 대한 것이 아니라 '특수한 개체로서 감각하는 내 속에' 있게 된다. 그러므로 헤겔은 음악에서 중요한 것은 이성적인 것이 아니라 '감각이나 열정', '마음과 심정의 움직임들'이라고 하며, 작곡가는 열정과 감각을 가지고서 인간의 가슴에서 소재를 찾아야 한다고 본다. 또한 헤겔은 우리가 음악에서 얻는 세 가지 만족을 음악의 가사와 악기, 그리고 공연이나 연주를 할 때 개인의 자유로운 영혼에 의해 발생하는 '자유로운 생김'에서 찾는다.[37]

마지막으로 시문학은 언어예술로, 정신 속에 구상되는 모든 것을 수용하는 예술, '절대적인 참다운 예술', '가장 완전한 예술'로 규정된다. 시문학 최고의 내용은 이념, 관념적인 일반인데, 낭만적 근대에서는 '자신의 규정성 속에 있는 정신적인 것, 인간적인 것 일반'이 이념이 된다. 이런 이념은 시문학에서 '표상Vorstellung'을 통해 나타나며, '낱말들'로 표출된다. 시문학은 역사적, 수사학적 예술과는 다르게 내용과 형식에서 자유롭다는 것이 특징이다. 시문학의 도입부에서 헤겔은 호메로스의 언어와 같

---

[37] 헤겔은 기악연주를 개인적으로 못마땅하게 여겼다. 그 이유는 멜로디나 하모니가 이론가에 의해 완전성에 이르게 되면 음악 이해에 이론적 지식이 필요하게 되므로 일반인들은 열정을 잃고 지루해지며 감각이 공허해지기 때문이라고 했다. 그럼에도 헤겔은 근대에서 기악과 불협화음의 필연성을 인식했다. 권정임, 「헤겔의 음악규정과 그 현대적 의미」, 『미학예술학연구』 29집(2009), 27-61쪽 참조.

이 단순한 '원래 시적인 언어'와 이후 형태를 갖춘 산문적인 언어인 '숙고된 시적 언어', 시간 속 소리의 진행에 관한 것인 '운율학적인 것'에 관해 서술하며, 이어 시문학을 서사시, 서정시, 극시로 구분하여 각 특성을 논한다.

서사시는 한 민족의 '객관적 혹은 대상적인 내용을 가진 이야기 그 자체'로 규정된다. 이런 서사시의 대상은 '내적인 것인 동시에 상황들, 행위들, 사건들 속에 있는 정신적 세계'이다. 헤겔은 서사시를 종교, 신념, 사건 등을 모두 아우르는 '한 민족의 세계', '민족의 책'이자, 그들의 '언어', 그들의 '성서'라고 한다. 하지만 헤겔은 고전적 이야기 작품들이라 할지라도 한 민족의 특수한 측면만 포함하거나 판타지적인 작품들은 민족의 성서가 될 수 없다고 보며, 호메로스의 서사시를 최고의 서사시로 칭송한다. 서사시가 보여 주는 것은 역사 이전, 주객분리 이전의 총체성 속에 있는 한 민족의 세계이며, 그런 세계 속에서 의욕적이고 성취적이며 자립적인 정신이다.

헤겔은 호메로스와 헤시오도스의 서사시에서 신적 위력과 자연적인 것의 잔여가 포함되어 있는 정신의 실체적인 것이 잘 드러난다고 보는데, 이는 실제로 역사 속에 있었던 것이 아니라 시인에게서 나온 것이며, 호메로스와 헤시오도스가 그리스인들에게 그들의 신을 만들어 주었다고 본다. 이렇듯 헤겔은 서사시는 한 민족 전체를 나타내야 하지만 민족이 시를 만드는 것이 아니라 그 민족에 속하는 '한 개인'에 의해 시가 만들어짐을 강조한다. 1826년 강의에서는 근대 서사시로서 '소설'을 언급한다. 고대 서사시와 달리 소설의 주인공은 인륜적인 것과 법적인 것이 확립된 근대에서 그런 세계에 맞춰 행동할 수밖에 없으며 그의 고유한 주관성만 행할 수 있다는 헤겔의 서술은 시대의 변화와 인간 정신성의 발전에 따라 예술의 내용과 표현방식이 달라지는 당위성과 함께 각 시대 예술의 고유한 정신철학적, 역사적 의미를 재고하게 한다.

다음으로 언급되는 서정시는 '음악과 결부된 주관적 혹은 서정적 이야기'로서, 가장 풍요롭고 다양한 시로 규정된다. 서정시의 대상은 '자기 속에서 스스로를 재료로 사용하는, 행동들과 관계없이 묘사된 그 자체로서의 내면적인 것', 즉 '감각Empfindung'이다. 다시 말해 '내적 감각의 특수한 대상, 내용으로서의 특수한 것 일반'이다. 특수한 것은 여기서 주체의 완전한 개별성이 되므로, 우리가 서정시에서 보게 되는 것은 그 자체로서의 개인, 즉 '스스로를 표현하며 노래하는 시인'의 등장이다. 시인은 외적인 사건에서 서사적 관계에서가 아니라 우연한 정황들과 단절된 채 출현하며, 시에서 자신만을 나타낼 뿐이다. 예를 들어 경기에서의 우승자를 찬미하는 시를 읊는다면, 서정시인은 대상 자체를 표현하기보다는 자신에 대한(대자적인) 대상, 대상에 대한 자신의 느낌을 표현한다는 것이다. 그러므로 서정시에서 주목되는 것은 먼저 외부로 향한 관계들을 자신의 관심 속에서 계속 시적으로 파악하는 '시인의 삶의 태도'이다. 이어서 노래가 서정시에 본질적이라는 점과 서정적 다양성을 담고 있는 가요가 주목된다. 헤겔은 가요에서 민족의 가장 특유한 것이 표출되지만, 동시에 시인의 가장 자기다운 특유함과 자립성이 유지된다고 보며, 실러와 괴테의 가요를 우수한 예로 언급한다.

마지막으로 극은 음악과 몸짓이 있는 예술이다. 극에서 표현되는 대상은 '행위'인데, 행위는 심정에 의해 규정되는 한편, '서정적인 것의 내면적인 것', '인간적 심정'을 나타내는 것이다. 즉, 극예술에서 표현되는 이념은 공동체 내로 들어온 신적인 것, 특히 인간적인 실존, 총체성에서 작용하는 신적인 것인데 이것이 개인의 행위를 통해 표현되는 것이다. 여기서 개인은 하나의 주체에 속하는 개인이 아니라, 고대 영웅들처럼 '외적인 객관성 속에 있는' 개인이며, 외적인 것을 스스로 산출하며 자신을 외화하는 개인이다. 그러므로 극에서는 특수한 개인이 중요한 것이 아니라 그의 행동, 목적, 혹은 관심을 만들어 내는 사태가 주요 사안이 된다. 또한 행위의 내용이 외적으로 직관되도록 하기 위해 제시되는 재료는 인간 자체이다. 서정시에서도 시인이 중심이 되지만, 극에서는 다른 자들과의 연관 속에서 그들의 행위를 규정하고 다른 자들의 생각에 반하여 자신을 주장하는 행위를 하는 인간, 움직임과 행위 속에 정립되어 있는 구체적인 인간으로서의 시인이 매체가 된다. 그런 만큼 배우들의 표정연기가 중요하지만 고대 그리스에서는 가면을 썼기 때문에 표정이 파악되지 않았으며 움직임도 많지 않았으므로, 내용이 대부분 언어를 통해서만 전달되었다. 이후 근대에는 자연스러운 연기가 확장되고, 이를 위한 배우의 재능과 천성이 중요시되었다.

헤겔은 1826년 강의에서 '오페라'를 언급하는데, '극이 그 모든 측면들에 따라 완전한 예술작품이 된다면, 그것은 오페라이다'라고 한다. 그는 오페라를 '완성된, 예술적으로 형성된 극'이라고 보며, 일반적으로 사람들이 오페라를 사치스럽고 주요 사안이 진지하게 다루어지지 않는 예술로 치부하는 데 반해, '놀랄 만한 내용을 촉구'하는 예술로 긍정적인 의견을 보인다. 이를 근거로 A. 게트만-지페르트는 헤겔이 오페라를 통해 근대에 달라진 예술의 기능, 즉 '향유' 속에서 성찰하는 기능을 시사한다고 해석한다.[38]

---

38 A. Gethmann-Siefert, "Das moderne Gesamtkunstwerk: die Oper", in: *Phänomen versus System*, S. 165-230.

극은 비극과 희극으로 구분된다. 일반적으로 극이라고 할 때는 이 두 가지의 중간물을 가리키는 것이다. 비극은 한 민족의 실체적인 것이 다뤄지는 것이다. 여기서 실체적인 것은 '스스로 나타나며 이분되지만 결국에는 승리를 획득하는' 방식으로 전개된다. 실체적인 것에는 인륜성과 종교적인 것 모두 속한다. 전자는 세속적으로 실체적인 것이다. 종교적인 것이며 신적인 것도 이것이 현실성 내로 들어오는 경우, 인륜적인 것이 된다. 이렇듯 실체적인 것이 비극에서 중요하지만, 또한 '감각의 규정성'이 비극의 내용으로 중요하다. 이는 인륜적인 것이 행위의 근거가 될 때 우리가 가지는 특정한 내용이 작용하는 감각의 방식을 말하는데, 비극의 경우는 '공포'와 '연민'이 대표적이다. 공포는 인륜적 위력에 대한 것이고, 연민은 불행에 대한 연민, 인간의 부정적인 것에 대한 감동적인 공감이며 주체 내의 긍정적인 것, 즉 개인들 속의 유능한 것, 인륜적인 것, 참다운 것에 대한 공감이기도 하다. 고대 비극에서는 인륜적인 것이 가족(천륜)과 국가(국법)로 나뉘며, 무의식과 의식적인 행위의 대립을 통해 드러난다.[39] 그리고 그러한 대립의 화해에는 운명에 대한 믿음이 놓여 있다. 반면, 근대 비극은 결말, 화해가 주관 자체에 있게 된다. 또한 인륜적인 것보다는 사랑, 명예, 명성 같은 주관적 열정, 추상적 파토스가 주요 관심이 된다. 비극 부분이 1826년 강의에서는 비교적 간략히 다뤄지지만, 헤겔은 고대 비극과 근대 비극의 특성을 이와 같이 구분하며 변화된 시대 속 정신의 발전태와 이에 따른 상이한 예술의 양태를 보여 주고자 했다.

---

39 예로, 오이디푸스의 경우, 누군지 모르는 무의식적 상태에서 아버지를 살해하는 죄를 범하지만 그 죄를 의식한 후 자신의 눈을 찔러 스스로를 벌한다.

희극은 '의도된 관심'이 표현되는 것이다. 이 관심은 "활동을 통해 현실화되려고 하나 바로 그 활동에 의해 파괴되는 관심"이다. 1826년 강의에서는 시간적 제한 때문인지 희극 부분이 마지막에 지극히 간략하게 언급되면서 미학강의 전체가 종료되어 있다. 짧은 언급에서도 헤겔은 아리스토파네스 작품을 최고의 희극 작품으로 꼽는다. 헤겔은 앞서 비극을 서술할 때 이와 대조되는 희극의 특성을 조명하며 희극에 예술 자체의 '와해'가 있다고 보았다. 이는 예술이 더 이상 기존의 실체적 내용 혹은 표현방식으로 우리에게 작용하지 않는다는 것을 말한다. 즉, 근대 예술에서 주관화된 정신성인 내용과 이를 위한 표현방식이 희극에서 극단적으로 분리되고, 예술의 내용도 고전적인 파토스로서의 실체적인 것만이 아니라 '인간의 가슴을 울리는 모든 것'이 되며 또한 표현방식도 내용으로부터 자유로워지기 때문에 내용과 형식의 직접적인 결합이 와해된다는 것이다. 이러한 내용은 1828/29년 강의에서 더욱 명확히 진술되는데, 이를 통해 우리는 근대 예술의 부조화적 특성이 헤겔 미학에서 선취되는 것을 볼 수 있다.[40]

5. 1826년 미학강의의 특성과 의미

지금까지 폰 데어 포르텐 직필본에 기록된 1826년 미학강의의 주요 내용을 간략히 살펴보았다. 1826년 미학강의는 이념, 이념상의 규정, 그리고 각 예술형식들에 관한 서술에서 동서고금의 다양한 문학작품들과 신화들을 인용하여 구체적인 사례로 제시하고 있다는 점이 특징적이다. 언

---

[40] *Hegels Ästhetik als Theorie der Moderne*, hrsg. von Herta Nagl-Docekal, A. Gethmann-Siefert, Erzsébet Róza und E. Weisser-Lohmann, Berlin: Akademie Verlag 2013 참조.

급된 예시들은 풍부한 인륜적, 철학적 의미를 포함하며, 각 시대의 예술 작품에 반영된 실체적 주관성 및 인륜성을 시사하므로 미학강의의 중요한 요소들이 된다. 또한 제시된 풍부한 예시들은 이전 강의들에 추가된 요소들도 많아 헤겔 사유를 더 잘 추적할 수 있게 한다.

그러나 이러한 예시들에 대한 서술이 매우 간략하며, 내용들이 축약되어 있다. 이는 앞선 두 차례의 강의와 베를린에서 비슷한 시기에 병행한 강의들의 내용이 전제되었기 때문이라고 여겨진다. 압축된 서술들은 간략하지만 그럼에도 헤겔의 주요 생각들이나 기본 규정들을 매우 정교하게 전달하고 있으며, 전체 내용을 선명하게 파악할 수 있도록 하는 장점이 있다. 하지만 이 강의만 마주하는 독자들은 이해에 어려움이 있을 수 있으므로 역자 보완과 역주를 통해 문맥의 이해를 돕고자 했다. 물론 베를린 미학강의들 전체를 아우르는 헤겔의 사유를 총체적으로 이해하기 위해서는 이전의 1820/21년 및 1823년 강의필기록들과 이후 1828/29년 강의필기록도 살펴보아야 할 것이다.

1826년 강의의 특성과 고유한 의미는 다른 연도 미학강의들과의 비교, 분석에서 드러난다. 먼저, 아셰베르크의 정서본을 통해 원형을 알 수 있는 1820/21년 강의의 구성은 이후의 강의들에 비해 비교적 단순하다.[41] 크게는 '개념'과 '분류'를 포함하는 '서론'과, A. '예술의 일반부분', B. '특수부분'으로 나뉜다. '일반부분'에는 '미의 개념', '정신과 아름다움의 관

---

41 헤겔이 '예술철학으로서 미학(Asthetik als Philosophie der Kunst)'이라는 제목으로 1820년 10월 24일부터 1821년 3월 24일까지 매주 한 시간씩, 5회 실시한 미학강의이다. 원텍스트는 작스 판 테르보르크(Sax van Terborg)의 유고를 추후에 아셰베르크가 깨끗이 기록한 정서본이다. 자세한 사항은 서정혁의 해제 참조(G. W. F. 헤겔, 『미학강의: 베를린 1820/21년』, 서정혁 옮김, 지식을 만드는 지식, 2013, 577–603쪽).

계', '자연미와 예술미의 구분', '예술의 특수한 부분'이 포함되고, '특수부분'에서는 '상징적 예술형식', '고전적 예술형식', '낭만적 예술형식'이 다뤄진다. 상징적 예술형식은 '자연상징', '참된 상징', '특수한 상태에 있는 상징'으로 삼분화되어 있고, 고전 예술은 단일항에서 '개념, 절대적인 의미 부여자로서 사유 자체'를 서술하고 있다. 낭만적 예술형식도 '종교적 소재', '이 원리가 인간 속에서 출현하게 하는 소재', '이 원리가 완전히 형식화하게 하는 소재'의 세 개 항목으로 서술된다. '특수부분'은 '건축술', '조각', '회화', '언어예술'로 구분되어 있다. 건축술에는 정원술이 세부항목으로 포함되어 있고, 음악이 회화의 항목으로 서술되어 있다. 이 강의의 '서론' 부분에는 칸트의 취미판단에 대한 서술이 매우 구체적으로 나와 있어 헤겔이 칸트 미학을 비판적으로 수용한 면모들을 알 수 있다.[42] 또한 '일반부분'에서 '예술의 특수한 부분'으로 들어가기 전 서두의 '자연미와 예술미' 항목에서 생명체로서의 '자연미'에 대한 짧은 규정과 더불어 보다 '본래적인 미로서의 예술미', 곧 '이념상'에 대한 상세한 규정과 작품들이 예시되어 있는 것이 특징적이다. 이후 강의들에서 자연미에 대한 규정이 별도로 강조되지 않는 점을 볼 때, 호토 편찬본의 자연미 분류는 이 강의를 기초로 한 것임을 추정할 수 있다.

1823년 미학강의는 호토의 필기록을 통해 확인할 수 있다.[43] 1823년 강의도 '들어가는 말', '일반부분', '특수부분'으로 분류되어 있다. '들어가는

---

[42] 권정임, 「칸트 미 규정에 대한 헤겔의 수용과 비판: 취미판단의 네 계기를 중심으로」, 『미학예술학연구』 64집(2021), 120-151쪽 참조.

[43] 1823년 호토의 필기록은 강의를 직접 받아쓴 직필본이다. 이 필기록에 관한 자세한 서술은 편저자의 글과 국역본 역자 해제를 참조(G. W. F. 헤겔, 『헤겔 예술철학. 베를린 1823년 강의. H. G. 호토의 필기록』, 한동원·권정임 옮김, 미술문화 2018, 32-73쪽과 489-494쪽).

말'에는 '예술에 대한 통념과 범주', '예술에 대한 일반적 표상', '예술개념 일반'이 서술되며, 우리가 고찰할 미학의 분류인 '일반부분'과 '특수부분', 그리고 '특수부분' 내의 각 예술 장르가 상술되어 있다. '일반부분'에는 '미 이념'과 '예술미 혹은 이념상 일반'에 대한 규정, '이념상의 현존재 혹은 예술미의 현실성'이 매우 구체적으로 서술되어 있는데, 이 부분은 역사적으로 발전하는 이념의 직관적 반영으로서의 예술미 및 이념상에 대한 헤겔의 사유를 명확하게 보여 준다.

또한 세 가지 예술형식들에 대한 규정도 '일반부분'에서 서술된다. 상징적 예술형식은 첫 번째 강의에서와 동일하게 3단계로 구분되지만 내용 구성은 '상징 일반', '상징적인 것의 직접적인 통일성의 분리: 숭고의 시 혹은 성스러운 시', '의미와 형태의 분리로부터 통일성으로의 복귀: 직유'로 이전 강의와 달라지며, 상징적 예술의 규정이 예술작품 일반에 대한 규정의 맥락에서 고찰되면서 그것의 역사적 기능들이 부각된다. 고전적 예술형식도 세 항목으로 분류되며, 소재와 원천들이 주된 논점이 된다. 낭만적 예술형식 역시 '종교적 영역', '세속적 영역', '형식적 주관성'의 세 단계로 구분되지만 이전 강의에서보다 더욱 체계적으로 구성되어 있다. '특수부분'은 1부 '조형예술'과 2부 '음향예술', 3부 '언어예술 혹은 시'로 삼분된다. 조형예술에는 건축과 조각, 회화가 속해 있으며, 언어예술은 서사시, 서정시, 극으로 나뉘어 고찰된다.

이와 같은 구성을 갖춘 1823년 미학강의는 이념상으로서의 예술미 규정을 통한 예술의 역사적 의미와, 인간의 노동과 정신활동의 산물로서 예술작품의 정신철학적 및 문화철학적 의미를 중요시한 헤겔의 관점을 잘 포착할 수 있게 하는 자료이다. 또한 강의의 마지막 부분에서 헤겔은 '예술은 우리에게 과거적인 것'임을 명시하며 우리는 이제 예술에 대한

'사유'와 '철학'이 필요하다고 말하는데, 이는 주관화되고 개념화된 근대 예술의 직관적 이해의 한계와 동시에 예술철학의 필요성을 시사하는 것으로, 오늘날 예술의 특성을 선구적으로 반영하는 것이라고 할 수 있다.

1826년 미학강의의 특성을 논하기 전에 1828/29년 미학강의의 주요 구성과 논점을 간략히 살펴보면, 이전과 달리 '도입부' 외 '일반부분', '특수부분', '예술작품의 특수한 형태들'에 관한 세 부분으로 구분된다. '일반부분'은 '이념상'에 관해서만 서술되어 있으며, 이전 강의의 일반부분에서 다뤄졌던 세 가지 예술형식은 이제 '특수부분'에 포함되어 있다. 그리고 이전 강의의 특수부분에 포함되었던 개별 예술 장르들, 즉 건축, 조각, 회화, 음악, 시문학이 세 번째 부분에서 다뤄져 있다.[44] 구성상 새로운 점은 또한 특수부분에 속해 있는 '상징적 예술형식'이 5단계로 분류된다는 점이다. 이처럼 구성된 마지막 미학강의에서는 무엇보다 '신의 인간화Menschwerdung Gottes'가 주된 논점이 된다. 이는 이전 강의들에서 언급된 '새로운 신성자der neue Heilige'로서의 '인간적인 것humanus'이란 개념이 더 확장된 것이라고 할 수 있다. 이 개념을 통해 헤겔이 말하고자 하는 것은 근대에는 신적인 것이 더 이상 객체적인 것이 아니라 인간의 주관성 속에 내재한다는 것, 즉 신적인 것을 인간 정신성으로 이해하게 된 의식의 발전이다. 이에 따라 예술도 이제는 '인간의 마음을 울리는 모든 것'을 소재로 하며 다채로운 양상을 보이게 된다. 이는 '예술의 과거성' 이후 근현대 예술의 특성과 의미를 시사하는 것이기도 하다.

---

[44] 호토는 미학강의를 편찬할 때 마지막 강의의 구성을 반영하였다. 하지만 세 번째 부분의 제목을 '예술작품의 특수한 형태들' 대신 '개별부분'으로 변경하여 변증법적 논리 구조를 갖추고자 하였다.

이러한 1828/29년 강의의 기초가 되었을 1826년 미학강의의 주요 특성을 들자면, 정신미로서의 예술미의 의미가 강화되었다는 것, 상징적 예술형식의 구분이 이전의 세 단계에서 네 단계로 바뀌었다는 것, 그리고 시문학의 서정시가 1823년 강의에서 매우 간략히 다뤄졌던 것에 반해 다양한 운율법들에 대한 분석을 포함한다는 점이다. 또한 당시 근동에 관한 정보의 증가를 바탕으로 헤겔이 접한 근동의 문화와 문학작품들이 상징적 예술형식 규정에 다량 포함되어 있는 것이 1826년 강의에서 주목할 점이다. 특히 헤겔이 상징적 예술형식에 관한 서술에서 셰익스피어의 작품뿐 아니라, 괴테가 페르시아 시인 하피스의 시집(하머의 번역본 『Divan』)의 영향을 받아 지은 『서동시집』을 낭만주의의 병적 주관성을 벗어난 '실체적 주관성', 즉 '객관적 주관성'의 구현 가능성과 이를 위한 새로운 예술작품의 사례로 제시한 점이 매우 중요하다.[45] 이 부분은 상징적 예술형식이 고대 오리엔트의 범주라는 규정을 벗어나 근대 서구 문학작품을 서술하고 있기 때문에 헤겔 미학의 오류로 지적되기도 했다. 하지만 이 부분은 오히려 헤겔이 알레고리, 비유 등의 상징적 수사법을 활용하는 근대 예술작품까지 상징적 예술형식에 포괄시키며, 형식과 극단적으로 분리된 근대 주관성의 표현이 이러한 상징의 수사법을 통해 이뤄질 수 있다고 여기면서 상징적 예술형식에서 새로운 예술표현의 가능성을

---

[45] A. Gethmann-Siefert & B. Stemmrich-Kohler, "Von Hammer, Goethe und Hegel über Firdausi. Literaturkritik, Geschichtsbild und kulturpolitische Implikation der Asthetik", in: *Welt und Wirkung von Hegels Asthetik*, hrsg. von A. Gehtmann-Siefert und Otto Pöggeler, Bonn: Bouvier 1986 (*Hegel-Studien*, Beiheft 27), S. 295-325와 서정혁, 「괴테의 시문학에 대한 헤겔의 철학적 반응 — 『파우스트』와 『서동시집』을 중심으로」, 『철학』 114집(2013), 27-53쪽 참조.

시사했음을 보여 준다. 이는 기의와 기표의 불일치 혹은 기의의 표현불가능성을 가리키는 알레고리와 숭고로 대변되는 오늘날 현대예술의 특성규정을 선취한 것으로 파악된다.[46]

1826년 강의의 중요성은 A. 게트만-지페르트가 편집자 서문에서도 강조하듯, 직접적으로는 헤겔이 1827년에 행한 '엔치클로페디' 강의의 '절대정신' 영역에서 논의되는 예술의 체계적 위치와 변화된 의미 규정, 즉 오늘날 독자적인 진리매개를 하지 못한다는 측면에서는 '과거적'이지만 '보완적'이고, '비판적' 성찰을 확장한다는 측면에서는 여전히 종교와 철학에서 '미래적' 의미를 가진다는 논제에 대한 구체적인 근거들을 제공하는 점에 있다. 그리고 간접적으로는 동년과 다음 해에 이뤄졌던 1826년 논리학강의, 1826/27년 역사철학강의, 1827년 종교철학강의 내 예술에 관한 규정 및 예술의 내용으로서 종교적 사유와 역사적 발전들에 대한 고찰의 기초가 된다는 점에 있다. 그리고 무엇보다 연도별 미학강의 필기록들을 통해서 매 강의마다 변화된 헤겔의 사유와 중점들을 알 수 있다는 것이 각 연도의 강의필기록을 번역하고 연구해야 하는 필요성이라고 볼 때, 본서에 번역된 1826년 미학강의는 이전의 강의들과 이후의 강의를 연결하며 예술작품에 대한 헤겔 관점과 사유의 발전 과정을 살펴볼 수 있게 하는 중요한 자료로서 의미가 있다. 이러한 측면에서 헤겔 미학의 발전과정을 고찰하고 그 진정한 의미를 찾고자 하는 독자들께 본 역서가 조금이라도 도움이 되기를 희망한다.

---

[46] 이에 대해서는 권정임, 「근대 미학적 '알레고리' 논의의 포스트모던적 연속성과 현재성에 관한 연구」, 『미학예술학연구』 26집(2007), 263-300쪽과 조창오, 「헤겔 미학의 진리 개념과 현대예술의 숭고한 형식」, 『미학예술학연구』 65집(2022), 6-26쪽 참조.

용어/개념

인명

지은이 **게오르크 빌헬름 프리드리히 헤겔**(Georg Wilhelm Friedrich Hegel, 1770-1831)

헤겔은 1770년 슈투트가르트에서 출생한 독일 관념론의 거장이다. 튀빙겐대학에서 신학을 전공하였지만 당시의 정치적 현실에 대한 관심에서 철학적 사유를 키워 갔다. 초기 베른, 프랑크푸르트 시기에 칸트와 셸링 철학의 영향을 받았으나 이후 예나 시기에 칸트 철학의 주관성과 셸링 철학의 주객 무차별적 동일성을 비판하고 자신의 고유한 사변철학을 발전시켰다. 구분과 차이를 내포한 개념이 즉자적 상태에서 출발하여 반정립과 반성을 통해 구분과 차이들을 지양해 나가는, 즉 변증법적 사유운동을 원리로 하는 헤겔의 사변철학은 인류에게 새로운 인식의 전환을 마련해 주었다.

그는 1801년 예나대학에서 『행성의 궤도론(*Dissertatio philosophica de orbitis planetarum*)』이라는 자연철학 논문으로 박사학위를 취득했고, 1805년 예나대학의 교수로 강의하였다. 1807년에 밤베르크 신문사에서 편집일을 했으며, 1808년에는 뉘른베르크 김나지움 교장으로 취임하여 철학과 예비학을 가르쳤다. 1816년에는 다시 하이델베르크대학의 정교수가 되어 철학사, 미학, 인간학, 『엔치클로페디』, 자연법, 국가학 등을 강의하였고, 1818년 베를린대학에 피히테의 후임으로 부임하여 1831년 사망할 때까지 논리학, 법철학, 역사철학, 종교철학, 철학사, 예술철학 등을 강의하였다. 대표적 업적으로 청년기의 신학저서들, 예나 시기에 집필한 『정신현상학(*Phänomenologie des Geistes*)』(1807), 뉘른베르크와 하이델베르크 시기의 저작들과 『논리학(*Logik*)』(1816), 『엔치클로페디(*Enzyklopädie*)』(초판 1817년, 이후 베를린에서 1824년 2판, 1830년 3판 출간)가 있으며, 그의 사후에 베를린 시기 강의들을 정리한 『법철학강의』, 『역사철학강의』, 『종교철학강의』, 『철학사강의』, 『미학강의』 등이 다양한 판본으로 출간되었다.

정신 혹은 개념의 운동을 의식의 영역과 순수 논리의 영역에서 각각 탐구한 헤겔의 『정신현상학』과 『논리학』은 마르크스의 유물론과 경제학적 사유의 발판이 되어 현대의 정치, 사회, 경제 이론들에 많은 영향을 주었다. 헤겔의 관념론적 철학은 오늘날 포스트모더니즘의 비판 대상으로 이해되기도 하지만, 헤겔 철학의 주요 개념인 차이, 동일성과 비동일성의 동일성 등에 대한 엄밀한 해석을 통해 이를 재반박하는 연구들이 이어지고 있다. 미학, 예술철학의 영역에서는 A. 단토(Arthur Danto), S. 지젝(Slavoj Žižek), P. 드 만(Paul de Man)이 그들이 각기 규정하는 예술의 역사성, 숭고, 상징과 기호, 알레고리 개념의 근거를 헤겔 철학으로 소급해 찾으면서 헤겔 사유의 현대적 의미를 확산시키고 있다.

편집자 **안네마리 게트만-지페르트**(Annemarie Gethmann-Siefert)

독일 본대학, 오스트리아 인스부르크대학에서 철학, 신학, 미술사를 수학하였고, 하이데거의 철학과 신학에 관한 연구로 박사학위를 취득하였다. 이후 독일 보훔대학과 헤겔 아카이브에서 조교로 활동했으며, 예술의 역사적 기능을 중심으로 한 헤겔 미학 연구를 통해 교수취득자격(Habilitation) 논문을 제출하고 철학과 전임강사를 역임하였다. 이후 1991년 하겐대학 철학과 C4 교수직에 취임하여 독일 관념론, 종교철학, 역사철학에 관한 연구들과 더불어 헤겔 미학 관련 문서들을 검증하고 정리하는 서지작업을 장기간 지속했으며, 최근까지 여러 편의 새로운 헤겔 미학 내지 예술철학 원전자료들을 편찬하였다.

주요 저서로 『역사에서 예술의 기능, 헤겔 미학 연구(*Die Funktion der Kunst in der Geschichte*)』 (Bouvier 1984), 『미학 입문(*Einführung in die Ästhetik*)』(W. Fink 1995), 『헤겔 미학 입문(*Einführung in Hegels Ästhetik*)』(W. Fink 2005)이 있으며, 여러 권의 단행본 논문집과 학술지 *Hegel-Studien* 및 Beiheft(별권)에 수많은 연구업적들을 축적하여 헤겔 미학 분야의 세계적 권위자로 알려져 있다. 그 외에도 인간학, 의료윤리 포럼을 지속적으로 진행하여 미학, 문화적 주체로서 오늘날 인류의 윤리적 태도와 인식을 새로이 촉구하였다.

편집자 **카르스텐 베르**(Karsten Berr)

오스나브뤼크대학에서 토지관리학을 전공하였으며, 이어 하겐대학 철학과에서 헤겔 미학을 수학하고 석사 및 박사 학위를 취득하였다. 헤겔의 베를린 미학강의 내 자연미 개념, 풍경화 규정에 관한 다수의 연구들을 진행하며 새로운 헤겔 미학 원전들의 편찬 작업에 참여하였다. 페히타대학, 드레스덴대학에서 여러 차례 프로젝트 책임연구자로 일하였으며, 현재 튀빙겐대학 지리학과 도시 및 지역발전연구소 연구원으로 재임하고 있다. 헤겔의 자연미 연구들을 바탕으로 풍경미학, 도시경관, 환경, 건축, 도시계획, 설계윤리 등에 관해 문화철학적 입장에서 폭넓은 연구를 진행하고 있으며, 독일철학회, 건축학 연맹, 철학적 공학자 및 자연과학자 서클, 풍경연구회 회원으로 활발한 활동을 하고 있다.

편집자·옮긴이 **권정임**

홍익대학교 대학원 미학과에서 셸링 미학을 연구하였다. 이후 독일 보훔대학과 헤겔 아카이브, 하겐대학에서 안네마리 게트만-지페르트(A. Gethmann-Siefert) 교수의 지도 아래 여러 프로젝트에 공동연구자로 참여하였고, 하겐대학에서 헤겔 미학 연구로 박사학위를 취득하였다. 박사논문 『헤겔의 예술규정. 헤겔 미학 내 상징적 예술형식의 의미(Hegels Bestimmung der Kunst. Die Bedeutung der symbolischen Kunstform in Hegels Ästhetik)』(W. Fink 2001) 외, 「상징적 예술형식의 변형들(Die Metamorphosen der 'symbolischen Kunstform')」(Hegel-Studien, Beiheft 34, 1998), 「예술과 역사. 헤겔의 도야개념에서 동양적 세계관과 예술형식의 재활성에 관하여(Kunst und Geschichte. Zur Wiederbelebung der orientalischen Weltanschauung und Kunstform in Hegels Bildungskonzeption)」(Hegel-Studien, Beiheft 38, 1998), 「'이성의 신화'에 대한 헤겔의 포기하지 않은 요구(Hegels unaufgegebene Forderung zur 'Mythologie der Vernunft')」(Journal of the Faculty of Letters. The University of Tokyo. Aesthetics, vol. 29/30, 2004/2005), 「근대적 이념상. 헤겔 미학의 근대적 의미(Das moderne Ideal. Die Bedeutung der Hegelschen Ästhetik in Gegenwart)」(Sonderheft des Jahrgangs 2005 der Zeitschrift für Ästhetik und Allgemeine Kunstwissenschaft, F. Meiner 2005), 「오늘날에 있어 상징론과 그 의미에 관한 헤겔의 이론(Hegels Lehre von der Symbolik und ihre Bedeutung für die Gegenwart)」(Journal of the Faculty of Letters. The University of Tokyo. Aesthetics, vol. 33, 2008), 「헤겔의 근대음악 이해에 관한 연구(Eine Untersuchung zu Hegels Auffassung der modernen Musik)」(Journal of the Faculty of Letters. The University of Tokyo. Aesthetics, vol. 37, 2012), 공저 『예술의 역사적 의미와 예술들의 규정(Die geschichtliche Bedeutung der Kunst und die Bestimmung der Künste)』(W. Fink 2005)과 『진리의 길. 오토 푀겔러 80세 기념논문집(Wege zur Wahrheit, Festschrift für Otto Pöggeler zum 80. Geburtstag)』(W. Fink 2009) 등을 비롯한 국외 연구와, 독일 관념론 및 헤겔 미학 활성화에 관한 다수의 국내 연구들이 있다. 폰 데어 포르텐의 1826년 헤겔 미학 강의필기록 편찬[『헤겔 예술철학. 1826년 강의(Georg Wilhelm Friedrich Hegel. Philosophie der Kunst. Vorlesung von 1826)』(Suhrkamp 2004)]과 1823년 헤겔 미학 강의필기록 번역[『헤겔 예술철학. 베를린 1823년 강의. H. G. 호토의 필기록』(미술문화 2008)] 등을 통해 헤겔 미학의 새로운 원전 연구를 이어가고 있다. 현재 강원대학교 미술학과 교수로 재직하고 있으며, 한국미학예술학회 회장 역임과 헤겔학회 편집위원 등의 활동을 통해 국내 미학, 예술학 발전에 힘쓰고 있다.